Wissen, Kommunikation und Gesellschaft. Schriften zur Wissenssoziologie

Herausgegeben von
H.-G. Soeffner, Konstanz, Deutschland
R. Hitzler, Dortmund, Deutschland
H. Knoblauch, Berlin, Deutschland
J. Reichertz, Essen, Deutschland

AF167381

Wissenssoziologinnen und Wissenssoziologen haben sich schon immer mit der Beziehung zwischen Gesellschaft(en), dem in diesen verwendeten Wissen, seiner Verteilung und der Kommunikation (über) dieses Wissen(s) befasst. Damit ist auch die kommunikative Konstruktion von wissenschaftlichem Wissen Gegenstand wissenssoziologischer Reflexion. Das Projekt der Wissenssoziologie besteht in der Abklärung des Wissens durch exemplarische Re- und Dekonstruktionen gesellschaftlicher Wirklichkeitskonstruktionen. Die daraus resultierende Programmatik fungiert als Rahmen-Idee der Reihe. In dieser sollen die verschiedenen Strömungen wissenssoziologischer Reflexion zu Wort kommen: Konzeptionelle Überlegungen stehen neben exemplarischen Fallstudien und historische Rekonstruktionen stehen neben zeitdiagnostischen Analysen.

Petra Lucht • Lisa-Marian Schmidt
René Tuma (Hrsg.)

Visuelles Wissen
und Bilder des Sozialen

Aktuelle Entwicklungen
in der Soziologie des Visuellen

 Springer VS

Herausgeber
Petra Lucht,
Lisa-Marian Schmidt,
René Tuma,
Berlin, Deutschland

ISBN 978-3-531-19203-1   ISBN 978-3-531-19204-8 (eBook)
DOI 10.1007/978-3-531-19204-8

Die Deutsche Nationalbibliothek verzeichnet diese Publikation in der Deutschen National-
bibliografie; detaillierte bibliografische Daten sind im Internet über http://dnb.d-nb.de
abrufbar.

Springer VS
© Springer Fachmedien Wiesbaden 2013

Springer VS ist eine Marke von Springer DE. Springer DE ist Teil der Fachverlagsgruppe
Springer Science+Business Media
www.springer-vs.de

Inhalt

III
Bilder der Wissenschaft

IV
Soziologische Filmanalyse

V
Bilder der Gesellschaft

Vorwort

Petra Lucht

Die Soziologie des Visuellen weist schon frühe Wurzeln auf – etwa in Mannheims Stilanalyse, Simmels Untersuchungen zur Mode, Ludwik Flecks Arbeiten zu wissenschaftlichen Denkkollektiven und Edgar Morins Soziologie des Films. Erst in den vergangenen zwei Jahrzehnten erlebte sie jedoch einen erneuten Aufschwung und wurde verstärkt auch in verschiedenen benachbarten Disziplinen der Soziologie wie der Wissenschaftsforschung oder den Bildwissenschaften verhandelt. Der hier vorliegende Sammelband basiert auf einer Auswahl an Beiträgen zu einer gleichnamigen Tagung, die vom 8. bis 9. April 2011 an der Technischen Universität Berlin zur visuellen Soziologie stattfand. Sie wurde vom Institut für Soziologie, Fachgebiet Allgemeine Soziologie insbesondere Theorien moderner Gesellschaften der TU Berlin, der Sektion Wissenssoziologie der Deutschen Gesellschaft für Soziologie und dem Zentrum für Interdisziplinäre Frauen- und Geschlechterforschung der TU Berlin veranstaltet. Die Tagung richtete sich an NachwuchswissenschaftlerInnen, deren Beiträge zudem von Kommentatorinnen und Kommentatoren reflektiert wurden. Für den Sammelband wurden zusätzlich einige weitere WissenschaftlerInnen von den HerausgeberInnen eingeladen, jeweils einen Beitrag in diesem Sammelband zu publizieren. Ziel dieses Sammelbandes ist es, die verschiedenen aktuellen Debatten, die sich mit visueller Soziologie und Forschungen aus benachbarten Disziplinen zu Visualisierungen befassen, zusammenzuführen. Fragen danach und Antworten darauf, wie eine Soziologie des Visuellen zu kennzeichnen ist und was sie umfasst, sind jedoch nicht nur nicht vollständig bestimmbar. Vielmehr stellen Forschungen, die einer visuellen Soziologie zuzuordnen sind, derzeit nach wie vor Beiträge zu einem Desiderat in der soziologischen Theoriebildung und der empirischen Forschung dar.

Mit den hier ausgewählten Beiträgen möchten wir auf die vielfältigen Möglichkeiten der Soziologie hinweisen, das Visuelle als Teil sozialer Kommunikation, Praxis und Wissensbestände zu begreifen und zu untersuchen. In den Beiträgen wird an aktuelle Strömungen der visuellen Soziologie zu Debatten um soziale Praktiken der Visualisierung von Wissen und zu Bildern des Sozialen angeschlossen. Gegenüber aktuell florierenden Publikationen zu Verfahren und Methoden

der visuellen Soziologie (z. B. die Sonderausgaben der ÖZS 37/2; der FQS 9/3)
stehen in diesem Sammelband empirische Untersuchungen im Mittelpunkt, die
sich der Analyse von bewegten und unbewegten Bildern sozialer Wirklichkeit im
Hinblick auf deren Produktion und Deutungen widmen. Die Unterteilung in die
Schwerpunkte des Sammelbands lehnt sich an die Themenblöcke der Tagung an.
Wir möchten an dieser Stelle den KommentatorInnen, die an der Tagung mitge-
wirkt haben, herzlich danken: Hubert Knoblauch (TU Berlin) würdigte die Vor-
träge zur „Visualisierung von Gesellschaft" in einer kritischen Diskussion, Dirk
vom Lehn (King's College London) die Beiträge zum Themenblock „Emotionen,
Imaginäres und Entwurf", Jürgen Raab (Universität Magdeburg) die Studien zu
„Sehgemeinschaften", Bernt Schnettler (Universität Bayreuth) Forschungen zu
„Visuellen Praktiken", Martina Merz (Universität Luzern) Untersuchungen über
„Bilder in den Wissenschaften", Britta Schinzel (Universität Freiburg) die Ana-
lysen zu „Quantifizierung, Automatisierung, Visualisierung" und Jo Reichertz
(Universität Duisburg-Essen) schließlich diskutierte die Referate zum Thema
„Mediale Repräsentationen".

Für die finanzielle und organisatorische Unterstützung der Tagung möchten
wie dem Institut für Soziologie, Fachgebiet Allgemeine Soziologie insbesondere
Theorien moderner Gesellschaften, vertreten durch Prof. Hubert Knoblauch, der
Sektion Wissenssoziologie der deutschen Gesellschaft für Soziologie und dem
Zentrum für Interdisziplinäre Frauen- und Geschlechterforschung der Technischen Universität Berlin danken. Die Vorbereitung und Durchführung der Tagung haben dankenswerterweise Miira Hill, Sezgin Sönmez, Marc Schmieder
sowie René Wilke unterstützt.

Die Texte des Sammelbands haben am Fachgebiet Allgemeine Soziologie der
TU Berlin in unermüdlicher und großartiger Art und Weise Theresa Vollmer und
René Wilke sowie Anne Hennes und Amélie Klimach am Lehr- und Forschungs-
gebiet „Soziologie mit dem Schwerpunkt Gender und Lebenslaufforschung" des
Instituts für Soziologie der RWTH Aachen, zusätzlich korrigiert und kommentiert: Für diese hochkompetente Arbeit möchten wir uns besonders bedanken Wir
danken dem VS Verlag für die unkomplizierte und produktive Zusammenarbeit
sowie den Herausgebern der Reihe „Wissen, Kommunikation und Gesellschaft"
Hans-Georg Soeffner, Ronald Hitzler, Hubert Knoblauch und Jo Reichertz.

Berlin/Aachen, im Juni 2012   *Petra Lucht*
                                            für das ganze HerausgeberInnenteam

Soziologie des visuellen Wissens – Vorläufer, Relevanz und Perspektiven

René Tuma / Lisa-Marian Schmidt

1. Kurze Geschichte der Soziologie des Visuellen

Dieser Band trägt den Titel *Visuelles Wissen und Bilder des Sozialen*. Damit heben wir hervor, dass wir Visualität als Gegenstand der soziologischen Forschung begreifen, und zwar in einem doppelten Sinne: Zunächst steht das visuelle Wissen im Fokus, das sich in sozialen Handlungen und Kommunikation äußert. Akteure *zeigen/stellen dar* und *sehen* auf unterschiedliche Art und Weise und schaffen somit soziale Wirklichkeit. Das Visuelle ist ein spezifischer und zentraler Teil einer sozialen Konstruktion von Wirklichkeit. Genau diese Konstruktionsprozesse wollen wir verstehen. Aufbauend auf diesen theoretischen Annahmen ist gegenwärtig zu beobachten, dass zunehmend – zum Teil auch neue – Formen der Visualisierung von Sonder- bzw. Expertenwissen in der Herstellung von Wissensbeständen auftreten. So haben beispielsweise verschiedene wissenschaftliche Disziplinen technische Verfahren aber auch sinnliche Praktiken der Erkenntnis hervorgebracht, um das *Unsichtbare* – etwa Nervenzellen oder gesellschaftliche Prozesse – sichtbar zu machen. Verschiedenste Objekte geraten in den (Experten-)Blick, dessen Genese einhergeht mit der Herausbildung von Sehordnungen, Sehpraktiken und somit den entsprechenden Sehgemeinschaften. Im Rahmen dieses Sammelbandes möchten wir daher anhand folgender Fragen herausarbeiten, inwieweit sich diese Bereiche untersuchen und möglicherweise systematisieren lassen können: Welche Bildtypen und Formen der visuellen Gestaltung werden wie in welchen sozialen Milieus und Expertengruppen verwendet? Welche Rolle spielt das Visuelle in Vergemeinschaftungsprozessen? Wie werden Bilder zwischen den verschiedenen Gruppen vermittelt oder übersetzt? Welche Sehordnungen und Wissensbestände prägen die sozialen Praktiken von Visualisierungen des Wissens – insbesondere von wissenschaftlichem Wissen und Expertenwissen? Und: In welchem Verhältnis steht Visualität zu gesellschaftlichem Sonder- und Expertenwissen sowie zum Alltagswissen?

Das Visuelle tritt vor allem auch als Objektivation auf – als *Bild* – das möglicherweise eine Eigenmacht entfaltet. *Das Bild* ist aber auch deshalb für uns interessant, als es immer auch die Gesellschaft dokumentiert aus der es stammt. Die objektivierten Formen der sozialen Konstruktion wollen wir also ebenso verstehen – und zwar nicht in der abstrakten Beschaffenheit, sondern als konkrete, empirische untersuchbare *Bilder der Gesellschaft*. Wissen, das mittels sozialer Praktiken fabriziert wird, liegt in diesen kodiert vor. Wir wollen daran anschließend fragen, welche Gesellschaft bzw. Gesellschaftsordnung und welche Imaginationen von Gesellschaft also mit Hilfe von spezifischen Bildern vermittelt werden, welche Rolle Visualisierungen in sozialen Prozessen der Objektivierung, Institutionalisierung und Legitimierung von Wissen spielen und wie genau das Soziale im (bewegten) Bild kodiert wird. Und schließlich: In welchem Verhältnis steht die zunehmende Zirkulation von Bildern zur fortschreitenden Ausdifferenzierung von Gesellschaften?

Dieser Band stellt eine Sammlung verschiedener Ansätze dar, die das visuelle Wissen und dessen Manifestationen theoretisch wie empirisch behandeln. Die verschiedenen Beiträge kommen aus unterschiedlichen theoretischen Richtungen und verwenden verschiedene Methoden – dennoch teilen sie im Kern die Frage nach den Konstruktions- und Wirkungsprozessen visueller Phänomene, die sich als Soziale Prozesse äußern. Der Begriff der visuellen Soziologie ist von – teils recht spezifischen - Verfahren besetzt und verweist weiterhin auf die methodische Nutzung visueller Formen zur Forschung.[1] Wir hingegen nehmen genau die Visualität selber in den Blick. Aus diesem Grund sprechen wir von der Soziologie des Visuellen, anstatt von Visueller Soziologie.

2. Klassische Ansätze zu den Sinnen und Visualität in der Soziologie und Anthropologie

Das Sehen, das *Sichtbar-sein* und *Sichtbar-machen* sind in den klassischen Ansätzen der Soziologie immer mitgedacht und mitthematisiert, ohne explizit im Mittelpunkt der Forschung zu stehen. Aber erst in den vergangenen zwei Jahrzehnten erblebte das Interesse an diesen Phänomenen einen Aufschwung und wurde

---

1   Siehe hierzu die deutschsprachigen Sonderausgaben der Zeitschriften Österreichische Zeitschrift für Soziologie (2012, 37/2) und Forum Qualitative Sozialforschung (2008, 9/3) sowie insbesondere das umfassende Handbook of Visual Research Methods (Margolis & Pauwels, 2011).

verstärkt in verschiedenen benachbarten Disziplinen wie der Wissenschaftsforschung oder den Bildwissenschaften verhandelt.[2]
     Die Sinne – und vor allem auch der Sehsinn wurden von einigen Autoren ex-
plizit theoretisiert, so schreibt Simmel in seinem *Exkurs zur Soziologie der Sinne*
gerade dem Auge eine besondere Bedeutung für Interaktion zu:

> Unter den einzelnen Sinnesorganen ist das Auge auf eine völlig einzigartige soziologische
> Leistung angelegt: auf die Verknüpfung und Wechselwirkung der Individuen, die in dem ge-
> genseitigen Sich-Anblicken liegt. Vielleicht ist dies die unmittelbarste und reinste Wechsel-
> beziehung, die überhaupt besteht. (Simmel, 1992 [1908], S. 724)

Das gegenseitige Anblicken ist für Simmel die direkteste Form der Verbindung
zwischen Subjekten – denn das Blicken ist nicht nur eine reine Informations-
wahrnehmung, sondern: „In dem Blick, der den andern in sich aufnimmt, offenbart man sich selbst; mit demselben Akt, in dem das Subjekt sein Objekt zu
erkennen sucht, gibt es sich hier dem Objekte preis." (a. a. O.) Zentral ist der Unterschied zum Hören, denn beide Sinnesorgane sind jeweils für unterschiedliche
Wissensformen zuständig: Das Sehen für das Gleichzeitige, Vielfältige und das
Hören für das zeitlich geordnete Nacheinander. Die Verbindung der beiden, stellt
für Simmel eine zentrale Wechselwirkung dar – er geht in seinen Beobachtungen jedoch noch weiter. Simmel diagnostiziert, dass im Verkehr der Großstadt ein
„unermessliches Übergewicht des Sehens über das Hören" sich verfestige (Simmel, 1992 [1908], S. 725). Mead nahm etwa zeitgleich verschiedene Formen von
Gesten im sozialen Handeln in den Blick, und betont ebenso wie Simmel explizit verschiedene Aspekt der Sinne: Das das Gehörte von mehreren gleichzeitig
auf gleiche Art und Weise gehört werden kann begründet die besondere Qualität der akustischen, der Lautgeste. Hierauf bauen sein Kommunikationskonzept
und die Erklärung der Herausbildung eines Bewusstseins auf. Auch das Visuelle spielt eine ebenso wichtige Rolle – gerade im weniger rezipierten, und durch
Joas (Joas, 1980) wieder in den Vordergrund gerückten pragmatistischen Kern des
Werkes. Hier wird besonders die Koordination zwischen Auge und Hand betont:

> The vast importance of the human hand for perception becomes evident when we recognize
> how it answers to the eye, especially among the distance senses. The development of space
> perception follow in normal individuals upon the interaction of the eye and the hand, and this
> interaction works a continual meeting of the discriminations of the eye by those of the skin,
> mediated through the manipulating hand. (Mead, 1907, S. 385)

---

2   Vorarbeit hat Jürgen Raab (2008) geleistet, der einige der wichtigsten Theoretiker in der vi-
     suellen Wissenssoziologie identifiziert und diskutiert. Für die Wissenschaftssoziologie sind
     insbesondere Heintz und Huber (2001) eine zentrale Quelle. Unsere folgende Zusammenfassung
     erhebt keinen Anspruch auf Vollständigkeit, sondern dient der Einführung der momentan
     verhandelten Konzepte.

Für Mead bietet das Auge dem Handelnden eine Reihe visueller, unzusammenhängender Eindrücke, die jedoch durch die dauerhafte Kontakterfahrung der Hand zusammengeführt werden können. Mead analysiert mit Rückgriff auf Dewey (1896), dass die Wahrnehmung der visuellen Reize beileibe auch kein passiver Akt, sondern ein aktives Schauen und Suchen nach diesen ist: Sehen ist Teil einer Handlung in spezifischen Kontexten. Wahrnehmung, insbesondere auch des Visuellen, begreift Mead als *Situation* – in welcher sich Sehender und Gesehenes befinden (Mead, 1969, S. 111).

Für die heutige Debatte wichtige Gedanken, die Anknüpfungspunkte an die Soziologie darstellen, finden sich weiterhin in der philosophischen Anthropologie. Sowohl Plessner als auch Gehlen setzten sich mit den Sinnen auseinander. Neben seiner Analyse der visuellen Gesten des *Lachens und Weinens* (1941) wird in Plessners Anthropologie der Sinne das Auge als zentraler Fernsinn hervorgehoben, der mit dem Tastsinn eine Verbindung einhergeht, vor allem warnt er vor unreflektierter Hinnahme des Sichtbaren:

> Sehen ist strukturell etwas – Sehen, direkt ohne Vermittlung. Wir sagen, es zeigt sich selber, originär, es erscheint, und geraten durch diese Umschreibung allzu leicht auf erkenntnistheoretische oder ontologische Abwege. Die beliebte Formel „es zeigt sich von Selbst" suggeriert die Vorstellung einer Aktivität vom Gesehenen aus, Erblicken, ins Auge Fassen, vom Sehenden aus. (1970, S. 201)

Das Visuelle spielt bei den bislang genannten Autoren vor allem im Sehen des Anderen – der Bewegungen, Gesten und Zeichen eine Rolle. Diese Linie lässt sich weiterführen bis in die gegenwärtige, mit Interaktionen befasste Soziologie. Zentral ist hier sicherlich Erving Goffman – der das Soziale als Theater, als „Schaubühne" begreift (Goffman, 1959) und für den das sichtbare Gesicht und die Darstellung die zentrale Rolle spielen und der dieses bspw. in Werbebildern untersucht wurde (Goffman, 1979). Auch im symbolischen Interaktionismus, dem es um die Symbole geht, gibt es die Hinwendungen zur Bildlichkeit – insbesondere zur Kunst und Fotografie, etwa bei Howard Becker (1974).

In der französischen Debatte thematisiert Foucault den Blick vor allem als zentrales Element in seiner Beschreibungen der Macht, so wie bereits im ärztlichen Blick (1976a), später im disziplinierenden Blick im Panoptikum (1976b) sowie in seiner feinen Analyse von Velázquez Gemälde *Las Meninas* (1974).

Aber nicht nur die Beschäftigung mit dem Blick und dem Sehen des Anderen in *Face to Face* Interaktionen, sondern auch die Verwendung (visueller) Symbole ist grundlegend für die Soziologie. So ist das Totem, das bei Durkheim die Einheit des Clans symbolisiert, ein visuelles Objekt. Bilder erfüllen hier eine spezifische soziale Funktion. Explizit verweist Gehlen (1965) in seiner Kunstsoziologie darauf, dass Kunst machtvolle Symbole schafft und dadurch handlungsleitend wirkt:

> Keine Macht, welche sich zur Herrschaft im entschiedenen Sinn berufen fühlt, kann darauf verzichten, das Bewusstsein des Menschen zu besetzen, und die Endgültigkeit ihres Anspruchs drückt sich darin aus, dass sie dieses Bewusstsein vollständig bestimmt: also bis in die Anschauungen hinein. Was daher, vom einzelnen Menschen her gesehen, als Außenhalt des Inneren erscheint, stellt sich von den Institutionen aus als Repräsentation dar; denn sie verkörpern sich in sichtbaren und daseinsmächtigen Symbolen, unter denen die Künste stets einen hohen Rang einnahmen. (Gehlen, 1965)

Er unterscheidet verschiedene Formen der Kunst: Überkunst archaischer Gesellschaften, religiös geprägte ideelle Kunst, „rationale" realistische Kunst, und subjektbezogene abstrakte Kunst, die sich in bestimmten Gesellschaftsformen herausbilden. Besonders gegenüber der abstrakten Kunst bleibt er sehr skeptisch – ein Ausdruck seiner zumindest konservativen Haltung. Weiterhin entwickelt Gehlen, ausgehend von verhaltensbiologischer Forschung und den oben beschriebenen Gedanken Meads, einen Begriff der Motorischen Phantasmen (Gehlen, 2004, S. 210), in welchem Bewegungs- und Körperkonzepte als visuelle, in sich hineingenommene handlungsanleitende Elemente, beschrieben werden. Für Gehlen sind optische Dinge „zunächst in Bewegungen und Handgriffen entwickelte Dinge", die sich mit der Tastwahrnehmung verbinden, um das Handeln zu ermöglichen (2004, S. 214).

Wenn Weber sich eher der Musik als dem Visuellen zuwendet, so hat aber auch er die Entwicklung des Sehens zumindest erwähnt, für ihn spielt die Rolle der linearen und Luftperspektive (Raab, 2008, S. 24; Weber, 2004) als Dokument der Rationalisierung der Ästhetik eine Rolle. Hier geht Mannheim einen Schritt weiter, wenn er die „Weltanschauung" einer Epoche oder Gruppe zu rekonstruieren sucht (1964 [1921]). Für den Wissenssoziologen stehen die unterschiedlichen Wissensbestände im Fokus, die er als Weltanschauung beschreibt. Darunter versteht Mannheim gruppen- oder epochenspezifische, (vor allem) atheoretische Vorstellungen, die sich im Handeln, aber besonders in Objektivationen finden. Diese lassen sich nicht und nicht ohne weiteres in theoretische Konzepte übersetzen. Sein Vorschlag besteht in der Aufgliederung in drei Sinnschichten – er unterscheidet den *Dokumentsinn* einer Handlung oder Aussage von einem *objektiven Sinn* und einem *intendierten Ausdruckssinn*, also subjektiven Sinn des Akteurs (Mannheim, 1964: 104). Auf dieser Unterscheidung baut Panowskys Ikonologie (1975) auf, die zunächst vor allem für die Kunstwissenschaft und spezifische Bildtypen genutzt wurde. Heute erheben daran anschließende Verfahren aber doch den Anspruch auch breiter die sogenannten *schwachen Bilder*[3] erfassen zu können. Anschließend an diese beiden Autoren folgt Bourdieu, dessen Habitus-Begriff ja auch von Panofsky übernommen ist. Er selbst hat sich mit Visualität explizit auseinandergesetzt, in seinen eigenen Fotografien in Algerien (2003) sowie in seiner Untersuchung zur *Photographie als Illegitimer Kunst* (Bourdieu et. al. 1981[1965]), in welcher er den Gebrauch des Fotoapparates untersucht und sehr detailliert aufzeigt, wie diese scheinbar neutrale Praxis eingebunden ist in soziale Felder und ihre Wirkungen. Nicht jeder kann alles fotografieren, für die Bauern im Béarn ist dies etwas außeralltägliches, für die Städter normal. An diesem Beispiel verbindet Bourdieu die jeweilige Ästhetik mit der Sozialstruktur und entwickelt somit das Konzept der Dispositionen.

Theorien des Visuellen haben in der Soziologie in den vergangenen Jahrzenten eine untergeordnete Rolle gespielt, etwas durch die Dominanz des Linguistic Turn, einen Paradigmenwechsel in der Soziologie, durch den vor allem das gesprochene und geschriebene Wort im Vordergrund stand und von den Sozialwissenschaften aufs Feinste untersucht wurde (wozu auch die Entwicklung des Audiorekorders beitrug). Impulse, das Visuelle zu thematisieren, stammten in den letzten Jahrzehnten vor allem aus anderen Disziplinen.

3. Bildwissenschaft

Unter anderen haben sich Wissenschafts- und Kunsthistoriker, Medienwissenschaftler und Philosophen in den vergangenen Jahren intensiv mit dem Thema Bild, Visualität und Bildpraktiken beschäftigt. Diese interdisziplinäre Debatte in Deutschland mündete in der Forderung nach und ersten Versuchen der Etablierung eines neuen Forschungsfeldes, der Bildwissenschaft, die diese Fächer und ihre jeweiligen Perspektiven auf das Thema bündelt. Eine längere Tradition besteht hingegen im angloamerikanischen Raum der *Visual Studies* und *Visual Culture Studies*, die explizit die Hinwendung zu visuellen Kulturen des Alltags fordern:

> Visual Culture directs our attention away from structured, formal viewing settings like the cinema and art gallery to the centrality of visual experience in everyday life. At present diffrent notions of viewing and spectatorship are current both within and between all the various visual subdisciplines. (Mirzoeff, 1998, S. 7)

Die zentralen Bezugspunkte und paradigmatischen Ansätze in den Bildwissenschaften beziehen sich zumeist auf die zwei programmatischen Ausrichtungen des

---

3   Siehe für diesen gegenwärtigen Begriff Boehm (1994), das Konzept wird unten erläutert.

Pictorial Turn und des *Iconic Turn*. Mit dem *Pictorial Turn* beschreibt Mitchell (1997, S. 15-18) zwei Beobachtungen. Zum einen, dass verbunden mit technischen Entwicklungen, vor allem der Informations- und Kommunikationstechniken, Bilder in einem hohen Maße das kulturelle Leben bestimmen, aber gleichzeitig auch eine „Furcht vor dem Bild" und seiner manipulierenden, mächtigen Wirkung besteht. Zugespitzt formuliert so auch Bredekamp (vgl. 1993, S. 102) die These, dass sich in der Moderne ein radikaler Wandel vollzogen hat, in der Bilder durch eine Art *Kopernikanische Wende*, das kulturelle Leben dominieren. Zum anderen sieht Mitchell aber auch deutliche Anzeichen für einen Wandel in der akademischen Debatte, in der sprachanalytische Modelle, die bisher paradigmatisch für die Analyse kultureller Phänomene waren, abgelöst werden, durch eine stärkere Beschäftigung mit Bildern und Versuchen, diese anhand nicht-sprachorientierter Modelle zu analysieren (ebd., S. 15-16.). Auch Boehm (1994) proklamiert mit dem *Iconic Turn* die „Wende zum Bild" in ähnlicher Weise wie Mitchell. Boehm diagnostiziert, dass Bilder allgegenwärtig in der Gegenwartskultur sind, dagegen als Forschungsgegenstand in der akademischen Debatte lange marginalisiert wurden (ebd., S. 11-17). Er fordert eine Abwendung von sprachanalytischen Modellen in der Auseinandersetzung mit Bildphänomenen, um der *Ikonischen Differenz,* die Bilder auszeichnet, gerecht zu werden. Anders als im *Pictorial Turn* geht es Boehm um eine ontologische Bestimmung der Eigenlogik des Bildes, nicht explizit um eine historische und soziokulturelle Berücksichtigung von konkreten Bildpraktiken sowie Bild- und Sehtraditionen.

Im Anschluss an diese Ausschnitte der Debatten in den Bildwissenschaften ist erkennbar, dass die These der Hegemonie von Bildern, auch wenn sie weiterer empirischer Analysen bedarf, um einen tatsächlichen Wandel feststellen zu können, soziologisch äußerst relevant ist.[4] Es lässt sich fragen, ob und wie sich Wissen, Institutionen und soziale Beziehungen durch den zunehmenden Einsatz bildlicher Kommunikation bzw. den Einsatz von Bildern bei der Wissensproduktion, verändern. Generell ist festzustellen, dass Bilder als Kommunikationsform oder kulturelles Artefakt, als „Konstante menschlicher Kulturen" (Schnettler & Pötzsch, 2007, S. 476), immer eine Rolle gespielt haben.[5] Die These der Dominanz der Bilder in der Moderne übersieht, dass Bilder selten allein auftreten. Vielmehr lässt sich die Verbreitung von „hybriden" Formen, also Text-Bild-Zahlen-Kombinationen, beobachten (ebd., S. 480), beispielsweise im Internet oder im Fern-

---

4 Für ein exemplarisches Beispiel zum Anstieg des Fernsehkonsums in Deutschland siehe Raab (2008, S. 1f.).
5 Zur Bedeutung von Bildern in der mittelalterlichen Kommunikation siehe Knoblauch (2005, S. 331). Exemplarisch für die Wissenschaftskommunikation siehe Shapin/Schaffer (1985, S. 60-69).

sehen. Zu betonen ist auch, dass der Zugang und die Nutzung digitaler Informa-
tions- und Kommunikationstechniken, die laut der oben dargestellten Thesen die
Bilderflut vorantreiben, ungleich unter verschiedenen gesellschaftlichen Gruppen und Gesellschaften verteilt ist und es hierzu dringend weiterer Forschung bedarf.[6] Boehms Forderung nach der Analyse der Eigenlogik des Bildes bzw. des
Visuellen ist aus soziologischer Perspektive auch deshalb nicht fruchtbar, da er
Bilder entkoppelt von den sozialen Praktiken der Herstellung, Nutzung und Rezeption betrachtet (Burri, 2008, S. 72; Schnettler & Pötzsch, 2007, S. 475). Aus
soziologischer Perspektive haben Bilder zunächst keine feststehende Bedeutung
oder Funktion, da diese sich erst in den sozialen Verwendungszusammenhängen
konstituiert. Diese sozialen Konstruktionsprozesse der Bedeutungen, den Formen und sozialen Funktionen von Bildern wurden insbesondere in der Wissenschaftssoziologie analysiert.

4. Sehen und Visualisieren in den Wissenschaften

Wissenschaftsbilder – die Praktiken ihrer Herstellung, Deutung, Verbreitung und
Wirkmächtigkeit – sind Gegenstand der Wissenschafts- und Techniksoziologie
seit Ende der 1970er Jahre. Schwerpunkt der Forschung sind hierbei zumeist naturwissenschaftliche Bildpraktiken, während kaum Arbeiten zu Bildern in den
Geistes- oder Sozialwissenschaften bestehen (zur Bildpraxis der Wirtschaftsforschung siehe Werner Reichmann in diesem Band).
    Insgesamt wird verzeichnet, dass eine „zunehmende Piktoralisierung der
Wissenschaft" zu beobachten ist, die nicht nur die erhöhte Quantität der Bilder
umfasst, sondern sich auch auf die Qualität der Bilder deutlich auswirkt. So stellen diese zunehmend selbst das *Epistemische Objekt* der Forschung dar (Heintz/
Huber, 2001). Im Zuge der Digitalisierung der Wissenschaft und damit der Ver-
breitungs- und Bearbeitungsmöglichkeiten der Bilder, wird somit auch die Gewissheit, was diese Bilder zeigen und welchen Status diese haben, zunehmend
unklar (vgl. Heßler, 2006, S. 11ff.).
    Als gemeinsame Einsicht der verschiedenen Analysen zu der Arbeit an und
mit Bildern in der Wissenschaft lässt sich erstens festhalten, dass die Wissenschaftsbilder, insbesondere der Naturwissenschaften, weniger als Abbilder der
Forschungsobjekte der Wissenschaften verstanden werden, sondern vielmehr
hochgradig artifizielle und durch viele Transformations- und Bearbeitungsschritte
im Labor hergestellte soziale Produkte, eben „Visualisierungen, Sichtbarmachun-

---

6   Exemplarisch hierzu die Debatte um die „digitale Spaltung" Zillien (vgl. 2009, S. 82 ff.).

gen oder Inskriptionen" darstellen. Zweitens wird in der Zusammenschau dieser Arbeiten deutlich, dass das Sehen und die Verwendung von Bildern als *Epistemische Objekte* zentrale Erkenntnispraktiken in den Wissenschaften darstellen. Das Labor stellt dabei den lokalen, *artifiziellen Handlungskontext* dar, der spezialisierte Erzeugungsvorgänge der Wissensproduktion ermöglicht. Der „soziale Fabrikationsprozess" von Bildern in der Wissensproduktion der Wissenschaften involviert dabei eine Reihe von Selektionen, Entscheidungen und Verhandlungen im Labor, die wiederum die weitere Arbeit strukturieren (Knorr Cetina 2002a, S. 27). Diese Entscheidungen sind abhängig von u. a. situationsspezifischen Bedingungen im Labor. Der lokale Kontext der Bildherstellung und Bilddeutung schreibt sich dabei in der Arbeit am Bild in die Bilder ein und ermöglicht einerseits und beschränkt auch – andererseits – alle weiteren Schritte der Wissensproduktion. Die Wissensproduktion an und mit Bildern wird insgesamt aus dieser Perspektive als eine Serie von sozialen Verhandlungsprozessen verstanden, in deren Verlauf Deutungen, bspw. was auf einer astronomischen Aufnahme zu sehen ist, letztendlich zu anerkanntem Wissen stabilisiert und häufig auch in Bildern objektiviert werden.

Dabei wird auch der Doppelstatus von Bildern - als einerseits visuelles Medium und andererseits als materielles Artefakt hervorgehoben (Burri, 2008, S. 346). Die visuelle Eben des Bildes kann dabei zu Gunsten der materiellen Seite des Bildes in den Hintergrund rücken. Im Hinblick auf die zunehmende Computerisierung und Digitalisierung von Wissenschaften wird es unseres Erachtens daneben wichtig, noch feingliedriger die Ebenen der Bilder zu unterscheiden. Es gilt die Handlungen auf der numerische Ebene von digitalen Bildern – und inwiefern diese Relevanz hat in der konkreten Praxis bspw. der Bearbeitung von Bildern – zu berücksichtigen.

Zentraler Forschungsgegenstand ist in wissenschaftssoziologischen Arbeiten auch die Dominanz des Sehsinnes gegenüber anderen Sinnen in den Wissenschaften (Burri, Schubert, & Strübing, 2011, S. 3). In der „Hierarchie der Sinne" hat besonders Ludwik Fleck (Fleck, 1983 [1947]) sich dem Sehen als zentrale Erkenntnispraktik in den Wissenschaften gewidmet. Durch die Sozialisation in einen spezifischen Denkstil einer Wissenschaftlergemeinschaft – des Denkkollektives – erlernt der „Novize" typische visuelle Formen zu unterschieden und zu erkennen. Sein anfängliches „Schauen" wandelt sich in diesem Prozess zu einer denkstilgemäßen sinnhaften visuellen Wahrnehmung: dem Sehen. Fleck bringt es wie folgt auf den Punkt: „Wir schauen mit den eigenen Augen, aber wir sehen mit den Augen des Kollektivs" (ebd., S. 154). Auch die Bildgestaltung und Ästhetik im Prozess der Wissensproduktion folgt dabei den Stilformen des Denkkollektives.

Spezifische Bildstile und ästhetische Gestaltungen der Bilder dienen in den Wissenschaften, so die Analysen, bspw. der Durchsetzung von Deutungsansprüchen, der Verdichtung von Argumenten oder aber der Vermittlung komplexer Wissensbestände in die Öffentlichkeit: „Das Bild der Wissenschaft ist ganz wesentlich durch Bilder geprägt" (Adelmann et.al. 2008, S. 41). Besonders deutlich wird dies sicherlich an der Hirnforschung und Nanotechnologie, deren Bilder Einzug gehalten haben in eine Reihe an populären Magazinen, Fernsehsendungen usw. Deutlich wird in der prominente Studie von Lynch/Edgerton (1988) zur Astronomie, dass eine Reihe an Gestaltungen und ästhetischen Entscheidungen in der wissenschaftlichen Arbeit an Bildern vorgenommen wird, je nach Adressaten der Bilder. So lassen sich andere Bildformen finden, die an die Fachgemeinschaft adressiert sind (Zeitschriften, Lehrbücher usw.), als die Bildformen und Bildgestaltungen, die in der Öffentlichkeit zu finden sind. Dies verweist auf die Frage der Vermittlung spezialisierter Wissensbestände im Medium Bild, aber auch auf die Frage der Überzeugungsmacht von Bildern. Die besondere Überzeugungswirkung von Bildern bspw. in wissenschaftlichen Kontroversen, wird in einer Reihe von Studien hervorgehoben. Diese Bildermacht kann dabei auf unterschiedlichen sozialen und medialen Mechanismen beruhen.

So argumentiert bspw. Heintz (2007), dass die spezifischen semiotischen Logiken von Sprache, Zahlen und spezifischen Bildtypen jeweils unterschiedlich operieren und dass sich damit auch die Überzeugungswirkungen, die erzielt werden können, sich unterscheiden. Naturwissenschaftliche Bilder etwa blockieren im Gegensatz zu künstlerischen Bildern jede Kontingenz, da sie ihre eigene Bildhaftigkeit nicht zum Thema machen, und suggerieren, dass sie lediglich auf etwas Bildexternes verweisen. Ihr hergestellter, artifizieller Status wird also negiert und dadurch wird einen gewisse Eindringlichkeit erzielt (ebd., S. 78). Zu betonen ist hier, dass die besondere Eindringlichkeit und Wirkmacht der einzelnen Zeichensysteme soziale Zurechnung ist, die auf bestimmten Traditionen und Konventionen beruhen. Der Macht von Bildern und Bildpraktiken in den Wissenschaften hat sich auch eine Reihe an Arbeiten aus der feministischen Wissenschaftsforschung (bspw. Lammer, 2001) gewidmet, sowie Studien, die an Foucaults Diskursanalyse anschließen (Maasen, Mayerhausen, & Renggli, 2006). Sie zeigen deutlich die Einbettung und Verweisungszusammenhänge der Bilder und Handlungen an und mit Bildern in spezifischen Machtkonstellationen und Herrschaftsverhältnissen bspw. der Geschlechterverhältnisse in den Wissenschaften, als auch in weiteren Diskursen auf. Die Frage was wie in den Bildern sichtbar gemacht wird (und von wem), und schließlich welche Standpunkte hierbei marginalisiert werden, muss dies mit berücksichtigen.

5. Gegenwärtige Soziologische Theorie des Visuellen

Sicherlich, einerseits beeinflusst durch die Forschung in den Laborstudien und der Wissenschaftssoziologie und andererseits durch die sich formierenden „Bildwissenschaften" aufgerüttelt, gibt es auch innerhalb der Soziologie eine verstärkte Zuwendung zu Visualität. Eine Vielzahl von Studien hat sich mit den verschiedensten Aspekten auseinandergesetzt – eine Formierung des Feldes steht unserer Ansicht nach jedoch noch aus. Im Bereich der visuellen Verfahren, auf die hier nicht weiter eingegangen werden soll, ist die Entwicklung bereits etwas weiter fortgeschritten, dennoch sind auch diese – von der Bildanalyse, den verschiedenen Varianten der Videoanalyse über die partizipativen Verfahren – noch sehr in Bewegung.

Ohne Zweifel beeinflusst durch die Verfügbarkeit und Sichtbarkeit neuer Bild- und Video-Technologien, die das Visuelle in die Alltagserfahrung rücken und auch neue Phänomene sichtbar machen, entwickelten sich visuelle Verfahren der Interaktionsanalyse, vor allem ab den 1970er Jahren (die Geschichte wird rekonstruiert in Heath, Hindmarsh, & Luff, 2010; Knoblauch, Tuma, & Schnettler, 2010). Das geschah genau zu dem Zeitpunkt als Videocamcorder einfacher bedienbar und verfügbar wurden. In dieser Tradition finden sich bereits wegweisende Studien zu professionellen Sehpraktiken (Goodwin, 1994) und feine Koordinationsarbeit in technisierten Arbeitskontexten (Luff, Hindmarsh, & Heath, 2000). Diese, der Konversationsanalyse entstammenden, aber visuelle Dimensionen einbeziehenden Studien, haben das Sehen genau in den Blick genommen – feiner als es den Vorgängern, die ja keine Videokameras zur Verfügung hatten – möglich war. Dadurch wurde ein neuer Mikrokosmos der Soziologie aufgeschlossen, der eine Zuwendung zu immer feineren Formen der (visuellen) Kommunikation ermöglicht.

Vertiefende theoretische Analysen und Aufarbeitungen wurden in den letzten Jahren durchaus auch vorgelegt, dennoch muss man ihnen innerhalb der Soziologie noch einen Pionierstatus zugestehen. Insbesondere Raab (Raab, 2008), den wir oben bereits erwähnt haben, hat das Feld aufgearbeitet und sein hermeneutisches Verfahren mit der begrifflichen Konzeption der Sehgemeinschaften verbunden. Die neuen visuellen Kommunikationsformen, die Einzug in verschiedenste Bereiche nehmen, wurden am Beispiel von Powerpoint Präsentationen untersucht (Knoblauch, 2012; Schnettler & Knoblauch, 2007). Powerpoint und seine Verbreitung lässt sich nicht auf ein technisches Programm oder die gezeigten Bilder reduzieren, sondern stellt eine Kommunikationsform dar, wobei besonders die verschiedensten Verknüpfungen zwischen den lokalen Handlungen, Körperanordnungen, Bildern und dem räumlichen und sozialen Kontext im Mittelpunkt stehen.

6. Zielrichtung und Beitrag dieses Bandes

Wie oben dargelegt, geht es in diesem Band um eine Zusammenschau aktueller Arbeiten und Fragen aus dem Feld der Soziologie des Visuellen. Auch wollen wir den Versuch unternehmen, zentrale Begriffe und Konzepte, die bisher wenig systematisch ausgearbeitet sind, stärker zu fokussieren und Vorschläge hierfür aufzeigen. Beispielsweise wird der Begriff des visuellen Wissens äußerst fluide verwendet. Im Anschluss an Schnettler & Pötzsch (2007) ließen sich bspw. folgende Bedeutungen analytisch unterscheiden:

(a) spezialisierte Sonderwissen über Visuelles (z. B. Ästhetik oder Ikonik) [...]

(b) diejenige allgemeine Form von Wissen, welche die nichtsprachlichen, körperhaften Ausdrucksformen umfasst und als ausschließlich visuell vermitteltes Wissen auftritt

(c) [...]visuelles Wissen dasjenige Wissen sein, das gesellschaftlich als ›Wissen‹ gilt und mittels neuer audio-visueller Formen verbreitet wird (wie etwa die visuelle Verbreitung von Wissensbeständen im TV-Format des Telekollegs oder in Powerpoint-Präsentationen). (Schnettler 2007, S. 479f)

Empirisch gehen diese Formen sicherlich miteinander einher und kommen nicht in dieser Reinheit vor, und gerade die Mischformen aus b) und c), also etwa Videoaufzeichnungen und Übertragungen von Körperbewegungen und ihre gestische Orchestrierung (siehe u. a. Kirschner, Woermann und auch Tuma in diesem Band) oder die medial vermittelten spezifischen Wissensbestände bestimmter Sehgemeinschaften, stehen quer zu dieser Unterscheidung.

Unser Ziel ist es, sowohl all die verstreuten Arbeiten in ihrer Breite, als auch die unterschiedlichen theoretischen Zugriffe, in diesem Band zu bündeln und in einen Dialog zu bringen. Beispielsweise bestehen schon detaillierte Arbeiten und Konzepte in der Wissens- und Wissenschaftssoziologie, um die Sonderwissensbestände und Sehstile bestimmter (Seh-)Gemeinschaften oder Gruppen zu thematisieren, die sich aber wechselseitig kaum oder gar nicht rezipieren. Hier wollen wir fruchtbare Verbindungen und Parallelen aufzeigen. Auch kann zur Frage der Wirkmacht von Bildern auf ein breites Repertoire aus diesen beiden Feldern, aber auch aus der Filmsoziologie, der feministischen Wissenschaftsforschung oder der Techniksoziologie zurückgegriffen werden, die wiederum bisher kaum miteinander verbunden werden.

7. Beiträge des Bandes

Im ersten Abschnitt des Bandes, **den Blick im Blick**, widmen wir uns der Frage der Sozialität des Sehens und den spezifischen Formen visuellen Wissens. Im zweiten Teil dieses thematischen Blocks werden Überlegungen zu Expertenpraktiken des technisch vermittelten Sehens und Aufzeichnens dargelegt und konkrete Verfahren der Analyse von Kamerahandlungen und dem „Blowing up" von Dokumentarfotografien präsentiert.

Thomas Abel setzt sich in seinem Beitrag „Blowing Up Society" anhand des fiktiven Beispiels im Film „Blow Up" mit der Praxis der Dokumentarfotografie auseinander. Diese steht an der Schnittstelle zwischen Soziologie und Kunst, ist jedoch ein vernachlässigtes Verfahren, dem mehr Aufmerksamkeit gebührt. Abel argumentiert, dass Fotografien keine reine Dokumentation darstellen, sondern stets in Seh-, Auswertungs- und Selektionspraktiken eingebettet sind, welche sowohl den Gegenstand, also die Welt vor der Linse, als auch des Forschersubjekts, repräsentieren.

René Tuma widmet sich ebenfalls den Seh- und Analysehandlungen, welche – mit der Verbreitung der Videotechnologie – ihre Formen in einer Vielzahl sozialer Kontexte gefunden haben. Die alltägliche Anwendung der Videoanalyse beschreibt Tuma mit dem Begriff „Vernacular Video Analysis" und zeigt ihre organisierte Durchführung anhand einer Videografischen Studie in einem Usability und Marktforschungsunternehmen.

Ein Schwenk sagt mehr als tausend Worte: Carina Jasmin Englert untersucht die Praktiken des Kameraschwenks und präsentiert ein Verfahren zur video-hermeneutischen Rekonstruktion der Sinngehalte dieser Kamerahandlungen. Sie zeigt, dass nicht nur die Bilder im Video, sondern vor allem auch die Bewegung der Kamera (moves), der Bildausschnitt (Kadrierung) und der Fokus, Ergebnis sinnhafter Handlungen darstellen, die es zu analysieren gibt. Da diese sich nicht einfach in Sprache wiedergeben lassen, ist hierfür ein neues Vokabular vonnöten.

Niklas Woermann diagnostiziert zunächst im Begriff des visuellen Wissens eine Spannung, da dieser zwei verschiedene Bedeutungen enthalte, die nicht notwendigerweise kommensurabel miteinander sind. Einerseits beschreibt (subjektives) visualisiertes Wissen, eine Form essentieller Wissensinhalte, die den Aggregatszustand hinein ins Visuelle gewechselt haben. Dem gegenüber steht der Begriff der visuellen Instruktion, der die Fähigkeit etwas zu sehen als spezifische Handlungs- und Interaktionsform begreift. Am Beispiel der Free-Skier Szene zeigt er auf, wie diese Kritik der Begrifflichkeiten dazu dienen kann, Bilder als medialisierte Instruktionen zu begreifen, und ihre Nutzung durch die Kontexte hinweg zu verfolgen.

Der zweite Block, **Habitus und Inszenierung,** umfasst ein breites Feld verschiedener Ansätze. Er bringt verschiedene Arbeiten zusammen, die sich mit der Darstellung und Wirkung von Körpern auseinandersetzen: Einerseits über die Konstruktion und Wirkung von Bildern und andererseits durch die Betrachtung von alltäglichen wie auch spezifisch religiösen Inszenierungsweisen, die mittels visueller Formen konstruiert werden.

Die Wirkmächtigkeit von Macht in Bildern lässt sich, so Heike Kanter, über den Zusammenhang von Habitus, Bildakt und Ikonischer Macht entschlüsseln. Am Beispiel eines Körperbilds des Politikers Guido Westerwelle führt sie eine dokumentarische Bildinterpretation durch. Mittels dieser deutet sie die Mehrdeutigkeit dieses Bildes vom Körper als Teil eines Machtprozesses im Bild und durch das Bild. Sie zeigt damit auf, wie aufgrund der Produktions- und antizipierten Rezeptionsprozesse die soziale Sinnbildung von Photografien von Machtmechanismen durchdrungen ist.

Milieuspezifische Sozialisationsräume visueller Praktiken Jugendlicher – so lautet der Titel von Inga Horneis Beitrag. Sie entwickelt ein Verfahren, um im Rahmen von Milieustudien eine Analyse aufbauend auf Fotografien, die von Jugendlichen angefertigt wurden, durchzuführen. An drei Beispielen zeigt sie auf, welch dichte Informationen aus den Entscheidungen, die dem Fotografen unbewusst sind, werden können. Hierbei stehen zum Beispiel Perspektiven und Sujets im Fokus und werden in Relation zum Sozialisationsraum interpretiert.

Regine Herbrik untersucht, welche Veränderungen der Einsatz von Visualisierungsformaten neuer Medien im christlichen Gemeindeleben induziert. Die Autorin zeigt unter anderem anhand der Praxis des Gemeindelebens, der Selbstdarstellungen nach außen sowie anhand des Gemeindegedächtnisses auf, wie sich aktuell das facettenreiche Gewebe von Text und Bild (Mitchell) in starker Weise verändert. Herbrik konstatiert, dass hier neue kommunikative Gattungen Fuß fassen, die als Anzeichen für Veränderungen der Emotionskulturen in christlichen Gemeinden zu werten sind. Darüber hinausgehend stellt sie die Frage, zu welchen grundlegenderen Veränderungen die – in diesen sozialen Kontexten neue – kommunikative Gattung des simultanen mitlaufenden Kommentars von Gottesdienstteilnehmern langfristig führt.

Mediatisierte Formen von Live-Events sind Heiko Kirschners Thema. Er setzt sich mit neuen Formen der Kommunikation im Internet auseinander, sogenannten User-Livestreams, in welchen Computerspiele kommentiert und an andere übertragen werden. Kirschner betont die komplexe Koordinationsarbeit des Moderators, der die verschiedenen Modalitäten orchestriert. Vor dem Hintergrund

von Auslanders Konzept der Liveness beschreibt er hier neue Formen der Audio-
visualität im Netz und ihre sozio-technische Infrastruktur.

Im dritten thematischen Abschnitt, **Bilder der Wissenschaft**, werden wissenschaftssoziologische Arbeiten präsentiert, die sich der Bildherstellung, Bilddeutung, spezifischen bildgebenden Verfahren, den Vermittlungs- und Zirku-
lationspraktiken von Bildern in den Wissenschaften widmen. Beispiele aus der
Mathematik, Neurowissenschaften, Physik und prominenten Bildern aus der Me-
dizin/Biologie werden diskutiert. Auch die Frage der Selbstrepräsentation von
Wissenschaften und WissenschaftlerInnen im Medium Bild ist Gegenstand der
Diskussion der Beiträge.

Lisa-Marian Schmidt geht in ihrem Beitrag der Frage nach, wie Bilder in
heterogenen Forschungskooperationen der Neurowissenschaften hergestellt und
prozessiert werden und welche Rolle diese insbesondere an den Schnittfeldern
verschiedener Akteurskonstellationen spielen. Bilder sind hier zentrale Mittel der
Erkenntnisproduktion, aber es lassen sich auch spezifische Bildformen als verein-
fachende Mittel der Kommunikation zwischen den heterogenen sozialen Welten
der Neurowissenschaften finden. Unter Rückgriff auf interaktionistische Konzepte legt sie anhand einer eigenen Fallstudie dar, wie Bilder in einer der beteiligten
sozialen Welten der Neurowissenschaften hergestellt und gedeutet werden und
welche visuelle Kultur diese charakterisieren. Abschließend werden Ergebnisse
zur Frage der Bilder in den Schnittfeldern der Kooperation erläutert.

Mit dem Einsatz von Computersimulationen in der Elektronenmikroskopie
und der Kommunikation von Fachwissen mittels der zugehörigen Bilder befasst
sich Eric Lettkemann. In seiner historisch und ethnographisch angelegten Untersuchung der Laborarbeit in der Elektronenmikroskopie kann er herausstellen, dass
es in der Elektronenmikroskopie zu einer Verschiebung von arbeitsteiligen Prozessen und spezifischen Fachkompetenzen gekommen ist. Die zunehmende Integration von Computersimulationen in die interne und externe Wissenschaftskommunikation führt jedoch nicht zu einer Trennung von Datenerhebungen mittels
Experimenten einerseits und Theoriewissen anhand von Bildern in der Wissenserzeugung andererseits. Vielmehr kommt es, so Lettkemann, zu einer Verwebung
von ‚technischem‘ und ‚theoretischem‘ Know-How und den Fachgemeinschaften,
die sich technisches und theoretisches Know-How angeeignet haben.

Im Anschluss an Karen Barads Phänomenbegriff setzten sich Fitsch und Engelmann mit zwei prominenten Visualisierungen aus politisch und medizinisch
umkämpften Feldern auseinander: der Visualisierung des HIV Virus und funktionellen Visualisierungen des Gehirns. Bilder als Phänomen zu begreifen heißt,
aus Perspektive der AutorInnen, sie in einem Wechselspiel zwischen Erkenntnis-

instrument und Erkenntnisobjekt zu begreifen und dass sich die Bilder im Moment der Betrachtung ereignen. Die Frage ist: Wie nehmen wir Bilder wahr und welche Mechanismen verleihen wissenschaftliche Bilder eine besondere Wirkmächtigkeit? Damit leisten die Autoren einen wichtigen Beitrag zur Frage, wie die beiden Bilder auf spezifische Weise in den Feldern intervenieren und in welche sozialen, kulturellen und politischen Verweisungszusammenhänge die Bilder eingebettet sind.

Martina Erlemann untersucht Visualisierungen, die die Beteiligung von Frauen an der Physik in der Wissenschaftsberichterstattung zeigen. Sie untersucht die wechselseitigen Referenzen von Text und Bild. Ein Schwerpunkt liegt dabei auf den facettenreichen Deutungsmöglichkeiten der Visualisierungen. Die Autorin vergleicht unter anderem das Auftauchen dieser Abbildungen in verschiedenen Printmedien und arbeitet heraus, welche Aussagen mit verschiedenen Abbildungstypen verbunden sind. Erlemann schlussfolgert anhand ihrer Analyse, dass in den Repräsentationen von Frauen in der Physik Geschlechterordnungen sichtbar werden, die dieser Disziplin eine hegemoniale Form der Männlichkeit zuschreiben. Inwiefern die Norm der Gleichberechtigung in medialen Diskursen dennoch bedingt eingreifen kann, zeigt Erlemann anhand einzelner Fallbeispiele zur Repräsentation von Physikerinnen und ihrer Forschungen auf.

Dem Verständnis der Mathematik als einer auf Kognition und Abstraktion beruhenden Wissenschaft setzt Christian Kiesow eine wissenssoziologische Lesart entgegen. Er untersucht sowohl „offizielle", ergo publizierte, als auch im Forschungsalltag verwendete Visualisierungen dieser Disziplin. Diese Abbildungen referenzierten nicht auf eine materielle Realität wie Visualisierungen in den Naturwissenschaften. Vielmehr seien sie von vorneherein abstrakt. Für den Umgang mit den abstrakten Gehalten der Mathematik bedürfe es jedoch einer Versinnlichung beispielsweise durch Bilder, Gesten oder Metaphern. Dies führt in der wissenschaftlichen Praxis zu einer wechselseitigen Bedeutungskonstitution von Körper, Sprechhandlung und Bild. Christian Kiesow zeigt somit auf, inwiefern mathematisches Wissen auf lokalen, materiellen und körperlich-performativen Praktiken beruht.

Bewegten Bildern widmen sich die Autoren im Abschnitt der **soziologischen Filmanalyse**. Neben der Präsentation von Verfahren der Filmanalyse, der Entwicklung und Herausbildung spezifischer filmischer Genres, diskutieren die AutorInnen wie Authentizität/Realismus im Film hergestellt wird und welche Bedeutung die mediale Konstruktion zur kollektiven visuellen Wissensproduktion und zu den Sehweisen beiträgt. Auch wird diskutiert, welche Rückschlüsse von spezifischen ästhetischen Formen und Kodes im Film bspw. von Totendarstellun-

gen, auf aktuelle gesellschaftliche Darstellungsmodi und Thematisierungs-(un)
möglichkeiten von sozialen Phänomenen möglich sind.

Der Frage vom Umgang bzw. der Sichtbarkeit und Unsichtbarkeit von toten
Körpern widmet sich Tina Weber. Den Ausgang ihrer Analysen stellt die Beobachtung dar, dass in der Moderne die Verdrängung des Todes in einem eigentüm-
lichen Spannungsverhältnis zur gegenwärtigen Popularisierung und zunehmender
medialer Darstellung des Todes steht. Ausgehend von der Darstellung dieser Entwicklung des Umgangs mit dem Tod und mit toten Körpern führt sie die Bedeutung medialer Darstellungen für die kollektive, visuelle Wissensproduktion aus.
Anhand der Triangulation verschiedener Methoden der medialen Darstellungen
toter Körper in forensischen Autopsien in TV-Serien, arbeitet sie Darstellungsty-
pen toter Körper heraus. Die Autorin legt dar, dass die neuen Darstellungscodes
der Logik der Kunst folgen, und so „ästhetisierte Tote" schaffen. Tina Weber kann
anhand ihrer Arbeit insgesamt das Spannungsverhältnis neuer Totendarstellungen
aufzeigen, die auf den Tod verweisen, aber den „tatsächlichen Tod" nicht zeigen.

Der Produktion und den Verbreitungsmöglichkeiten von Amateurfilmen bzw.
-videos widmet sich Boris Traue in seinem Beitrag zu Bauformen audiovisueller
Diskurse. Er untersucht anhand von Fallbeispielen aus den 1980ern, den 1990ern
und anhand von aktuellen „Bewegtbildern" von Amateuren, welchen Bedingungen diese hinsichtlich der Produktion, der Kuratierung und der Verbreitung unterliegen. Der Autor stellt damit eine Analyse audiovisueller Diskurse vor, die
jeweils mittelbar an kommerzielle Medienproduktion angebunden sind. Die Möglichkeiten des „Regierens" mittels Visualisierungen werden damit vom Autor exemplarisch für die Zeit seit den 1980er Jahren vorgestellt.

Der Dokumentarfilm als spezifisches Bildformat, dem eine besondere soziale Konzeption von Realität zu Grunde liegt, ist Carsten Heinzes Gegenstand
der Diskussion. In der Analyse der spezifischen medialen Konstruktion von Realität im Dokumentartfilm, zeigt Heinze die Fundierung dessen in der erkennt-
nistheoretischen Position des Realismus, die als Vorläufer auch in der Fotografie
und Kunst wirksam ist, auf. Eine Entsprechung dieses Realitätskonzepts lässt sich
auch in aktuellen Reality-TV-Formaten finden. Damit wird eine wichtige Frage
der sozialen Funktion und Wirklichkeitskonstruktion von Bildformaten aufgezeigt: Wie gehen welche Medien und Realitätsvorstellungen in unseren „realistischen Blick auf die Welt" mit ein?

Auch Matthias Blanc widmet sich in seinem Beitrag der Frage, was das „Dokumentarische" als spezifisches Mediengenre auszeichnet. Die verschiedenen heterogenen Facetten des Dokumentarischen werden vom Autor aufgezeigt und so
wird deutlich, dass das, was wir heute als Dokumentarfilm bezeichnen und die

Moderne mit konstituiert, ein komplexes soziales Feld symbolischer Formen ist. Anhand verschiedener Beispiele von Dokumentarfilmen und Geschichtsschreibungen des Dokumentarfilms stellt Blanc die verschiedenen Darstellungssysteme, filmischen Herausforderungen und Kontroversen, die in der Herausbildung des Genres eine Rolle gespielt haben, dar.

Im letzten thematischen Abschnitt widmet sich der Band den **Bildern der Gesellschaft**. Anhand dominanter Bildformen, die global zirkulieren, werden die Ursprünge und Verknüpfungen zu spezifischen Wissenskulturen, deren Seh- und Darstellungsmodi dargelegt. Fragen der Verteilung von Macht und globalen Auseinandersetzungen, die sich auch in die Bilder einschreiben, als auch die Karriere spezifischer Bilder in globalen Diskursen, werden hier diskutiert.

Wie das Wissen der Wirtschafts- und Konjunkturforschung visuell dargestellt wird, untersucht Werner Reichmann anhand von Bildern über den aktuellen und zukünftigen Zustand der Wirtschaft. Diese Bilder sind vor allem in der Wissensvermittlung, kaum aber in der Wissensproduktion, relevant. Anhand der Analysen von Bildern in Fachzeitschriften zeigt er auf, dass insbesondere eine spezifische Form des Schaubilds die Darstellung der Wirtschaft dominiert. In diesem *dominanten Schaubild* verschmelzen ökonomische Begrifflichkeiten und Visualität, es spiegelt das Denkmuster der volkswirtschaftlichen Gesamtrechnung und verweist auf die unterschiedliche Verteilung von Macht in diesem Feld.

Verschiedenen Wissens- und Bildkulturen des (gefährlichen) Klimawandels widmet sich Oliver Powalla in seinem Artikel. In der Gegenüberstellung und Diskussion der statistischen Klimawandelbilder des vierten Sachstandsberichts des International Panel on Climate Change (IPCC), in den Verwundbarkeitskarten der Forschungsgruppe um Karen O'Brien und den Bildern der Navdanja Research Foundation – ein Netzwerk von Saatgutproduzenten und Bauern – zeigt er die pluralistischen Seh- und Darstellungsordnungen und deren unterschiedliche Relevanzsetzungen in den Darstellungen auf. Aber auch die gemeinsamen Fluchtlinien in der globalen visuellen Auseinandersetzung mit dem Klimawandel werden aufgezeigt.

Literatur

Adelmann, R. & Frercks, J. & Heßler, M. & Hennig, J. (2009). *Datenbilder. Zur digitalen Bildpraxis in den Naturwissenschaften.* Bielefeld: transcript.

Becker, H. S. (1974). Photography and sociology. *Studies in the Anthropology of Visual Communication 1*(3).

Boehm, G. (1994). Die Wiederkehr der Bilder. In G. Boehm (Ed.), *Was ist ein Bild?* (S. 11-38). München: Wilhelm Fink Verlag.

Bourdieu, P., Boltanski, L., Castel, R., Chamboredon, J.-C., Lagneau, G., & Schnapper, D. (1981[1965]). *Eine illegitime Kunst. Die sozialen Gebrauchsweisen der Photographie.* Frankfurt a.M.: Europäische Verlagsanstalt.

Bourdieu, P., & Schultheis, F. (2003). *In Algerien : Zeugnisse der Entwurzelung.* Graz: Ed. Camera Austria.

Bredekamp, H. (1993). *Die Geschichte der Kunstkammer und die Zukunft der Kunstgeschichte.* Berlin: Klaus Wagenbach.

Burri, R. V. (2008). *Doing Images. Zur Praxis medizinischer Bilder.* Bielefeld: Transcript.

Burri, R. V., Schubert, C., & Strübing, J. (2011). Introduction: The Five Senses of Science. *STI Studies, 7*(1), 3-7.

Dewey, J. (1896). The Reflex Arc Concept in Psychology. *Psychological Review, 3*, 357-370.

Fleck, L. (1983 [1947]). Sehen, schauen, wissen. In *Erfahrung und Tatsache. Gesammelte Aufsätze.* Frankfurt a.M.: Suhrkamp.

Foucault, M. (1974). *Die Ordnung der Dinge : eine Archäologie der Humanwissenschaften* (1. Aufl.. ed.). Frankfurt a.M.: Suhrkamp.

Foucault, M. (1976a). *Die Geburt der Klinik : eine Archäologie des ärztlichen Blicks* (Ungekürzte Ausg.. ed.). Frankfurt a.M. {[u.a.]: Ullstein.

Foucault, M. (1976b). *Überwachen und Strafen : die Geburt des Gefängnisses* (1. Aufl.. ed.). Frankfurt a.M.: Suhrkamp.

Gehlen, A. (1965). Zeit-Bilder, Zeit-Bilder. Zur Soziologie und Ästhetik der modernen Malerei (2. Aufl). Frankfurt a.M./Bonn: Athenäum.

Gehlen, A. (2004). *Der Mensch : seine Natur und seine Stellung in der Welt* (14. Aufl ed.). Wiebelsheim: AULA-Verl.

Goffman, E. (1959). *The presentation of self in everyday life.* Garden City: Doubleday.

Goffman, E. (1979). *Gender Advertisements.* New York: Harper and Row.

Goodwin, C. (1994). Professional Vision. *American Anthropologist, 96*(3), 606-633.

Heath, C., Hindmarsh, J., & Luff, P. (2010). *Video in Qualitative Research.* London: Sage.

Heintz, B. (2007). Zahlen, Wissen, Objektivität: Wissenschaftssoziologische Perspektiven. In A. Menniken & H. Vollmer (Hrsg.), *Zahlenwerk. Kalkulation, Organisation und Gesellschaft* (S. 65-85). Wiesbaden: VS.

Heintz, B. Heintz, B. & Huber, J. (Hrsg.). (2001). *Mit dem Auge denken. Strategien der Sichtbarmachung in wissenschaftlichen und virtuellen Welten.* Wien: Springer.

Joas, H. (1980). *Praktische Intersubjektivität : d. Entwicklung d. Werkes von George Herbert Mead.* Frankfurt a.M.: Suhrkamp.

Knoblauch, H. (2005). *Wissenssoziologie.* Konstanz: UVK/UTB.

Knoblauch, H. (2012). *PowerPoint, Communication, and the Knowledge Society.* Cambridge: University Press.

Knoblauch, H., Tuma, R., & Schnettler, B. (2010). Interpretative Videoanalysen in der Sozialforschung *Enzyklopädie Erziehungswissenschaften Online www.erzwissonline.de.* Weinheim und München: Juventa

Lammer, C. (Hrsg.). (2001). *Digital Anatomy.* Wien: Turia + Kant.

Luff, P., Hindmarsh, J., & Heath, C. (Hrsg.). (2000). *Workplace Studies. Recovering Work Practice and Informing System Design.* Cambridge: Cambridge University Press.

Lynch, M., & Edgerton Jr, S. Y. (1988). Aesthetics and digital image processing: representational craft in contemporary astronomy. In G. Fyfe & J. Law (Hrsg.), *Picturing Power: Visual Depiction and Social Relations* (S. 184-220). London: Routledge and Kegan Paul.

Maasen, S. & Mayerhausen, T. & Renggli, C. (Hrsg.). (2006). *Bilder als Diskurse-Bilddiskurse.* Weilerswist: Velbrück.

Mannheim, K. (1964 [1921]). Beiträge zur Theorie der Weltanschauungs-Interpretation In K. Mannheim & K. H. Wolff (Hrsg.), *Wissenssoziologie. Auswahl aus dem Werk.* Berlin und Neuwied: Luchterhand.

Margolis, E., & Pauwels, L. (2011). *The SAGE handbook of visual research methods.* Los Angeles: SAGE.

Mead, G. H. (1907). Concerning Animal Perception. *Psychological Review, 14,* 383-390.

Mead, G. H. (1969) *Philosophie der Sozialität* (S. 102-129). Frankfurt a.M.: Suhrkamp.

Mirzoeff, N. (1998). What is visual culture? In N. Mirzoeff (Ed.), *Visual culture reader* (S. 3-13). London: Routledge.

Mitchell, W. J. T. (1997). Der Pictorial Turn. In C. Kravagna (Ed.), *Privileg Blick. Kritik der visuellen Kultur* (S. 15-40). Berlin: ID-Verlag.

Panofsky, Erwin (1975*). Ikonographie und Ikonologie. Eine Einführung in die Kunst der Renaissance.* In: Ders. *Sinn und Deutung in der bildenden Kunst.* Köln: DuMont, 36-67.

Plessner, Helmuth (1941[1970]): Lachen und Weinen. In: Ders., Philosophische Anthropologie, Frankfurt a.M.: Fischer.

Plessner, Helmuth (1970): Anthropologie der Sinne. In: In: Ders., Philosophische Anthropologie, Frankfurt a.M.: Fischer.

Raab, J. (2008). *Visuelle Wissenssoziologie. Theoretische Konzeptionen und materiale Analysen.* Konstanz: UVK Verlag.

Schnettler, B., & Knoblauch, H. (Hrsg.). (2007). *Powerpoint-Präsentationen. Neue Formen der gesellschaftlichen Kommunikation von Wissen.* Konstanz: UVK.

Schnettler, B., & Pötzsch, F. S. (2007). Visuelles Wissen. In R. Schützeichel (Ed.), *Handbuch Wissenssoziologie und Wissensforschung* (S. 472-484). Konstanz: UVK Verlagsgesellschaft.

Shapin, S., & Schaffer, S. (1985). *Leviathan and the air-pump. Hobbes, Boyle, and the experimental life.* Princeton: Princeton University Press.

Simmel, G. (1992 [1908]). Exkurs über die Soziologie der Sinne. In G. Simmel (Ed.), *Soziologie. Untersuchungen über die Formen der Vergesellschaftung, vol. 11 (edited by Otthein Rammstedt)* (S. 722-742). Frankfurt a.M.

Weber, M. (2004). *Zur Musiksoziologie.* Tübingen: Mohr.

Zillien, N. (2009). *Digitale Ungleichheit. Neue Technologien und alte Ungleichheiten in der Informations- und Wissensgesellschaft.* Wiesbaden: VS.

I
Den Blick im Blick

Blowing Up Society: Fotodokumentarische Bildpraktiken im Rahmen einer Visuellen Soziologie

Thomas Abel

1. Einleitung

Den Ausgangspunkt der folgenden Überlegungen zum Einsatz fotodokumentarischer Bildpraktiken im Rahmen einer Visuellen Soziologie bildet der Film *Blow Up* (1966) von Michelangelo Antonioni. Darin wird Fotografie als Werkzeug, Methode und Ressource der Erkenntnisgewinnung eingesetzt. Folglich fragt der Beitrag im ersten Teil, wie eine *aktive* Bildpraxis im Rahmen einer Visuellen Soziologie aussehen könnte und welche Möglichkeiten sie eröffnen würde. Folgend wird mit der Dokumentarischen Fotografie ein Bildprogramm beschrieben, welches im Rahmen einer aktiven Visuellen Soziologie nutzbar gemacht werden könnte.

Im zweiten Teil wird die Bildarbeit des Protagonisten in Antonionis Film *Blow Up* und (Erkenntnis-)Potenziale seiner Fotografien näher beschrieben. Abschließend wird die beschriebene bildpraktische Arbeitsheuristik einer Visuellen Soziologie als zu testendes Verfahren und zur Nachahmung empfohlen. Mit dieser Empfehlung reagiert der Beitrag auf die Herausforderung sozialwissenschaftlicher Forschung, sich im „Zeitalter des Bildes" (vgl. Moholy-Nagy, 1928, S. 233; Benjamin, 1963, S. 64; Kemp, 1979, S. 17) neben einer „Welt als Text" (vgl. Garz & Kraimer, 1994) forschungspraktisch auch evrstärkt mit Bilderfragen auseinanderzusetzen.

Da dem Bereich des Visuellen als Bestandteil des Sozialen in der Vergangenheit zu wenig Beachtung geschenkt wurde, klafft im Bereich der qualitativen sozialwissenschaftlichen Bildforschung eine Forschungslücke. Diese manifestiert sich unter anderem im Fehlen kanonisierter Bildforschungstraditionen und Analyseansätze unter Verwendung entsprechender Bildmethodologien und Bildpraktiken. Obwohl im Bereich der Untersuchung von Bildern *Anderer* (Werbebilder, medizinische Bilder, private Bilder) gerade in den letzten Jahren einige vielversprechende Ansätze und Programme entwickelt wurden, fristet die sozialwissenschaftliche Bildforschung nach wie vor ein Schattendasein im Vergleich zu anderen Forschungszweigen. Wenn Bildforschung betrieben wird, dann zumeist in

Form von Bildanalysen, die auf Methodologien der Kunstwissenschaft und der Kunstgeschichte zurückgreifen (vgl. u. a. Englisch, 1991; Bohnsack, 2001). Alternativ werden Bildinhaltsanalysen mit wissenssoziologischen, sozial- oder praxistheoretischen Überlegungen kombiniert (vgl. u. a. Burri, 2008a, 2008b; Raab, 2008; Breckner, 2010).[1]

Besonders groß ist die Forschungslücke im Bereich der qualitativen Bildforschung dort, wo es um die Herstellung und Nutzung *eigener* Bilder des Sozialen geht. Nicht nur, dass es für eigene Bildpraktiken im Bereich der Geisteswissenschaften generell wenig Vorbilder gibt, an denen man sich orientieren könnte. Auch scheint sich, begünstigt durch die kontrovers geführte Diskussion über die Objektivität versus die Subjektivität von Bildern (vgl. Harper, 2000) und im Zuge einer allgemeinen „Krise der Repräsentation" (vgl. Berg & Fuchs, 1993) eine gewisse Bildskepsis in der qualitativen Sozialforschung etabliert zu haben. Da sich die Sozialwissenschaften bis heute also eher dem Medium Text verbunden fühlen, wurde es versäumt, gewinnbringende Potenziale aktiver bildgebender Verfahren, wie sie beispielsweise in den Naturwissenschaften entwickelt wurden, für die qualitative Sozialforschung zu erarbeiten und nutzbar zu machen und den Forschungszweig einer Visuellen Soziologie systematisch auszubauen und zu stärken.

An die Stelle einer bloßen kritischen Kommentierung und Bewertung von Bildern Anderer und ihrer Bildpraktiken sollte eine sozialwissenschaftliche Umgangspraxis mit dem Medium Bild treten, die selbstverständlich nicht in einen bloßen Objektivismus und Visualismus verfällt, sondern Visualität und Bildlichkeit zur Lösung sozialwissenschaftlicher Forschungsfragen in einem reflexiven Modus aktiv nutzt. Die Visuelle Soziologie bietet dazu Möglichkeiten (vgl. Schelske, 2005), ist hierzulande aber nicht sehr stark vertreten. Ziel ist es, aktive fotografische Bildpraktiken und -methodologien zu entwickeln, mit deren Hilfe sich Erkenntnisse über die Kulturbedingtheit alltagsweltlicher Erscheinungen (vgl. Müller-Doohm, 1997, S. 82) in fotografischen Bildern des Sozialen gewinnen lassen.

2. Sozialwissenschaftliche Forschung als aktive Fotopraxis

Das Bildmedium Fotografie scheint für eine aktive qualitative sozialwissenschaftliche Forschungspraxis besonders prädestiniert zu sein. Diese Einschätzung liegt

---

1   Der Forschungszweig der qualitativen sozialwissenschaftlichen Bildforschung als Bewegtbildforschung, etwa die Videographie oder die Videoanalyse bzw. -interpretation, ist im Gegensatz zur klassischen Bildforschung am Standbild sehr viel weiter verbreitet, standardisierter und innerhalb der Disziplin als Methodologie fest verankert (vgl. u. a. Schnettler et al., 2006; Bohnsack, 2009; Knoblauch et al., 2010; Reichertz & Englert, 2011).

in erster Linie nicht im Abbildcharakter oder der Abbildgenauigkeit der Fotografie begründet.[2] In Fotografien zeigen sich einerseits technisch hergestellte, maschinell-objektivierte Weltbilder und andererseits subjektive Erfahrungsbilder eines Bildproduzenten/Forschers. Die Potenziale von Fotografien als Welt- und gleichzeitig Erfahrungsbilder zu nutzen bedeutet, eine aktive sozialwissenschaftliche Bildherstellung und -auswertung auf Grundlage einer „Praxis des Sehens" zu betreiben (vgl. Schürmann, 2008) und durch die Sicht auf eigens hergestellte Fotografien Einsichten über zu untersuchende Phänomene zu gewinnen.

Die Aufforderung zur Überwindung der weitgehenden „Bildvergessenheit der Soziologie" (Burri, 2008a, S. 54) und eines selbstauferlegten Ikonoklasmus scheint auch insofern gerechtfertigt zu sein, als dass in der Geschichte der qualitativen Sozialforschung durchaus Konstellationen rekonstruierbar sind, in der die heute so weit voneinander entfernten Disziplinen – qualitative Sozialforschung und Fotopraxis – in engem Kontakt standen und sowohl bildtheoretisch als auch bildpraktisch zusammengearbeitet haben.[3]

Dementsprechend ergibt sich eine einfache Ausgangsfrage, nämlich: Können fotografische Bildauffassungen und Bildpraktiken für die qualitative Sozialforschung des Visuellen genutzt werden? Um diese Frage beantworten zu können ist es notwendig, fotografische Theorien und Praktiken näher zu spezifizieren und nach Gemeinsamkeiten zwischen qualitativer Sozialforschung und bestimmten fotografischen Bildauffassungen zu suchen. Mit der Dokumentarischen Fotografie, einer eigenständigen Strömung innerhalb der Fotografie als akademische Profession, scheint eine solche Bildauffassung gefunden zu sein (vgl. Jäger, 2005).[4]

---

2   Entgegen der landläufigen Meinung, dass die Fotografie als technisches Bildmedium objektive Bilder oder Abbilder der Wirklichkeit produziert, überlagern sich in fotografischen Bildern vielmehr objektivistische und subjektivistische Paradigmen (vgl. Mitchell, 2008) und manifestieren sich in den fotografischen Sichtbarkeitsordnungen (vgl. Geimer, 2002).

3   Im historischen Rückblick zeigt sich etwa für Deutschland eine Verbindung zwischen qualitativer Sozialforschung und fotografischer *Neuer Sachlichkeit* zu Beginn des 20. Jahrhunderts und ein bis in die 1930er Jahre andauernder Dialog, der auch durch die Emigration vieler visueller Soziologen und dokumentarisch arbeitender Fotografen während der NS-Zeit abbrach und nach dem Zweiten Weltkrieg in den USA und Großbritannien weitergeführt wurde. Dort fand die Visuelle Soziologie als sozialwissenschaftliche Forschungspraxis vor allem in Arbeiten der *Chicago School* (vgl. Eckardt, 2008) und im Rahmen der *Visual Sociology* (vgl. u. a. Becker, 1995; Chaplin, 1994) Anwendung und wurde systematisch genutzt und weiterentwickelt. Hierzulande konnte die Bildforschungstradition einer Visuellen Soziologie jedoch nicht wiederbelebt werden und hat bis zu der für die Gegenwart konstatierten Entfremdung zwischen qualitativer Sozialforschung und Fotopraxis geführt (vgl. Dreier, 2012; Raab, 2001; Teckenberg, 1982). Als Versuch einer Wiederaufnahme des interdisziplinären Bilddiskurses zwischen akademischer Fotopraxis und anderen bildwissenschaftlichen Disziplinen vgl. Abel & Deppner, 2012.

4   Werden im Vergleich Gemeinsamkeiten sichtbar, spricht das nicht nur für den Einsatz der Dokumentarischen Fotografie als Instrument und Methodologie einer qualitativen Sozial-

3. Dokumentarische Bildauffassung

Um eine fotodokumentarische Bildauffassung zu beschreiben, wie sie innerhalb
der fotoakademischen Praxis existiert, muss der Begriff des „Dokumentarischen"
näher bestimmt werden. Das Dokumentarische bezieht sich dabei in erster Linie
nicht auf fotografische Bilder als glaubhafte und zertifizierte Dokumente, sondern beschreibt eine Arbeitsheuristik. Die Idee der Dokumentarischen Fotografie geht davon aus, dass es möglich ist, Phänomene lebensweltlicher Alltäglich-
keit fotografisch zu beschreiben und für andere sichtbar zu machen. Weniger die
Beweiskraft der fotografischen Abbildung an sich steht dabei im Fokus als eher
die Möglichkeit, kritisches Reflexionsvermögen mit einer empirischen Einstellung in fotografischer Praxis zu kombinieren, im fotografischen Bild zu manifestieren und kommunikativ anschlussfähig zu machen (vgl. Holschbach, 2004).
Im Unterschied zu einer sozial engagierten Fotografie (vgl. Becker, 2006) geht
es dabei weniger darum, den Betrachter emotional an ein Motiv zu binden und
betroffen zu machen, sondern zu zeigen, wie die Welt sich dem Bildproduzenten
mit dem Blick durch die Kamera darstellt beziehungsweise wie er sich die Welt
fotografisch erschließt und zu welchen Ergebnissen er gelangt. Voyeurismus ist
dabei nicht beabsichtigt, etwa das heimliche Beobachten unwissender Personen,
sondern der Versuch der Beschreibung und Manifestation von Felderfahrungen
in fotografischen Erfahrungsbildern (vgl. Schändlinger, 1998). Folgerichtig stehen Menschen auch nicht im Zentrum der fotodokumentarischen Betrachtung
und wenn, dann nicht in ihrer individuellen Erscheinung. Sie sind lediglich Teil
von beschriebenen Phänomenen und Erfahrungen, werden stellvertretend in ihrer Funktion und als Statisten im Rahmen einer visuellen Untersuchung sozialer
Netzwerke mit in den Blick genommen, mit erfahren und mit abgebildet.

Dementsprechend zeichnen sich Darstellungskonzepte einer Dokumentarischen Fotografie zumeist durch Übersichten, Totalen, Frontalansichten und weite Bildausschnitte aus. Detailansichten kommen auch vor, ergeben sich aber in
erster Linie als Bildreaktionen auf Felderfahrungen und bilden nur einen kleinen
Teil des Darstellungsspektrums. Ebenso wichtig wie Überblickskonzepte in der
Darstellung ist der serielle Charakter dokumentarischer Fotopraxis. Es geht niemals um die Herstellung von Einzelbildern, sondern um fotografische Sequenzen,
das Erstellen von Bildkatalogen und -konvoluten. Die sequentielle Fotopraxis im
Feld und eine sich an die Feldarbeit anschließende Auswertungspraxis stehen für
das selbstreflexive Moment dokumentarischer Fotopraxis. Dies bedeutet, dass der
Bildproduzent in der fotografischen Bildherstellungs- und Bildauswertungsphase

forschung des Visuellen. Auch eine starre Grenzziehung zwischen Theorie und Praxis und
zwischen Wissenschaft und Kunst würde damit überwunden.

auf seine jeweilige Forschungsfrage fokussiert ist und auch die eigene Stellung im Feld reflektiert, um sich Bilderkenntnisse zu erarbeiten. Daraus ergibt sich die Aufgabe, Mehrwerte und Probleme von Visualisierungspraktiken zu erkennen, Schwachstellen und blinde Flecken auszumachen und abzustellen, lohnende Aspekte verstärkt in den Blick zu nehmen und zu verfolgen. In diesem Sinne ist dokumentarische Fotopraxis immer an fotodokumentarische Theorieauffassungen gebunden und umgekehrt. Die im Forschungsprozess eigens hergestellten Fotografien dienen dem Bildforscher als visuell manifestierte Daten, Zwischenergebnisse oder erste Ergebnisse visueller Beobachtung und Analyse. Durch die Auswahl einzelner Bilder aus einem erstellten Bildkorpus und ihre Edition zu Bilderreihen und -typologien werden schließlich Aussagen über bestimmte Phänomene auf visueller Ebene getroffen. Die fotografischen Bildstrecken sind als Ergebnisse der visuellen Annäherung an eine Fragestellung zu sehen. Oftmals bauen die einzelnen fotografischen Motive einer Bildserie aufeinander auf und ergänzen sich zu einer Narration. Alternative Formen der Darstellung dekonstruieren ein zu untersuchendes Phänomen in ein Bildsystem, das verschiedene Aspekte eines Forschungsgegenstands in unterschiedlichen Bildvarianten und Bildtypologien zeigt.[5]

Einer Dokumentarischen Fotografie als Praxis kann es demnach nicht um eine schnelle, unreflektierte Praxis der Visualisierung und der Objektivierung gehen. Vielmehr steht gerade die Reflexion im Laufe der sequentiellen Bildarbeit im Feld und in der sich daran anschließenden Bildauswertungsphase im Fokus, die sich Stück für Stück zu einer Bilderkenntnis ausformt. Die andauernde Selbstbefragung des Bildproduzenten trägt dabei zur Aufrechterhaltung der Idee bei, Sehen als sozialwissenschaftliche Bildpraxis in zwei Richtungen zu denken und zu betreiben. Der Blick des Forschers ist dabei dual ausgerichtet – einerseits von sich ausgehend durch den Sucher der Kamera auf die Welt gerichtet, andererseits von der Welt durch das Okular rückwärts gewandt in Richtung des Forschers (vgl. Abel, 2011, S. 216). Das bedeutet, soziale Konfigurationen im Sehen zu erkennen und auf diese in Form von Fotopraxis zu reagieren, etwas aus dem (Vorher-)Bestimmten zu bestimmen und in Form von Bildern als visuelle Erfah-

---

5   Neben diesen visuell manifestierten Beobachtungserfahrungen umfassen Dokumentarische Fotografien im Sinne des Dokumentsinns bei Panofsky selbstverständlich immer auch weltanschauliche, religiöse oder philosophische Vorstellungen und Ideale der Zeit und setzen sie in das fotografische Bild, bringen sie zum Ausdruck ohne dass sie gezielt vom Bildproduzenten zum Ausdruck gebracht werden sollen (vgl. Kutschera, 1998, S. 302). Dokumentarische Fotografien beinhalten dementsprechend neben einer visualisierten fotografischen Erfahrung immer auch einen bestimmten Stil, eine Haltung, einen spezifischen Modus der Motivwahl und eine eigene Ästhetik und damit einen Bedeutungsüberschuss. Diesen gilt es ebenfalls mittels Bildauswertungspraktiken zu reflektieren.

rungen/Erkenntnisse zu vermitteln, ohne dabei die eigene Rolle als Bildproduzent zu negieren. Eva Schürmann formuliert dazu:

> Wie jedes Handeln [...] wird auch das Sehen, wenn es als Tätigkeit verstanden wird, auf die
> sichtbare Welt in ihrer sozialen Konfiguriertheit reagieren [...]. Als Dimension der Praxis um-
> fasst das Sehen die Möglichkeiten des Bestimmens wie des Bestimmt-Werdens. Insofern kann
> Sehen nie ein arbiträrer Konstruktionsakt, wohl aber ein Konstitutionsakt sein, welcher zu-
> gleich vermittelnde Qualitäten hat. (Schürmann, 2008, S. 68)

Sehen als Praxis zu einer sozialwissenschaftlichen Bildpraxis als Konstitutions-
akt mit vermittelnden Qualitäten auszubauen bedeutet, einen gleichzeitig professionellen fotodokumentarischen und fotosoziologischen Blick einzusetzen, wie
man in Anlehnung an Charles Goodwins Überlegungen zum „Professional Vision" sagen könnte (vgl. Goodwin, 1994). Kodieren, Hervorheben und (foto-)grafi-
sches Repräsentieren bilden dabei drei aufeinander abgestimmte und aufeinander
folgende visuelle Praktiken, um Phänomene in einer bestimmten Art und Weise
beschreiben und begreifen zu können. *Kodierungen* werden genutzt, um zu untersuchende Phänomene in „objects of knowledge" (vgl. ebd., S. 606) zu überführen und sie einem Fachdiskurs zugänglich zu machen. Das in den Blick nehmen
des Feldes durch die Kamera mit einer sozialwissenschaftlich-dokumentarischen
Einstellung stellt eine solche Kodierung dar, weil sich die Welt mit dieser Einstellung durch den Kamerasucher anders darstellt als im ›normalen‹ Betrachten.
Hervorhebungen dienen nach Goodwin dazu, spezifische Phänomene und Muster eines komplexen Feldes durch Markierung sichtbar zu machen (vgl. ebd.). Das
Fokussieren eines bestimmten Motivs oder Bildausschnitts aus einer unendlichen
Menge an möglichen Motiven stellt schon eine solche Markierung dar, noch deutlicher aber die Fotoherstellung eines Motivs. Die fototechnische Überführung eines Motivs in ein Negativ/eine Bilddatei ist analog zu Goodwins „production and
articulation of material representations" zu sehen (vgl. ebd., S. 606), der Herstellung und Beschreibung einer materiellen Repräsentation, wobei mit „articulation"
die Beschreibung und Analyse der erstellten Fotografie und deren Präsentation in
einer Bildsequenz oder in einem Bild-Text gemeint ist. Goodwin formuliert dazu:

> *Highlighting, graphic representation,* or *coding scheme* [...] is itself an example of how coding
> schemes are used to organize disparate events into a common analytical framework. (Good-
> win, 1994, S. 607, Herv. i. O.)

Auf das Sehen als visuelle Praxis und als Kodierschema, das eine fotodokumen-
tarisch-sozialwissenschaftliche Bildpraxis organisiert und zu einer allgemein
verständlichen Methodologie ausformt, zielen auch die Ausführungen Bernhard
Waldenfels' ab, wenn er über den Blick nicht „als ein subjektiver Sehakt, sondern

als Sehereignis spricht" (Waldenfels, 2004, S. 607). Durch aktives sozialwissenschaftlich interessiertes und orientiertes Sehen und einen fotodokumentarischen
Zugriff auf Lebenswelten können Fotografien sozialwissenschaftlich relevante
Bilderkenntnisse liefern. Dementsprechend ist eine dokumentarische Fotogra-
fiepraxis als Grundlage für eine sozialwissenschaftliche Bildforschung zu verstehen, die an das fotografische Bild als Erkenntnis-, Deutungs- und Erklärungsmit-
tel glaubt und dieses Versprechen auch einlösen kann. Wie sich diese Lösungen
in der empirischen Forschungspraxis gestalten könnten, soll folgend an dem eingangs erwähnten fiktiven Beispiel gezeigt werden, das Ausgangspunkt der bisherigen Überlegungen war.

4. *Blow Up* (1966): Vorbild einer sozialwissenschaftlich orientierten fotodokumentarischen Bildpraxis

Als Vorbild einer zu erarbeitenden sozialwissenschaftlich orientierten fotodokumentarischen Bildpraxis soll die aktive Bildarbeit des Protagonisten in Antonionis Film *Blow Up* vorgestellt werden. Diese kommt den bisherigen theoretischen
Überlegungen zu einer visuell gestützten und geleiteten aktiven Bildherstellungs-
und Bildauswertungspraxis im Rahmen einer Visuellen Soziologie sehr nahe, auch
wenn es dem Film nicht um die Beschreibung der Arbeit eines visuellen Soziologen geht. Trotzdem soll der Erkenntnis leitende Umgang mit Fotografie(n), der Teil
des Films ist, veranschaulicht werden. Dementsprechend handelt es sich folgend
eher um ein Plädoyer für fotografisch gestützte und geleitete Forschungsansätze
und -methodologien im Rahmen qualitativer Sozialforschung und weniger um
eine ausformulierte Programmschrift. Die schriftlichen Ausführungen der Bildpraxis des Protagonisten werden durch entsprechende Filmstills und Bildsequen-
zen ergänzt, um seine Bildpraxis zu veranschaulichen und die Potenziale der hergestellten und bearbeiteten Fotografien zu verdeutlichen.[6] Verschiedene Aspekte
fotodokumentarischer und sozialwissenschaftlicher Fotografieherstellungs- und
-auswertungspraxis werden nacheinander ausgeführt und bilden als Ganzes eine
Skizze für eine visuell gestützte und geleitete Forschungsmethodologie.

---

6   Für alle gezeigten Bilder/Filmstills dieses Beitrags gilt: Quelle: Ponti, C., Rouve, P. (Producer),
    & Antonioni, M. (Director). (1966). *Blow Up*. Großbritannien: Metro-Goldwyn-Mayer Inc.
    (MGM).

4.1 Fotodokumentarische Arbeit im Feld

Zunächst begibt sich Antonionis Protagonist, der Fotograf Thomas, in das Forschungsfeld, um einen fotografischen Bildkorpus zu seinem gewählten Thema zu
erarbeiten. In einem Londoner Stadtpark beginnt er durch die Kamera blickend
mit seiner visuell gestützten und geleiteten Beobachtung des Lebens- und Sozi-
alraums „Öffentlicher Park". Die Kameraführung des Films gestaltet sich dabei
in der Art, dass der Zuschauer entweder den Fotografen bei seiner Arbeit sehen
kann, also einen Standpunkt hinter dem Fotografen und seinem Fotoapparat einnimmt, oder die Szenerie aus Perspektive des Fotografen beziehungsweise des
Fotoapparates vorgeführt bekommt, also die Blickperspektive des Fotografen/der
Kamera einnimmt. Antonioni zeigt seinen Protagonisten Thomas bei seinen explorativen Untersuchungen, nimmt an seinen Beobachtungen teil, wie er umher-
geht und durch die Kamera blickend und fotografierend den Park erfährt. Thomas fotografiert die Parklandschaft, Menschen und deren Aktivitäten im Park,
spielende Jugendliche, einen Taubenschwarm auf einer Wiese und einen Mann
und eine Frau (vermutlich ein Paar), denen er zufällig vor Ort begegnet. Er entscheidet sich spontan dazu, dem Paar auf seinem Weg durch den Park zu folgen
– eine klassische Herangehensweise im Sinne des Latourschen Appells „follow
the actors" (vgl. Latour 2005, S. 12). Die Filmkamera Antonionis begleitet den
Fotografen dabei (vgl. Abb. 1).

In der Folge fokussiert der Fotograf sein Interesse auf das vermeintliche Paar
im Park und dokumentiert einige seiner Beobachtungserfahrungen mit Hilfe des
Fotoapparates. Aus der Kameraperspektive blickend fertigt er fotografische Bilder des Paares im Kontext „Park" als soziale Konstellation, als visuelle Notizen
und Erfahrungsbilder an.[7] Bei der Beobachtung im Feld entstehen Fotografien als
verflachte, rechteckige Bildausschnitte der Lebenswelt „Park" mit auf visueller
Ebene manifestierten, sozialen Konstellationen und Handlungsmomenten – dauerhafte fotografische Sichtbarkeitsordnungen, die mit Beobachtungserfahrungen
des Forschers verbunden sind.

---

7   Auch wenn an dieser Stelle wiederholt der Vorwurf des Voyeurismus im Raum stehen mag, so
     soll dieser mit dem Hinweis auf die Ausführungen im ersten Teil des Textes neutral als foto-
     grafisches Interesse an sozialen Phänomenen interpretiert werden, bei denen auch Menschen
     als Typen eine Rolle spielen können und (mit) in den Blick und das Bild genommen werden.

Abbildung 1: Der Fotograf Thomas bei seiner fotografischen Arbeit im Park

Neben dem Aufzeichnungsinstrument spielte im Entstehungsprozess der Bilder vor allem der Fotograf hinter dem Apparat eine zentrale Rolle. Er sieht sich mit einer Doppelrolle konfrontiert: zum einen ist er Beobachter einer Situation und zum anderen Datenproduzent. Über seinen Zugriff auf Lebenswelten (hier: Park) überführt er bestimmte Phänomene in seine fotografischen Bildformen – sei es bezüglich einer konkreten Fragestellung oder eher explorativ. Als Felddaten entstehen visuelle Manifestationen beobachteter Phänomene. Mit der Betätigung des Auslösers an der Kamera als gezielte fotografische Bildherstellungsentscheidung und Reaktion auf eine treffende und bestechende Felderfahrung ist dabei immer die Absicht verbunden, Erfahrungen im Bild zu manifestieren, um diese Erfahrungen in der Auswertung zu reflektieren und zu einer (visuellen) Erkenntnis auszubauen.

4.2 Fotodokumentarisches Arbeiten im Labor

Während der fotografischen Beobachtung im Feld gestalten sich Phänomene und Handlungsvollzüge unter Umständen teilweise so flüchtig, undifferenziert und für den fotografierenden Beobachter dermaßen undurchsichtig, dass sie nicht oder nur teilweise wahrgenommen und als Bilderkenntnis in die Bildform transformiert werden können. Unter Umständen werden mit Hilfe des Fotoapparates von flüchtigen und befremdlichen Erfahrungen trotzdem Bilddaten hergestellt, die –

fotografisch stabilisiert, dekontextualisiert und verfremdet – einen nachträglichen, zweiten Blick beziehungsweise eine retrospektive Beobachtungserfahrung auf das so Gewesene (vgl. Barthes, 1989) ermöglichen. Durch eine genaue Betrachtung eigens hergestellter Bilder ist es unter Umständen möglich, auch mit zeitlichem Abstand zum Bildgeschehen bestimmte Aspekte aus dem visuellen Datenmaterial herauszuarbeiten, so dass die auf Dauer gestellten und zur Anschauung gebrachten Bildwelten auf neuartige Weise von Phänomenen und Handlungen berichten können.

Da sich fotografische Daten durch einen Überschuss an visueller Informationen auszeichnen, können einzelne Bildaspekte auch noch in der Auswertungsphase relevant werden, zu Daten, die der Forscher (zufällig) im Datenmaterial entdeckt und Sinn erzeugen. Die nachträgliche Sequenzierung, Gruppen-/Typenbildung und Kontextualisierung von Einzelbildern zu Bilderzählungen beziehungsweise die Fokussierung, Teilvergrößerung, Segmentierung, visuelle Hervorhebung, Markierung und Ergänzung von Einzelbildern als aktive Bildauswertungs- und -bearbeitungspraxis bilden geeignete Praktiken einer aktiven Bildarbeit. Die eigens hergestellten fotografischen Bilder sind nicht mehr länger ›nur‹ primäre Erfahrungsbilder und Reaktionsresultate fotografischer Beobachtung. Vielmehr werden sie als visuelle Vorlagen und Datengrundlagen für eine sekundäre Bildpraxis/Bildbearbeitung verwendet und fokussiert. Dass in der Phase der Datengenerierung begonnene Verfahren der fotografischen Verdichtung setzt sich in der Auswertungsphase weiter fort. Der befremdliche Blick auf die eigenen Bilder der Feldforschung (vgl. Hirschauer, 1997) führt dabei zu einer (erneuten) bildpraktischen Beschäftigung mit den Bilddaten. Dabei werden relevante Informationen und Aspekte hervorgehoben und andere ausgeblendet, um eine visuell nachvollziehbare Argumentationsstruktur (Bild-durch-Bild-Interpretation bzw. Bild-Text-Kombination) und einen *visuellen Text* zu produzieren.

So zeigt Antonioni den Fotografen im Anschluss an seinen Aufenthalt im Feld folgerichtig in seinem Labor bei der praktischen Bildarbeit. Der Zuschauer sieht ihn mit der Filmentwicklung, der Herstellung von Kontaktbögen, der Bildauswahl, und der Produktion einzelner Motive als fotografische Abzüge beschäftigt (vgl. Abb. 2). Bei einer ersten zusammenfassenden Betrachtung seiner Felderfahrungsbilder als Bildsequenz lässt Antonioni in der Mimik und Gestik des Fotografen eine gewisse Unzufriedenheit erkennen. Diese scheint darin begründet zu sein, dass sich der Fotograf seine Felderfahrung durch eine bloße Reproduktion und Edition der Bilder zu einer Bildsequenz nicht schlüssig erklären kann.

Dementsprechend nutzt Antonionis Protagonist Bildpraktiken der wiederholten Fokussierung und Detailvergrößerung (Blow Up) und eine damit – metaphorisch gesprochen – Vergrößerung des Sozialen (blowing up society), um Bilderkenntnisse zu erlangen. Der Zuschauer sieht dem Fotografen bei diesem visuell gestützten und geleiteten Bilderkenntnisprozess wiederum über die Schulter. Antonioni lässt den Zuschauer aber nicht nur an der Beobachtung des Beobachters Thomas und der Bearbeitung seines (Erkenntnis-)Problems teilhaben. Der Regisseur konfrontiert den Zuschauer in vielen Einstellungen auch direkt mit den fotografischen Detailvergrößerungen, die Thomas hergestellt hat. Damit fordert Antonioni den Zuschauer direkt auf, die Perspektive des Protagonisten einzunehmen, sich mit den geschaffenen (Teil-)Bildwelten auseinanderzusetzen und in ihnen auf visuellem Wege Erkenntnisse zu gewinnen.

Schließlich entdeckt der Fotograf im Betrachten seiner, um die Detailvergrößerungen erweiterten Bildstrecke, Phänomene, welche die Lesart seiner Beobachtungen im Feld zwar verändert, seine Beobachtungserfahrungen aber im Rückblick zu stabilen, visuell fundierten Bilderkenntnissen ausformt.[8]

Abbildung 2: Der Fotograf Thomas bei der Auswertung seiner Bilder.

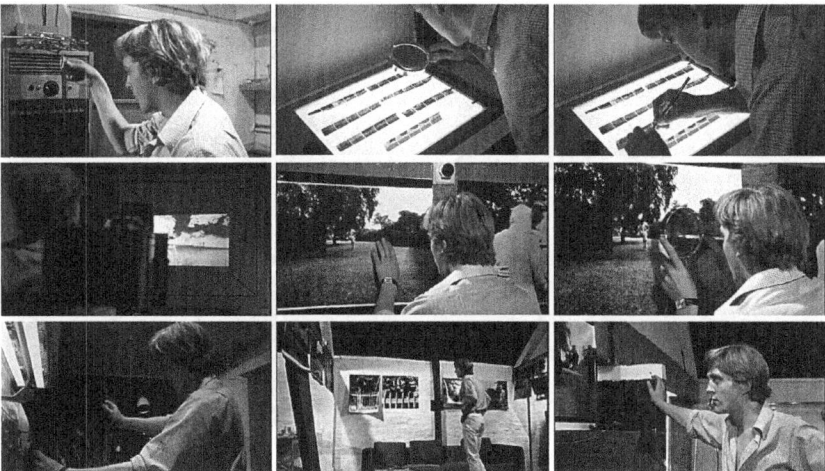

---

8   In diesem Sinne hat Thomas nicht Interaktionen eines Paares beobachtet, sondern ist Zeuge eines Mordkomplotts geworden und hat einige Aspekte des Verbrechens fotografisch festgehalten.

5. Chancen und Grenzen fotodokumentarischer Erkenntnis und Explikation

Als fotografische Reihung und Bildsequenz entsteht aus den einzelnen fotografischen Einzelbildern im Sinne einer Bild-durch-Bild-Interpretation (vgl. Raab, 2008) eine visuelle Argumentationsstruktur und eine „syntagmatische Geschlossenheit" (Michel, 2006, S. 208) innerhalb der Bildstrecke durch zwischenbildliche Bezüge. Allerdings zeigen sich die fotografischen Vergrößerungen als visuelle Manifestationen fotodokumentarischer Praxis und als visuell gestützte Auswertungserkenntnisse in ihrer Erscheinung stets in Abhängigkeit ihrer technischen und medialen Qualität. Sind die Papierabzüge eines ganzen Motivs noch gegenstandsnah in ihrer Gestalt, so zeigen sich die Vergrößerungen teilweise artifiziell und kryptisch (vgl. Abb. 3).

Abbildung 3: Übersicht das Bildkonvoluts mit Vergrößerungen (Blow-Ups).

In ihrer diffusen Erscheinung sind die Blow-Ups „syntagmatisch offen" (vgl. Michel, 2006, S. 208) und setzen eine große Menge an Kontextinformationen voraus, um sie deuten zu können. Ihre Bildgestalt gerät an Darstellungs- und Sichtbarkeitsgrenzen – das Dargestellte entpuppt sich eher als ›Spur‹ von Sichtbarem denn als Sichtbarkeit im Bild (vgl. Ruchatz, 2004). Die dokumentierte Beobachtung im Bild geht nahezu in der Medialität des Mediums (Körnigkeit des fotografischen Films) auf, so dass die visuellen Dokumente eher an künstlerische Fotografien (etwa Abstrakte oder Generative Fotokunst) denn an visuell kodierte Informationen/Ergebnisse erinnern.

Dementsprechend ist visuelle Erkenntnis, Explikation und Argumentation auch immer vom medialen Zugriff und bestimmten Ordnungen der Sichtbarkeit (Geimer, 2002) abhängig, die sich überaus kontingent darstellen und eben auch *kein Bild* sein können. So ist es durchaus ratsam, visuell erarbeitete Forschungsergebnisse schriftlich zu ergänzen und in Bild-Texten zu präsentieren. Andernfalls sind visuelle Darstellungen in ihrer diffusen Figuration unter Umständen allzu vieldeutig.[9] Wohl auch aus diesem Grund greift der Protagonist Thomas zur Erklärung der beobachteten Vorgänge neben den Bildern auf sprachliche Kommunikationsmittel zurück, eignet sich die Blow-Ups damit kommunikativ an, und kann Bilderkenntnisse kommunikativ anschlussfähig machen. Diese sprachliche/schriftliche Aneignungspraxis wird auch für eine visuell geleitete und gestützte fotodokumentarische Bildpraxis durchaus hilfreich und bereichernd sein.

6. Ausblick

Auch wenn der Film *Blow Up* nicht den Anspruch erhebt, ein soziologischer Lehrfilm zu sein, so ergeben sich in seiner ›Lektüre‹ durchaus fruchtbare Perspektiven für das Nachdenken über visuell gestützte und geleitete Methodologien einer empirisch-praktischen Bildarbeit im Rahmen einer Visuellen Soziologie. In der Beschreibung einer nahezu fotodokumentarischen Forschungspraxis wird eine Heuristik beschrieben, die in zwei Richtungen zielt. Erstens geht es darum, den Blick durch die Kamera auf ›die Welt‹ zu richten, sich ein Bild zu machen, zu erfahren, zu hinterfragen und zu reflektieren und bildlich zu manifestieren. Zweitens geht es darum, die fotografische Blickrichtung umzukehren, nämlich den Weg vom Objekt durch die Kamera in das fotografisch-forschende Auge zurück zu verfolgen. Diese theoretische Perspektive ist nicht weniger aufschlussreich, fokussiert sie doch das Verhältnis von Beobachtung, Bildpraxis und (Objekt-)Welt.

Eine fotodokumentarische Forschungspraxis als aktive Form Visueller Soziologie kann soziale Phänomene, Zustände und gesellschaftliche Strukturen in fotografischen Daten beschreiben als auch Sehordnungen und -praktiken der visuell forschenden Fotografen/Sozialwissenschaftler (selbst-)thematisieren. Dar-

---

9   In diesem Sinne drückt es auch eine Darstellerin im Film Antonionis beim Betrachten eines stark vergrößerten Bildausschnitts aus. An die Action-Paintings des amerikanischen Malers Jackson Pollock erinnert formuliert sie: „It [die Vergrößerung der Fotografie] looks like one of these paintings".

über hinaus bietet sie ein adäquates Darstellungskonzept, um Bilderfahrungen in eigenen Bildern des Sozialen zu visualisieren und zu präsentieren. Durch entsprechende Praktiken der Herstellung und Auswertung/Bearbeitung können eigens hergestellte fotografische Bilder zur Objektivierung, Institutionalisierung und Legitimierung einer visuell geleiteten qualitativen Feldforschung und sozialwissenschaftlicher Wissensbilder beitragen. Als Bildtypologien, -reihen, bearbeitete Bilder etc. und im Zusammenspiel mit schriftlichen Ausführungen entwickeln sie einen Mehrwert gegenüber bloßen textlichen Darstellungen als *Bild-Texte des Sozialen*. Auch wenn die Darstellung einer *erkennenden Bildpraxis* in Antonionis Film teilweise auf traditionelle fotografische Klischees rekurriert und in Teilen übertrieben wirkt (was selbstverständlich auch der Dramaturgie des Films als fiktives Beispiel geschuldet ist) scheint der darin skizzierte Umgang mit Fotografie somit für die Visuelle Soziologie durchaus nachahmenswert. Das ist aber nur ein Grund, warum man sich den Film Antonionis unbedingt anschauen sollte.

Literatur

Abel, T. & Deppner, M. R. (Hrsg.). (erscheint 2012). Undisziplinierte Bilder. Fotografie als dialogische Struktur. Bielefeld: Transcript.

Abel, T. (2011). Bilder zweiter Ordnung. Untersuchung digitaler fotografischer Portraitpraxis mittels Fotografie(n). In I. Ziehe & U. Hägele (Hrsg.), Visuelle Medien und Forschung. Über den wissenschaftlich-methodischen Umgang mit Fotografie und Film (S. 199-218). Münster: Waxmann.

Barthes, R. (1989). Die helle Kammer. Bemerkungen zur Photographie. Frankfurt a.M.: Suhrkamp.

Becker, B. (2006). Fotografie als Medium der Kritik. Probleme und Möglichkeiten der Sozialdokumentarischen Fotografie. In B. Becker & J. Wehner (Hrsg.), Kulturindustrie reviewed. Ansätze zur kritischen Reflexion der Mediengesellschaft (S. 103-126). Bielefeld: Transcript.

Becker, H. (1995). Visual sociology, documentary photography, and photojournalism: it's (almost) all a matter of context. Visual Sociology 10(1-2), S. 5-14.

Benjamin, W. (1963). Das Kunstwerk im Zeitalter seiner technischen Reproduzierbarkeit. Drei Studien zur Kunstsoziologie. Frankfurt a.M.: Suhrkamp.

Berg, E. & Fuchs, M. (Hrsg.). (1993). Kultur, soziale Praxis, Text. Frankfurt a.M.: Suhrkamp.

Bohnsack, R., Nentwig-Gesemann, I., & Nohl, A.-M. (Hrsg.). (2001). Die dokumentarische Methode und ihre Forschungspraxis. Grundlagen qualitativer Sozialforschung. Opladen: Leske + Budrich.

Bohnsack, Ralf (2009). Qualitative Bild- und Videointerpretation. Die dokumentarische Methode, Opladen: Leske + Budrich.

Breckner, R. (2010). Sozialtheorie des Bildes. Zur interpretativen Analyse von Bildern und Fotografien. Bielefeld: Transcript.

Burri, R. (2008a). Doing Images. Zur Praxis medizinischer Bilder. Bielefeld: Transcript.

Burri, R. (2008b). Bilder als soziale Praxis: Grundlegungen einer Soziologie des Visuellen. Zeitschrift für Soziologie, 37(4), S. 342-358.

Chaplin, E. (1994). Sociology and Visual Representation. London: Routledge.

Dreier, V. (erscheint 2012). Zum epistemischen und methodischen Status von Fotografien in der empirischen Sozialforschung. In T. Abel & M. R. Deppner (Hrsg.), Undisziplinierte Bilder. Fotografie als dialogische Struktur (S. 29-59). Bielefeld: Transcript.

Eckardt, F. (2008). Chicago School revisited – Zur Fotografie als stadtsoziologischer Erkenntnismöglichkeit. In: D. Sack & U. Thöle (Hrsg.), Soziale Demokratie, die Stadt und das randständige Ich. Dialoge zwischen politischer Theorie und Lebenswelt (S. 197-218). Kassel: Kassel University Press.

Englisch, F. (1991). Bildanalyse in strukturalhermeneutischer Einstellung. In D. Garz & K. Kraimer (Hrsg.), Qualitativ-empirische Sozialforschung (S. 133-176). Opladen: Westdeutscher Verlag.

Garz, D. & Kraimer, K. (Hrsg.). (1994). Die Welt als Text. Theorie, Kritik und Praxis der objektiven Hermeneutik. Frankfurt a.M.: Suhrkamp.

Geimer, P. (Hrsg.) (2002). Ordnungen der Sichtbarkeit. Fotografie in Wissenschaft, Kunst und Technologie. Frankfurt a.M.: Suhrkamp.

Goodwin, C. (1994). Professional Vision. American Anthropologist, 96(3), S. 606-633.

Harper, D. (2000). Fotografien als sozialwissenschaftliche Daten. In U. Flick, E. von Kardorff & I. Steinke (Hrsg.). Qualitative Forschung. Ein Handbuch (S. 402-415). Reinbek: Rowohlt.

Hirschauer, S. (Hrsg.) (1997). Die Befremdung der eigenen Kultur. Zur ethnographischen Herausforderung soziologischer Empirie. Frankfurt a.M.: Suhrkamp.

Holschbach, S. (2004). Im Zweifel für die Wirklichkeit – zu Begriff und Geschichte Dokumentarischer Fotografie. In S. Schneider & S. Grebe (Hrsg.), Wirklich wahr! Realitätsversprechen von Fotografien (S. 23-30). Ostfildern: Hatje Cantz.

Jäger, G. (2005). Bildsystem Fotografie. In K. Sachs-Hombach (Hrsg.), Bildwissenschaft. Disziplinen, Themen, Methoden (S. 349-364), Frankfurt a.M.: Suhrkamp.

Kemp, W. (1979). Theorie der Fotografie II 1912–1945. München: Schirmer/Mosel.

Knoblauch, H., Tuma, R., & Schnettler, B. (2010). Interpretative Videoanalysen in der Sozialforschung. Enzyklopädie Erziehungswissenschaften Online. URL: http://www.erzwissonline.de/fachgebiete/methoden_erziehungswissenschaftlicher_forschung/beitraege/07100074.htm?2 (10.11.2011).

Kraimer, K. (2010). Fotos als Zeigefinger des Sozialen. In: Sozialwissenschaftliche Literaturrundschau, Heft 3, S. 1-23.

Kutschera, F. von (1998). Ästhetik, 2. Auflage. Berlin: de Gruyter.

Latour, B. (2005). Reassembling the social: An introduction to Actor-Network Theory. Oxford: Oxford University Press.

Lucht, P. & Tuma, R. (2010). Visualisierung von Wissen und Bilder des Sozialen: Soziale Praktiken, Herstellungsprozesse und Deutungen – Aktuelle Entwicklungen in der visuellen Soziologie. URL: http://hsozkult.geschichte.hu-berlin.de/termine/id=15094 (11.12.2011).

Michel, B. (2001). Fotografien und ihre Lesarten. Dokumentarische Interpretation von Bildrezeptionsprozessen. In R. Bohnsack, I. Nentwig-Gesemann & A.-M. Nohl (Hrsg.), Die dokumentarische Methode und ihre Forschungspraxis (S. 91-121). Opladen: Leske + Budrich.

Michel, B. (2006). Bild und Habitus. Sinnbildungsprozesse bei der Rezeption von Fotografien. Wiesbaden: VS.

Mitchell, W. J. T. (2008). Bildtheorie. Frankfurt a.M.: Suhrkamp.

Moholy-Nagy, Laszlo (1928). Diskussionsbeitrag zum Artikel von Ernst Kallai: Malerei und Photographie. i10 (6), S. 233-234.

Müller-Doohm, S. (1993). Visuelles Verstehen – Konzepte kultursoziologischer Bilhermeneutik. In T. Jung & S. Müller-Doohm (Hrsg.), ›Wirklichkeit‹ im Deutungsprozess. Verstehen und Methoden in den Kultur- und Sozialwissenschaften (S. 438-457). Frankfurt a.M.: Suhrkamp.

Müller-Doohm, S. (1997). Bildinterpretation als struktural-hermeneutische Symbolanalyse. In R. Hitzler & A. Honer (Hrsg.), Sozialwissenschaftliche Hermeneutik. Eine Einführung (S. 81-108). Opladen: Leske + Budrich.

Raab, J. (2001). Medialisierung, Bildästhetik, Vergemeinschaftung. Ansätze einer visuellen Soziologie am Beispiel von Amateurclubvideos. In T. Knieper & Marion G. Müller (Hrsg.), Kommunikation visuell. Das Bild als Forschungsgegenstand – Grundlagen und Perspektiven (S. 37-63). Köln: Herbert von Halem.

Raab, Jürgen (2008). Visuelle Wissenssoziologie. Theoretische Konzeption und materiale Analysen. Konstanz: UVK.

Reichertz, J. & Englert, C. J. (2011). Einführung in die qualitative Videoanalyse. Eine hermeneutisch-wissenssoziologische Fallanalyse. Wiesbaden: VS-Verlag.

Ruchatz, J. (2004). Fotografische Gedächtnisse. Ein Panorama medienwissenschaftlicher Fragestellungen. In A. Erll & A. Nünning (Hrsg.), Medien des kollektiven Gedächtnisses. Konstruktivität, Historizität, Kulturspezifität (S. 83-108). Berlin/New York: De Gruyter.

Schändlinger, R. (1998). Erfahrungsbilder. Visuelle Soziologie und dokumentarischer Film. Konstanz: UVK.

Schelske, A. (2005). Soziologie. In K. Sachs-Hombach (Hrsg.), Bildwissenschaft. Disziplinen, Themen, Methoden. (S. 257-267). Frankfurt a.M.: Suhrkamp.

Schnettler, B., Knoblauch, H., Raab, J., & Soeffner, H.G. (2006). Video-Analysis. Methodology and Methods – Qualitative Audiovisual Data Analysis in Sociology. Frankfurt a.M.: Peter Lang.

Schürmann, E. (2008). Sehen als Praxis. Ethisch-ästhetische Studien zum Verhältnis von Sicht und Einsicht. Frankfurt a.M.: Suhrkamp.

Teckenberg, W. (1982). Bildwirklichkeit und soziale Wirklichkeit. Der Einsatz von Fotos in der Soziologie. Soziale Welt. Zeitschrift für sozialwissenschaftliche Forschung und Praxis, 33(2), S. 169-207.

Waldenfels, B. (2004). Von der Wirkmacht und Wirkkraft der Bilder. In G. Boehm & B. Mersmann (Hrsg.), Movens Bild: zwischen Evidenz und Affekt (47-65). München: Fink Verlag.

Visuelles Wissen: Die Videoanalyse im Blick[1]

René Tuma

1. Visuelles Wissen

Mittels neuer immer breiter verfügbarer visueller Technologien können Bilder und vor allem auch bewegte Bilder einfacher hergestellt, geteilt und reproduziert werden. Mit der Technikentwicklung geht gleichzeitig die Entwicklung entsprechender Nutzungsweisen quer zu allen gesellschaftlichen Bereichen einher. Deutlich lässt sich die Verbreitung der Technikverwendung an visuellen Kommunikationsformen ablesen, wie sie die Verbreitung von PowerPoint und ähnlichen Präsentationsprogrammen zeigt (Knoblauch, 2012; Schnettler & Knoblauch, 2007): Durch die Veränderung gesellschaftlich etablierter Kommunikationsformen sind neue Arten visualisierter Darbietungen von Wissen entstanden. Der wissenssoziologische Zugang zum Phänomen Visualität hat das Ziel diese Kommunikationsformen in ihrer lokalen Umsetzung aber auch ihre globale Verbreitung in den Blick zu nehmen. Die visuellen Ausdrucksformen werden jedoch nicht nur *verbreitet* – sie werden auch *produziert* und *verarbeitet* (Schnettler, 2007, S. 189).

Will man die Eigenheiten visueller im Kontrast zu verbalisierter oder textlicher Wissenskommunikation herausarbeiten, müssen sowohl die Darbietungswie die Rezeptionsformen visuellen Wissens untersucht werden. Eine weit verbreitete Form – nicht nur im Rahmen der Wissenschaft – sondern in einer ganzen Vielzahl von sozialen Feldern ist die Herstellung und vor allem auch Auswertung von audiovisuellen Daten, kurz Videos. Dieser Aufsatz soll vor allem thematisieren, wie diese besonders in Arbeitskontexten alltäglich betrachtet, analysiert und zu praktischen Zwecken gedeutet werden. Ich betrachte die Interpretation von Videos in diesem Kontext als Teil der kommunikativen Wirklichkeitskonstruktion, die ich mit dem Begriff *Vernacular Video Analysis*[2] beschreibe. Diese

---

1   Teile der Analyse und des Arguments wurden in den Aufsätzen (Tuma, 2012a, 2012b) entwickelt und hier zusammengeführt. Herzlich bedanken möchte ich mich bei Theresa Vollmer und René Wilke für die wertvollen Hinweise und Korrekturen sowie bei den MitarbeiterInnen im anonym bleibenden Unternehmen für den spannenden Zugang.

2   Der etwas sperrig klingende Begriff aus dem Englischen versucht das Alltägliche in der Nutzung in verschiedensten Kontexten, die durchaus über ein Sonderwissen verfügen und teilweise auch

soziale Form werde ich im Rahmen videographischer Arbeiten im Detail untersuchen und erste Ergebnisse aus einer Studie im Feld der Usability und Marktforschung, die mit Videodaten arbeitet, vorstellen.

2. Vernacular Video Analysis

Besonders in Kontexten, in denen auf ein klares Ziel hin gehandelt wird, seien sie professionalisiert oder (noch) nicht, wurden vielerlei Formen der Videoanalyse entwickelt. Hierfür verwende ich den umfassenden Begriff der *Vernacular Video Analysis*, der das alltägliche, über verschiedene Kontexte und mit unterschiedlichem Grad an Expertise durchgeführte Auswerten von Videos bezeichnet. Genauer soll darunter die systematische (oft „diskursive") Betrachtung und Auswertung von aufgezeichneten audio-visuellen Daten zur zielgerichteten Analyse des Handelns, Verhaltens und Bewegens von menschlichen Akteuren in spezifischen Kontexten bezeichnet werden.

Bei Videoanalyse denken wir zunächst an Bereiche wie die Detektiv- oder Polizeiarbeit, in denen Spurensuche betrieben wird oder, dem nicht unähnlich, an die Psychologie und die Sozialwissenschaften, wo menschliche Handlungen analysiert werden (vgl. hierzu auch den Beitrag von Abel in diesem Band). Diese Form der Analyse von Bildern und Videos am Computer ist bereits so etabliert, dass sich für ihre Thematisierung in Fernseh- und Filmformaten bereits ein bestimmtes Klischee herausgebildet hat: Auf der Videoplattform YouTube hat der User *Dunk3D* einen Zusammenschnitt solcher Sequenzen aus bekannten Spielfilmen eingestellt, die mit der titelgebenden wiederholten Aussage „Enhance it" eine naive Technikeuphorie bei gleichzeitig weitgehender Technikunkenntnis darstellen und persiflieren.[3] Diese Darstellung ist zunächst eine mediale Repräsentation einer Praxis, die kondensiert und überspitzt das Wissen über diese repräsentiert, und soll hier dazu dienen die Differenzen sichtbar zu machen:

---

professionalisiert verfasst sein können, zu erfassen ohne die Irritationen des unterschiedlich verwendeten Professionsbegriffes mitzuführen. Gleichzeitig soll angedeutet werden, dass es eben nicht (nur) um die spezifische Videoanalyse, wie sie in den Sozialwissenschaften als Methode verwendet wird, geht.

3   Das Video hat im Sommer 2012 1,7 Millionen ZuschauerInnen gefunden. Quelle http://www. youtube.com/watch?v=Vxq9yj2pVWk

Abbildung 1: Screenshot aus *Let's enhance*

Typischerweise existiert innerhalb der Handlung der hier zusammengeschnittenen Filme und Serien eine Video- oder Bildaufnahme, die ein Geheimnis beinhaltet oder deren „Entschlüsselung" Hinweise auf einen Ereignisverlauf ermöglichen soll, den die Protagonisten verstehen wollen. Die Darstellung der Interpretation folgt in der medialen Inszenierung immer demselben Muster: Die Akteure nehmen eine auf einen Computerbildschirm fokussierte Körperformation ein, es wird konzentriert dem „Computerexperten" dabei zugesehen wie er die Maschine bedient und der aufmerksame (zumeist) Hauptdarsteller entdeckt ein Detail, das anschließend technisch *enhanced* werden soll. So findet sich auch in nahezu jedem der aufgeführten Hollywood Filme der Satz „Can you enhance it?".

Videoanalytische Arbeit wird hier also imaginiert als spurensuchende Tätigkeit welche, wie die ironisch zugespitzte YouTube-Fassung zeigt, einerseits in arbeitsteiligen Teams und andererseits höchst technisiert abläuft. Analyse in dem Sinne findet nicht statt – das Sehen ist hier zwar durchaus ein sozialer Vorgang, der mit Zeigen und Sichtbarmachen einhergeht, die eigentliche Analysearbeit wird jedoch (in den meisten Fällen) vom Computer durchgeführt, der lediglich das Bild *enhancen*, also in besserer Qualität darstellen muss, dann wird das zu Deutende sichtbar.

Als soziologisch Forschende wollen wir uns aber nicht mit den medialen Repräsentationen zufrieden geben, sondern in die tatsächliche Praxis der Videoanalyse hineinblicken, wie sie alltäglich in verschiedensten Kontexten stattfindet.

3. Das Video

Unter Video können wir mit Zielinski (2010 [1986]) ein konkretes technisches Sachsystem verstehen, einen „Apparat, mit dessen Hilfe man Ton-Bilder elektromagnetisch aufzeichnen kann." Der Autor stellt fest, dass sich dieses Medium im Umbruch zwischen Massenmedien (wie dem Kino) und netzwerkartigen neuen Formen (wie dem Internet) entwickelte, da es einerseits elektronisch funktioniert und andererseits die Produktionsmittel der privaten Aneignung zugänglich macht. Diese Eigenschaften sind sicherlich relevant für die weite Verbreitung und vor allem für die Vielfalt der Nutzungsweisen, die Video als Camcorder oder in CCTV Systemen nach sich zog. Video ermöglicht es nahezu jedem Ton und Bilder, also lokale Ereignisse, aufzuzeichnen, d. h. zu konservieren. Video wie auch andere Medien erlauben also, bestimmte Aspekte von Geschehnissen zu objektivieren, in den materiellen Träger einzuschreiben und sie so immer wieder verfügbar zu machen. Das kann über ein Protokoll über eine Situation geschehen, in dem genau verzeichnet wird, wer was gesagt hat, in anderer Form durch ein Tonband, das auch noch die Form des Sprechens inklusive Betonung und parasprachlicher Elemente etc. bewahrt oder, wie hier betont, per Video, das eine visuelle Perspektive auf die Situation herstellt und diese audio-visuell konserviert. Bei solchen Objektivationen sprechen wir zumeist davon, dass Informationen abgespeichert wurden, sollten aber nicht übersehen, dass dies kein neutraler Vorgang sondern eine spezifische „technische" Handlung ist.

In methodischen Texten haben eine Reihe Autoren dies reflektiert (Bergmann, 1985; Heath, Hindmarsh, & Luff, 2010; Knoblauch, 2006, 2011). Das technische Medium kann immer nur bestimmte Eigenschaften konservieren. Film und Video haben die besondere Eigenart, visuelle und akustische Merkmale des aufgezeichneten *mimetisch* zu erfassen, d. h. nicht nur sinngemäß zu repräsentieren, sondern visuelle Eigenschaften und auch die zeitliche Abfolge (*Chronizität*) zu objektivieren. Die Videotechnik erlaubt also eine mimetische Reproduktion dessen, was einmal geschehen ist. Es bleibt aber eine Reproduktion, denn das Video holt nicht das Ereignis wieder hervor sondern stets nur eine bestimmte Perspektive darauf, die sich in der spezifischen Art und Weise wie die Aufnahme konstruiert wurde, gestaltet (als „Kamerahandlung", mit Englert [in diesem Band] gesprochen).

Das Herstellen der Videos, auf das hier nur am Rande eingegangen werden soll, stellt einen Teil einer spezifischen Handlung dar die eingebettet in einen situativen Kontext ist. Dasselbe gilt eben auch für die Rezeption der Aufzeichnung. Es gibt verschiedene Formen dieser Rezeption: Ein Video zu analysieren bedeutet andere Handlungsschritte als etwa einen Film anzusehen. Das äußert sich nicht nur in der unterschiedlichen Geistes- und auch Körperhaltung während dieser Tätigkeiten, sondern auch in der unterschiedlichen Nutzung der Technologie. Der Zuschauer eines spannenden Thrillers wird nur im Ausnahmefall den Film mitten in der Handlung anhalten und eine Sequenz wieder und wieder betrachten und mit seinen Mitsehern darüber diskutieren (es sei denn er betreibt eine Form von Filmanalyse) und die Ergebnisse in Transskripte eintragen.

Das Analysieren des Videos wird hier, wie oben bereits erwähnt, als kommunikative Form betrachtet, welche von Akteuren in verschiedenen Kontexten durchgeführt wird. Der Prozess der Analyse des Videos bedeutet also eine spezifische Rekonstruktion dessen, auf was diese Konservierung verweist.

4. Videoanalyse als interaktive Praxis

Die Interpretation der Daten und die zielgerichtet Analyse, die auf ein bestimmtes Handlungsziel bezogen ist, werden mittels einer Reihe visueller Methoden hergestellt, die eine Reihe von Autoren thematisiert haben. So nimmt Reichert (2007) die Verwendung von Video aus einer wissenschaftshistorischen und medienarchäologischen Perspektive in den Blick und beschreibt den Zusammenhang als Dispositiv, in dem sich das Kino und die Humanwissenschaften miteinander verbinden und ein spezifisches Wissen über den Menschen herstellen. Das Kino wird als Apparat beschrieben, welcher als „Transformationsmaschine zur Organisation psychischer Dispositionen und Blickstrukturen" (a. a. O.: 11) fungiert. Der Autor analysiert, stark von Foucault geprägt, wie das Subjekt mittels bestimmter visueller Strategien vermessen, diszipliniert und normalisiert wird, indem Film, aber später auch Video, zur Beobachtung, Aufzeichnung, Demonstration, Instruktion und Optimierung menschlicher Tätigkeit genutzt wird. Es werden nicht nur Wissensinhalte hervorgebracht, sondern die Form dieser konstituiert. All dies zeigt Reichert an verschiedenen historischen Beispielen auf, wie etwa dem Stanford Prison Experiment und seiner für Filmaufnahmen geplanten Laborarchitektur, aber auch an Darstellungsformaten wie etwa dem ethnologischen Film oder Lehr- und Propagandafilmen in verschiedenen Epochen.

Einen grundsätzlich anderen Zugang zum Gegenstand wählt die aus der Konversationsanalyse und Ethnomethodologie stammende Forschungsrichtung, die uns als Workplace Studies (Knoblauch & Heath, 1999) bekannt sind (und an die auch die hier verwendete Methode anschließt). Selber mit Video arbeitend, beginnt eine reflexive Zuwendung zu den eigenen Werkzeugen und der eigenen Sicht auf die Welt. Zugrunde liegt hier das Verständnis des Sehens als sozialem Phänomen. Bereits bei Simmel und Goffman thematisiert, war Goodwin (1994; 1996) in der Lage, Sehpraktiken aufzuzeichnen und im Detail zu untersuchen.

Auf Grundlage der konversationsanalytischen Verfahren, werden diese erweitert und einzelne Blicke und Bewegungen als Kommunikationszüge verstanden, die von Akteuren situativ hervorgebracht werden:

> Seeing is investigated as a socially situated, historically constituted body of practices through which the objects of knowledge which animate the discourse of a profession are constructed and shaped. (Goodwin 1994, S.606)

Er illustriert die Sehpraktiken neben einigen anderen Beispielen vor allem am Rodney King Prozess. Einige Polizisten wurden in den 90ern angeklagt in Kalifornien einen afroamerikanischen Autofahrer (aus rassistischen Motiven) verprügelt und schwer verletzt zu haben. Mittels verschiedener (kommunikativer) Praktiken (*Coding Scheme, Highlighting und Graphical Representation*) gelingt es vor Gericht den Verteidigern das Ereignis anhand von Videomaterial, das den Übergriff dokumentierte, auf eine bestimmte Art und Weise zu rekonstruieren und damit eine Wirklichkeit, die in weiterer Fortsetzung bis zu Aufständen in Los Angeles reichte, zu erzeugen und eine Neuauflage des Verfahrens notwendig zu machen. Es gab eine breite öffentliche Diskussion ob eine voreingenommene „weiße" Jury Grund des (Fehl-)Urteils gewesen sei, Goodwin weist aber darauf hin, dass auch in solch einem Verfahren konkrete kommunikative Rekonstruktionspraktiken im Kern des Prozesses stehen, und nicht lediglich kognitive Entscheidungen.

Heath, Luff und Sanchez-Svensson (2002) haben im Rahmen der Workplace Studies auch die Rolle von CCTV Bildern, die in Kontrollräumen *monitored* werden, betrachtet. Sie zeigen insbesondere auf, wie diese in die konkreten organisierten Arbeitsprozesse eingebunden sind und wie die Übertragung zur feinsten Koordination der Arbeitstätigkeiten genutzt wird. Das Betrachten der Videobildschirme ist also nicht einfach abtrennbar von der Arbeitspraxis und den zu lösenden Problemen.

Die Aufgaben unterscheiden sich von Kontext zu Kontext – und gerade der vom akuten Handlungsdruck entlastete Kontext der Wissenschaft stellt ein wichtiges Feld dar, so haben Tutt und Hindmarsh (2007; 2008; 2011; 2012) sich genau diesem zugewendet und die Datensitzungen, wie sie von Sozialwissenschaftlern durchgeführt werden, gefilmt und einer reflexiven Analyse unterzogen. Die Autoren befassen sich insbesondere mit der Frage, wie gemeinsame Aufmerksamkeitsfoki hergestellt werden können (2007) und welche Rolle der Einbezug des Körpers im Rahmen von Reenactments spielt (vgl. hierzu auch Tuma 2012a).Weitere Analysepraktiken wurden bislang kaum untersucht, sieht man von einigen wenigen praktischen Hinweisen ab.

Meine bereits angedeutete These lautet, dass Videoanalysen nun in einer Reihe von Feldern vorkommen und dort je spezifische Sehweisen hervorbringen, die anschließend das Wissen des Feldes formen. Diese Felder ziehen sich quer durch alle Institutionenbereiche, wie die (nicht abgeschlossene) Liste andeutet:

- Überwachung/Polizei/Gericht/Demonstrationen
- Physiologie/Medizin
- Sport(-training/-wissenschaft)
- Theater/Musik/Kunst/Performanz
- Psychologie, Pädagogik
- Scientific Management/Usability
- Marketing/Marktforschung
- Kommunikationstraining/Rhetorik/Homiletik
- ...

In all diesen Bereichen werden nachweislich Videoaufnahmen menschlichen Verhaltens und Handelns[4] gefilmt und anschließend diese Aufnahmen einer genaueren Analyse bzw. Interpretation unterzogen. Diese Interpretationen finden auf Grundlage verschiedener Methodologien statt. In der Wissenschaft sind diese ausdefiniert, in anderen Bereichen ist eine Reflexion hierüber in der Alltagspraxis nicht genauer definiert jedoch in die Analysepraktiken „eingeschrieben". Im Folgenden werde ich genauer auf ein Unternehmen der (von psychologischen Methoden geprägten) Marktforschung eingehen.

5. Videoanalysen in der Marktforschung

Betrachten wir die Videogestützte Usability und Marktforschung[5] als ein Feld in welchem Videoanalysen durchgeführt werden. Es existieren in diesem Feld verschiedenste Verfahren, die zumeist angewandte Formen wissenschaftlicher Verfahren darstellen und sich je nach Ursprungsdisziplin unterscheiden: Zum Bei-

---

4   Aufnahmen die sich nicht auf menschliches Handeln beziehen wurden hier aus Forschungspragmatischen Gründen zunächst außen vor gelassen, stellen aber ein weiteres Feld, insbesondere für die Science and Technology Studies dar.

5   In diesem Bereich ist im Moment eine (fokussiert-) ethnographische Studie (Knoblauch, 2001) im Gange, die den Umgang mit Video in professionellen Kontexten untersucht. In diesem Fall in einem spezialisierten Marktforschungsunternehmen, das aus Datenschutzgründen anonym bleiben muss. Es handelt sich zunächst um eine Einzelfallstudie. In dem Fall gibt es eine Reihe weiterer Akteure mit ähnlichen Praktiken. Methodisch wird im Folgenden eine Videointeraktionsanalyse durchgeführt, in der vor allem auch das ethnographisch erworbene Feldwissen expliziert wird (Knoblauch & Tuma, 2011).

spiel werden bereits in vielen Forschungsagenturen videodeoethnographische Methoden eingesetzt, bei denen die Auswertung vor allem in der Erfassung typischer Alltagspraktiken und der Selektion „aussagekräftiger Momente" besteht. Im untersuchten Fall ist es das Ziel des Unternehmens im Auftrag unterschiedlicher Auftraggeber das Kaufhandeln oder Verhalten der *Subjects* (wie sie im Feld bezeichnet werden) aufzuzeichnen bzw. zu verstehen. Die detaillierten – hier vor allem auch quantifizierten – Ergebnisse werden an die Auftraggeber weitergegeben, welche die Erkenntnisse zur Optimierung oder Legitimierung ihrer Produkte oder Werbeaktivitäten nutzen. Ich beziehe mich bei folgenden Ausführungen auf meine ethnographische Arbeit in einer mittelgroßen Forschungsagentur, die weltweit agiert und Studien für verschiedene Abnehmer – meist große Technologieunternehmen – durchführt. Mein besonderes Interesse wurde dadurch geweckt, da dieses Unternehmen sich auf visuelle Verfahren spezialisiert hat und somit einen vielversprechenden Ansatzpunkt zum Verständnis der Herausbildung visuellen Wissens darstellt.

Es wird hier vor allem mit Videotechnik und auch *Eye-Trackern* gearbeitet, welche Augenbewegungen aufzeichnen: Hierzu hat eine *Eye Tracker* Brille (oder ein fest installiertes Gerät) eine fest montierte Kamera die der Kopfbewegung der tragenden Person folgt sowie weitere kleine Sensoren die auf ihre Augen gerichtet sind und die Fixationspunkte und schnellen Bewegungen erfassen und diese in das Videobild einschreiben. In diese Technologie sind Vorannahmen eingebaut: Sowohl das Sehen gegenüber anderen Wahrnehmungsformen, als insbesondere der fokussierte Blick gegenüber dem peripheren Sehen werden explizit hervorgehoben und betont.

Im Unternehmen werden verschiedene Projekte durchgeführt, hierbei werden häufig von einem Team vor Ort mit Hilfe von Testpersonen (*Subjects*) typische Alltagspraktiken erfasst. So werden eine Reihe von verschiedenen Studien durchgeführt, von der Aufzeichnung und Auswertung von Alltagstätigkeiten in privaten Haushalten über geplante und video-dokumentierte TestkundInnen im Einzelhandel bis hin zu den klar vordefinierten Experimenten, in denen die *Subjects* bestimmte Aufgaben nach Anweisung der Versuchsleitung durchführen. Je nach Projekt sieht das Forschungsdesign unterschiedlich aus, es werden aber in den meisten Fällen eben Video und insbesondere Eye-Tracking Videodaten hergestellt, die anschließend ausgewertet werden, wie ich an einem Beispiel darstelle:

Abbildung 2: Screenshots der Eye Tracking Aufnahme

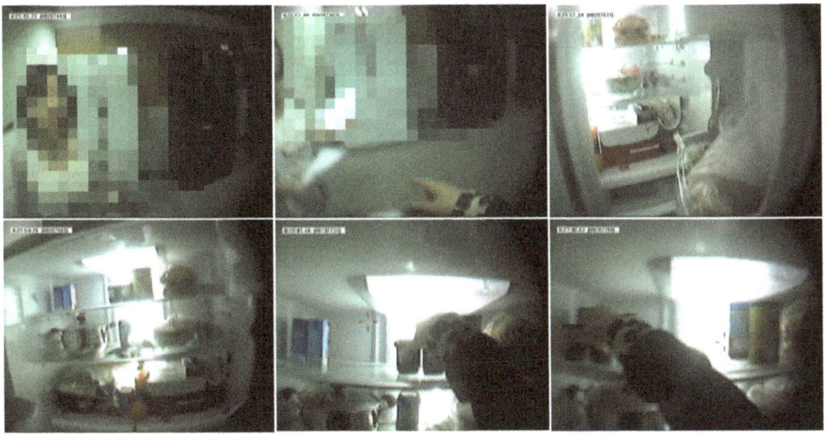

In Abbildung 2 sehen wir einige Aufnahmen wie sie typischerweise bei der Nutzung der Eye-Tracking Brille hergestellt werden. Brillen dieser Art sind mit Kameras ausgestattet, die einerseits das, was die Träger sehen aus der *Ego-Perspektive* sehen, und gleichzeitig den Blickfokus mittels Aufzeichnung der Augenbewegungen in dieses Bild eintragen. Der Fokus wird durch ein rotes Fadenkreuz oder einen roten Punkt im Video markiert. In diesem Beispiel geht es um die Nutzung von Kühlschränken und die Testperson, die die Brille trägt, wurde von der Testleiterin (im ersten Bild zu sehen) aufgefordert eine Aufgabe auszuführen: Die Gegenstände im Kühlschrank sollen den eigenen Gewohnheiten entsprechend umsortiert werden. Ziel dieses Tests ist es also die Alltagspraktiken im Umgang mit Kühlschränken aufzuzeichnen und das Wissen hierüber in späteren Schritten entweder zum Redesign des technischen Artefakts (also des Kühlschrankes) oder zur gezielten Gestaltung von Werbemaßnahmen umzusetzen. Wie genau wird nun aber das raum-zeitlich lokale Handeln analysiert? Was geschieht eigentlich mit den Daten und welche Annahmen werden hier aktualisiert?

Aufnahmen wie die oben beschriebenen (typischerweise in einer Fallzahl im zweistelligen Bereich) werden im Anschluss an die Durchführung der Erhebung zur Unternehmenszentrale des Unternehmens gesendet und dort ausgewertet. Das Ziel der Eye-Tracking Analytiker ist es, die Blicke und Handlungen der *Subjects* ihren Häufigkeiten aber auch ihrer Abfolge nach in ein quantitatives Modell zu überführen, welches anschließend in einer abstrakteren Form visualisiert werden kann (sogenannte *Heatmaps* oder Diagramme mit Häufigkeisauszählungen). Dies geschieht mittels eines Vorganges der als Kodierung bezeichnet wird. Im Unternehmen gibt es eine stark ausgeprägte Arbeitsteilung zwischen den Leitern der Studien und den Kodierenden, welche sich auf diese Aufgabe fokussieren. Das Kodieren selber ist eine interpretative Tätigkeit, bei welcher einem Schema folgend auf dem Video aufgezeichnete, sichtbare Bewegungen mit bestimmten Handlungs- oder Objektkategorien markiert und in eine abstrakte Form gebracht werden. Diese Form der Analyse ist vor allem im Bereich der Psychologie (in deren Tradition auch der Hintergrund des betrachteten Unternehmens liegt und auf die sich die Akteure explizit beziehen) weitverbreitet. Hier sollen bestimmte theoretische Annahmen deduktiv an Videoaufzeichnungen von Experimenten überprüft werden. Das untersuchte Unternehmen bezieht sich klar auf diese Disziplin und achtet auch auf die angelegten Qualitätskriterien – insbesondere die *Intercoder-Reliability*. Auch in den Erziehungswissenschaften und teilweise der Soziologie gibt es Traditionen dieser Analyse. Die Besonderheiten dieses standardisierenden Vorgehens werden vor allem im Kontrast zum interpretativen Verfahren – wie sie sich in der hier durchgeführten Videographie und Video-Interaktionsanalyse zeigen (Knoblauch, Tuma, & Schnettler, 2010) – deutlich. Auch wenn es nahe läge, soll jedoch keine methodologische Kritik das Ziel dieses Aufsatzes sein, sondern eine Erfassung der spezifischen im Feld vorhandenen Wissensformen und die Handlungsformen der Akteure. Ich gehe im Rahmen meiner Herangehensweise davon aus, dass diese den verschiedenen Anforderungen durchaus angemessen sind und die Akteure hier kenntnisreich und kompetent konkrete Handlungsprobleme lösen (z. B. Zeitdruck gegenüber Entlastung in der Wissenschaft). Das bedeuted, dass ich nicht von einem methodisch normativen Standpunkt starte.

Man sollte auch bei standardisierten qualitativen Methoden jedoch nicht übersehen, dass einerseits die Konstruktion eines Analyseschemas (hier: *Coding-Tool*) und andererseits jeder einzelne Akt der Anwendung ein interpretativer Vorgang ist, welcher durch bestimmte Vorannahmen und spezifische Reduktionen von Komplexität möglich gemacht wird. In der Praxis werden diese Engführungen an Problemfälle immer wieder sichtbar – und die Interpretationen erfordern Entscheidungen der Kodierenden. Durch die vorgegebenen Aufgaben – wie „den Kühlschrank umsortieren" – schränkt sich der Handlungsspielraum der *Subjects* ein und bestimmte Teile der Handlung werden (auch wenn sie aus einer anderen Perspektive durchaus Relevanz haben mögen) ausgeblendet. Grundsätzlich wird von den KodiererInnen nur diejenige Tätigkeit in das quantitative Schema übertragen, welche einerseits aufgezeichnet wurde und anderseits in das Kodierschema passt, ansonsten fällt sie heraus oder wird in eine Residualkategorie (z. B. *Special Interact*) aufgenommen.

Das *Coding-Tool*, also die genau spezifizierte und vereinheitlichte Software mit der die KodiererInnen die Ereignisse übertragen, wird von einem Team, das einige Erfahrung mit dieser Form der Forschung hat so vorbereitet, dass die KodiererInnen mit minimalem Vorwissen und Einarbeitungsaufwand die Videos prozessieren können. Das erfordert durchaus einiges an Aufwand, da die Blicke auf die Zehntelsekunde genau eingetragen werden. Um die KodiererInnen auf diese Tätigkeit vorzubereiten finden regelmäßig Schulungen statt, in welchen die Projekte von den erfahrenen ProjektleiterInnen und MitarbeiterInnen vorgestellt und die jeweiligen Kodieraufgaben erklärt werden. Eine genauere Betrachtung dieser Schulungen eignet sich sehr gut, um das Vorgehen und die Annahmen deutlich zu machen und zu verstehen, da sie hier explizit gemacht werden. Die Analyse dieser Sitzung bietet selbstverständlich keinen allumfassenden Einblick in die verschiedenen Formen der Abstimmung und Qualitätssicherung der Visuellen Analysen: in der kurzen Sequenz werden jedoch verdichtet einige zentrale Handlungsschritte der Visuellen Interpretationsarbeit in diesem Unternehmen deutlich.

5.1 Analyse der Handlungsschritte

Die Analyse einer Aufgabe, hier der Befüllung und Umsortierung eines Kühlschrankes, lässt sich in zwei Dimensionen unterscheiden. Zunächst werden Handlungen der *Subjects* beobachtet und in der zeitlichen Ordnung am Material kodiert, so dass die Verläufe nachvollziehbar werden. In welcher Reihenfolge wird also wohin geblickt – und welche Handlungen werden nacheinander ausgeführt? Diese Analyse orientiert sich hier an der zeitlichen Dimension des Videos – der Qualität also, durch die sich das Medium definiert. Handlungen werden in diesem Fall zunächst praktisch als *Wahlentscheidungen* sichtbar gemacht und konstruiert (die wie sich später zeigt in Computer-Auswahlmenüs ihre Repräsentation finden). Das besondere hierbei ist, dass diese Rekonstruktion in einem Detailgrad und einer Geschwindigkeit vorgenommen wird, den „wir" im alltäglichen Handeln zwar routiniert wahrnehmen und in Interaktionen darauf reagieren, jedoch nicht in verbal typisierende Form bringen oder theoretisieren können. Die einzelnen Entscheidungen, die beobachtet werden können sind bereits eingeschrieben in das *coding tool*, das es möglich macht, verschiedene Handlungsformen wie „Open", „Close", „Put in", „Take out" oder „Rearrange" aus einem Auswahlmenü zu selektieren. Da in der vorgegebenen Logik des Ablaufes nicht jeder Befehl auf jeden folgen kann, gibt es in Schulungen durchaus Diskussionen über das Verständnis und die Abfolge der Handlungsweisen: In einer von mir beobachteten

Situation wurde beispielsweise über den „Detailgrad" der Kodierung diskutiert:
Soll nun ein Umsortieren in einzelne Handlungsschritte wie „Unload" und „Load"
zerlegt werden wenn es in mehreren Etappen geschieht oder nur eine grobe Kategorie „Final Location" zugeordnet werden? Da hier das Verständnis differier-
te, wurde von den Tool Entwicklern ein Entscheidungsdiagramm das die Kodier-
möglichkeiten aufzeigte, erstellt und anschließend an die Kodierenden verteilt:

Abbildung 3: Auszug aus einer internen Email

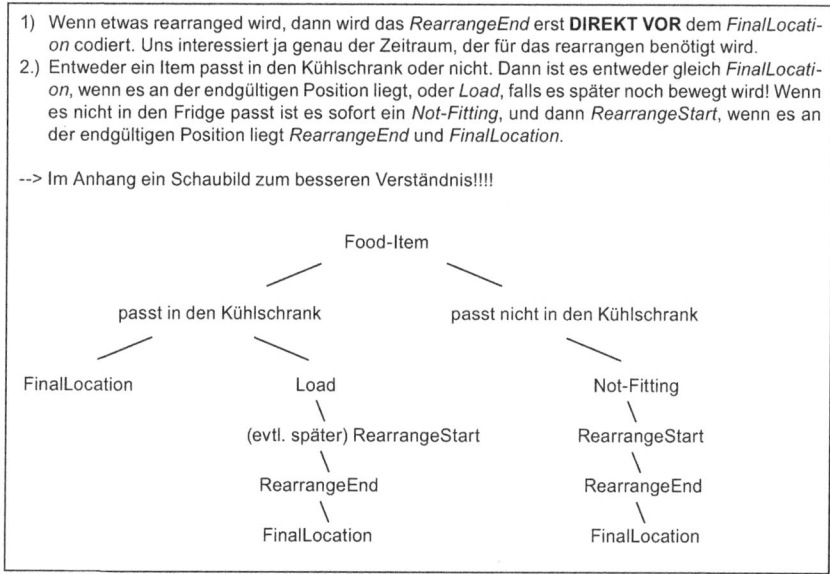

1) Wenn etwas rearranged wird, dann wird das *RearrangeEnd* erst **DIREKT VOR** dem *FinalLocati-*
on codiert. Uns interessiert ja genau der Zeitraum, der für das rearrangen benötigt wird.
2.) Entweder ein Item passt in den Kühlschrank oder nicht. Dann ist es entweder gleich *FinalLocati-*
on, wenn es an der endgültigen Position liegt, oder *Load,* falls es später noch bewegt wird! Wenn
es nicht in den Fridge passt ist es sofort ein *Not-Fitting,* und dann *RearrangeStart,* wenn es an
der endgültigen Position liegt *RearrangeEnd* und *FinalLocation.*

--> Im Anhang ein Schaubild zum besseren Verständnis!!!!

Ohne uns jetzt auf die genaueren Details dieses Problems einzulassen, soll festgehalten werden, dass die Analyse des Handelns hier mittels einer deduktiven
Theorie, die ein bestimmtes Modell von Handlungsmöglichkeiten vorsieht, vorgenommen wird. Diese basiert einerseits auf den bereits durch die Vorgaben des
Versuches reduzierten Handlungsmöglichkeiten der *Subjects* und andererseits auf
dem spezifischen Interesse der Analyse: wichtig sind hierbei Entscheidungen und
die routinisierte Auswahl bestimmter Kühlschrank-Fächer und Abfolgen die in
statistischer Häufung Erkenntnisse über einerseits das untersuchte Produkt und

andererseits über den Kulturkontext versprechen. Aspekte, wie sie in anderen Formen der Analyse in den Blick kommen, wie etwa Kommunikation über den Gegenstand oder von den erwarteten Kategorien abweichende Nutzungsformen, werden jedoch höchstens nebenbei erfasst.[6] Bislang haben wir uns mit der Einteilung in zeitliche Handlungsschritte beschäftigt, jedoch gibt es weitere Schwierigkeiten bei der Analyse der hierbei immer enthaltenen „Gegenstände" und der synchron visuellen Dimension die sich auch in der räumlichen Anordnung zeigt.

5.2 Semiotische Analyse

Um diese Analyse des Handelns bei komplexeren Aufgaben durchzuführen, müssen die Kodierenden nicht nur die Handlungen „abtragen", sondern auch die verschiedenen sichtbaren und verwendeten Gegenstände: in diesem Fall Lebensmittel identifizieren. Besonders gut deutlich werden diese visuellen Leistungen in der gezeigten Studie, da diese in einer anderen Weltregion durchgeführt wurde, so dass die Gegenstände die im Versuch eine Rolle spielten zunächst nicht direkt erkannt werden, sondern erst zugeordnet werden müssen. Im Training wird dieses Problem offensichtlich, denn die Objekte auf dem Bildschirm sind einerseits möglicherweise unbekannt, aufgrund der Videoqualität schlecht zu erkennen oder werden vom *Subject* nicht direkt angesehen (und sind daher nicht auf der Aufzeichnung der Eye-Tracking Brille).

---

6   Es soll hierbei jedoch nicht um eine methodologische oder methodische Kritik gehen, sondern lediglich der Kontrast soll Unterschiede deutlich machen

Abbildung 4: Setting der Schulung

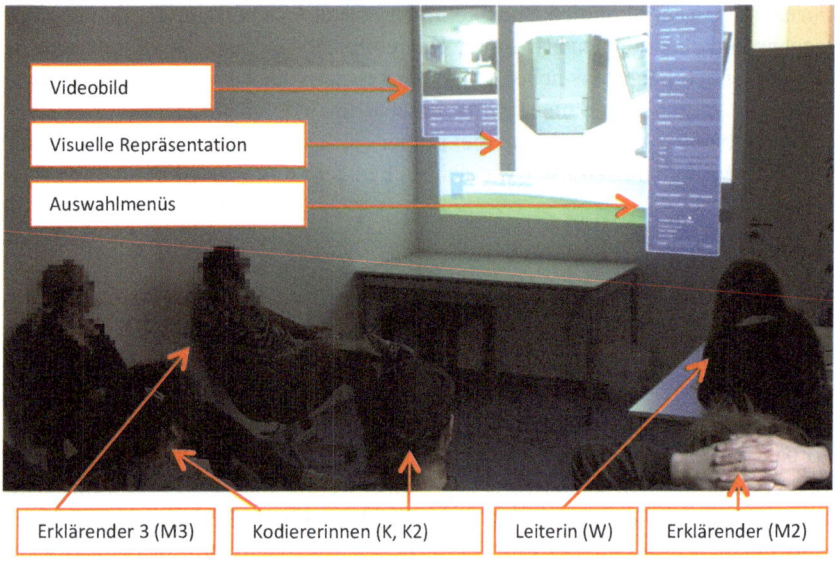

Abbildung 5: Transskript 1a: Objektidentifikation

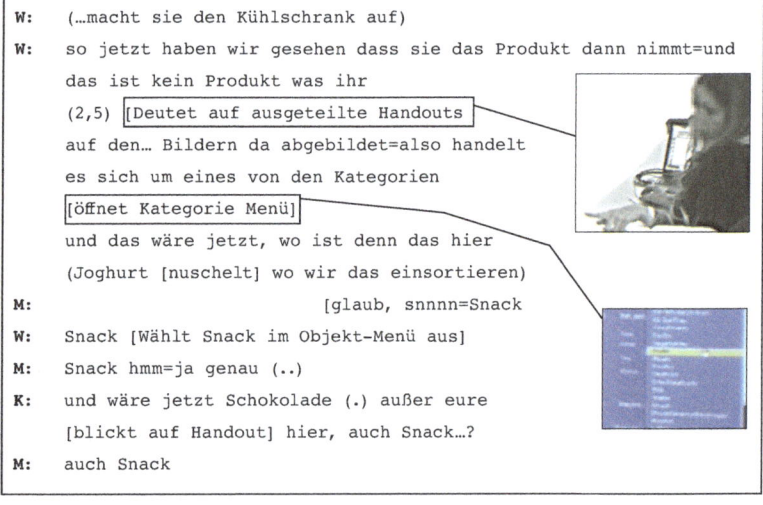

```
W:   (…macht sie den Kühlschrank auf)
W:   so jetzt haben wir gesehen dass sie das Produkt dann nimmt=und
     das ist kein Produkt was ihr
     (2,5) [Deutet auf ausgeteilte Handouts]
     auf den… Bildern da abgebildet=also handelt
     es sich um eines von den Kategorien
     [öffnet Kategorie Menü]
     und das wäre jetzt, wo ist denn das hier
     (Joghurt [nuschelt] wo wir das einsortieren)
M:                           [glaub, snnnn=Snack
W:   Snack [Wählt Snack im Objekt-Menü aus]
M:   Snack hmm=ja genau (..)
K:   und wäre jetzt Schokolade (.) außer eure
     [blickt auf Handout] hier, auch Snack…?
M:   auch Snack
```

Die Leiterin der Schulung lässt im Rahmen einer Kodier-Schulung nach einigen Erklärungen das Video abspielen und führt einen Kodier Prozess an einem Segment des Videos durch. Auf dem Video, das auch in Abb. 1-6 in diesem Text abgebildet wurde, ist die Ego-Perspektive einer Person zu sehen die sich an einer jungen Frau vorbei auf einen Kühlschrank zubewegt, diesen öffnet, einen Gegenstand im obersten Fach greift (wir sehen die Hand und den Arm) und auf die linke Seite bewegt. Die Leiterin (W) der Schulung hält das Video in dem Moment als die Hand sich auf ein Objekt zubewegt an, blickt zu den KodiererInnen (im Screenshot mittig bis links sitzend). Durch ihre Äußerungen stellt sie klar, dass der Gegenstand nicht einfach zu identifizieren ist. Einige Gegenstände die als besonders wichtig im Rahmen des Projektes gelten wurden mit Abbildungen in einem Katalog auf einem Handout abgedruckt. Das hier behandelte Objekt gehört nicht dazu: „…und das ist kein Produkt was ihr (2,5) auf den… Bildern da abgebildet=also handelt es sich um eines von den Kategorien". Die Sprechpause wird durch eine Zeigegeste auf die Kataloge, die den Teilnehmenden als Wissensressource dienen, und hiermit auch in der Relevanz hervorgehoben werden ausgefüllt. Anschließend setzt sie den zuvor begonnenen Prozess fort und adressiert das Publikum mit einer Frage: Es stehen diverse vorgegebene Kategorien wie „Meat", „Vegetables" oder „Eggs" und eben auch „Snack" zur Verfügung, wie auf dem projizierten Computerschirm zu sehen ist. Die Versuchsleiterin spricht noch in diesem Zuge undeutlich davon, dass sie den Gegenstand als Joghurt identifiziert und eröffnet durch die gesenkte Stimme die Möglichkeit für die anderen Teilnehmenden einen Redezug zu ergreifen: gleichzeitig öffnet sie mit der Maus das entsprechende Auswahlmenü und bewegt den Zeiger suchend auf und ab, was ihr Kollege M, der sich bereits intensiv mit den Gegenständen auseinandergesetzt hat annimmt und die Kategorie „Snack" benennt, die verbal und durch einen Klick von W bestätigt wird. K nutzt die folgende kurze Pause um eine Frage zu einem anderen Gegenstand, Schokolade zu stellen.

Wie wir sehen, wird das Erkennen – das Sehen und identifizieren der Gegenstände sowohl von den Kodierenden als auch von den MitarbeiterInnen des Unternehmens als durchaus problematisch und wissensgeladener Prozess verstanden. Das sehen und beschreiben des Videos mittels Codes ist aufgelöst in einen Prozess – hier wird er interaktiv in der Gruppe durchgeführt, wobei dies dazu dient eine *Intercoder Reliability* herzustellen – alle sollen die gleichen Objekte in ähnlicher Weise sehen und typisieren. Die Situation ist als Lehrsituation gerahmt: die Kodierenden wurden explizit zu einer Schulung eingeladen – und auch in der Situation wird dies durch die Demonstrationsform[7] verdeutlicht. An diesem Fall wird ersichtlich wie das Erkennen von Objekten eingebettet ist in ein semiotisches System – eine Vielzahl von Typisierungsmöglichkeiten wird nicht nur durch die Sprache – sondern durch spezielle, vorgegebene Auswahl von Kategorien in das verwendete Programm (*Coding Tool*) eingeschrieben. Analyse und Erkennen bedeutet also das Abgleichen der im Video repräsentierten Welt mit den Ressourcen des Wissens – den auf dem Handout und im Programm abgebildeten Objekte und Kategorien. Die visuellen Ressourcen gleichen hier in der Funktion den bei Archäologen verwendeten Munsell-Color-Chart, die Goodwin (1994: 608) untersucht hat. Die Experten, die das Projekt leiten und das Tool entwerfen, definieren hiermit also den Rahmen dessen, was gesehen werden kann und soll, wohingegen arbeitsteilig die einzelne Interpretation ausgelagert wird. Die besondere Fähigkeit der Kodierenden ist es, die Schemata zu internalisieren und den hier verlangsamt gelehrten Prozess anschließend mit hoher Geschwindigkeit und fehlerfrei durchzuführen.

5.3 Zusammenführung der Analysedimensionen

Die Analyse ist in der Praxis nicht aufgeteilt in semiotische und Handlungsanalyse – das sind lediglich verschiedene Schritte in der Abfolge des Kodierens. Jedoch müssen die beiden Dimensionen miteinander in Verbindung gebracht werden – die zeitliche Dimension der Handlungen ist einfach quantitativ erfassbar – was passiert in welcher Reihenfolge – das wird durch Zeitcodes markiert, die Frage wie die räumliche Anordnung der Objekte und Handlungen die im Video repräsentiert werden sich zueinander gestaltet ist deutlich schwieriger zu erfassen. Hierzu wird auf eine visuelle Repräsentation zurückgegriffen, bei der ein abstraktes Bild (oder in anderen Studien eine Übersichtskarte oder ein 3D Modell) des „Handlungsraumes" hinzugezogen wird. Die einzelnen Handlungen werden nun in der oben beschriebenen Reihenfolge in diese graphische Repräsentation eingetragen, in dem in diesem Fall kleine Punkte gesetzt werden. Dies führt die Versuchsleiterin im folgenden zweiten Teil des Transkriptes (1b) vor. Sie wählt mit dem Mauszeiger die Repräsentation (das Bild eines Kühlschrankes aus), und klickt für alle Teilnehmenden deutlich sichtbar, an die Stelle, an der im gerade gezeigten Video der Joghurt herausgenommen wurde, bevor sie eine erneute Nachfrage nach der nun zu kodierenden Folge-Handlungskategorie stellt. Um eine Antwort hervorzurufen macht sie eine kurze Pause, lässt den Mauszeiger still auf dem Menü verhar-

---

7   Die Demonstration teilt einige Elemente mit der Lehre von visuellen Wissen in der Dermatologie, insbesondere die Nachfrage und Aufforderung an das Publikum etwas zu benennen (René Tuma, 2008)

ren und blickt die KodiererInnen an, welche hierfür zunächst einen überraschten
Account geben, da sie zum Sprechen aufgefordert werden.

Abbildung 6: Transcript 1b: Visuelle Repräsentation

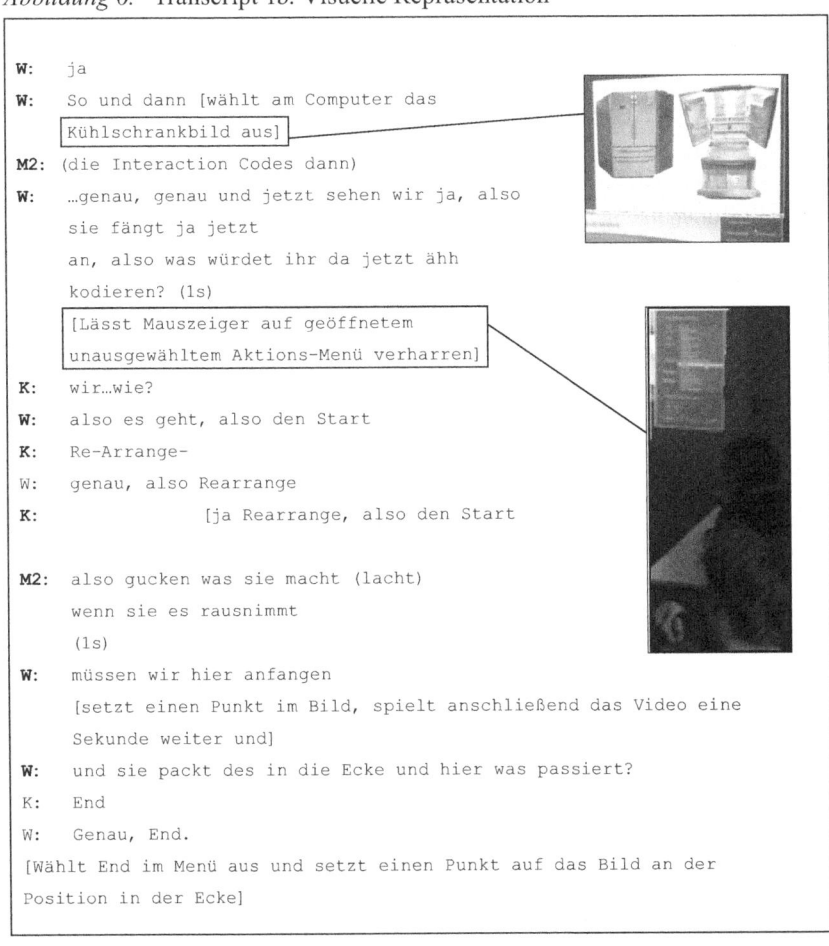

```
W:   ja
W:   So und dann [wählt am Computer das
     Kühlschrankbild aus]
M2:  (die Interaction Codes dann)
W:   ...genau, genau und jetzt sehen wir ja, also
     sie fängt ja jetzt
     an, also was würdet ihr da jetzt ähh
     kodieren? (1s)
     [Lässt Mauszeiger auf geöffnetem
     unausgewähltem Aktions-Menü verharren]
K:   wir...wie?
W:   also es geht, also den Start
K:   Re-Arrange-
W:   genau, also Rearrange
K:            [ja Rearrange, also den Start

M2:  also gucken was sie macht (lacht)
     wenn sie es rausnimmt
     (1s)
W:   müssen wir hier anfangen
     [setzt einen Punkt im Bild, spielt anschließend das Video eine
     Sekunde weiter und]
W:   und sie packt des in die Ecke und hier was passiert?
K:   End
W:   Genau, End.
[Wählt End im Menü aus und setzt einen Punkt auf das Bild an der
Position in der Ecke]
```

Es wird gemeinsam kodiert, wobei die einzelnen Beobachtungen durch die Diskussionsleiterin (W) verbalisiert und gleichzeitig am Computer für alles sichtbar vorgeführt werden. Der Vorgang des Kodierens wird hier demonstriert und die einzelnen Auswahlpunkte im Menü (Rearrange, End) werden von den Kodierenden benannt. Hiermit sollen sie anzeigen dass Sie den Prozess verstanden haben. Auf der visuellen Repräsentation – einem Foto des aufgeklappten Kühlschrankes – werden nun die einzelnen Handlungsschritte und -entscheidungen lokalisiert. Dieser Schritt ist zentral im Kodierprozess, da hier die zeitliche (über einen Zeitcode) und die räumliche (über die Verortung per Koordinaten im Bild) miteinander verschmolzen und in Zahlen umgewandelt werden. Für die Kodierenden geschieht das durch einfache aufeinanderfolgende Klicks ins Bild, diese repräsentieren jedoch die hier zusammengezogenen visuellen Ressourcen die hier kodiert vor liegen. Anschließend werden mittels bestimmter Softwarealgorithmen und einiger Korrekturarbeit die Rohdaten in ansehnliche Visualisierungen (vor allem die bereits benannten *Heatmaps*) umgewandelt und diese erneut interpretiert. Auf diesen Prozess soll hier nicht weiter eingegangen werden, wenn er auch die zweite Seite der Wissensproduktion ist und weitere Untersuchung verdient.

6. Schluss

Nicht nur in der Soziologie, auch in anderen Disziplinen und insbesondere in der noch lange nicht „kartographierten" Praxis werden Videodaten alltäglich analysiert. Verschiedene Akteure entwickeln Verfahren und Sonderwissensbestände um das Sichtbare mittels Videokamera einzufangen, die flüchtigen Phänomene auf Dauer zu stellen, Erkenntnisse zu generieren und diese – zu welchem Zweck auch immer – zu nutzen und zu kommunizieren. Die beteiligten visuellen Technologien, insbesondere digitalisierte Videotechnologie, ermöglichen es neue Formen des Wissens zu generieren. Die genaue Abfolge der Fokussetzung des Blickes und die feine Abfolge von Handlungen waren bislang nur schwer einzufangen und insbesondere in einem Detail zu analysieren, das jeden Beobachter mit Bleistift und Papier bei weitem überfordert.

Im oben gezeigten, bei weitem noch nicht abschließend untersuchten, Fall zeigt sich, dass das spezifische analytische Sehen, wie wir wissen auf geteilten Wissensbeständen und bestimmten Ressourcen beruht, die im Falle der standardisierten Forschung bereits jetzt in hohem Grade technisiert und arbeitsteilig organisiert ist. Stellt sich die Frage nach visuellem Wissen, so gelangen neben den Experten und Professionen, die eine Deutungshoheit über ihren Gegenstand haben (wie etwa die Dermatologie über das Erkennen von Hautkrebs, vgl. Tuma

2008), andere Kontexte in den Blick, in welchen diese individualisierte Vorstellung nicht (mehr) greift, da die verschiedenen Schritte, von der Erhebung der Daten, der Schaffung der Kategorien bis hin zur Anwendung auf den Einzelfall, zu höchstem Grade organisiert und vom subjektiven Wissensvorrat einzelner unabhängig gestaltet sind. Diese Organisation setzt aber Kommunikation voraus und so finden sich in diesem Kontext umso häufiger die für die moderne „Wissensgesellschaft" so typischen Kommunikationsformen wie die Powerpoint Präsentation oder in diesem Fall die Kodier-Einweisung: Es muss dafür gesorgt werden, dass alle die gleiche Interpretation der Objekte haben, damit die „Interpretationsmaschine" funktionieren kann.

Die hier behandelten Videos bilden nicht einen neutralen Gegenstand ab, sondern menschliches Handeln. Damit können auch diese Formen der Sichtbarmachung mit dem Vokabular das Reicherta als Kino der Humanwissenschaften prägte beschrieben werden – und im Beispiel wurden die verschiedenen Bestandteile die dieses Dispositiv formen sehr deutlich – von der Technologie, der Unternehmensorganisation über Kategoriensysteme bis hin zu routinierten Handlungsformen der einzelnen ProjektleiterInnen und KodiererInnen. Zusammen wird das bewegte Bild des *Subjects*, das hier als Kühlschrankkunde auftritt geformt. Im Detail betrachtet ist dieses Dispositiv jedoch kein Selbstläufer und nicht determinierend. In Interaktionen konstruieren es die Beteiligten vielmehr gemeinsam – in einem Sinne, der nicht weit von wissenschaftlichen Formen entfernt steht und es zeigen sich viele feine Differenzen: An anderer Stelle (Tuma 2012b) habe ich argumentiert, dass sich auf Grundlage verschiedener Kommunikationsformen – und hiermit sind die verschiedenen „feinen" Methoden der Deutung gemeint – unterschiedliche Sehgemeinschaften herausbilden. Das visuelle Wissen liegt also in der Art und Weise begründet, wie über visuelle Phänomene kommuniziert wird. Standen bei qualitativen Formen der Analyse vor allem das körperliche Re-enactment und die gemeinsame Fokussetzung im Mittelpunkt, so ist es in der standardisierenden Videoanalyse vor allem die Demonstration mittels des genutzten Computerprogrammes sowie die Einigung auf bestimmte Kodierungen, mittels derer die semiotischen Deutungsressourcen zusammengeführt werden.

Die Deutungsgemeinschaften haben – zumindest in den gefestigten Formen – ihre theoretische Legitimation (Methode & Methodologien aus der Soziologie, Psychologie usw.), aber alle Gruppen teilen bestimmte Deutungspraktiken und Formen der Techniknutzung. Es muss unter den an einer Videoanalyse Beteiligten ein gemeinsamer Fokus gefunden werden, Möglichkeitsräume eröffnet, Handelnde oder Objekte eindeutig typisiert und ein gemeinsames Verständnis eines sinnhaften Zusammenhanges, der sich auf dem Bildschirm oder der Leinwand zeigt, hergestellt werden. Weitere genaue Analysen verschiedener Kontexte sollen Licht in diese Fragen bringen und den Zusammenhang des visuellen Wissens und der kommunikativen Form weiter klären. Die Re-Konstruktion von Ereignissen anhand von Videodaten ist nicht einfach nur ein Sehen, Zoomen und Vergrößern, wie es häufig dargestellt wird, oder nur ein kognitiver Vorgang, sondern vielmehr das Ergebnis feiner und fein abgestimmter Rekonstruktionsarbeit, der je nach Feld unterschiedliche Ausprägungen annimmt.

Literatur

Abel, T. (2012). Blowing Up Society: Fotodokumentarische Bildpraktiken im Rahmen einer Visuellen Soziologie. In: Lucht, P., L.-M. Schmidt & R. Tuma (Hrsg.), *Visuelles Wissen und Bilder des Sozialen. Aktuelle Entwicklungen in der Soziologie des Visuellen*. Wiesbaden: VS.

Bergmann, J. (1985). Flüchtigkeit und methodische Fixierung sozialer Wirklichkeit. In W. Bonß & H. Hartmann (Hrsg.), *Entzauberte Wissenschaft (Soziale Welt, Sonderband 3)* (S. 299-320). Göttingen: Schwartz.

Englert, C.-J. (2012). Ein Schwenk sagt mehr als tausend Worte – Die sich aus der Praxis des Zeigens entfaltenden Deutungsangebote der Kamera. In Lucht, P., L.-M. Schmidt & R. Tuma (Hrsg.), *Visuelles Wissen und Bilder des Sozialen. Aktuelle Entwicklungen in der Soziologie des Visuellen*. Wiesbaden: VS.

Goodwin, C. (1994). Professional Vision. *American Anthropologist, 96*(3), 606-633.

Goodwin, C., & Goodwin, M. H. (1996). Seeing as situated activity: formulating planes. In Y. Engeström & D. Middleton (Hrsg.), *Cognition and Communication at work* (S. 61-95). Cambridge: Cambridge University Press.

Heath, C., Hindmarsh, J., & Luff, P. (2010). *Video in Qualitative Research*. London: Sage.

Heath, C., Sanchez Svensson, M., Hindmarsh, J., Luff, P., & vom Lehn, D. (2002). Configuring Awareness. *International Journal of Computer Supported Cooperative Work, 11*(3-4), 317-347.

Hindmarsh, J. (2008). Distributed Video Analysis in Social Research. In N. G. Fielding, R. M. Lee & G. Blank ((Hrsg.), *The SAGE Handbook of Online Research Methods* (S. 343-361). London: Sage.

Hindmarsh, J., & & Tutt, D. (2012). Video in Analytic Practice. In S. Pink (Ed.), *Advances in Visual Methodology*. London: Springer.

Knoblauch, H. (2001). Fokussierte Ethnographie. *Sozialer Sinn*(1), 123-141.

Knoblauch, H. (2006). Videography. Focused Ethnography and Video Analysis. In H. Knoblauch, B. Schnettler, J. Raab & H.-G. Soeffner (Hrsg.), *Video Analysis – Methodology and Methods. Qualitative Audiovisual Data Analysis in Sociology* (S. 69-83). Frankfurt a.M./New York etc.: Lang.

Knoblauch, H. (2011). Videography. In M. Stausberg & S. Engler (Hrsg.), *The Routledge Handbook of Research Methods in the Study of Religion* (S.. (im Druck)): Routledge.

Knoblauch, H. (2012). *PowerPoint, Communication, and the Knowledge Society*. Cambridge: University Press.

Knoblauch, H., & Heath, C. (1999). Technologie, Interaktion und Organisation: Die Workplace Studies. *Schweizer Zeitschrift für Soziologie, 25*(2), 163-181.

Knoblauch, H., & Tuma, R. (2011). Videography. An interpretative approach to video-recorded micro-social interaction. In E. Margolis & L. Pauwels (Hrsg.), *The SAGE Handbook of Visual Research Methods* (S.. 414–430). London: Sage.

Knoblauch, H., Tuma, R., & Schnettler, B. (2010). Interpretative Videoanalysen in der Sozialforschung *Enzyklopädie Erziehungswissenschaften Online www.erzwissonline.de*. Weinheim und München: Juventa

Reichert, R. (2007). *Im Kino der Humanwissenschaften: Studien zur Medialisierung wissenschaftlichen Wissens*. Bielefeld: Transcript.

Schnettler, B. (2007). Auf dem Weg zu einer Soziologie visuellen Wissens. *sozialer sinn, 8*(2), 189-210.

Schnettler, B., & Knoblauch, H. (Hrsg.). (2007). *Powerpoint-Präsentationen. Neue Formen der gesellschaftlichen Kommunikation von Wissen*. Konstanz: UVK.

Tuma, R. (2008). *Visualization in Medicine, Msc Dissertation, King's College London*.

Tuma, R. (2012a). Die kommunikative Video-(Re)Konstruktion. In R. Keller, H. Knoblauch & J. Reichertz (Hrsg.), *Kommunikativer Konstruktivismus*. Wiesbaden: VS.

Tuma, R. (2012b). The (Re)Construction of Human Conduct: «Vernacular Video Analysis». *QSR*.

Tutt, D., & Hindmarsh, J. (2011). Reenactments at Work: Demonstrating Conduct in Data Sessions. *Research on Language & Social Interaction, 44*(3), 211–236. doi: doi:10.1080/08351813.2011.591765

Tutt, D., Hindmarsh, J., Shaukat, M., & Fraser, M. (2007). The distributed work of local action: Interaction amongst virtually collocated research teams. In L. J. Bannon, I. Wagner, C. Gutwin, R. H. R. Harper & S. K. (Hrsg.), *ECSCW 2007*. London: Springer.

Zielinski, S. (Ed.). (2010 [1986]). *Zur Geschichte des Videorecorders. Neuausgabe des medienwissenschaftlichen Klassikers* (Vol. 10/2010). Potsdam: Polzer.

Ein Schwenk sagt mehr als tausend Worte – Die sich aus der Praxis des Zeigens entfaltenden Deutungsangebote der Kamera

Carina Jasmin Englert

Die Videoanalyse ist ein weites Feld. Einen Bereich dieses Feldes gilt es in diesem Beitrag in den Blick zu nehmen: die Überzeugungskraft der Kamera in einer Videoproduktion des Fernsehens (kurz: *Video[1]*), die sich aus dem Zusammenspiel der Praxis der *Kamera[2]*, also der Praxis des *Filmens* und *Nachbearbeitens* (*das Zeigende*) sowie der Praxis des *Darstellens* (*das Gezeigte*) vor der Kamera heraus entfaltet. Das *Zeigende* und das *Gezeigte* sind als reziprok miteinander verbunden zu betrachten. Allerdings wird die Sinnstruktur eines Videos *im Wesentlichen* durch das Zeigende und damit auch durch die Praxis des Filmens und Nachbearbeitens bestimmt, denn hier wird das Gezeigte durch das Zeigende zu einer bestimmten narrativen Struktur zusammengefügt, die dann als eine Sinnstruktur (re-)konstruiert werden kann (vgl. Reichertz & Englert, 2011; hierzu auch Grob, 2000)[3]. Die (Re-) Konstruktion des Gezeigten ist damit gar nicht ohne das Zeigende möglich, da man selbst bei diesem Versuch eine sinnhafte Se-

---

1   Videos treten in unterschiedlichen Formen auf, zum einen als Kino- und Fernsehfilme, als Fernsehserien, die für das Fernsehen und Kino zur öffentlichen Vorführung produziert werden und zum anderen als Videos, die von Wissenschaftlern selbst zu Forschungszwecken erstellt werden, z. B. bei der Videoaufnahme von Gruppengesprächen. Im Nachstehenden werden die Videos näher untersucht, die für das Fernsehen produziert und im (deutschen) Fernsehprogramm ausgestrahlt wurden.

2   Als *Kamera* wird im Folgenden das Zeigende definiert, das das im Video Dargestellte montiert, kommentiert und damit auf eine bestimmte Art und Weise agiert und dem Gezeigten eine bestimmte Sinnstruktur verleiht. Dieses Zeigende umfasst die korporierten Akteure, wie beispielsweise den Regisseur, den Kameramann und den Cutter, welche alle kommunikativ agieren, und deren Arbeitsbeitrag Bestandteil des Produktionsprozesses des Videos ist. Das heißt, wie der Cutter schneidet, wie der Regisseur etwas vor der Kamera darstellen lässt und wie der Kameramann die Kamera führt, ist neben den Personen selbst in der Kamera enthalten – ohne dass die Kamera sich als Summe dieser einzelnen korporierten Akteure versteht.

3   Das Agieren der Kamera im Video entscheidet nicht nur *was* gezeigt wird, sondern auch *wie* etwas gezeigt wird (dies hat Ralf Bohnsack anhand der dokumentarischen Interpretation von Bildern erläutert; vgl. Bohnsack 2003, S. 155ff.; hierzu auch Korte S. 2004, 45ff.).

lektion des Zeigenden (re-) konstruieren würde. Demnach kann die Sinnstruktur eines Videos nicht auf das Gezeigte, also das *was* gezeigt wird, reduziert werden. Zwar verfolgt das Zeigende bei der Produktion eines Videos und seiner narrativen Sinnstruktur konkrete Interessen, wie zum Beispiel ein ökonomisches Interesse, das beispielsweise die Sendeanstalt oder die Produktionsfirma erfüllt sehen möchte (vgl. Englert, 2011), diese werden im Weiteren allerdings nicht näher betrachtet, denn diese Interessen, Intentionen oder Motivationen können aus dem Datenmaterial nicht (re-) konstruiert werden.[4] Was mit dem Video erreicht werden möchte – zumindest mit denen für das Fernsehen produzierte, um die es hier geht – ist, *gesehen zu werden* und und den Rezipienten zum Beispiel im Hinblick auf eine bestimmte Deutung und/oder Botschaft zu *überzeugen*. Hierzu werden dem Rezipienten im Video Deutungen angeboten – oder besser: ihm werden bestimmte Deutungen *nahegelegt*. Diese werden in eine narrative Sinnstruktur eingebettet, die dem Rezipienten bekannte Muster anbietet und auf eine bestimmte Art und Weise einen (dramaturgischen) Spannungsbogen (vgl. Petrasch/Zinke, 2003, S. 45ff.) aufbaut, sodass der Rezipient auf Zukünftiges im Video vorbereitet wird und diesem – wenn dieser Spannungsbogen angemessen gelingt – erwartungsvoll entgegensieht (vgl. hierzu auch Reichertz & Englert, 2011, S. 109). Der Untersuchungsgegenstand dieses Beitrages sind Videos, die als Produkt am Ende eines (Video-) Produktionsprozesses als Video *für* das Fernsehen, dem Rezipienten angeboten wird. Solche Videos können zum Gegenstand einer wissenschaftlichen Betrachtung werden und hier kann die bereits angesprochene Praxis des Zeigens der Kamera in den Blick des Erkenntnisinteresses gerückt werden.

Die Frage, die sich hieraus ergibt, lautet, wie es im Video insbesondere durch das Zeigende gelingt, den Rezipienten von etwas, das es zeigt zu *überzeugen*. Gesche Joost schreibt im Hinblick auf die Zielsetzung des Films treffend: „Die Zielsetzung ist die Überzeugung des Adressaten, um eine Änderung der Meinung und eine potentielle Initiation einer Handlung zu erreichen" (Joost, 2008, S. 107). Hierzu macht ein Video zielführende Deutungsangebote auf eine bestimmte Art und Weise. Ziel dieses Beitrages ist, sich die Beschaffenheit solcher Deutungsangebote näher anzusehen. Die grundlegende Hypothese dabei lautet, dass diese Deutungsangebote das Resultat einer bestimmten Praxis des Zeigens darstellen

---

4   Darüber hinaus existieren im Fernsehen zunehmend Videoformate, wie dies beispielsweise bei Reality-TV und Scripted Reality der Fall ist, in denen die erläuterte Praxis des Zeigens und nicht das geplante Drehbuch dominiert, denn in diesem Fernsehformaten wird nicht mehr mittels im Detail durchdachten Drehplan ein Video produziert (hierzu auch Petrasch & Zinke 2003, S. 46ff.; auch Hill, 2005 und Andrejevic, 2004), sondern Aufnahmen erhalten lediglich einen groben Handlungsrahmen, der sowohl der Praxis des Darstellens als auch der Praxis des Zeigens Freiraum für Kreativität bietet, hinter der nicht zwangsläufig eine Intention stehen muss und die schon gar nicht (re-)konstruiert werden kann.

und unabhängig von der hinter dem Video stehenden Intention und Motivation aus dem Video heraus (re-) konstruiert werden können. Der Blick des Beitrages richtet sich also *nicht* auf die Intentionen, die der Videoproduktion zugrunde liegen, sondern zielt auf die (Re-) Konstruktion einer latenten Sinnstruktur des Videos ab. Dabei werden Überlegungen dazu angestellt, wie das Agieren des Zeigenden im Video wissenschaftlich in einer Videoanalyse erfasst werden kann und welches analytischen Ansatzes es bedarf, wenn man die Überzeugungskraft des Zeigenden in einem Video erfassen möchte, die sich aus dem Video heraus entfaltet und darauf abzielt die Rezipienten von etwas zu überzeugen.[5]

1. Die Praxis des Zeigens der Kamera im Video

Zu Beginn sei gesagt, dass die Konzentration auf eine sich aus der Praxis des Filmens und Darstellens heraus entfaltende Sinnstruktur nicht den Ausschluss jeglicher Intention bedeutet, die hinter einer Fernsehproduktion steht.[6] Natürlich verfolgen Sendeanstalten die Intention möglichst viele Rezipienten zu erreichen und selbstverständlich gestalten Regisseure (Fernseh-) Sendungen und Filme gezielt unterhaltend und spannend und ‚spielen' mit Stereotypen, ebenso wie es zum Beispiel der Kameramann und die (Laien-) Schausteller *vor* der Kamera tun. Hierbei folgen alle diese korporierten Akteure nicht allein ästhetischen Regeln, sondern möchten mit ihrer Geschichte jemanden *erreichen*, sie möchten ihre Geschichte interessant und *glaubhaft* erzählen, sie möchten *überzeugen* – unter welcher konkreten Motivation auch immer, denn die Kamera produziert ihre Videos *für* das Fernsehen, *für* den Rezipienten bzw. eine spezifische Zielgruppe, *damit* sie gesehen werden, damit sie überzeugen kann. Dies vermag sie nur, wenn sie die Rezipienten von der Relevanz des Videos zu überzeugen weiß und ihm *Gründe* dafür liefert, warum er sich ein Video ansehen sollte. Das Video besitzt folglich

---

5   Es wird im Laufe des Beitrages aufgezeigt, welche neue Terminologie zu solch einer Analyse verwendet werden kann. Hierbei gilt, wie in vielen wissenschaftlichen Diskursen auch bei der Videoanalyse, dass man auf den Schultern von Riesen steht. Hierzu gehören vor allem die Arbeiten der visuellen Argumentation von Bewegtbildern und der (hermeneutischen) Bild-, Film- und Videointerpretation. Aufgrund des begrenzten Umfangs können nicht alle Theorien und Ideen dieses Diskurses ausgiebig dargestellt werden. Vielmehr handelt es sich im Folgenden um einen exemplarischen Einblick in das Feld, der keinen Anspruch auf Vollständigkeit erheben kann.

6   Dass korporierte Akteure bestimmte Intentionen in ihren Handlungen und auch in ihrem Tun verfolgen ist nicht neu, noch soll dies an dieser Stelle ausgeschlossen werden. Allerdings ist die Frage „Was möchte uns der Regisseur/der Künstler/der Cutter/der Darsteller mit seinen Handlungen zeigen/vermitteln?" eine falsche. Jegliche Intentionen der korporierten Akteure lassen sich nicht (re-) konstruieren, zumal nicht immer eine eindeutig benennbare Intention hinter dem Gezeigten stehen muss.

eine latente Sinnstruktur, von der bestimmte Deutungsangebote ausgehen, wobei
einige Deutungen stärker als andere betont werden. Aus diesem Grund gewinnt
der Ausspruch „Die Kamera ist der Erzähler" (Grob, 2000, S. 69) neue Aktualität, wenn man die Kamera wie in diesem Beitrag als *das Zeigende* definiert. Dieses Zeigende *agiert* nicht nur während der Aufnahme, sondern *montiert* (z. B.
durch Schnitt) und *kommentiert* (z. B. durch den Voice-over-Kommentar) diese
Aufnahme auch in der Nachbearbeitung, und legt mit diesem Agieren, Montieren und Kommentieren bestimmte Deutungen nahe, denn

> [d]ie Kamera nimmt auf und hält fest, was vor ihr in Szene gesetzt ist: Personen und Dinge in
> Raum und Zeit. Zugleich legt sie ihre eigene Spur in das, was vor ihr in Szene gesetzt ist, in-
> dem sie die Personen und Dinge neu ordnet, indem sie diese in einen anderen, einen ästheti-
> schen Raum und in eine andere, ästhetische Zeit versetzt (Grob, 2000, S. 69).[7]

Dabei besitzt die Kamera beispielsweise die in Tabelle 1 Möglichkeiten das Gezeigte auf eine bestimmte Art und Weise aufzunehmen und es in der Nachbearbeitung zu montieren und zu kommentieren.

In dieser Tabelle werden einige Aspekte aufgeführt, die aus der systematischen Filmanalyse als Elemente der filmischen Gestaltung bereits bekannt sind (vgl.
Korte, 2004, S. 26ff.).[8] Hieran wird deutlich, dass das Zeigende beziehungsweise
die Kamera sowohl das Agieren der korporierten Akteure, beispielsweise *wie* der
Cutter schneidet, *wie* der Regisseur etwas vor der Kamera darstellen lässt und *wie*
der Kameramann die Kamera führt in der Kamera enthalten ist *ohne* dass die Kamera sich als Summe der Intentionen dieser einzelnen korporierten Akteure versteht. Das Deutungsangebot eines Videos lässt sich vielmehr durch das Zeigende
beziehungsweise durch die Kamera, z. B. durch die Unterscheidung von hartem
und weichem Schnitt, herausarbeiten. Denn das Zeigende ist es, das das Geschehen
vor der Kamera sprichwörtlich ‚in einem bestimmten Licht' erscheinen lässt und
eine bestimmte Deutung des Geschehens vor der Kamera nahelegt.[9] So verstanden,
werden Deutungsangebote durch das Zeigende nicht neutral im Sinne von Wertfrei-
heit hervorgebracht, sondern legen eine dominante Deutung nahe (vgl. Hall 2004).
Hierzu ein Beispiel: die Deutung der Autorität einer Person in einem Video fällt
unterschiedlich aus, je nachdem, ob diese aus der Frosch- oder der Vogelperspektive

---

7   Zu Schnitt und Zeitachse im Film siehe auch Eric Laurier 2011.
8   Dabei sind die genannten Elemente des Zeigenden als exemplarischer Ausschnitt aus einem je
     nach Datenmaterial erweiterbaren Analyseinventar zu verstehen (vgl. zur Erweiterung dieses
     Inventars Englert, 2012).
9   Natürlich erfolgt die Deutungsnahelegung nicht allein durch das Zeigende, sondern auch
     durch das Gezeigte. In diesem Beitrag liegt der Fokus allerdings auf der Überzeugungskraft
     der Kamera, sodass sich die weiteren Erläuterungen auch hauptsächlich auf das Zeigende
     beziehen.

Tabelle 1: Das Zeigende/die Kamera und seine analytische Aufschlüsselung in
agierende, kommentierende und montierende Kamera
(in Anlehnung an Reichertz & Englert, 2011)[10]

			Stand/Handkamera	Ist die Kamera fest oder bewegt sie sich?
Das Zeigende/Die Kamera	**Während der Aufnahme**	**Agierende Kamera**	Kadrierung	Wie ist das Bild aufgebaut? (Vorn/ Hinten/Mitte)
			Einstellung	Wie ist die Einstellung? (Überblick, amerikanisch, close)
			Schärfentiefe	Was ist scharf, was nicht?
			Perspektive	Welche Perspektive nimmt die Kamera ein? (Augenhöhe, Frosch, Vogel)
			Autonom?	Folgt die Kamera den Bewegungen der Akteure oder geht sie eigene Wege?
			Tempo	Vollführt die Kamera langsame oder schnelle Bewegungen?
			Farbe	Sind die Aufnahmen in Farbe oder schwarzweiß?
	In der Postproduktion	**Kommentierende Kamera**	Stimme aus dem Off	Ist eine Stimme während der Aufnahme aus dem Off zu hören?
			Voice over	Was spricht die Kamera/der korporierte Akteur wie?
			Verfremdungen	Wird etwas verfremdet?
			Musik/Geräusch	Gibt es Musik oder Geräusche von der Kamera?
			Grafik	Sind in die Aufnahmen grafische Elemente eingefügt?
			Text	Ist Text in die Aufnahme eingefügt?
		Montierende Kamera	Schnitt	Welcher Schnitt lässt sich beobachten? (Harter Schnitt/ Überblendung)
			Zeitlupe/ Raffer	Sind Zeitlupe oder Zeitraffer vorhanden?

gezeigt wird. Während die Froschperspektive jemanden vor der Kamera groß und
respekteinflößend erscheinen lässt, bewirkt die Vogelperspektive das Gegenteil,
nämlich dass die Person klein und weniger respekteinflößend erscheint (weitere
Beispiele auch bei Millerson, 1999).

Diese in stark simplifizierter Form erläuterten Kameraperspektiven gehören einer Praxis des Zeigens in der Produktion von Videos an. Zu dieser Praxis
zählt, wie in der Tabelle oben bereits angedeutet, nicht nur das Agieren der Kamera während der Videoaufnahme, sondern auch die Montage und Kommentierung der Aufnahmen durch die Kamera in der Postproduktion (auch Vilém Flusser arbeitet in seiner Phänomenologie der Gesten eine Geste des Filmens heraus,

---

10 Einstellungswechsel und Montage nehmen auch in der Qualitativen Bild- und Videointerpretation von Ralf Bohnsack einen wichtigen Stellenwert ein (vgl. Bohnsack, 2009, S. 163ff.).

die für ihn im Wesentlichen aus der *Geste des Schneidens und Klebens* besteht, vgl. Flusser, 1995). Die Praxis des Zeigens meint hier eine *routinierte* Praxis des Filmens und Nachbearbeitens der Kamera, wie sie der jeweils korporierte Akteur, z. B. der Kameramann, ursprünglich in seiner Ausbildung erlernt hat. Dieses ursprünglich bewusst Erlernte sedimentiert sich im Verlauf der Biografie, beispielsweise des Kameramanns, ist routiniert geworden und kann nun während der Videoaufnahme und in der Nachbearbeitung unbewusst abgerufen werden (vgl. hierzu auch die Unterscheidung zwischen kommunikativem Handeln und Tun bei Reichertz, 2009, S. 119). Für solch eine Praxis des Filmens und Nachbearbeitens heißt dies zum Beispiel, dass es zu einem verkürzten Agieren kommt, das nicht bewusst reflektiert und überdacht werden *muss*: Wenn beispielsweise eine Naturaufnahme mit dokumentarischem Charakter erstellt werden soll, greift der Kameramann eher zur Wackelkamera und weniger zur Standkamera. Zu Beginn hat er gelernt: Wenn eine Aufnahme dokumentarischen Charakter aufweisen soll, dann müssen die Aufnahmen verwackelt erscheinen, da dies den Anschein von Spontaneität und Aktion vermittelt. Im Laufe der Zeit beziehungsweise je öfter sich die Aufgabenstellung einer Naturaufnahme mit dokumentarischem Charakter wiederholt, verkürzt sich dieser Gedankengang des Kameramanns und die einst im Detail geplante und mit Gründen der Legitimation angereicherte Handlung wird zu einer Praxis: ‚wenn man Naturaufnahmen mit dokumentarischem Charakter erstellen möchte, nutzt man die Wackelkamera'.[11] Diese Praxis des Zeigens kann ich zahlreichen Werken über die ‚richtige' Vorgehensweise des Filmens nachgeschlagen werden.[12] Dabei werden diese Regelwerke nicht mehr hinterfragt, sondern sind feststehende Gegebenheiten in der Praxis des Filmens, die zu in den Körper eingeschriebenen Praktiken der Bedeutungsproduktion (vgl. Reichertz, 2009, S. 19) werden.

Diese Praktiken der Bedeutungsproduktion bestimmen die latente Sinnstruktur des Videos entscheidend und können wiederum vom Rezipienten wahrgenommen und vom Wissenschaftler herausgearbeitet werden, da eine solche Praktik ein „[...] Set bestimmter Kriterien genügender Bewegungen [darstellt;

---

11 Dies könnte man auch im Sinne des am Ende des Institutionalisierungsprozesses stehenden ‚So macht man das' (Berger & Luckmann, 2007, S. 49ff.) erklären. Es hat sich eine routinierte und unbewusst vollzogene Praktik des Filmens und des Darstellens entwickelt, die über das von Berger und Luckmann angedachte feste Regelwerk, das zur Anwendung kommt, hinausgeht, nämlich, dass solche Regelwerke nicht immer bewusst, sondern viel häufiger unbewusst zur Anwendung kommen (zur ‚Routine' auch Luckmann 1992).

12 Ein routiniertes Agieren der Kamera ist zum Beispiel das Hereinzoomen der Kamera in die Aufnahme bei Gefahrensituationen oder dass eine Halbtotale dem Zuschauer bestimmte Detailinformationen zur Verfügung stellt (vgl. Millerson, 1999, S. 72) sowie dass ein schneller Schnitt Gefahr, Aktion und Dynamik suggerieren kann (vgl. Schwender, 2006, S. 303).

Anm. C.J.E], die von der Umwelt als eine solche Praktik perzipiert werden kann und intelligibel ist" (Reckwitz, 2004, S. 45). Übertragen auf die Praxis des Zeigens heißt das, dass man bei der Froschperspektive auf eine Person, nicht nur die Praktik der Froschperspektive, also des von unten nach oben Filmens im Video sieht, sondern auch das perzipiert werden kann, was dahinter steht: nämlich, dass solch eine Perspektive auf eine bestimmte Person ihr Autorität verleiht. Auf diese Weise löst sich die ursprüngliche Intention, die hinter dem Agieren der Kamera steht oder gestanden haben mag, in der Praxis auf. Das, was bleibt, ist das Video und die ihm inhärente Sinnstruktur, die Deutungsnahelegungen, die sich aus dieser Praxis des Zeigens heraus entfalten und anhand des Videos (re-) konstruieren lassen. Die Beschaffenheit dieser Deutungsnahelegungen, die sich in eine gesamte narrative Struktur des Videos einfügen und aus der soeben beschriebenen Praxis des Zeigens resultieren, gilt es im Folgenden näher zu betrachten.

2. Zur Erfassbarkeit der Deutungsangebote der Kamera

Ein Deutungsangebot und auch die Nahelegung einer Deutung im Video, heißt noch nicht, dass sich der Rezipient von dieser Deutung überzeugen lässt. *Mögliche* Deutungsangebote lassen sich jedoch aus der latenten Sinnstruktur eines Videos herausarbeiten. Die interpretative (hermeneutische) Videoanalyse, wie sie hier verstanden wird, hat die Aufgabe, die latente Sinnstruktur herauszuarbeiten. Dabei zielt die (Re-)Konstruktion dieser Sinnstruktur auf die Erfassung des Zeigenden, des Agierens der Kamera und die sich daraus ergebende Überzeugungskraft ab.

Zur Beschreibung und Erfassung dieses *wie* in einer Analyse werden in der Literatur über die Videoanalyse und insbesondere der Filmsemiotik unterschiedliche Vorschläge angeführt. Die Filmsemiotik, die sich mit dieser Problemstellung ausführlich beschäftigt hat, greift zum Beispiel auf linguistische Kategorien zurück und schreibt dem Film einen bestimmten Code und syntaktische Eigenschaften zu (vgl. u. a. Wollen, 1969; Knilli, 1971; Pasolini, 1971; Metz, 1972; Arijon, 1991; Bienk, 2008). Vor dem Hintergrund der Filmsemiotik könnten die Deutungsangebote eines Filmes als einer Argumentation ähnlich aufgebaut betrachtet und als visuelle Argumentation bezeichnet werden, wozu bereits wichtige Überlegungen existieren (vgl. u. a. Gaeder, 1992; Joost, 2008; Schwender, 2009; Janich, 2010). Hier werden unter anderem unterschiedliche Einstellungsverbindungen, z. B. der weiche Schnitt oder die Überblendung von einer Kameraeinstellung zu der folgenden als syntaktische Verbindungen verstanden (vgl. hierzu auch Korte, 2004, S. 30ff.). Dabei geht man in der Filmsemiotik dazu über, die (Kamera-) Einstellungen in einem solchen Gefüge von syntaktischen Verbindungen, nach Metz auch *solidarisches Syntagma*, als Worte und die Sequenzen als Sätze zu verstehen, die innerhalb dieses Syntagmas semantisch aufeinander einwirken. Damit wird der Film in linguistische Kategorien gefasst. Obwohl die Filmsemiotik wichtige Überlegungen zur Deutung von Videos beiträgt, erfolgt eine Übertragung von sprachlichen ‚Kategorien' auf ein Video t nicht problemlos, wie Metz in seinem späteren Forschungsansatz herausarbeitet, denn es existieren ausschlaggebende Differenzen zwischen der filmischen Einstellung und dem linguistischen Wort. Zum ersten sind Einstellungen weder wie Worte in ihrer Anzahl begrenzt noch müssen sie zweitens zwangsläufig im Lexikon bereits existieren, der Filmemacher selbst erfindet die Einstellung. Drittens ist die dem Rezipienten angebotene Informationsmenge eines Wortes nicht unbestimmt groß, im Gegensatz zu der der Einstellung im Video, sodass eine Einstellung sich selbst in einem Satz nicht erschöpfen würde, sondern vielmehr eine „komplexe Äußerung von unbestimmter Länge" (Metz, 1972, S. 160) darstellt. Darüber hinaus ist viertens eine Einstellung eine aktualisierte Einheit im Gegensatz zum Wort, das eine rein potentielle (lexikalische) Einheit darstellt, denn während das Lexem Wiese, ‚Wiese' bedeutet, bedeutet eine im Film gezeigte Wiese ‚hier ist eine Wiese'. Fünftens ist ein Wort Teil eines semantischen Feldes und seine Bedeutung bestimmt sich hauptsächlich durch die Opposition zu anderen Worten. Bei der Einstellung spielen solche Oppositionen eine geringere Rolle, denn im Film geht es bevorzugt darum, dass das Gezeigte alles außer sich selbst unterdrückt. Metz kommt zu dem Schluss, dass die *Einstellung im Film keineswegs als Wort* betrachtet werden kann. Sie ist auch keine Äußerung, jedoch ist sie einer Äußerung weniger unähnlich als dem Wort (vgl. Metz, 1972, S. 161). Doch nicht nur der Vergleich zwischen einer Kameraeinstellung und einem Wort ist problematisch, sondern generell stellt sich die Übertragung semiotischer Kategorien von der Sprache auf den Film, insbesondere auf das Video (im Fernsehen) schwierig dar, verfolgt man das Ziel deren latente Bedeutungsstruktur hermeneutisch zu (re-) konstruieren. Eine solche Übertragung trägt zwar dazu bei, die Struktur eines Filmes zu beschreiben, allerdings vermag sie nicht die Bedeutungen, die dem Film, dem Video inhärent sind, zu klären. Metz greift diese Problematik in seiner Denotation des Spielfilms auf. Er erklärt, dass die Bedeutung im Film gerade nicht arbiträr wie in der Sprache, sondern immer mehr oder weniger motiviert ist: „Kurz, der konnotierte Sinn geht über den denotierten Sinn hinaus, jedoch ohne ihm zu widersprechen oder ihn zu ignorieren. Daher also die partielle Arbitrarität und auch das Fehlen von vollkommener Arbitrarität" (Metz, 1972, S. 154). Auch die Übertragung des Analogie-Begriffs von der Sprache auf den Film stößt an seine Grenzen, da die Analogie im Film wiederum selbst kodiert ist, das

heißt, dass die Art und Weise wie etwas in Bild und Ton gezeigt wird nicht mit
dem Zeigen von etwas in der Sprache gleichgesetzt werden kann. Weiterhin enthält der Film weder distinktive Einheiten, wie in der Sprache das Phonem oder
phonologische Merkmale, noch semantische Eigenschaften, die der Inhaltsebene
der Sprache entsprechen, sodass es sich bei der Gliederung des Films zwar um
eine Gliederung, aber um *keine echte* linguistische Gliederung handelt (vgl. Metz,
1972, S. 160ff.). Für die Erfassung der Deutungsnahelegung durch die Praxis des
Zeigens der Kamera bedeutet dies, dass eine Überführung des Agierens des Zeigenden nicht in linguistische Kategorien möglich ist und die Theorie der Argumentation, die aus der klassischen Rhetorik stammt, nicht problemlos zur Beschreibung der Deutungsnahelegung der Kamera im Video herangezogen werden
kann. Darüber hinaus entfaltet sich eine Deutung und die damit zusammenhängende Überzeugungskraft eines Videos hermeneutisch betrachtet nicht durch die
Kombination bestimmter Zeichen, sondern, wie erklärt, aus der Praxis des Zeigens heraus. Die Analyseeinheit eines Videos zur (Re-) Konstruktion seiner Sinnstruktur, die durch das Zeigende maßgeblich beeinflusst wird, kann daher nicht
in eine einzelne linguistische Einheit in einer visuellen Ausprägung (visuelles
Argument) überführt werden, denn die *Praxis des Zeigens ist mehr* als die Kombination des Zeigenden und Gezeigten und mehr als die Aneinanderreihung einzelner Einstellungen, die mittels visueller Konjunktionen, wie beispielsweise einer Überblendung, miteinander verbunden sind. Die Praxis des Zeigens ist wie
jegliche Praxis ein „[...] Set bestimmter Kriterien genügender *Bewegungen*, die
von der Umwelt als eine solche Praktik perzipiert werden kann und intelligibel
ist" (Reckwitz, 2004, S. 45) und genau diese Bewegungen sind *weder* in linguistische Kategorien überführ- *noch* adäquat fassbar, sondern sind aufgrund der
Kombination von Zeigendem und Gezeigtem im Video und die dem Video inhärente Bewegung wesentlich komplexer als es beispielswese ein Lexikon, eine
Grammatik oder Syntax der Sprache zu erfassen vermag (insb. die Überlegungen von Schnettler und Knoblauch, dass Videodaten sowohl mimetisch als auch
konstruktiv sind, zeigen diese Komplexität; Schnettler & Knoblauch 2009). Es
scheint daher ein gesamtes neues semantisches Begriffsinventar zur Erfassung
der latenten Sinnstruktur eines Videos notwendig, das auf einer anderen Ebene
als die der Sprache operiert, das vielleicht auch auf Vorhandenem aufbaut, es jedoch zumindest neu kombinieren, wenn nicht sogar neu erfinden muss, denn nicht
das Zeichen, sondern die Bewegung, die Handlung, das Tun – oder besser die
Praxis (des Zeigens) trägt im Video die Bedeutung. Aus dieser Praxis entfaltet
sich die latente Sinnstruktur des Videos, der die Deutungsangebote inhärent sind,
und damit entfaltet sich aus der Praxis des Zeigens auch die Überzeugungskraft

des Zeigenden. Diese Überzeugungskraft, die ein Video besitzt, die sich insbesondere in der Praxis des Zeigens der Kamera entfaltet, liegt in der dem Video immanenten Anleitung zum Handeln. Indem die Kamera also unter Rückgriff auf eine bestimmte Praxis des Zeigens den Rezipienten für sich interessiert, zeigt sie ihm einen Handlungsspielraum auf, den sie entweder erweitern oder einschränken kann. Das Zeigende setzt durch seine Praxis Relevanzen, unterscheidet zwischen ‚richtig' und ‚falsch', wirft ‚Blicke' auf die Welt, indem die Kamera von einem zum anderen Geschehen und in ihnen selbst hin und her schwenkt und ihre ‚Blicke' damit auf eine bestimmte Art und Weise schweifen lässt. Es bedarf damit einer hermeneutischen und nicht einer semiotischen Ausdeutung dessen, was sich aus der Praxis des Zeigens heraus ergibt, denn die Hermeneutik verfolgt den Verstehensprozess und analysiert die Handlung und konzentriert sich nicht ausschließlich auf das Zeichen und seine Bedeutung.

3. Ein exemplarisches Deutungsangebot

Aus der Praxis des Zeigens der Kamera entfalten sich Deutungsangebote des Gezeigten, die dem Rezipienten und Wissenschaftler angeboten werden. Ein solches Deutungsangebot lässt sich beispielsweise anhand des folgenden Videobeispiels hermeneutisch (re-) konstruieren. Hierzu wird die Bewegung der Kamera, im Nachstehenden simplifiziert durch eine Bilderfolge verdeutlicht, näher betrachtet:

Abbildung 1:   Schnappschüsse aus einem Video der Sendung *Ermittlungsakte –
                 Auf Spurensuche mit Ulrich Meyer* vom 09.03.2011

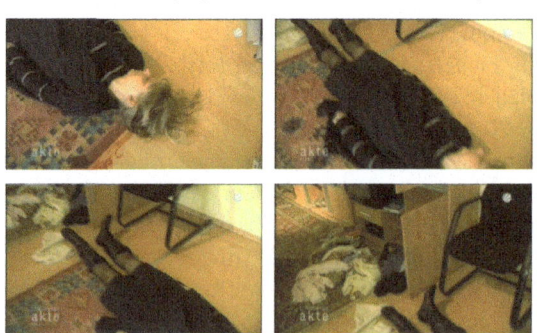

© *Sat.1 Ermittlungsakte*

Die angeführten Screenshots stemmen aus einem Video der *Fernsehsendung Ermittlungsakte – Auf Spurensuche mit Ulrich Meyer* vom 09.03.2011. Die Beschreibung dessen, was auf diesen zu sehen ist, nämlich links eine Frau auf einem Teppich liegend, rechts neben ihr ein Stuhl und an ihrem Fußende ein Haufen mit Kleidung sowie eine offenstehende Schranktür einer Schrankwand, in der sich ein Fernsehgerät befindet, reicht weder zur (Re-) Konstruktion der latenten Sinnstruktur dieses *moves*[13] aus noch sagt dies etwas über das Deutungsangebot und die Überzeugungskraft der Kamera aus. Um das Deutungsangebot und die Überzeugungskraft des Videos herauszuarbeiten, gilt es, das Ageiren, Montieren und Kommentieren der Kamera näher zu betrachten. Die oben stehende Bilderfolge besteht aus vier Screenshots, die in chronologischer Reihenfolge die Veränderung des Standpunktes der Kameraaufsicht auf das Gezeigte durch einen Vertikalschwenk veranschaulichen. Zu sehen ist in diesem move weit mehr, wie beispielsweise die Perspektive, die Schärfe und der Aufbau der Aufnahme und die Einstellungsgröße der Kamera, die Einblendung des Logos von *Sat.1* in der rechten oberen Ecke und des Logos der Sendung, die Kadrierung oder der Lichteinfall in die Aufnahme. In diesem Beitrag kann es allerdings lediglich um eine Veranschaulichung der Deutungsnahelegung durch die Praxis des Zeigens der Kamera gehen, weshalb nur ein kleiner Ausschnitt aufgegriffen wird. Dabei eignet sich der Schwenk besonders gut zur Veranschaulichung des soeben theoretisch Ausgeführten, da die Kamera hier eigenständig in einem autonomen Schwenk Relevanzen setzt. Die nachstehenden Erläuterungen sind Ergebnis eines langwierigen hermeneutischen Ausdeutungs- und Interpretationsprozesses, der hier nicht abgebildet werden kann und stellen daher ein stark verdichtetes Ergebnis dar.[14] Der Schwenk ist eine Bewegung der Praxis des Zeigens, der im Wesentlichen zu einer (Re-)Konstruktion der latenten Sinnstruktur des Videos beiträgt, selbstverständlich jedoch nicht allein auf ihn reduziert werden kann.

---

13 An dieser Stelle wird absichtlich nicht von ‚Bild‘, sondern von *move* gesprochen, da in der (Re-) Konstruktion der latenten Sinnstruktur eines Videos nicht einzelne Bilder, sondern einzelne moves, Handlungseinheiten (die eine Kombination der entsprechenden Einheiten von Gezeigtem und Zeigendem darstellen), als Analyseeinheit zugrundegelegt werden (vgl. hierzu die Abgrenzung zwischen „still" und „move" bei Reichertz & Englert, 2011, S. 14ff.). Es handelt sich damit bei dem Schnappschuss um einen stellvertretend und zur Veranschaulichung verwendeten stark verdichteten Ausschnitt eines solchen moves. Grundsatz des Ausdeutungsprozesses ist, dass nicht jegliches Wissen hierbei ausgeschlossen wird (vgl. hierzu Hitzler, 1991; Reichertz & Englert, 2011, S. 40ff.).

14 Eine komplette hermeneutisch-wissenssoziologische Videoanalyse und die (Re-) Konstruktion der latenten Sinnstruktur finden sich ausführlich bei Englert in einem bisher unveröffentlichten Manuskript, das 2012 im Rahmen des DFG-Projekts „Medien als Akteure der Inneren Sicherheit" herausgegeben wird (vgl. Bidlo & Englert & Reichertz, 2012).

Der Schwenk beginnt mit der Aufnahme aus der Vogelperspektive auf den Kopf und Oberkörper einer auf einem Teppich, der sich auf einem Laminatboden befindet, liegenden Frau. Aus den vorherigen Sequenzen ist bekannt, dass hier ein Mord nachgestellt worden ist, in dem die Frau das Opfer eines Anschlages geworden ist. In der Sendung wird nun Schritt für Schritt dargestellt, wie solch ein Fall durch einen Kriminaltechniker in der Spurensicherung aufgeklärt wird. Die ersten Spuren sind in diesem Zimmer bereits gesichert worden und der Kriminaltechniker erklärt während des Schwenks, wie die Spurensicherung sich nun weiter fortsetzt. Dabei nimmt die Kamera nicht den Kriminaltechniker in den Blick, sondern setzt eigene Relevanzen und wirft unabhängig von den vor der Kamera redenden Personen in dieser Sequenz einen Blick in den Raum, indem sie autonom durch das Zimmer schwenkt. Der Kriminaltechniker, dessen Stimme aus dem Off zu hören ist, bekommt durch die Kamera weniger Bedeutung zugemessen als die am Boden liegende Frau und deren Positionierung sowie die sie unmittelbar umgebenden Gegenstände. Der Schwenk erfolgt dabei nicht willkürlich, sondern ist einer Praxis des Zeigens geschuldet. Hier bietet diese Praxis des Zeigens zum Beispiel eine Art Orientierung durch das Zeigen der Frau und ihrer unmittelbaren Umgebung. Die Kamera weist mit ihrem Schwenk auf etwas hin, nicht nur auf die Frau, sondern auch auf deren Kleidung, auf deren Positionierung und auf weitere Gegenstände im Raum, die mit der Frau in Verbindung stehen (könnten). Sie legt eine Deutung nahe, indem sie die Frau und nicht den sprechenden Kriminaltechniker filmt, nämlich, dass die Frau eine größere Relevanz besitzt. Die Kamera legt weiterhin nahe, dass die Frau beziehungsweise deren Positionierung und aktueller Zustand etwas mit dem Wäscheberg an ihren Füßen und der offenstehenden Tür der Schrankwand zu tun haben könnte. Sie wirft durch diesen Schwenk bei der (Re-) Konstruktion der latenten Sinnstruktur und potentiell auch bei dem Rezipienten Fragen auf wie beispielsweise: „Worauf deutet dieser Wäscheberg und die offenstehende Schranktür hin?" und bietet Zusammenhänge an, dass eine offenstehende Schrankwand und ein Wäscheberg entweder auf generelle Unordnung oder Verwahrlosung eines Zimmer hinweisen könnte oder in Zusammenhang mit dem (angeblichen) Tod der Frau steht. Da es sich um einen Mordfall handelt scheint zweites treffender zu sein. Die Kamera leitet so ein Schlussfolgern ein, das mit Fragen anschließen könnte, wie „wann wird Wäsche aus einem Schrank einfach auf den Boden geworfen und nicht mehr weggeräumt und die Schranktür offen gelassen?", „Wie hängt das mit dem Tod der Frau zusammen?" oder „Hat jemand etwas in der Wohnung gesucht?". Die Kamera schwenkt weiter:

Abbildung 2: Schnappschüsse eines Schwenks aus einem Video der Sendung *Ermittlungsakte* vom 09.03.2011

© Sat.1 Ermittlungsakte

Die Kamera fokussiert den Wäscheberg zunehmend, vollzieht jetzt sogar einen vertikalen Schwenk und verharrt kurze Zeit auf dem Wäscheberg. Die Relevanz ist gesetzt und legt an dieser Stelle beispielsweise die Deutung nahe, dass nicht das Fernsehgerät ein wichtiges Indiz zur Aufklärung des (gestellten) Verbrechens darstellt, sondern der Wäscheberg. Die Überzeugungskraft des Zeigenden resultiert aus einer Vielzahl von Bewegungen (zum Beispiel der Schwenk in Kombination mit Musik oder Perspektive bzw. Kadrierung), die erst zusammengenommen latent wirken können und unbewusst den Blick des Rezipienten zu einer spezifischen Schlussfolgerung lenken. Dabei stellt die Analyseeinheit ‚Schwenk‘ bereits eine starke Verdichtung dessen dar, was der Praxis des Schwenkens alles inhärent ist und sein kann. Sie kann kombiniert werden mit weiteren Bewegungen des Zeigens, sie kann in unterschiedlicher Art und Weise ausgeführt werden und es können unterschiedliche Techniken zum Einsatz kommen, wie beispielsweise die Hand- oder die Standkamera. All dies muss in solch einer Analysekategorie Berücksichtigung finden und kann nicht reduziert werden auf die Art des Schwenks, zum Beispiel ob es ein Vertikal- oder Horizontalschwenk ist. Dies ist hier lediglich aus Gründen des begrenzten Umfangs dieses Beitrages notwendig gewesen. Das Beispiel lässt lediglich einen stark verkürzten Deutungsprozess zu, der exemplarisch zu dieser Deutung gelangt. Die obenstehende Deutung, die sich aus dem Video unter Betonung des Zeigenden, also der Kamera, (re-) konstruieren lässt, ist eine dominante, die von der Überzeugungskraft durch die Bewegung des Zeigenden ausgehen kann. Natürlich entscheidet letztendlich der Rezipient darüber, von was er sich überzeugen lässt und von was nicht, doch der Schwenk in dem obenstehenden Beispiel ist es, der die Bedeutung trägt und der nicht nur die Aufmerksamkeit, sondern auch die Erkenntnis des Rezipienten leitet und führt.

4. Die Praxis des Schwenkens: Ein Schwenk sagt mehr als 1.000 Worte

In dem vorstehenden Beispiel zeigt sich, dass der Schwenk, hier verstanden als eine Bewegung in der Praxis des Zeigens, ein wichtiger Bedeutungsträger ist und in die (Re-) Konstruktion der latenten Sinnstruktur eines Videos einbezogen werden muss, denn beispielsweise ist er es, der Deutungen nicht nur anbietet, sondern auch *nahelegt* und so zu überzeugen vermag. Weder ein Bild noch eine Handlung alleine noch ein dem Video zugeschriebenes Zeichensystem reichen aus, um die Bedeutung des Videos zu (re-) konstruieren. Überzeugungskraft besitzt die Bewegung, die Praxis des Zeigens, da sie bestimmte Perspektiven und Kadrierungen ermöglicht und eigene Relevanzsysteme produziert und Deutungen nahelegt. Der Beitrag ist als eine Anregung zu einer neuen Denkweise bei der Analyse von Videos zu verstehen. Hin zur Kamera und der Praxis des Zeigens, die im Wesentlichen die bedeutungstragende Einheit eines Videos darstellt – denn die Kamera ist es, welche die Bedeutung des Geschehens *vor* der Kamera, die Praxis des Gezeigten, beeinflusst. Das Bild in einem Video ist dabei Ausdruck einer Bedeutungsstruktur, die es zur Analyse von Fernsehinhalten zu (re-) konstruieren gilt. Allerdings zeigt das Beispiel, dass es bei dieser (Re-) Konstruktion der Bedeutungsstruktur im Besonderen die Praxis des Zeigens zu berücksichtigen gilt, denn sie ist es, die die Bedeutung der Handlung vor der Kamera ,rahmt‘.

Daher – bezieht man sich auf die altbekannte Redewendung über die Aussagekraft eines Bildes, das mehr als 1.000 Worte zu ,sagen‘ vermag – muss diese Wendung für eine Videoanalyse von Videos des Fernsehens modifiziert werden, da jeder Schwenk, jede Praxis des Schwenks, nicht nur die Bedeutung des Gezeigten beeinflusst, sondern *selbst* Träger einer Bedeutung ist. Deshalb muss die Redewendung für die vorliegenden Überlegungen zum Deutungsangebot der Kamera modifiziert werden – und lautet nun:

Nicht ein Bild, sondern ein Schwenk sagt mehr als tausend Worte.

Literatur

Andrejevic, Mark (2004). Reality TV: the work of being watched. Oxford: Rowman & Littlefield Publishers Inc.

Arijon, Daniel (1991). Grammatik der Filmsprache: Das Handbuch. Frankfurt a.M.: Zweitausendeins.

Berger, Peter L. & Luckmann, Thomas (2007). Die gesellschaftliche Konstruktion der Wirklichkeit. Frankfurt a.M.: Fischer.

Bidlo, Oliver & Englert, Carina Jasmin & Reichertz, Jo (2012). Tat-Ort Medium (Arbeitstitel). Unveröffentlichtes Manuskript. Essen.

Bienk, Alice (2008). Filmsprache – Einführung in die interaktive Filmanalyse. Marburg: Schüren.

Bohnsack, Ralf (2003). Rekonstruktive Sozialforschung. Opladen: Leske+Budrich.

Bohnsack, Ralf (2009). Qualitative Bild- und Videointerpretation. Opladen: Budrich.

Englert, Carina Jasmin (2012). Governing Through the Practice of Media Interpretation. Die latente Botschaft von Fernsehserien über Verbrechensaufklärung im Hinblick auf moderne Methoden der Kriminaltechnik und Gerichtsmedizin. Eine hermeneutisch-wissenssoziologische Videoanalyse vor dem Hintergrund des CSI-Effekts. Unveröffentlichte Dissertation.

Englert, Carina Jasmin (2011). Dauerbrenner Outsourcing. Neue Akteure und neue Inhalte am TV-Markt. In: Bidlo, Oliver & Englert, Carina Jasmin & Reichertz, Jo (2011). Securitainment. Die Medien als Akteure der Inneren Sicherheit. Wiesbaden: Verlag für Sozialwissenschaften, S. 51-76.

Flusser, Vilém (1995). Gesten. Versuch einer Phänomenologie. Frankfurt a.M.: Fischer.

Gaede, Werner (1992). Vom Wort zum Bild: Kreativ-Methoden der Visualisierung. München: Wirtschaftsverlag Langen-Müller & Herbig.

Grob, Norbert (2000). Erst der Blick gibt den Bildern ihre Form. Zur Ästhetik des deutschen Kameramanns Axel Block. In: Prümm, Karl & Bierhoff, Silke & Körnich, Matthias (Hrsg.). Kamerastile im aktuellen Film. Berichte und Analysen. Marburg: Schüren.

Hall, Stuart (2004). Ideologie, Identität, Repräsentation. Hamburg: Argument Verlag.

Hill, Annette (2005). Reality TV: Audiences and popular factual television. London/New York: Routledge.

Hitzler, Ronald (1991). Dummheit als Methode: Eine dramatologische Textinterpretation. In: Garz, Detlef; Kraimer, Klaus (Hrsg.). Qualitativ-empirische Sozialforschung: Konzepte, Methoden, Analysen. Opladen: Westdeutscher Verlag, S. 295-318.

Janich, Nina (2010). Werbesprache: Ein Arbeitsbuch. Tübingen: Narr.

Joost, Gesche (2008). Bild-Sprache. Die audio-visuelle Rhetorik des Films. Bielefeld: transcript.

Knilli, Friedrich (1971). Semiotik des Films. Mit Analysen kommerzieller Pornos und revolutionärer Agitationsfilme. München: Carl Hanser.

Knoblauch, Herbert & Schnettler, Bernt (2009). Videoanalyse. In: Kühl, Stefan & Strodtholz, Petra & Taffertshofer, Andrea (Hrsg.): Handbuch Methoden der Organisationsforschung, 1. Wiesbaden: Verlag für Sozialwissenschaften, S. 272 – 297.

Korte, Helmut (2004). Einführung in die Systematische Filmanalyse. Berlin: Erich Schmidt Verlag.

Laurier, Eric (2011). Trimming the timelines. Glasgow: Catalogue for Victoria Claire Bernie, Street Level Galley.

Luckmann, Thomas (1995). Theorie des sozialen Handelns. Berlin [u.a.]: de Gruyter.

Metz, Christian (1972). Semiologie des Films. München: Fink.

Millerson, Gerald (1999). Drehen und Produzieren mit Video. Technik – Einsatzgebiete – Bildgestaltung. Gau-Heppenheim: mediabook Verlag.

Pasolini, Pier Paolo (1971). Die Sprache des Films. In: Knilli, Friedrich: Semiotik des Films. Mit Analysen kommerzieller Pornos und revolutionärer Agitationsfilme. München: Carl Hanser, S. 38-55.

Petrasch, Thomas & Zinke, Joachim (2003). Einführung in die Videofilmproduktion. Leipzig: Carl Hanser Verlag.

Reichertz, Jo (2001). The Raving Camera. In: Hitzler, Ronald & Pfadenhauer, Michaela (Hrsg.): techno-soziologie. Opladen: Leske+Budrich, S. 253-265.

Reichertz, Jo (2009). Kommunikationsmacht: Was ist Kommunikation und was vermag sie? Und weshalb vermag sie das? Wiesbaden: VS.

Reichertz, Jo & Englert, Carina Jasmin (2011). Einführung in die qualitative Videoanalyse. Eine hermeneutisch-wissenssoziologische Fallanalyse. Wiesbaden: Verlag für Sozialwissenschaften.

Reckwitz, Andreas (2004). Die Reproduktion und die Subversion sozialer Praktiken. Zugleich ein Kommentar zu Pierre Bourdieu und Judith Butler. In: Hörning, Karl & Reuter, Julia (Hrsg.): Doing Culture. Neue Positionen zum Verhältnis von Kultur und sozialer Praxis, S. 40-54.

Schwender (2006). Medien und Emotionen: Evolutionspsychologische Bausteine einer Medientheorie. Wiesbaden: Deutscher Universitätsverlag.

Schwender, Clemens (2009). Alter als audio-visuelles Argument in der Werbung. In: Schwender, Clemens & Wiest, Manuela & Kreeb, Martin: Meister Propper, die Kanzlerin und das Konkurrenzprodukt. Köln: von Halem, S. 147-167.

Wollen, Peter (1969). Signs and Meaning in the Cinema. Bloomington [u.a.]: Indiana University Press.

Die unmögliche De-Visualisierung von Wissen – Über einige Sehpraktiken einer extremen Gemeinschaft

Niklas Woermann

1. Visualisiertes oder visuelles Wissen?

Wovon genau spricht man, wenn von Wissen in visueller Form die Rede ist? In letzter Zeit wurden innerhalb der Wissenssoziologie verstärkt Studien zu Phänomenen des Sehens, Zeigens, und Verbildlichens vorgelegt, die einerseits die grundsätzliche Bedeutung des Visuellen als Dimension der sozialen Konstruktion der Wirklichkeit betonen (z. B. Raab, 2008) und andererseits die aktuell wachsende Bedeutung visueller Darstellungen und performativer Demonstrationen in der Gesellschaft per se und insbesondere in Wissenschaft und Lehre beobachten (z. B. Schnettler & Knoblauch, 2007; Schnettler, Tuma, & Soler Schreiber, 2010). Bereits diese unterschiedliche Schwerpunktlegung (vgl. Knoblauch, 2005, S. 332) birgt meines Erachtens einen Hinweis darauf, dass dieser ,Kanon über das Bild' (mindestens) zwei unterschiedliche Lesarten ermöglicht, die potentiell zwei unterschiedliche, wenn nicht gar inkommensurable Begriffe von Wissen in visueller Form implizieren. Denn der Begriff des „visuellen Wissen" ist, wie Schnettler und Pötzsch (2007) feststellen, „noch unzureichend bestimmt" und „mehrdeutig", da er „verschiedene Phänomene miteinander konfundiert" (2007, S. 481). Diese Situation verlangt eigentlich nach einer breit angelegten ,tour d'horizon,' welche die untersuchten Phänomene und die dazu jeweils vorgelegten Begriffe systematisch gegenüberstellt. Aus meiner Sicht entscheidend dabei wäre jedoch nicht nur, Begriffe und Phänomene zu erfassen, sondern vor allem eine genaue Ausdeklination der jeweils zugrunde gelegten theoretischen A-priori vorzunehmen. Es wird an dieser Stelle nicht möglich sein, dies in systematischer Breite zu leisten – auch, um neben der trockenen Theorie einigen empirischen Beobachtungen Raum zu geben. Dennoch möchte ich versuchen, einer grundsätzlicheren Diskussion über das Was und Wie visuellen Wissens einen initialen Impuls zu verleihen, indem ich auf eine latente, aber fundamentale Divergenz zwischen jenen Wissensbegriffen hinweise, welche innerhalb der laufenden (deutschsprachigen) Diskussion einerseits und von einigen dabei prominent referenzierten (USamerikanischen) Autoren andererseits jeweils zugrunde gelegt werden. Genauer geht es mir um die Tatsache, dass aktuelle Darstellungen einer (möglichen) visuellen Wissenssoziologie oder Soziologie visuellen Wissens dazu auffordern, die Sehordnungen oder Sehstile des Alltags in den Blick zu nehmen und dabei verstärkt auf Arbeiten aus dem Umfeld der ethnomethodologischen Workplace Studies und insbesondere von Charles Goodwin (1994, 2000) verweisen (etwa Raab, 2008; Schnettler & Pötzsch, 2007; Schnettler, Tuma, & Soler Schreiber, 2010). Sie bleiben dabei jedoch – im Großen und Ganzen – dem Programm einer Wissenssoziologie verpflichtet, die auf Alfred Schütz zurückgeht und den subjektiven Sinn in den Mittelpunkt stellt. Dadurch ergibt sich eine Lesart Goodwins (und verwandter Arbeiten), die weder frag- noch alternativlos ist, stützt dieser sich doch auf die Ethnomethodologie und den ihr eigenen Begriffe von Wissen und Subjekt, welche sich zwar einerseits als komplementär zur Schütz'schen Wissenssoziologie verstehen lassen (Eberle, 2008; Lynch, 2004), andererseits aber auch als klares Kontrastprogramm gesehen werden können (siehe ausführlich Woermann, 2011a; sowie Dennis, 2004; Sharrock 2004).

Zugespitzt geht es dabei um die Frage, ob dem in einer sozialen Situation manifestierten Sinn (etwa der Inhalt eines Gespräches) notwendig ein individuell erfahrener subjektiver Sinn gegenübergestellt ist; oder ob es keine derartige subjektive Sinnebene ‚hinter' der konkreten, in diesem Moment von den Anwesenden praktisch erarbeiteten und zugleich durchlebten situativen Sinnordnung gibt (vgl. ten Have, 2002). Diese holzschnittartige Gegenüberstellung, so muss man sofort einschränkend festhalten, unterschlägt natürlich sowohl Schütz' Konzept der Einstellung, die je nach Situation eben pragmatisch oder reflektierend-interpretierend ausfallen könnte, als auch die mögliche (und oft prävalente) pragmatistische Lesart seines Sinnverständnisses, welche alle ‚erarbeitete' Sinnordnung als eben erhandelte und damit nur indirekt im subjektiven Wissensvorrat verankerte Ordnung begreift. Beide Konzepte gehen jedoch nichtsdestotrotz von einer mindestens unterschwellig mitlaufenden[1] subjektiven Sinnkonstitution aus, die von situativen Ordnungen oder sozialen Objektivierungen unterscheidbar ist[2] – eine Vorstellung, welche nicht nur die gegenwärtigen Praxistheorien (siehe etwa Schatzki, 1996, S. 25-41) ablehnen, sondern – je nach Lesart – eben auch Garfinkel und Goodwin (siehe insbesondere Goodwin, 2000).

Nun soll es hier nicht darum gehen, in eine Grundsatzdiskussion über Sinn und Subjektivität bei Schütz oder Garfinkel einzusteigen, denn es gilt, das Kernthema des visuellen Wissens im Blick zu behalten. Anstatt also im Folgen-

---

1   Oder präziser: nachlaufenden Sinnkonstitution.
2   Was natürlich nicht bedeutet, dass sie nicht in diese eingebettet ist.

den etwa vermeintlich einzig ,richtige' von ,falschen' Exegesen und Anwendungen von Goodwin zu unterscheiden, indem ich diese vom ,dem' einzig richtigen Sinnbegriff deduziere, möchte ich vielmehr fragen, welche Begriffe von visuellem Wissen eigentlich zur Diskussion stehen. Ich werde dabei – und dies ist entscheidend – einen (wie auch immer gearteten) subjektiven Sinn *nicht* als philosophisch, anthropologisch oder empirisch gesetztes A-priori voraussetzen – denn dann würde die Diskussion über visuelles Wissen ja letztlich doch allein auf dem Felde der Diskussion über alternative Sinnbegriffe entschieden. Für sich selbst genommen erzwingt der breite und vielfältige soziologische Begriff des Wissens eine solche externe Determination nicht. Stattdessen lädt er dazu ein, ihn in unterschiedlichen Varianten zu modellieren, die je ihre eigene theoretische Dynamik entfalten. Aus diesem Grunde werde ich zwei idealisierte Begriffe visuellen Wissens zur Auswahl stellen, die *nicht* bereits auf oder gegen ein subjektgebundenes Sinnverständnis festgelegt sind. Indem ich diese beiden Wissensbegriffe dann auf einen bestimmten Beispielfall aus meiner empirischen Arbeit anwende, lässt sich aufzeigen, welche Interpretationsfolgen die ihnen inhärente Differenz zeitigen kann – und zwar unabhängig von Vorannahmen bezüglich einer subjektiven Sinnkonstitution.

2. Zwei alternative Begriffe visuellen Wissens

Folgende alternative Begriffe möchte ich dazu als – bewusst zugespitzte – Extrempole gegenüberstellen:

1. Als *visualisiertes Wissen* bezeichne ich Wissen, das quasi seinen Aggregatszustand gewechselt hat und jetzt visuell vorliegt. Dabei kann es sich um zweierlei handeln: *Erstens* um eine ,Übersetzung' expliziten Wissens, das zuvor in anderer Form vorlag, also etwa verschriftlicht war. Dieses Verständnis entspricht zunächst dem typischen Selbstverständnis jener Handelnder, welche in Studien der Visualisierung von Wissen beobachtet werden: Für den präsentierenden Statistiker ist klar, dass er dieselbe Erkenntnis nur in eine andere Form bringt, wenn er sie in einer Grafik „verpackt". *Zweitens* kann es sich aber auch um Wissen handeln, das zuvor als bewusste Erkenntnis eines Einzelnen vorlag und dass nun ,herausgebracht' wird, im Sinne einer Visualisierung dessen, ,was in meinem Kopf' vorgeht. „Was hat sich der Künstler dabei nur gedacht?" wäre eine alltagstypische Formulierung dieser Position. Dieser Begriff des visualisierten Wissens basiert somit auf einem essentialistischen Wissensbegriff: Auch wenn die Visualisierung nie verlustfrei geschieht und zugleich bei einer Konversion vielleicht auch Neues

hinzukommt (z.B. eine performative Qualität), so bleibt doch der Kern des Ganzen, die Essenz des Wissens erhalten. Mit diesem Begriff des Wissens zu operieren bedeutet somit, eine essentielle Formkonsistenz, ontologische Stabilität oder Zeit und Position übergreifende Identität von Sinn (Inhalten, Informationen) zu postulieren – auch und gerade wenn zugleich von der Singularität des Bewusstseins, der *haeccitas* aller weltlicher Ereigniszu-sammenhänge und/oder der unhintergehbaren Einmaligkeit jeder situativen sozialen Ordnung ausgegangen wird. Eine zumindest basale Sinnidentität zwischen einem bewusst wahrgenommenen Datum (als Text oder erlebtem Ereignis) als Quelle und seiner kulturellen Objektivierung im Bild (Grafik, Film, Foto) bildet somit die Grundannahme dieses Wissensbegriffes – und beispielsweise auch einer darauf aufbauenden Methodologie, die sich als hermeneutisch versteht und beispielsweise auf dem Grundsatz aufbaut „to consider social data as manifestations of the protagonists' perception" (Schnettler & Raab, 2008, Abs. 45).[3]

2. Der (vorläufige) Begriff *visuelle Instruktion* bezeichnet in meiner idealisie-renden Gegenüberstellung dagegen ein Sehen-Können anhand einer visuellen Darstellung, also die pragmatische Kompetenz, eine bestimmte visuelle Form erkennen zu können (vgl. Büscher, 2006; Burri, 2008; Mondada, 2009). Dieser Begriff diagnostiziert im Moment des Sehens von etwas das Vorhandensein einer visuellen Ordnung, welche einen bestimmten Seheindruck induziert – eine Ordnung, die als soziale Ordnung nie durch das Bild allein etabliert wird, sondern ebenso durch das praktische Handeln des Betrachters und etwa die physische Ordnung des Museums, in dem es hängt (vgl. Heath & vom Lehn, 2004). Die entscheidende Differenz zum Begriff des visualisierten Wissens besteht also darin, dass hier zwar auch von einer (zumindest hinreichenden) Kontinuität zwischen unterschiedlichen Betrachtungsereignissen des gleichen Bildes ausgegangen wird, jedoch von dem Postulat einer statischen Sinni-dentität eines absoluten Datums auf das einer situierten Sinnkonstitution umgestellt wird. Instruierte visuelle Kompetenz bedeutet dann also: Man kann etwas *in etwas* erkennen, man kann also z.B. in der bildlichen Reproduktion Details sehen – und unter geeigneten Umständen kann man mithilfe des Bildes situativ instruiert werden, das Gleiche auch in ähnlichen Bildern oder ‚in Natura' zu sehen. Es besteht somit eine Formkonstanz zwischen Abbildung und ‚Wirklichkeit' *nicht* in Form einer tatsächlichen Übereinstimmung; son-

---

3   So lautet beispielsweise der Anspruch Raabs (2009), etwas über das alltagspraktische Sehen einer bestimmten Gemeinschaft aussagen zu können, indem man ihre Bildproduktionen einer hermeneutischen Analyse unterzieht.

dern die prozessuale (situative) Produktion des Gesehenen wird von beiden
,Medien' in gleicher Form ausgelöst. Anhand des Beispiels einer abstrakten
Skizze etwa eines technischen Bauwerkes, die nur ein paar Konturen und
Pfeile enthält, will ich dies verdeutlichen: Von Wissen ließe sich in dieser
Lesart nur dann sprechen, sobald der unabdingbare „lebensweltliche Zwil-
ling" (Garfinkel, 2002, S. 187-190) des visuellen Materials hinzutritt: Das
Sehen als lebendiges Gegenübertreten in einer temporalisierten, räumlichen,
synästhetischen, multimodalen Situation, in der man sich etwa inspizierend
nach vorne beugen, die Augen zusammenkneifen und den Kopf hin und her
wenden kann. Die technische Zeichnung eines Gebäudes, so wäre die These,
enthält *nichts* von dem, was sich in der sichtbaren Anmutung des tatsächlichen
Gebäudes findet, sondern sie regt einen Konstitutionsprozess (also ein Sehen)
an, das man *später* wiederholen kann, wenn nicht sogar muss. Die zeitliche
Differenz zwischen solchen Wiederholungen des Seh-Vorganges, also zwischen instruierend-gezeigt-Bekommen und instruiertem Sehen, kann durchaus
kurz ausfallen – sie wird es in Lernsituationen sogar meistens. Dennoch ist
sie bei detailgetreuer Beobachtung der Interaktion etwa im Rahmen einer
videogestützten Analyse stets sichtbar: Als Hin- und Herschauen zwischen
Landkarte und Landschaft, zwischen Architektenzeichnung und Rohbau,
oder zwischen Farbton der Erde und Farbentafel (Hutchins, 1995; Büscher,
2005, 2006; Goodwin, 1994).

Die Differenz dieser Konzeption zum Modell einer bewussten subjektiven Typi-
sierung von visuell Wahrgenommenem ist nochmals gesondert hervorzuheben.
Sie hat zwei Teile: Zunächst wird eine Strukturgleichheit zwischen subjektivem
Erkenntnisinhalt und Objektivierung abgelehnt: Die ,Objektivierung' (das Bild)
scheint beispielsweise gerade dann *untauglich* zur Instruktion, wenn sie möglichst detailgetreu ist, wenn sie also versucht, möglichst dicht an die Sinntiefe
und Komplexität der Realität (als ,Original') heranzurücken.[4] Die Sinnentfaltung
als situative Praktik wird zweitens von technischen Werkzeugen und körperlichen Routinen mitgetragen. Sehen bedeutet also ein situativ entfaltetes, systema-
tisches Zusammenspiel aus Körperbewegungen (mindestens Kopf, Augäpfel und
optische Linsen, oft auch Rumpf und Gliedmaßen [Berthoz, 2000; Jacob & Jeannerod, 2003]), bewussten und unbewussten neuronalen Prozessen, emotionalen
Regungen, räumlichen Ordnungen (Entfernung, Perspektive, Beleuchtung) und
technischen Werkzeugen – zu denen nicht zuletzt visuelle Darstellungen selbst

---

4   Denn da ein Bild prinzipiell dem ,marodierenden Blick' eröffnet ist, begrenzt es die Sequenz,
     in welcher die Sinnentfaltung stattfindet, desto weniger, je detailreicher es ist. Entsprechend
     hilfreich ist dann das Skizzenhafte, denn es lenkt diese Entfaltung in Bahnen.

gehören können. Für sich allein genommen kann jedoch keines dieser Elemente nur annähernd das ausmachen, was als Sehen gelten kann – weder der Bewusstseinsvorgang, noch das lichtreflektierende materielle Objekt, noch irgendein anderes ‚identifying detail'. Der Sinn des Sehens (den das praktische Sehen entfaltet) kann also niemals im Bild per se liegen. Der Begriff der visuellen Instruktion impliziert somit ein genuin und ausschließlich visuelles Wissen, also eine Sinnformation, die für ihre Verbreitung oder Reproduktion darauf angewiesen ist, optisch gesehen zu werden, sodass sie nur im Rahmen von Bildmedien tradiert werden können. Versuche der Verbalisierung oder gar numerischen Erfassung müssen daher als Versuche der Fixierung und Übertragung des Sinns im strengen Sinne scheitern; der spezifische Sinnzusammenhang geht verloren und wird schlimmstenfalls von verzerrenden Placebos überdeckt. Dies bedeutet jedoch natürlich nicht, dass etwa verbale Beschreibungen von Bildern nicht in einer funktionalen Beziehung zum Sehen stehen können – sie können jedoch nicht (praktisch) sinnäquivalent sein. Um Missverständnissen vorzubeugen sei betont, dass ein solcher ‚situativ-praktischer' Wissensbegriff dezidiert nicht ‚radikal-' konstruktivistisch etwa im Sinne Luhmanns ist, da er ein Seh-Ereignis nie allein einem Beobachter zurechnet, egal ob dieser nun als ein System oder ein Subjekt mit erfahrungsgeschwängertem Wissensvorrat gedacht wird. Es geht mir also explizit *nicht* um die Frage, ob man zu diesem ‚Innen' (im System, Wissensvorrat, Subjekt und dergleichen) des Gesehenen noch ein irgendwie objektives oder materiales ‚Außen' hinzudenken sollte oder besser nicht. Meines Erachtens gilt es, den kultursoziologischen Reflex zu unterdrücken, auf das Entweder-Oder von Subjekt und Objekt oder Idealismus und Materialismus mit einem (potentiell immer überdeterminierten) Sowohl-Als-Auch zu antworten. Stattdessen soll die hier behelfsmäßig als ‚visuelle Instruktion' benannte Position für eine aussichtsreiche Variante des Weder-Noch stehen.

3. Von der Unmöglichkeit der De-Visualisierung von Wissen

Welchen Unterschied macht die Unterscheidung von zwei Begriffen des Wissens? Wie bereits angekündigt will ich nicht versuchen, in einer rein theoretischen Exegese etwa die Vereinbarkeit einer pragmatistischen Lesart von Schütz mit einem ethnomethodologischen Verständnis des Sehens als „practical accomplishment" auszudeklinieren, denn damit wäre für das Verständnis von konkretem empirischen Material kaum etwas gewonnen. Stattdessen möchte ich die divergenten Konsequenzen dieser Begriffsunterscheidung an einem Beispiel herausstellen. Ich möchte dazu vorschlagen, gerade das *Scheitern* der Konversion von Wissen

als besonders instruktiv für ein vertieftes Verständnis von visuellem Wissen auf-
zufassen. Ich werde daher nicht die Prozesse und Möglichkeiten der Visualisierung eines bestimmten Sonderwissensbestandes untersuchen, sondern – in einer
doppelten Inversion – die *Unmöglichkeit* der *De-Visualisierung* eines Wissens-
bestandes. Dazu betrachte ich die Sehpraktiken einer Expertengemeinschaft für
extreme Sportpraktiken: Auf Basis einer ethno- und videographischen Studie der
deutschsprachigen Freeski-Szene (eine Extrem-und Lifestylesportart ähnlich dem
Snowboarden) gehe ich der Frage nach, weshalb die Sportler praktisch vollständig
auf verschriftlichtes Wissen in Form von Trainingsratgebern oder Anleitungen
verzichten, wenn sie versuchen, hoch anspruchsvolle Techniken zu erlernen. Im
Anschluss werde ich anhand der zwei vorgeschlagenen Wissensbegriffe zwei alternative Interpretationen dieser Unmöglichkeit der De-Visualisierung entwickeln.

Freeskiing ist eine junge, stark wachsende Form des Skifahrens, die viele Stil-
elemente des Snowboardsports übernommen hat und ihr Selbstverständnis aus der
Ablehnung und Modifikation des klassischen (Renn-)Skilaufs bezieht (siehe auch
Geisler, 2004; Woermann, 2012). Das Ziel dieser sportlichen Betätigung besteht
darin, einerseits möglichst radikale Abfahrtsrouten durch den Tiefschnee im oft
fast senkrechten Gelände zu befahren und andererseits komplexe Kunstsprünge
über spezielle Schanzen, in Halfpipes, auf Treppengeländern oder ähnlichen Hin-
dernissen zu zeigen. Darüber hinaus ist Freeskiing als ästhetische Gemeinschaft
um ein komplexes Stilideal herum organisiert, welches neben spezifischen Bewegungsformen auch Kleidung, Musik, Redeweisen, Freeski-Filme, Fachmaga-
zine sowie eine ausgeprägte Web-Community prägt und von den Mitgliedern als
eigener Lebensstil wahrgenommen wird. Im Zentrum steht beim täglichen Training von Bewegungsfiguren ebenso wie in den medialen Repräsentationen dabei
immer das Streben nach „*Style*", also die Suche nach der ästhetischen Perfektionierung der Performanz, welche zum Einen in der Lässigkeit, Souveränität und
Sicherheit der Durchführung der Tricks gesehen wird, zum Anderen aber auch
zum Ausdruck der eigenen Persönlichkeit werden soll.

Die Freeski-Szene lässt sich somit als Expertengemeinschaft begreifen, die
um einen spezifischen Sonderwissensbestand herum organisiert ist: Das Wissen
über Style bildet das zentrale Zugehörigkeitskriterium der Szene; und die Fähigkeit, Style einerseits zu erkennen und andererseits qua körperlicher Performanz
zu produzieren bildet den Kern einer Identität als Freeskier. Der Sonderwissensbestand des Styles liegt sozusagen auf zwei 'Trägern' verteilt vor: Erstens die
durch das tägliche gemeinsame Training und das regelmäßige Zusammentreffen auf größeren Events wie etwa Wettbewerben in der Szene tradierten „Tricks"
und „Grabs", also Bewegungsmuster oder athletische Figuren (ähnlich einem

doppelten Rittberger im Eiskunstlauf), sowie zweitens Fotos und Videos, welche Freeskier hobbymäßig oder auch professionell anfertigen und die unter anderem im Internet in enormer Menge zu finden sind (vgl. Stern, 2009). Beide „Träger" können jedoch – dies ist entscheidend – nur deshalb als solche betrachtet werden, weil Angehörige der „Sehgemeinschaft" (Raab, 2008) Freeskiing darin Style zu erkennen vermögen; und dies kann nur durch Sehen geschehen. Denn obgleich die Szenemitglieder durchaus Texte produzieren und konsumieren (etwa in Zeitschriften, Blogs oder Onlineforen), ist alles Wissen über Style fundamental auf die visuelle Form angewiesen: Style muss man sehen. Der Marginalität von Textpraktiken steht im Szenealltag entsprechend eine Ubiquität von visuellen Praktiken und visuellen Medien gegenüber (siehe auch Booth, 2008; Ferrell, Milovanovic, & Lyng, 2001; Wheaton, 2004; Wheaton & Beal, 2003). Im Folgenden werde ich demonstrieren, dass sowohl die Kompetenz, Style zu beobachten, als auch jene, Style zu zeigen, fundamental von praktischem Sehen abhängig ist. Ich stütze mich dabei auf meine über vier Jahre dauernde ethnographische Feldarbeit in der deutschsprachigen Freeski-Szene (siehe ausführlich Woermann, 2011b). Auch wenn ich im Folgenden Zitate aus Interviews verwende, um den Freeskiern selbst eine Stimme zu verleihen, ist angesichts meines Themas jedoch unbedingt anzumerken, dass sich meine Erkenntnisse über die visuellen Praktiken in erster Linie auf meine teilnehmende Beobachtung derselben stützen (beim Training ebenso wie bei der Videoproduktion und dem gemeinsamen Betrachten von Filmen und Fotos), sowie in zweiter auf Video-Interaktions-Analysen. Ich habe erst im Rahmen der Reflektion und Verifikation von Ergebnissen formale Interviews geführt. Mit anderen Worten: ich habe mich bemüht, zu sehen und nicht nur zu hören.

4. Style sehen

Für Freeskier steht außer Frage, dass Style die entscheidende Kategorie in ihrem Sport darstellt: Bekannte Fahrer lobt und beneidet man für ihren Style, Freeskifilme und -fotos bewertet man danach, ob in ihnen „stylische" Tricks zu sehen sind, Sponsoren suchen ihre Teammitglieder nach dem Style aus und in Wettbewerben werden zwar Schwierigkeit und Style der gezeigten Sprünge bewertet, aber der Style gibt nach Auskunft der Zuschauer und der Wettbewerbsrichter stets den Ausschlag. Fragt man Szenemitglieder jedoch danach, was Style genau ist, versagen meist die Worte:

Puhh, das ist schwer zu sagen.(2s Pause) Das sieht man halt. (m, 22)

Des ist aber ne reine Gefühlssache. Also es wird, (.) es gibt ja kein Leitbild wies optimal sein sollte, es sei denn man schaut sich die Videos von den Pros an, sagt dann: ‚Ach guck mal, wie er's macht.' (m, 23)

Das oberflächliche Merkmal, dass die meisten Befragten nennen, besteht lediglich darin, dass eine Bewegung „ruhig" und „ohne zu zappeln" erfolgt. Diese Grundlage von Style zu erreichen, ist zunächst das wichtigste Ziel für jeden Sportler:

Weil für mich Ästhetik total im Vordergrund steht, total wichtig is. Für mich is dann, wenn ich so auf [ein Hindernis] drauf geh, [wichtig] dass ich möglichst weich bin, möglichst schön aussehe und sowas. (m, 23)

Grundsätzlich bezieht sich der Begriff Style auf eine ästhetische Kategorie, nämlich den optischen Eindruck eines Sprungs oder einer Abfahrt: Diese müssen einerseits sicher und entschlossen wirken, zugleich aber flüssig, spielerisch leicht und kreativ. Während Freeskier mit relativ großer Übereinstimmung feststellen können, ob ein Sprung Style demonstrierte, bleibt diese Sinnebene für einen Laien verschlossen: Als unbedarfter Beobachter sieht man auf einem Freeskivideo wenig mehr als herumwirbelnde Skifahrer in sehr bunten Klamotten, die in endloser Folge immer neue Sprünge zeigen. Der Laie staunt dann primär über die Weite und Höhe der Sprünge und über Elemente wie Überkopfsalti, die er als spektakulär empfindet – für die Freeskier sind Weite und Höhe des Sprungs dagegen weitgehend unwichtig, und Back- bzw. Frontflips sind an sich relativ uninteressant, denn es kommt auf deren Kombination mit den Grabs, also Mikrogesten, an, die erst den Style erzeugen.

Zu der „Sauberkeit" der Durchführung kommt zwingend das individuelle, kreative Element, also eine eigene ‚Interpretation' des bekannten Tricks. Style bezeichnet somit einerseits Konformität mit dem vorgegebenen Soll, sodass ein Trick als „gelungener Versuch" erkennbar ist, zum anderen aber auch eine gewisse Devianz vom Soll, die jedoch keinesfalls als Zufall, Fehler oder Unsicherheit erscheinen darf: Style oszilliert gleichsam zwischen Konformität und Devianz und muss dabei Intentionalität ausdrücken. Wenn diese Abweichung dann über längere Zeit zuverlässig genug beobachtbar ist, können Freeskier einander allein an ihren Bewegungen erkennen – eine genuine Identität als Freeskier wird sichtbar.

Wenn du da den Patrick Hollaus [ein bekannter Fahrer] siehst, wie der den [Trick] macht, kannst, siehst du den unter 1000. Wenn der den springt und du siehst das Gesicht net von dem Typ, kannst du genau sagen, dass er das ist, weil er (..) So wird das einfach gemacht mit dem Grab, das macht keiner sonst. (m, 22)

Um Style erkennen zu können – darin sind sich ebenfalls alle einig – muss man eine Zeitlang zur Szene dazugehören.

Ich glaube man muss schon n bisschen in der Szene sein, um das sehen zu können. (w, 23)

Neben dem Training der eigenen Fähigkeiten besteht die wichtigste Szeneprak-
tik darin, mit schier endlosem Interesse die Tricks der anderen zu beobachten,
sei es live beim Training oder in Fotos und Videos. Der Sozialisationsprozess in
die Szene ist dabei entscheidend mit dem Erwerb der Fähigkeit, Style sehen zu
können, verknüpft: Das regelmäßige, interessierte Betrachten, oft auch gemeinsam mit anderen Freeskiern, eröffnet mit der Zeit den Zugang zu dieser ästhetischen Ebene, bis man schließlich beim Anblick eines „stylischen" Tricks oder
eines Videos davon unwillkürlich jene euphorische Begeisterung verspürt, welche die Freeskier als Gruppe zusammenschweißt: Geradezu automatisch ruft eine
Gruppe Beobachter begeistert „Wow!", wenn sie einen besonders stylischen Trick
(live oder im Video) sieht.[5]

Style ist somit eine ausgesprochen wichtige und vielschichtige Kategorie
für Freeskier, sie ist jedoch kaum in Worte zu fassen: Es gibt fast keine Begriffe, um einzelne Elemente oder Ausprägungen von Style zu beschreiben und trotz
zahlreicher leidenschaftlicher Diskussionen über Style in alltäglichen Begegnun-
gen ebenso wie im Internet, lässt sich aus dem semantischen Diskurs über Style
kaum mehr herauslesen als das immer gleiche Fazit, es komme eben auf den optischen Gesamteindruck an. Die Definitionshoheit darüber, welche Performanz
als besonders stylisch einzuschätzen ist, kommt dabei primär den angesehenen
und erfahrenen Sportlern zu – in der informellen Interaktion ebenso wie bei den
zahlreichen Wettbewerben, auf denen diese als Punktrichter fungieren. Auch diese Wettbewerbsrichter können jedoch kaum definitive Kategorien dafür angeben,
was Style ausmacht, gleichzeitig legen sie jedoch Wert darauf, diesen erkennen
zu können und ihn auch dann als wichtigsten Maßstab für das Können der Fahrer
zu verwenden, wenn diese ,eigentlich' keine technisch schwierigen Tricks zeigen:

Da gab's zum Beispiel mal ein paar Jungs, die haben total wilde Tricks gemacht aber es sah
halt einfach scheiße aus. Und es ist da halt einer mitgefahren, der hatte etwas leichtere Sachen,
aber richtig richtig schön gemacht und er hat dann hinterher gewonnen, einfach weil wir gesagt haben ,Puhh. Finden wir cool. Ist mehr wert.' (Wettbewerbsrichter, m, 25)

Obwohl es immer wieder Diskussionen und Konflikte darüber gibt, welcher Sportler mehr Style beweisen konnte, und obwohl die Wettbewerbe insgesamt bereits
stark professionalisiert und international koordiniert verlaufen, gibt es bisher kein
klares Regelsystem und kein Punktesystem, welches die Ästhetik des Styles de-

---

5   Die Betonung der Verknüpfung von Emotionalität und praktischem Sehen stellt eine weitere
     wichtige Differenz zwischen den oben beschriebenen unterschiedlichen Lesarten visuellen
     Wissens dar, der ich hier jedoch aus Platzgründen nicht weiter nachgehen werde.

finieren und explizit fixieren könnte. Seit mehreren Jahren gab es zwar verschiedene Versuche dazu, aber bisher sind alle gescheitert.

> Es gibt so viele unterschiedliche Bewegungsrichtungen und dann gibts die Doubleflips noch dazu. Wie willst du das einsortieren? Soll ein Switch fourteen-forty schwieriger sein als nen Kangoroo-Flip oder, puh... . Wer macht das fest? (...) Soll halt der gewinnen, ders stylischer macht. (Wettbewerbsrichter, m, 25)

Mündliche oder schriftliche Einschätzungen von Wettbewerben oder Freeskifilmen stoßen auf ähnliche ,Sprachbarrieren': Typischerweise beschränken sich diese auf die Benennung des jeweils gezeigten Tricks (wobei auch die Bezeichnungen keinesfalls eindeutig sind), manchmal kombiniert mit der lobenden Bemerkung, dieser sei besonders „stylisch" ausgefallen. In Szenemagazinen, -filmen und auf Webseiten spielen entsprechend Bilder die Hauptrolle: Die meisten Filme gleichen eher Musikvideos, und eingespielte Kommentare oder Interviewsequenzen werden von Freeskiern oft als peinlich empfunden. In gedruckten Magazinen nehmen großformatige Fotos ebenso mit Abstand den meisten Raum ein, es gibt sogar regelmäßig Ausgaben, die ganz auf Texte verzichten und ausschließlich Fotos zeigen, während Texte ohne Bilder praktisch undenkbar sind (siehe auch Wheaton & Beal, 2003).

5. Style zeigen

Die relative Sprachlosigkeit der Freeskier angesichts des Styles geht jedoch über dessen Beobachtung und Bewertung hinaus. Auch die athletische Fähigkeit selbst, die hoch anspruchsvollen Tricks des Freeskiing zu erlernen, ist in mehrfacher Weise auf das Sehen angewiesen: Erstens gibt es im Unterschied zu den meisten anderen Sportarten fast keine Trainingsanleitungen oder Lehrtexte zum Freeskiing. Immer wieder gab es angesichts des schnellen Wachstums der Szene zwar Versuche von Verlagen, entsprechende Bücher zu verkaufen, und immer wieder gibt es (kurzlebige) Serien in Szenemagazinen oder auf Webseiten, die Tricks erklären sollen, doch die Freeskier scheinen sich einig darüber zu sein, dass diese Form der Tradierung des Körperwissens kaum funktioniert.

> Das bringt nix. Die Fotos, ok, vielleicht ein bisschen. Aber die Texte? (m, 21)

Stattdessen wird Freeskiing fast ausschließlich durch Mimesis gelernt und trainiert, also durch das Beobachten und das anschließende Ausprobieren der Tricks.

> Man muss das einfach machen. Einfach probieren. Das ist der einzige Weg. (m, 23)

Gegenseitige Kritik und Hilfestellung kommt dabei zwar durchaus vor, aber auch hier spielt der wörtliche Inhalt eine untergeordnete Rolle; vielmehr demonstrieren die Freeskier in ihren Gesprächen über Tricks immer wieder mit kleinen szenischen Darstellungen, welche Körperbewegung oder -haltung sie meinen – vielmehr als „Mach das eher mal so" haben sie dabei kaum zu sagen. Zudem verwenden Freeskier fast keine spezifischen Übungen, um etwa eine Sprungtechnik in Etappen zu erlernen, sondern erarbeiten sich in vielen Versuchen und mit zahlreichen Stürzen die Bewegungsformen direkt. Die besondere Schwierigkeit beim Erwerb der Bewegungsformen im Allgemeinen und der speziellen Kompetenz, Style zu demonstrieren, beruht dabei u. a. auf der Tatsache, dass die Bewegungen innerhalb weniger Sekunden und in schneller Fahrt, oft sogar während eines Sprunges erfolgen müssen. Die schnellen, komplexen Bewegungsabläufe etwa eines Sprunges mit simultaner mehrfacher Rotation über die horizontale und vertikale Achse sind nicht nur für den außenstehenden Beobachter, sondern auch für den Sportler selbst kaum direkt wahrnehmbar: Nach dem Sprung sind Freeskier oft unsicher, ob ihr Sprung über die Tatsache hinaus, dass sie nicht gestürzt sind, überhaupt gelungen ist. Einerseits können sie kleine, aber oft entscheidende Details ihrer Bewegung nicht mehr genau nachvollziehen, andererseits können sie den Style des gerade durchgeführten Tricks kaum einschätzen, da es sich um eine performative Qualität handelt, die man *von außen* sehen muss. Die Lösung für dieses Dilemma bieten Film- und Fotokameras, denen entsprechend für das Training eine große Bedeutung zukommt: Erst in Videoaufzeichnungen oder auf geeigneten Fotos sieht der Freeskier, was er selbst getan hat und was es zu verbessern gibt.

> Man guckt halt: vielleicht klappt's mal so besser, vielleicht klappt's so besser. Schau ich mal
> aufn Video: Da habe ich den Arm früher gerissen, hier hab ich mich früher weggedreht, da
> habe ich mich ein bisschen aufgestreckt, da ich mich besser bei gefühlt, sieht cooler aus. (..)
> Danach wird dann halt eben entschieden. (m, 25)

Für jeden stärker engagierten Freeskier gehören Foto- und Videokamera sowie eine ganze Reihe spezieller technischer Ergänzungen (Linsen mit Fischauge, Stative, Helmkameras) ebenso selbstverständlich zur Ausrüstung wie Ski und Skischuhe; und das gemeinsame Betrachten und Bewerten der täglich erstellten Aufnahmen der Sprünge und Abfahrten gehört zum festen Trainingsrhythmus. Bei der Bewertung fremder ebenso wie eigener Aufnahmen ist Style für die Freeskier dabei Gefühlssache – entscheidend ist aber immer das „Gefühl" welches der visuelle Eindruck hinterlässt, denn das eigene Körpergefühl kann täuschen:

> Das is häufig zum Beispiel so ein Punkt, wo man dann plötzlich feststellt, auf der einen Sei-
> te, ja, das hat sich total gut angefühlt und ich hab mich gut gefühlt in der Luft und ja das muss

super aussehen und dann kriegt man nachher dann das Ergebnis und sieht dann plötzlich, dass es doch nicht so gut ist, wie man es sich eigentlich gedacht hat. (m, 23)

Begreift man die Kompetenz, Style im Rahmen von Freeski-Tricks zu zeigen also als verkörpertes Wissen in Form von abrufbaren Bewegungsroutinen, so zeigt sich dennoch: Dieses Wissen ist auch für den Sportler selber nur über den 'Umweg' der visuellen Dimension zugänglich: Das Reflektieren über eigene Bewegungsabläufe und die Arbeit am eigenen Bewegungsrepertoire sind auf optische Medien angewiesen. Hinzu kommt: Um überhaupt *von sich selbst* wissen zu können, dass man Style besitzt, muss man sich sehen können. Eben daraus resultiert die enorme (und weiter wachsende) Bedeutung visueller Medien für den Skisport. Ein bekannter Star der Szene vertritt sogar die Ansicht, dass die gesamte Geschichte des alpinen Skisports seit den dreißiger Jahren ohne die ebenfalls seitdem populären Skifilme (vgl. Franck, 2009) nicht denkbar wäre (Kerig, 2009). Jedenfalls gilt für den Style im Freeskiing: Körperliches wie ästhetisches Wissen sind nur in visueller Form zugänglich, und alle Versuche, dieses Wissen durch lehrreiche Beschreibung, präzise Definition oder formale Fixierung zu de-visualisieren, sind bisher gescheitert.

6. Zwei Lesarten der Unmöglichkeit der De-Visualisierung

Welche Konsequenz lässt sich nun aus diesem – zugegebenermaßen speziellen – empirischen Fall ziehen? Wie stellt sich dieses Phänomen der Unmöglichkeit der De-Visualisierung von visuellem Wissen aus jenen beiden Perspektiven dar, die ich in den Begriffen des visualisierten Wissens und der visuellen Instruktion gegenüber gestellt habe?

Nach der Lesart des visualisierten Wissens erweist sich hier *erstens* das Angewiesen-Sein bestimmter Wissensbestände auf eine visuelle Form der Tradierung und Verbreitung. Die Videos der Freeskier wären dann ein Beispiel dafür, dass beim Versuch der Konversion in eine sprachliche oder schriftliche Form so viel Sinnessenz verloren gehen kann, dass eine sinngemäße Rekonstruktion nicht mehr möglich ist: Die verbale Beschreibung eines Bewegungsablaufes ist sinnentstellend und somit keine kulturelle Objektivierung jenes Sinnzusammenhanges, welcher ihn zu dem macht, was er ist. Der Versuch, Style zu beschreiben, erzeugt Sprachlosigkeit oder gar Peinlichkeiten, denn Worte können nicht fassen, was Style ausmacht. Eine erfolgreiche Visualisierung oder De-Visualisierung von Wissen würde sich dann durch eine zumindest hinreichende Identität von Ordnungsmustern, durch Sinnkontinuität zwischen Abgebildetem und Abbild auszeichnen – in Wort, Bild und Welt steckte in Essenz das gleiche Wissen. Die Wissenssoziologie hätte es entsprechend mit unterschiedlichen Formen oder Gattungen des Wissens zu tun, die sich jeweils hinsichtlich ihrer Konvertierbarkeit unterscheiden, also etwa solches Körperwissen, dass sich leicht verbalisieren lässt und anderes Körperwissen, wo dies kaum oder gar nicht möglich ist.

Zweitens ließe sich in der Lesart des 'visuell instruierten Sehens' die Unmöglichkeit der De-Visualisierung von visuellem Wissen aber auch radikaler fassen: Als Verweis auf die Unabdingbarkeit von Visualisierung als pragmatischer (und damit situativer) Leistung. Etwas visuell zu wissen, würde dann bedeuten, etwas sehen zu können, also in der Lage zu sein, den epistemischen Prozess konkret zu vollziehen.[6] Entscheidend für die ‚Tauglichkeit' einer visuellen Darstellung wäre dann nicht eigentlich eine essentielle Strukturhomologie mit dem Dargestellten (eine übergroße Übereinstimmung im Detail kann sogar hinderlich sein), sondern vielmehr die inhaltliche *Affordanz*, also die Instruktionstauglichkeit im Rahmen der Praktiken des zu-Sehen-Versuchen (siehe Gibson, 1986; Hutchby, 2001; Sharrock & Coulter, 1998). Indem die Visualisierung die praktische Leistung der (ggf. unter anderem) durch das Bild Instruierten bezeichnet, wird das visuelle Wissen somit als visuelle Wahrnehmungkompetenz verstanden, die abseits ihrer praktischen Umsetzung (etwa im darüber-Reden) keinen Bestand haben kann. Ein solches Verständnis könnte somit fast zur These der Unmöglichkeit der De-Visualisierung von Wissen insgesamt erweitert werden, indem auf die bedeutende Rolle verwiesen wird, welche die visuellen Ebene in jeder Form von sozialer Ordnung besitzt, welche unter Anwesenheit produziert wird. Etwas sicher zu wissen bedeutet im Rahmen einer Interaktion schließlich immer auch, dabei nicht zugleich so auszusehen, als hätte man eigentlich keine Ahnung. Abseits von Sondersituationen wie etwa Telefongesprächen wäre jegliches Wissen (im Sinne von Wissen-haben) somit auf die simultane und ko-konstitutive Visualisierung qua adäquater Performanz des Wissenden angewiesen, und der methodologische Versuch, den je konkret realisierten Sinn des praktischen Sehens allein durch (hermeneutische) Interpretation von Bildern oder Videos zu rekonstruieren, wäre zum Scheitern verurteilt.

Ein solches Verständnis ließe sich übrigens nicht einfach mit dem Hinweis aushebeln, dass es neben dem Freeskiing ähnlich gelagerte empirische Fälle gibt, in denen sehr wohl auf ein ausgefeiltes und detailliertes Vokabular zurückgegriffen werden kann, um etwa bestimmte Körperhaltungen oder Bewegungsstile zu be-

---

6   Es lässt sich dann darüber streiten, ob dies auch für andere hinreichend sichtbar geschehen muss (etwa im Sinne einer Goffmann'schen interaction order; siehe Goffmann, 1983), damit man von sozialer Relevanz sprechen kann.

schreiben, so etwa im Ballett. Denn es ist damit keinesfalls gezeigt, dass semantischer Ausdruck und Bewegungsform, dass Gesprochenes und Besprochenes zwei Versionen eines Dings und damit essentiell oder formell identisch sind, oder nur sein können. Text und Bewegung als zwei Aggregatszustände der gleichen Materie zu behandeln (und sedimentiertes Wissen vielleicht als einen dritten) bleibt immer nur eine theoretische Option unter mehreren – und zwar eine, die nicht so recht erklären kann, was genau den Zustandswechsel verhindert oder ermöglicht.

7. Fazit

In diesem Beitrag habe ich gezielt Divergenz betont – eine fruchtbare Weiterentwicklung der theoretischen und methodologischen Postulate einer visuellen Wissenssoziologie wird jedoch primär im Rahmen von Konvergenz stattfinden. In der Tat bin ich der Meinung, dass die empirischen Ergebnisse in der aktuellen (deutschsprachigen) Wissenssoziologie durchaus mit dem hier skizzierten Verständnis von Bildern als mediatisierten Instruktionen kompatibel ist, während die Differenzen zwischen den Standpunkten oftmals auf originär philosophischen Annahmen (etwa bezüglich des Verhältnisses von Körper und Bewusstsein) beruhen, die anhand der diskutierten Daten selbst gar nicht zu bewerten sind. Mit anderen Worten: Das grundsätzliche Bild vom Ablauf der sozialen Konstruktion der Wirklichkeit mit Hilfe visueller Darstellungen und Praktiken, welches die beiden skizzierten Lesarten jeweils evozieren, unterscheidet sich in vielen Fällen kaum – und eben deshalb habe ich versucht, ein empirisches Beispiel zu finden, an dem relevante Folgeentscheidungen erst fällig werden. Ein nächster fruchtbarer Schritt könnte nun, so meine ich, darin bestehen, in einer *Ethnographie visueller Ordnungen* die konkreten visuellen Praktiken einer einzelnen 'Sehgemeinschaft' über verschiedene Situationstypen, Orte und Medien hinweg nach zu verfolgen und in systematischer theoretischer Aggregation fassbar zu machen.

Literatur

Berthoz, A. (2000). *The brain's sense of movement*. Harvard University Press.

Booth, D. (2008). (Re) reading The Surfers' Bible: The affects of Tracks. *Continuum: Journal of Media and Cultural Studies*, *22*(1), 17–35.

Büscher, M. (2005). Social Life under the Microscope? *Sociological Research Online*, *10*(1).

Büscher, M. (2006). Vision in motion. *Environment and Planning A*, *38*(2), 281 – 299. doi:10.1068/a37277

Burri, R. V. (2008). Bilder als soziale Praxis: Grundlegungen einer Soziologie des Visuellen. *Zeitschrift für Soziologie*, *37*(4), 342–358.

Dennis, A. (2004).: Lynch on Schutz and Science: Postanalytic Ethnomethodology Reconsidered. In: Theory & Science 5(1). Abgerufen von http://theoryandscience.icaap.org/content/vol5.1/dennis.html.

Eberle, T. S. (2008). Phänomenologie und Ethnomethodologie. In J. Raab, M. Pfadenhauer, J. Dreher, P. Stegmaier, & B. Schnettler (Hrsg.), *Phänomenologie und Soziologie* S. 151-161. Wiesbaden: VS.

Ferrell, J., Milovanovic, D., & Lyng, S. (2001). Edgework, Media Practices, and the Elongation of Meaning: A Theoretical Ethnography of the Bridge Day Event. *Theoretical Criminology*, *5*(2), 177-202.

Franck, M. (2009). *Arnold Fanck. Weisse Hölle – weisser Rausch ; Bergfilme und Bergbilder 1909 – 1939*. Zürich: AS-Verlag.

Garfinkel, H. (2002). Anne Rawls (Ed.): Ethnomethodology's program. Working out Durkheim's Aphorism. Lanham: Rowman & Littlefield.

Geisler, T. (2004). *Szene-Sport, Medien und Marketing. Jugendliche Erlebniswelten zwischen Kult und Kommerz* (1. Aufl.). Saarbrücken: VDM.

Gibson, J. J. (1986). *The ecological approach to visual perception*. Boston, Mass.: Houghton Mifflin.

Goffman, E. (1983). The Interaction Order: American Sociological Association, 1982 Presidential Address. In: American Sociological Review 48(1): 1–17.

Goodwin, C. (1994). Professional Vision. *American Anthropologist*, New Series, *96*(3), 606-633.

Goodwin, C. (2000). Practices of seeing, visual analysis: An ethnomethodological approach. In T. van Leeuwen & C. Jewitt (Hrsg.), *Handbook of visual analysis* (S. 157–182). London: Sage.

Heath, C., & vom Lehn, D. (2004). Configuring Reception. *Theory, Culture & Society*, *21*(6), 43 -65. doi:10.1177/0263276404047415

Hutchby, I. (2001). Technologies, Texts and Affordances. *Sociology*, *35*(2), 441-456. doi:10.1017/S0038038501000219

Hutchins, E. (1995). *Cognition in the Wild*. Cambridge, Mass.: MIT Press.

Jacob, P., & Jeannerod, M. (2003). *Ways of seeing: the scope and limits of visual cognition*. Oxford: Oxford University Press.

Kerig, W. A. (2009). *Glen Plake's thoughts on ski films*. Abgerufen von http://www.youtube.com/watch?v=xlXtuTxk3SU am 17.7.2009.

Knoblauch, H. (2005). *Wissenssoziologie*. Konstanz: UVK.

Lynch, M. (2004). Misreading Schutz: A Response to Dennis on 'Lynch on Schutz on Science'. In: Theory & Science 5(1). Abgerufen von http://theoryandscience.icaap.org/content/vol5.1/lynch.html.

Mondada, L. (2009). Video Recording Practices and the Reflexive Constitution of the Interactional Order: Some Systematic Uses of the Split-Screen Technique. *Human Studies*, *32*(1), 67-99. doi:10.1007/s10746-009-9110-8

Raab, J. (2008). *Visuelle Wissenssoziologie. Theoretische Konzeptionen und materiale Analysen*. Konstanz: UVK.

Schnettler, B., & Knoblauch, H. (2007). *Powerpoint-Präsentationen: Neue Formen der gesellschaftlichen Kommunikation von Wissen*. Konstanz: UVK.

Schnettler, B., & Pötzsch, F. S. (2007). Visuelles Wissen. In R. Schützeichel (Hrsg.), *Handbuch Wissenssoziologie und Wissensforschung* (S. 472-484). Konstanz: UVK.

Schnettler, B., & Raab, J. (2008). Interpretative Visual Analysis. Developments, State of the Art and Pending Problems. *FQS Forum Qualitative Sozialforschung / Forum: Qualitative Social Research, 9*(3). Abgerufen von http://www.qualitative-research.net/index.php/fqs/article/viewArticle/1149/2555

Schnettler, B., Tuma, R., & Soler Schreiber, S. (2010). Präsentation–Demonstration–Rezeption: Visualisierung der Wissenskommunikation. In H.-G. Soeffner (Hrsg.), *Unsichere Zeiten. Herausforderungen gesellschaftlicher Transformationen. Verhandlungen des 34. Kongresses der Deutschen Gesellschaft für Soziologie in Jena 2008*. Wiesbaden: VS.

Sharrock, W., & Coulter, J. (1998). On What We Can See. *Theory & Psychology, 8*(2), 147 -164. doi:10.1177/0959354398082001

Sharrock, W. (2004). What Garfinkel makes of Schutz: The past, present and future of an alternate, asymmetric and inconmmensurable approach to sociology. In: Theory & Science 5.1. Abgerufen von http://theoryandscience.icaap.org/content/vol5.1/sharrock.html.

Stern, M. (2009). *Stil-Kulturen: Performative Konstellationen von Technik, Spiel und Risiko in neuen Sportpraktiken*. Bielefeld: transcript.

ten Have, P. (2002). The Notion of Member is the Heart of the Matter: On the Role of Membership Knowledge in Ethnomethodological Inquiry. In: Forum Qualitative Sozialforschung / Forum: Qualitative Social Research 3(3): Art. 21.

Wheaton, B. (2004). Mapping the lifestyle sport-scape. In B. Wheaton (Hrsg.), *Understanding Lifestyle Sports. Consumption, identity and difference*,1–27. London: Routledge.

Wheaton, B., & Beal, B. (2003). 'Keeping It Real': Subcultural Media and the Discourses of Authenticity in Alternative Sport. *International Review for the Sociology of Sport, 38*(2), 155-176. doi:10.1177/1012690203038002002

Woermann, N. (2011a). „The phenomenon exhibits its staff as a population" – Die reflexive Akteurskonzeption der Ethnomethodologie. In N. Lüdtke & H. Matsuzaki (Hrsg.), *Akteur – Individuum – Subjekt: Fragen zu „Personalität" und „Sozialität"* (S. 117-148). Wiesbaden: VS.

Woermann, N. (2011b). *Seeing Style. Intelligibility, Visual Order, and Social Practices* (Dissertation der Universität St. Gallen).

Woermann, N. (2012). On the Slope Is on the Screen. Prosumption, Social Media Practices, and Scopic Systems in the Freeskiing Subculture. In: *American Behavioral Scientist* 56(4): 618–640.

II
Habitus und Inszenierung

Die Macht in Bildern –
Habitus, Bildakt & ikonische Macht

Heike Kanter

Immer wieder wird die ‚Macht der Bilder' beschworen, beispielsweise in der politischen Berichterstattung, der Kunst oder auch im akademischen Diskurs der Bildwissenschaften. Es herrscht Unsicherheit im Umgang mit Bildern. Sie sind nicht leicht zu fassen, Struktur und Logik sind auf einer anderen Ebene als derjenigen von Texten zu verorten. Mit Blick auf ihren Eigensinn geht es hier um die Auslegung der Bilder selbst und nicht etwa um die Praxis ihrer Verwendung. Dass Bildern alltäglich Macht zugeschrieben wird, sich die Soziologie aber bislang nur ansatzweise mit diesem Phänomen beschäftigt hat, verwundert nicht nur, sondern gibt den Anstoß für folgende Überlegungen.

Meines Erachtens können Bilder als produzierte Höhepunkte sozialer Interaktionen betrachtet werden. Insbesondere Bilder auf denen Körper agieren sind Teil kommunikativer Prozesse, aber nicht nur das. Vielmehr verfügen Bilder über die Eigenschaft Gesellschaft zu produzieren. Anstatt Soziales zu illustrieren, verdichten sie es. Doch wie verläuft dieser ‚ikonische Vergesellschaftungsprozess'? Was geschieht mit Körpern, wenn sie im Bild zu sehen sind? Welchen Anteil haben die Bildproduzent_innen an der Bildherstellung?

Im Fokus der Analyse steht der Prozess der Produktion öffentlicher Bilder, von der fotografischen Aufnahme bis zur (eventuellen) Veröffentlichung von Pressefotografien in den Printmedien. Es wird nicht untersucht, wie ein Bild zum historischen Ereignis, zum Fakten schaffenden Bildakt (Bredekamp, 2004, S.30) werden kann, wie z.B. Willy Brandts Kniefall von Warschau. Vielmehr möchte ich fragen, was in Bildern sozial *wirkmächtig* ist? Könnte sich die ‚Macht der Bilder' nicht vielmehr als eine Macht *in* Bildern und *durch* Bilder herausstellen? Wer ist wie an der Bildproduktion beteiligt? Wann erscheint eine Person souverän, eine andere aber nicht und wovon hängt dies ab? Macht verstehe ich als körpergebundenen Prozess, der eine bildliche Komponente hat. So wird hier die These der *ikonischen Macht* in die Diskussion um die ‚Macht der Bilder' eingebracht. Im methodischen Abschnitt wird exemplarisch eine dokumentarische Bildinterpretation vorgestellt. Die Ausführungen bilden den Auftakt einer mehrdimensiona-

len Bildanalyse im Rahmen meines Dissertationsprojekts: „Habitus, Bildakt und
ikonische Macht – ein soziologischer Blick auf die Macht in Bildern."[1]

1. Körper und Bild in der Sozialwissenschaft

Einen unmittelbaren Zusammenhang von Körper und Bild weist der Kunsthistoriker Hans Belting mit Fokus auf die Anthropologie der Bilder nach (2001). Neben der Betonung der Medialität des Körpers, ist es dieser selbst, der ein Bild darstellt, indem er sich als solches aufführt. Bilder von Menschen sind immer auch
Körperbilder. So ist es erstaunlich, dass sich die Körpersoziologie bis heute mit
dem Phänomen der Körper auf Bildern nicht näher auseinandergesetzt hat. Mediale Körperbilder werden entweder nicht als Quellen der Analyse in Betracht gezogen (Schroer 2005) oder es wird eine Differenz zwischen dem Körper und dessen Bild konstatiert, ohne dieser genauer nachzugehen (Hahn/Meuser 2002, S.10).
Außerdem wird ein methodisches Grundproblem in der Erforschung des Körpers
in dessen „Sprachlosigkeit" (Gugutzer 2004, S.10) gesehen. Jedoch können Körperbilder sehr mitteilsam sein. Diese Redseligkeit äußert sich auf einer anderen
als der gewohnt sprachlichen Ebene, nämlich der ikonischen. Tonangebend ist
vor allem die Haltung der dargestellten und darstellenden Bildproduzent_innen.

Mit dem Konzept des Habitus analysiert Pierre Bourdieu den körperlichen
Prozess der Einverleibung von gesellschaftlich bedingten Schemata des Denkens,
Wahrnehmens und Handelns. Durch diese gesellschaftliche Praxis werden Individuen beispielsweise innerhalb von Milieus, Familien oder qua ihres Geschlechts
geprägt. Gleichzeitig produzieren sie in ihrem Auftreten immer auch Sozialität.
Als *Hexis* bezeichnet er den Anteil des Habitus, der die äußerlich wahrnehmbaren Körperhaltungen und Bewegungen ausmacht. In dieser verdeutlicht sich der
soziale Stellenwert, die eigene Legitimation den Raum der Anderen „durch den
eigenen Körper in Beschlag" (Bourdieu 1987, S.739) zu nehmen, ihn also zu ok-
kupieren. Wenn Bourdieu eine Geste als „selbstsicher-ausgreifend" (ebd.) beschreibt, ist unklar, wie das Schema dieser Gestik aussieht. Ohne eine Bildinterpretation kann er nur vage bleiben, wie diese Geste ikonisch produziert wird, bzw.
geformt ist. Allerdings können für Bildanalysen die machttheoretischen Implika-
tionen der Hexis fruchtbar gemacht werden, indem ihre Ausgestaltung durch die
Bildproduzent_innen untersucht wird. In den Forschungen zur Fotografie liegt
Bourdieus Fokus ebenfalls nicht auf den Bildern selbst, sondern auf der Praxis
ihrer Herstellung (1981). Damit lässt er den spezifischen Einfluss von Bildern auf

---

1   Das Promotionsprojekt ist an der Freien Universität Berlin im Fachbereich Politik-und Sozi-
    alwissenschaften angesiedelt und wird von Prof. Dr. Ralf Bohnsack betreut.

die körperlichen Ausformungen, ihren Anteil an der *Inkorporierung* von Gesellschaft außer Acht. Die spezifische Logik des Ikonischen (Boehm 2007) ist aber unmittelbar mit dem sozialen Sinn verbunden und müsste essentieller Bestandteil der Analyse von Sozialität sein. Dennoch ist Bourdieus Auseinandersetzung mit der sozialen Prägung von Wahrnehmungsweisen ein wichtiger Schritt, um sich Körperbildern zu nähern.

Weiterhin gibt es nur wenige Ansätze einer sozialwissenschaftlich orientierten Bildbetrachtung. Die hier aufgeführten hermeneutischen Zugänge zum Bild konstatieren alle die Eigenheit des Mediums mit je unterschiedlichen methodischen Folgerungen. Bei Sybilla Tinapp stehen die Fotografien in der Bild-durch-Bild-Interpretation ganz im Vordergrund (2006), während Jo Reichertz Feldprotokolle erstellt (1994). Zwar wird die Bedeutung einer ikonologisch-ikonischen Bildinterpretation in der Nachfolge der Kunsthistoriker Erwin Panofsky (1939/2002) und Max Imdahl (1996) zum Teil betont, letztlich zeigen die Deutungen aber eine Orientierung an der Sprachlichkeit der Bilder, wie beispielsweise die „Bildinhaltsforschung" von Stefan Müller-Doohm (1993, S.443). Rowitha Breckner zeigt bisherige Überlegungen auf, die verdeutlichen, dass der Körper als wahrnehmender, bildlich darstellender und dargestellter Körper Bilder konstituiert (2010). Allerdings fokussiert sie den Wahrnehmungsprozess und segmentiert einzelne Bildelemente, um die verschiedenen symbol- und bildtheoretischen Dimensionen des Bildlichen interpretieren zu können. Im Gegensatz dazu betonen die anschließenden Zugänge die spezifische Bedeutung der Bildlichkeit auch forschungspraktisch. Burkard Michel untersucht die Wirkung des Habitus auf die Rezeption von Bildern (2006). Jürgen Raab analysiert semiprofessionelle Videoproduktionen und kommt zu dem Ergebnis, dass die Verwendung einer gleichen Ästhetik innerhalb bestimmter Milieus zur Gemeinschaftsbildung – eben durch die Bilderzeugnisse selbst – führt (2008). Körperbilder sind für ihn in erster Linie als *images* im Sinne Erving Goffmans interessant und nicht in Bezug auf deren körperlich-habituelle Wirkmächtigkeit. Eine andere Perspektive zeigt Ulrike Pilarczyk. Sowohl auf sprachlicher Ebene, als auch über die bildanalytische Zusammenstellung des Materials innerhalb ihrer Publikation „Gemeinschaft in Bildern" (2009) arbeitet sie eine gemeinschaftsbildende Funktion der Bilder heraus. Anders als bei Raab äußert sich diese aufgrund motivischer Ähnlichkeiten, in einem besonderen Modus des körperlichen Zusammenhalts der Gruppen, der somit Gemeinschaft bildlich im Moment der Aufnahme und in der Erinnerung entstehen lässt.

Das bisher fruchtbarste Verfahren für die Analyse von Körperbildern ist die dokumentarische Bildinterpretation von Ralf Bohnsack (2009). Er betont den Stellenwert der Bildlichkeit als eine „Sinnebene sui generis" (2003a, S.105). So werden z. B. soziale Szenerien in Form von mentalen Bildern verinnerlicht und erinnert, da sie immer auch bildhaft im Gedächtnis gespeichert sind. Außerdem verfügen Bilder über eine handlungsleitende Relevanz, „[...] insbesondere [...] dort, wo wir unser Handeln an den nicht-sprachlichen Gebärden anderer und dem in ihre Körperlichkeit sozialisatorisch eingeschriebenen Habitus orientieren" (Bohnsack 2003b, S.253). Durch die Bildlichkeit des Habitus können wir uns unmittelbar verständigen, sofern wir über den gleichen Erfahrungsraum verfügen. Körper in ihrem habituellen Auftreten spielen eine wesentliche Rolle für die Untersuchung der atheoretischen Wissensbestände, der handlungspraktischen Konstruktionen von Welt. Die Produktion von Bildern wird geprägt von den *abgebildeten* und *abbildenden Bildproduzent_innen* (Bohnsack, 2009, S.31).

Für die Frage nach der Wirkmächtigkeit von Körperbildern ist es unerlässlich zu untersuchen, wie Mimiken, Gestiken und Körperhaltungen erzeugt werden. Im Bereich der öffentlichen Bilder muss vor allem die abbildende Bildproduktion in ihrer Vielfältigkeit (Fotograf_in, Fotoagentur, Fotoredaktion, Fotobearbeitung) beachtet werden. Damit hängt unmittelbar die Bedeutung des Körperbildes als *Bildakt* zusammen.

2. Das Körperbild als Bildakt

Der Kunsthistoriker Horst Bredekamp fragt nach dem eigenaktiven Potential von Bildern sowie ihrer handlungsstiftenden Qualität (2010). Kann Bildern eine autonome Aktivität zugesprochen werden (ebd., S.49)? Bredekamp analysiert drei verschiedene Wirkungsweisen im *schematischen, intrinsischen* und *substitutiven* Bildakt. In der Betrachtung von Körpern in Fotografien kommt insbesondere der substitutive Bildakt zum Tragen. Dieser ist das aufeinander bezogene Wechselverhältnis von Körper und Bild.

Ein historisch prägender Ursprung dieses Prinzips zeigt sich in der ersten Körperreliquie Christi. Es ist ein Abdruck seines Gesichts auf dem Leichentuch der Hl. Veronica. Während der Kreuztragung hat Jesus sein Gesicht in deren Schleier gedrückt, so dass das Tuch keineswegs nur ein Abbild Jesus darstellt. Vielmehr konnte durch diese Berührung die *potentia* (ebd., S.178) des Körpers übertragen werden. Der Körper im Bild entfaltet eine besondere Wirkmächtigkeit, auch in der Reproduktion, die damit vollgültig eins mit dem Urbild ist. Körper und Bild werden als austauschbar angesehen.

Wenn ein Körper auf einem Bild erscheint, so ist dieser nicht nur ein Abbild, sondern das Bild *zeigt* den Körper. Es bringt ihn *aktiv* hervor, er ist *wie real* in seiner körperlichen Präsenz. So hat man beispielsweise Skrupel einem fotografierten Gesicht die Augen aus zu stechen. Im 18.Jhd. existierte der Strafvollzug per Bild. Konnten Verbrecher nicht gefasst werden, wurden zur rechtsgültigen Bestrafung nur deren Bilder aufgehängt. Substitutive Bildakte waren auch Teil des politischen Protests in der arabischen Welt. Riesige Plakate mit dem Konterfei Ben Alis wurden in Tunesien von den Wänden gerissen, um ihn auf ikonische Weise zu stürzen. Ägyptens Ex-Präsident Mubarak wurde auf den Demonstrationen mit einem Hitlerbärtchen verunstaltet, um ihn als Diktator bildlich zu diskreditieren. Auch die Bemühungen der Anhängerschaft Muammar al-Gaddafis sein Antlitz während der Auseinandersetzungen um das Land auf möglichst vielen Bildern erscheinen zu lassen, zeigt den Versuch das Potential der Substitution von Körper und Bild zu nutzen.

Ein soziologischer Zuschnitt dieses Prinzips ist die Frage nach den sozialen Mechanismen des *Bildakts*. Wenn Körper in Bildern über eine aktive Präsenz verfügen, die durch die an der Bildproduktion Beteiligten nicht nur mit hergestellt, sondern auch rezipiert wird, so ist diese besondere Anwesenheit konstitutiv für die Produktion von Gesellschaft. Die Art und Weise der Durchsetzungsfähigkeit der Körper *im* Bild sowie *durch* das Bild in der Produktion und Rezeption wären dann mögliche Spielarten *ikonischer Macht*, die bislang als solche nicht untersucht worden sind.

3. Bild und Bildlichkeit in Körper- und Machttheorien

Es gibt einige philosophische und sozialwissenschaftliche Ansätze, die einen engen Zusammenhang von Körper und Macht diskutieren. Sie haben je unterschiedliche Zugänge zum Bild. Michel Foucault widmet sich der Disziplinierung der Körper, die sich als Internalisierung von Machtverhältnissen äußert (Foucault 1976). In der Konstruktion des Panoptikums ist die machtvolle Instanz der Blick. Damit ist weniger die Bildlichkeit als vielmehr die Sichtbarkeit von Bedeutung. In späteren Körperstudien bilden Diskurse und körperliche Praktiken gemeinsam im Dispositiv einen Macht-Wissens-Komplex (Foucault 1977). Dort liegt der Fokus auf der Ordnung des Sagbaren, Körper werden in erster Linie durch die sprachliche Konstruktion erfasst. Die im Anschluss an Foucault entwickelte Bild-Diskursanalyse (Maasen, Mayerhauser & Renggli 2006) möchte die „Funktionalität von Diskursen auf die Dimensionen des Visuell-Bildlichen" (Ebd.,S.19) erweitern. Sie fragen nach den Interaktionsverhältnissen von Wort und Bild und konstatieren eine enge Verknüpfung von Sichtbarkeit und Sagbarkeit. Damit rückt die Eigenständigkeit der Bilder in den Hintergrund, jene spezifische Struktur ihrer

Ikonizität wird nicht anerkannt. Dementsprechend sind mit diesem Ansatz Körper auf Bildern in ihrem habituellen Auftreten nicht rekonstruierbar.

Eine weitere, diskursanalytisch geprägte Verknüpfung von Körper und Macht findet sich bei Judith Butler. Mit der Idee der Materialität der Körper geht sie über eine rein diskurstheoretische Auffassung von gender und sex hinaus (Butler 1995). Durch den Prozess der Materialisierung werden aus Diskursen zur Geschlechtsidentität vergeschlechtlichte Körper. Die Gestaltwerdung ist geprägt von dem Bild, das wir uns vom eigenen Körper machen und das einer idealisierten Phantasie entspricht; hier wird die Anlehnung an Lacans Spiegelbildstadium deutlich (Villa 2003). Der (reale) Bildkörper in seiner Präsenz findet folglich bei Butler keine größere Berücksichtigung.

Konkret mit Geschlechterbildern wird in den folgenden Untersuchungen gearbeitet. Goffmans Analyse von Werbebildern aus den 70iger Jahren ist ein Klassiker (1981). In seiner Tradition stehend verwendet auch Gitta Mühlen Achs mediale (Werbe-)Bilder für die Analyse genderspezifischer Unterschiede in der Körpersprache und daraus entstehender Machtwirkungen (2003). Beide illustrieren durch die kategorisierende Zusammenstellung des Bildmaterials körperliche Differenzen in der Darstellung und Körpersprache von Männern und Frauen, untersuchen diese aber nicht anhand von Einzelbildinterpretationen und in Bezug auf ihre ikonische Qualität. So ließe sich fragen, welche Spielarten *ikonischer Macht* jenseits eines Genderbezugs zu rekonstruieren sind. Die Bilder einiger Kategorien Goffmans – z.B. die Darstellungen „relativer Größe", „Rangordnung nach Funktion" sowie „Ritual der Unterordnung" – könnten als Facetten des sozialen Stellenwerts im Bildraum und damit als *ikonische Macht* betrachtet werden, die unabhängig von Geschlechtszuschreibungen der Körper wirkt.

Nicht nur die Kandidatur, sondern auch die Kanzlerinnenschaft von Angela Merkel ist Beweggrund für zahlreiche, vorwiegend politikwissenschaftliche Bilduntersuchungen, die Macht und Geschlecht direkt verknüpfen und meist quantitativ-inhaltsanalytisch arbeiten. Davon unterscheiden sich qualitative Bildbetrachtungen, die für die Auseinandersetzung mit Körperbildern von Interesse sind, wie z.B. die Analyse des Mediendiskurses von ‚Merkels Dekolleté'[2] (Lünenborg 2009). Die Autorinnen deuten die Bildberichterstattung als performativen Akt, „der die Sexualisierung erst hervorbringt, die die Bilder angeblich bezeugen" (ebd., S.84).

Die Fokussierung auf körper-bildliche Prozesse von Macht fehlt nicht nur in vielen Theorien, sondern es kann dadurch ein neuer Zugang in der Analyse von Macht für die Sozialwissenschaft erarbeitet werden. So können umfassen-

---

2   Es geht dabei um ein Kleid, das die Kanzlerin auf einem Opernball trägt.

den Machtanalysen, etwa von Heinrich Popitz (1992)[3], Aspekte ikonischer Macht hinzugefügt werden.

4. Das Körperbild – Eine dokumentarische Bildinterpretation

Es wird nun die gedruckte Pressefotografie eines Politikers analysiert. Die formulierende, vorikonografische Interpretation entfällt aus Platzgründen. Entgegen der üblichen Vorgehensweise werde ich die ikonografische Interpretation *nach* der reflektierenden Interpretation erläutern, um den Leser_innen eine zunächst kontextfreie Betrachtung des Bildes zu ermöglichen.

Abbildung 1: Körperbild 1

4.1 Reflektierende Interpretation – formale Komposition

4.1.1 Planimetrie

Die Komposition des Bildes wird von der Körperlichkeit der Halbfigur sowie ihrer Positionierung im Bildzentrum bestimmt. Die vertikale Bildmittellinie verläuft genau durch den Nasenrücken und das linke Ende des Krawattenknotens.

---

3 Die Rolle des Körpers wird nur in der Analyse von *Gewalt* betont. Genauer untersucht werden müsste, an welchen Stellen etwa der *Autoritätsbindung* bzw. des *Drohens* der Körper und sein Potential zum Einsatz kommt. Dass letzteres Machtmittel vermittels Gestik und Mimik verstanden werden kann, erwähnt Popitz nur am Rande (ebd., S.80).

Die horizontale Bildmittellinie verläuft in der gleichen Höhe mit dem Daume-
nende am unteren Kinnverlauf. Dies ist das erste planimetrische Zentrum, das
den Kopf fokussiert. Zwei weitere Linien, die hier eingezeichnet werden können,
verweisen zudem auf die gestalterische Verbindung von Kopf bzw. der Mimik
mit den Extremitäten, also der Gestik.

Abbildung 2: (eigene Einzeichnungen)

Die Linie oberhalb der waagrechten Bildmitte zeigt, dass die Oberlippe, durch
die sichtbare Zahnreihe betont, auf gleicher Höhe mit den oberen, parallelen Fin-
gerspitzen liegt. Ebenso verlaufen der breiteste Bereich des Krawattenknotens
und die Handmitte auf einer Linie, die im selben Abstand, aber unterhalb der ho-
rizontalen Mittellinie gezogen werden kann. Auf der rechten Seite des Körpers
geht die untere Linie in den Bogenabschnitt des Hintergrunds über und verbindet diesen gleichzeitig mit dem Körper.
    Folglich zeigt sich neben der zentralen Komposition das zweite planimetri-
sche Zentrum in der Fokussierung der rechten Gliedmaßen. Die Spitze des kleinen Fingers liegt im Schnittpunkt der Diagonalen der linken Bildhälfte und ist
das am weitesten nach vorne positionierte Körperteil. Hinzukommt, dass die von
links unten nach rechts oben verlaufende Diagonale genau durch kleinen, Ring-
und Mittelfinger verläuft. Im selben Winkel wie diese drei Finger ist der Daumen,
dessen Verlauf direkt in Richtung des rechten Auges weist, nach oben gestreckt,

was einen leichten Sog der Hand nach rechts oben bewirkt. Die obere Linie verdeutlicht, dass dieser Schwung in seiner Ausdehnung begrenzt ist.

4.1.2 Perspektivität

Der schon für die planimetrische Komposition wichtige Bogenabschnitt prägt auch den perspektivischen Aufbau des Bilds, in dem er auch die Funktion des Horizonts übernimmt. Es entsteht eine Tiefenwirkung durch den Hintergrund, auf dem die Schatten liegen und aus dem die Person hervortritt. Dies wird noch von der Hand unterstützt, die aus dem Körper hervorragt und einer Pranke ähnelt, die das Bild abwehrt. Dadurch, dass die Aufnahme mit einem Weitwinkelobjektiv erstellt worden ist, erscheint diese noch größer als sie in realiter wäre, so wird die bereits existierende Abwehrhaltung durch die Wahl des Objektivs und der daraus entstehenden, nicht proportionalen Darstellung noch betont. Zudem ist der Körper in einer leichten Froschperspektive aufgenommen, wodurch der Hals unterhalb des Kinns besser zu sehen ist als dies bei einer Aufnahme auf Augenhöhe der Fall wäre.

4.1.3 Szenische Choreographie

In diesem Schritt wird üblicherweise analysiert, wie mehrere Menschen innerhalb einer sozialen Situation im Bild interagieren, welche Beziehung sie zueinander haben (Bohnsack 2009). Hier steht nun eine Einzelperson im Mittelpunkt, so dass deren Bezug zur Kamera während der Aufnahme in den Blick genommen wird. Der, bzw. die Fotograf_in produziert eine nahe Aufnahme. Die Person ist von vorne zu sehen. Sowohl der Blick als auch die Körperhaltung sind nicht direkt auf die Kamera gerichtet. Hinzukommt, dass der Blick nicht in dieselbe Richtung geht wie der Handumriss und die geknickten Finger. Es wird keine eindeutige Orientierung in der Haltung der Person sichtbar.

Darüber hinaus kann die szenische Choreographie aber auch in der Eigenlogik des Bildes betrachtet werden. Diese Fotografie ist ein *öffentliche:* die Szenerie wird bildästhetisch geprägt von der Lichtsetzung. Somit zeigt die ikonische Rahmung eine Bühnensituation. Das grelle Scheinwerferlicht beleuchtet das Erscheinen einer Person. Dessen aufgeblitztes Gesicht ist vor dem Auftritt nicht gepudert worden, um die Schweißwirkung einzudämmen. Es zeigt ein leicht schmieriges Glänzen, das einen vorbereiteten Bühnenauftritt konterkariert.

4.2 Formulierende Interpretation – ikonografische Ebene

Die seriös, im Anzug gekleidete Person ist durch das ikonografische Vorwissen in Deutschland bekannt: es handelt sich um Guido Westerwelle. Nach der Bildinformation der Datenbank der Nachrichtenagentur Reuters ist der damalige FDP-Parteivorsitzende am Abend der Bundestagswahl am 27.9.2009 von der Fotografin Ina Fassbender aufgenommen worden, auf dem Weg in das ARD-Hauptstadtstudio zur ‚Elefantenrunde', einem Gespräch der Parteivorsitzenden der gewählten Parteien nach der Bekanntgabe der ersten Hochrechnungen. Es ist zwei Tage nach der Wahl am 29.9.2009 in der tageszeitung (taz) als Aufmacher des Kulturteils auf der Seite 15 erschienen. Dort ist es fünfspaltig abgedruckt und nimmt damit etwa ein Drittel der sechsspaltigen Zeitungsseite ein. Der Titel des Artikels ist rechts vom Bild zu sehen und wie die Bildunterschrift mit einem schwarzen Rahmen unterlegt.

Es wird im weiteren Verlauf der Analyse nicht auf diese Textstücke eingegangen. Sowohl für die Fotoherstellung als auch die Fotoauswahl in den Redaktionen ist der Text nicht relevant, da er erst zu einem späteren Zeitpunkt der Zeitungsproduktion erstellt wird. Zudem werden im weiteren Verlauf der Analyse auch ungedruckte Fotografien einbezogen, die in ihrer Erscheinungsweise in den Datenbanken der Nachrichtenagenturen nicht von Text umgeben sind.

4.3 Reflektierende Interpretation – ikonologisch-ikonische Interpretation

Die operative Handlung[4] der nur leicht angehobenen Hand und des Arms weist im Zusammenhang mit den maskenartigen, zwischen Lächeln und Lachen erstarrten Gesichtszügen, auf ein unvollendetes Winken hin. Die Armhaltung erscheint ungelenk und nicht koordiniert: Die Ausrichtung der Hand steht konträr zu der des Blicks, der auf ein unsichtbares Publikum gerichtet ist. Mit der Anspannung im Gesicht und der verrutschten Geste des Winkens wirkt die Person nicht souverän. Zudem hat sie eine unsichere Stellung. In der leicht herab hängenden, linken Schulter verdeutlicht sich ein nicht fester Stand auf beiden Beinen. Der Körper ist nicht frontal zu sehen, sondern leicht gedreht. Angreifbar erscheint er auch durch die leichte Untersicht, die den Hals als sichtbare Fläche offen legt.

Indem der Politiker während einer Bewegung dargestellt wird, ist er zwar körperlich sehr präsent, gleichzeitig wird seine Bewegungs-, bzw. Handlungsfrei-

---

4   Eine operative Handlung ist ein Element, das eben noch nicht die Handlung selbst bedeutet (Bohnsack, 2009, S.145). Obwohl sich Bohnsack bei der Ausarbeitung der Begrifflichkeiten von Bewegungsabläufen auf Filmstills bezieht, werden diese hier auch auf klassische Fotografien angewendet.

heit eingeschränkt. Indem die Positionierung im Bild den Körper nicht vollends ausagieren lässt, engt sie ihn in der Beherrschung des bildimmanenten Raumes ein. Es gibt eine Grenze, über die die mimische Ausdruckskraft sowie die operative Handlung nicht höher hinauskommen. Die Hand scheint durch die streifenartigen Schatten der Finger wie gebunden, gefesselt ist sie vor allem auch durch ihre doppelte Festsetzung, was sich in der Planimetrie verdeutlicht[5]. Dies sind die *ikonischen* Komponenten, die zusammen betrachtet das mangelnde Durchsetzungsvermögen der Haltung produzieren. Es zeigt sich als eine Unentschlossenheit den sozialen Raum im Bild zu beherrschen (Bourdieu 1987).

Diese Unentschlossenheit drückt sich insbesondere in der Handhaltung aus und formiert sich in der „Sinnkomplexität der Übergegensätzlichkeit" (Imdahl, 1996, S.107) aus unvollendetem *Gruß* im Bild bei gleichzeitiger *Abwehr* des Bildes. Der Moment in der Bewegung ist nicht eindeutig einer Handlung zuzuordnen und bleibt ähnlich ambivalent wie die Mimik, die zwischen Freude und Erstaunen changiert. Konträr zur erstarrten Sichtweise kann das Mienenspiel auch als das eines kleinen Jungen betrachtet werden, der unbefangen lacht, und damit nicht über die Selbstbeherrschung eines Erwachsenen verfügt, der in einer solchen Situation ‚nur' lächeln würde (Plessner 1970). Von etwas erregt bzw. erstaunt strahlen die Augen, während die Hand unentschieden und ziellos ins Leere greift. Die Geste ist aus diesem Blickwinkel gesehen weniger unvollendet als vielmehr unbeholfen. Es zeigt sich darin die Verunsicherung des Buben auf der Bühne. Diese Unsicherheit begleitet nicht nur wie ein kleiner Schatten[6] (!) die erwachsene Person, sondern äußert sich in der Bild abwehrenden Komponente dieser Handhaltung.

Der *modus operandi* des Abgebildeten wird von den abbildenden Bildproduzent_innen noch verstärkt. Die Person wird durch die Fotografin sowie das Layout in den Fokus der Aufmerksamkeit gerückt. Einerseits geschieht dies durch die Selektion des Augenblicks, des Bildausschnitts und die Wahl des Objektivs, das die Hand noch mehr aus der Körperlichkeit herausragen lässt. Andererseits zeigt sich dies im nachträglichen Beschnitt durch die Grafiker_innen der Zeitung, welche eine Linie, die die Ecke links oben quert, sowie die Lücke zwischen Jackett und Arm beschneiden und letztlich die Figur in die exakte Bildmitte rücken[7].

---

5   Für eine Soziologie des Körperbildes ist es sehr spannend, dass gerade der kleine Finger eine bildimmanente Bedeutung erhält. Diese verweist auf eine weitere Facette bisheriger Erscheinungsweisen des Distinktionsmerkmals: abgespreizt, mit langem Fingernagel oder Siegelring.

6   Durch die Reproduktion, insbesondere in der kleineren Darstellung, geht dieser Effekt fast verloren. Während rechts vom unteren Oberarm die Schulterspitze des Schattens noch deutlich wird, ist dessen Oberkopf direkt hinter der linken Schulterlinie beinahe nicht mehr zu sehen.

7   Aus Platzgründen wird das Originalbild nicht abgedruckt, es ist in der Datenbank von Reuters zu finden.

In der aktiven Einschränkung der hexischen Ausgestaltung der Körperlichkeit zeigt sich ein nur scheinbar widersprüchliches Spannungsverhältnis von medial-kompositorischer Zentrierung der Person einerseits und ihrer gestisch-mimischen Uneindeutigkeit andererseits. Die Mehrdeutigkeit ist Teil des Machtprozesses *im* Bild und *durch* das Bild. Dass der Körper in einem bestimmten Moment *festgehalten* worden ist, also die Hexis des Abgebildeten als ohnmächtig im sozialen Raum kreiert wird, kann als Machtausübung der abbildenden Bildproduzent_innen gedeutet werden. Dies geht soweit, dass die Wahl dieses Moments nicht nur durch die Fotografin und deren Agentur bestimmt ist, sondern die (potentielle) Souveränität des Abgebildeten erst durch die Auswahl in der Bildredaktion und die darauf folgende Publikation dieses Augenblicks in der Zeitung öffentlich konterkariert wird.

Im Sinne des *Bildakts* äußert sich – zu erinnern ist hier an die Austauschbarkeit von Körper und Bild – die *ikonische Macht* als direkter Einfluss auf die Erscheinungsweise des Körpers auf bildlicher Ebene. Dies geschieht nicht nur während der eigentlichen Bildherstellung des Bildes, die Fotograf_innen sehen ein Körperbild und legen dieses im fotografischen Akt innerhalb des Bildrahmens fest. Zudem zeigt sich der bildaktive Anteil der Macht auch *durch* die Rezeption des Körperbilds in der Bildredaktion, die ein bestimmtes auswählt, sowie im Layout, wo es bearbeitet wird. Weiterhin könnte die hier zu sehende Mehrdeutigkeit in der Hexis ein Hinweis darauf sein, dass Überlegenheit bzw. Sicherheit im Bild hieße, eine eindeutige Botschaft durch den Bildkörper zu zeigen, die sich z. B. als standfeste Körperhaltung äußert und folglich als eine Positionierung im sozialen Raum, die von Entschlossenheit geprägt ist.

Das Bild verweist gleichzeitig noch auf etwas anderes, nämlich die Standortgebundenheit im *modus operandi* der abbildenden Bildproduzent_innen. Sie generieren die Präsentation eines Wahlsiegers durch ein gesteigertes Nachrichtenbild, welches eine *öffentliche Fotografie im dreifachen Sinne* darstellt. 1. ist der Anlass für diese Bildproduktion der *erste öffentliche Auftritt* des Politikers vor den Kameras am Wahlabend nach den Hochrechnungen. 2. geschieht dieser Auftritt innerhalb einer bühnenhaften Ästhetik im Bild, so dass die Rahmung *öffentliche Bühne* hier bildprägend ist. 3. wurde durch die Auswahl genau diese Fotografie *veröffentlicht*. Wie dieser Nachrichten-Stil reflektiert wird, wird in der nun folgenden komparativen Analyse rekonstruiert. Aus Platzgründen wird hier nur ein erster Schritt dargestellt.

4.4 Komparative Analysen

4.4.1 Bildvergleich: Der Gruß & seine Reflexion

Rechts zu sehen ist ein weiteres Motiv der gleichen sozialen Situation als Hochformat von der Deutschen Presseagentur. Die dargestellte Person hat den Kopf nicht leicht nach oben, sondern geradeaus gerichtet. Der Arm ist hoch erhoben, was gepaart ist mit der Mimik eines Lächelns. Der Mund ist leicht geöffnet. Diese Kombination von Bewegung und Miene entspricht einem typischen Grüßen. Es handelt sich um das nachrichtliche Standardmotiv. Nicht nur die DPA sowie DDP[8] haben sehr ähnliche Varianten geliefert, sondern auch die Agentur Reuters, die ihr Hochformat sogar doppelt, nämlich auch beschnitten als Querformat anbietet[9].

Abbildung 3: Untersuchtes Bild   *Abbildung 4:* Vergleichsbild

So fällt im Vergleich auf, dass das Ausgangsbild *das einzige* der angebotenen Szene ist, in der der Arm nicht vollends erhoben ist. Dies trifft auch andere Konstellationen vom Wahlabend zu, in denen die Person winkt. Die Fotografin und ihre Nachrichtenagentur bieten dieses Bild zusätzlich zum Standardmotiv an. Der/die Bildredakteur_in greift ebenfalls zu diesem, obwohl die Auswahl an Motiven eine viel größere ist. Denn es ist jene ikonische Besonderheit, die den Grund liefert,

---

8   Jetzt DAPD. Neben den genannten zählt noch die AFP zu den großen Nachrichten-Agenturen.
9   Dies verweist auf die Konvention im nachrichtlichen Bildjournalismus, von einer Situation mindestens ein Hoch- und ein Querformat bereitzustellen.

es auszuwählen. In der Abweichung von einer bekannten Gestik liegt ein Aspekt der *ikonischen Macht* des Ausgangsbilds. So könnte die hiesige Szene selbst als sozialer Bildakt beschrieben werden, da die ikonische Abweichung in der Interaktion des Grüßens markant ist. Dies wird insbesondere in weiterführenden Vergleichen jenseits politischer Bilder sichtbar.

In der Selektion zeigt sich der bildjournalistische Habitus der Fotografin und ihrer Agentur sowie der Fotoredaktion, die die Erscheinung des Körperbilds innerhalb des Nachrichtengeschehens reflektieren. Es wird nicht der nachrichtliche Standard, sondern das auffällige Bild veröffentlicht. Jedoch bleibt der ästhetische Stil der Nachrichtenproduktion qua Bild verpflichtet, es wird der erste öffentliche Auftritt nach den Hochrechnungen im Scheinwerferlicht veröffentlicht. Die Alternative der Präsentation des Wahlsiegers hätte eine Fotografie der Person entweder durch selbstständig arbeitende Fotograf_innen oder in einer völlig anderen sozialen Situation sein können. Vorstellbar wäre auch ein Bild ganz ohne den Politiker, welches Bezüge zur Person auf andere Weise darstellt. Damit dokumentiert sich die bildpolitische Standortgebundenheit in einer Bildstrategie, die die Präsentation der Hexis in ihrem Ausdruck kritisch reflektiert. Gleichzeitig wird aber nicht etwa auf die Darstellung des Politikers gänzlich verzichtet, sondern das Bild eines öffentlichen Auftritts bildet die Folie dem Machtpotential seines Bildkörpers zum Ausdruck zu verhelfen.

5. Ausblick und Fazit – Ikonische Macht in Körperbildern

Wie schon angedeutet, sind zusätzliche Schritte notwendig, um die komplexen Wirkmechanismen bildlicher Macht auf den verschiedenen Ebenen darzustellen. Weitere, zum Gruß erhobene Arme aus alternativen Kontexten werden als Vergleichshorizonte dienen. Auch andere, publizierte Fotografien von Westerwelle am Wahlabend verweisen auf unterschiedliche Modi in der Ausdrucksgestaltung ikonischer Macht (Moment, Ausschnitt, Komposition, Perspektive, Auswahl). Zusätzliche Vergleiche von Bildern anderer Politiker_innen und Personen der Öffentlichkeit sollen bildliche Aspekte von Souveränität bzw. Entschlossenheit rekonstruieren. Spannend ist auch die Analyse von Homologien der Hexis im Bild durch Fotografien, auf denen der Politiker mit Anderen (z. B. Angela Merkel) zu sehen ist, letzteres insbesondere im Hinblick auf mögliche Genderaspekte von Habitus und Macht.

Sowohl die Körpersoziologie als auch philosophische und sozialwissenschaftliche Körper- und Machttheorien haben sich mit dem Phänomen des Körperbilds bislang nur unzureichend auseinandergesetzt. Durch die Miteinbeziehung der

Theorie des Bildakts in die dokumentarische Interpretation einer Pressefotografie konnten erste Aspekte *ikonischer Macht* erarbeitet werden: die Ausgestaltung des körperlichen Potentials innerhalb des Bildes sowie die bildaktive Wirkung des Körperbilds in den Prozessen, die einer Veröffentlichung immer vorausgehen. Die professionelle Rezeption in den Nachrichtenagenturen und Printmedien ist als ein wichtiger Vorgang öffentlicher Bildproduktion anzusehen. Die Wirkmächtigkeit des Bildakts auf den verschiedenen Ebenen von Habitus, Auswahl und Ausschnitt des Augenblicks sowie dessen nachträgliche Selektion und Bearbeitung zeigt, dass die soziale Sinnbildung in Fotografien von Machtmechanismen durchtränkt ist.

Literatur

Belting, H. (2001). Bild-Anthropologie. München: Fink.

Boehm, G. (2007). Wie Bilder Sinn erzeugen: Die Macht des Zeigens. Berlin: University Press.

Bohnsack, R. (2003a). „Qualitative Methoden der Bildinterpretation" In: Zeitschrift für Erziehungswissenschaft. 6 (2), S. 239-256.

---. (2003b). „Die dokumentarische Methode in der Bild- und Fotointerpretation" In Y. Ehrenspeck (Hrsg.) Film- und Fotoanalyse in der Erziehungswissenschaft. Ein Handbuch. S.87-107. Opladen: Leske u. Budrich.

---. (2009). Qualitative Bild- und Videointerpretation. Opladen: Barbara Budrich.

Bourdieu, P. (1987). Die feinen Unterschiede. Kritik der gesellschaftlichen Urteilskraft. Frankfurt a.M.: suhrkamp.

Bourdieu, P. et al (1981). Eine illegitime Kunst: Die sozialen Gebrauchsweisen der Photographie. Frankfurt a.M.: suhrkamp.

Breckner, R. (2010). Sozialtheorie des Bildes: Zur interpretativen Analyse von Bildern und Fotografien. Bielefeld: transcript.-

Bredekamp, H. (2004). Bildakte als Zeugnis und Urteil. In M. *Flacke (Hrsg.) Mythen der Nationen. 1945 – Arena der Erinnerungen, Mythen der Nationen. 1945 – Arena der Erinnerungen,* Bd.1, S.29-66. Wiesbaden: Philipp von Zabern.

Bredekamp, H. (2010). Theorie des Bildakts. Berlin: suhrkamp.

Butler, J. (1995). Körper von Gewicht: Die diskursiven Grenzen des Geschlechts. Berlin: Berlin-Verlag.

Foucualt, M. (1976). Überwachen und Strafen. Die Geburt des Gefängnisses. Frankfurt a.M.: suhrkamp.

---. (1977). Sexualität und Wahrheit, Bd.1: Der Wille zum Wissen. Frankfurt a.M.: suhrkamp.

Goffman, E. (1981). Geschlecht und Werbung. Frankfurt a.M.: suhrkamp.

Gugutzer, R. (2004). Soziologie des Körpers. Bielefeld: transcript.

Hahn, K./Meuser, M. (2002). Zur Einführung: Soziale Repräsentation des Körpers – Körperliche Repräsentation des Sozialen. In K.Hahn, M.Meuser (Hrsg.) Körperrepräsentationen. Die Ordnung des Sozialen und der Körper. S.7-16. Konstanz: UVK.

Imdahl, M. (1996). Giotto – Arenafresken. Ikonographie – Ikonologie – Ikonik. München: Fink.

Lünenborg, M., Röser, J., Maier, T., Müller, K., & Grittmann, E. (2009). ‚Merkels Dekolleté als Mediendiskurs. Eine Bild-, Text- und Rezeptionsanalyse zur Vergeschlechtlichung einer Kanzlerin. In: M. Lünenborg (Hrsg.). Politik auf dem Boulevard. S.73-102. Bielefeld: transcript.

Maasen, S., Mayerhauser, T., &Renggli, C. (2006). Bilder als Diskurse – Bilddiskurse. Weilerswist: Verlbrück Wissenschaft.

Michel, B. (2006). Habitus und Bild: Sinnbildungsprozesse bei der Rezeption von Fotografien. Wiesbaden: VS.

Müller-Doohm, S. (1993). „Visuelles Verstehen – Konzepte kultursoziologischer Bildhermeneutik" In: Jung, T. (Hrsg.) >Wirklichkeit< im Deutungsprozeß: Verstehen und Methoden in den Kultur- und Sozialwissenschaften. S.438-457. Frankfurt a.M.: suhrkamp.

Mühlen Achs, G. (2003). Wer führt. Körpersprache und die Ordnung der Geschlechter. München: Frauenoffensive.

Panofsky, E. (1939/2002). Ikonographie und Ikonologie. Eine Einführung in die Kunst der Renaissance, In: E. Panofsky. Sinn und Deutung in der bildenen Kunst. S.36-67. Köln: Dumont. (Engl. Original 1939.)

Plessner, H. (1970). Philosophische Anthropologie. Frankfurt a.M.: Fischer.

Pilarczyk, U. (2009). Gemeinschaft in Bildern. Jüdische Jugendbewegung und zionistische Erziehungspraxis in Deutschland und Palästina / Israel. Göttingen: Wallstein.

Popitz, H. (1992). Phänomene der Macht. 2.stark erw.Aufl. Tübingen: Mohr.

Raab, J. (2008). Visuelle Wissenssoziologie. Theoretische Konzeption und materiale Analysen. Konstanz: UVK.

Reichertz, J. (1994). „Selbstgefälliges zum Anziehen. Benetton äußert sich zu Zeichen der Zeit" In: Norbert Schröer (Hrsg.). Interpretative Sozialforschung. Auf dem Wege zu einer hermeneutischen Wissenssoziologie. S.253-280. Opladen: Westdeutscher Verlag.

Schroer, M. (Hrsg.). (2005). Soziologie des Körpers. Frankfurt a.M.: Suhrkamp.

Tinapp, S. (2006). Visuelle Soziologie: eine fotografische Ethnografie zu Veränderungen im kubanischen Alltagsleben. Konstanz: Universität.

Villa, P.-I. (2003). Judith Butler. Frankfurt a.M. [u.a.]: Campus-Verlag.

Bildnachweise

Bild 1-3:   aus der tageszeitung, 29.09.2009, S.15.
Bild 4:   aus der Bilddatenbank der Deutschen Presseagentur.

Milieuspezifische Sozialisationsräume visueller Praktiken Jugendlicher: Skizze einer Methode zur Mehrebenenanalyse visualisierter Sozialisationsräume

Inga Hornei

1. Einleitung

Nach Vester u. a. werden soziale Milieus in aller Kürze zusammengefasst „als eine Gruppe von Menschen definiert, die über einen ähnlichen Typus der Lebensweise verfügen. Diese Form der Lebensführung gründet auf einem bestimmten Habitus" (Bremer & Teiwes-Kügler 2007, S. 80), welcher die „gesamte äußere und innere Haltung eines Menschen umfasst (...): Den Geschmack und den Lebensstil, das Verhältnis zum Körper und zu den Gefühlen, die Handlungs- und Beziehungsmuster, die Mentalitäten und Weltdeutungen" (Vester, Oertzen, Geiling, Hermann & Müller 2001, S. 169). In historischer Folge und im Gegensatz zum ökonomisch basierten Klassenbegriff (oder auch Schichtenmodell) werden soziale Milieus dabei nicht nur durch die vertikale Lage und Stellung im gesellschaftlichen Gefüge lokalisiert, sondern vorrangig als soziale Formationen der Vergemeinschaftung (durch Verwandschaft, Freundschaft, Nachbarschaft, Vereine und Gemeinden usw.) verstanden. Diese lassen sich auch horizontal in der gegebenen Sozialstruktur verankern (vgl. Vester, Oertzen, Geiling, Hermann & Müller 1993, S.72). Wenngleich die benannten sozialen Milieus anhand der repräsentativen Entwicklung empirischer Realtypen als verifiziert gelten, bleibt die Fragen, wie sich z. B. die unterschiedlichen Sozialisationsräume Heranwachsender der sozialen Milieus nahräumlich konfigurieren, unbeantwortet. Auch wurde grundsätzlich kritisiert, dass die Habitustheorie den Prozess des initialen Erwerbs von Dispositionen in ihren umweltspezifischen Kontexten und Situierungen nicht berücksichtigt (vgl. z.B. Joas/Knöbel 2004). Diesem Vorhaben widmete sich das Forschungprojekt der Autorin, im Rahmen dessen insbesondere die Sozialisationskontexte Heranwachsender im Mittelpunkt der Analyse stehen. Dazu wurde ein einjähriges Feldforschungsprojekt mit Jugendlichen umgesetzt, in deren Vollzug vielfältiges Material gesammelt wurde, bestehend aus Fotos, Stadtkarten, Bildercollagen, Interviews, Gruppendiskussionen und statistischen Daten[1]. Bereits Ulf Wuggening, der die Methode des Fotointerviews (nach Collier 1967) in Deutschland einführte und fortentwickelte, verwies auf das besondere Potential welches in der Forschung mit Fotografien, die durch die Individuen selber getätigt werden, für die Milieuforschung erreicht werden kann. Über die sozialökologische Innensicht der am Forschungsprozess Partizipierenden könnten, laut Wuggening, sowohl der Lebensstil und Lebensbedingungen als auch deren personenzentrierte Interpretation und Bedeutung der abgebildeteten Person- und oder Objekt- Beziehungen für die eigene Lebensführung erschlossen werden (ebd. 1990, S. 110). Denn schlussfolgert man das Habituskonzept Pierre Bourdieus vor der Interpretationsfolie einer angewandten visuellen Soziologie, so ist die ästhetische Disposition, die sich empirisch durch die visuelle Praktik eines Akteurs offenbart, als Ausdruck einer sinnhaften Strukturierung der äußeren und inneren Welt zu deuten, deren lebensweltliche Wirklichkeit durch den Akt der Fotografie als tätige Relevanzsetzung visuell repräsentiert wird. Ganz zurecht verweisst auch John Grady auf den universellen Charakter visueller Daten, anhand der es gelingen kann sowohl zwischenmenschliche Interaktionen auf der Mikroebene sozialer Organisationsformen (Mesoebene), als auch (partikuläre) Populationen und deren Symbole zur Makroanalyse einer Gesellschaft abzubilden und es dabei sogar ermöglichen durch das Switchen der Analyseebenen das Aufeinandertreffen von Makro- und Mikroprozessen methodologisch miteinander zu verknüpfen (vgl. Grady 2008, S. 19). Der visualisierte Blick des Betrachters, der sich folglich auf den Fotografien eines Fotografierenden abzeichnet, lege damit gleichzeitig auch die ihn umgebenden personalen, räumlichen und sozialen Umweltkontexte frei (vgl. Grady 2008, S. 1). Diese empirische Multiperspektivität[2] macht die Methode für eine ungleichheitsorientierte Sozialisationsforschung überaus relevant, da es zu ihren Forschungsprämissen gehört, die kontextuelle Einbettung von Entwicklungsprozessen Heranwachsender verschiedener sozialer Milieus in ihrer spezifischen Struktur-Akteur-Kopplung zu erfassen (vgl. Bauer & Vester 2008; Grundmann, Hornei & Ziegler 2010).

---

1   Vorteile einer solchen Fallstudie liegen z. B. darin, dass der Gegenstand triangulativ anhand
     verschiedener Untersuchungstechniken beleuchtet werden kann und die Ergebnisse direkt
     aufeinander beziehbar sind, da das Material aus derselben Untersuchungseinheit stammt.
2   Multiperspektivität setzt an der relationalen Verknüpfung verschiedener Aggregierungs- und
     Komplexitätsebenen des Sozialen an.

2. Zur kontextuellen Einbettung visueller Praktiken in visualisierte Sozialisationsräume

Um die kontextuelle Einbettung, der bereits oben genannten visuellen Praktiken gebündelt zu erschließen, soll nun auf ein Mehrebenen- Konzept, der hier – visua- lisierten – Sozialisationsräume zurückgegriffen werden. Ohne an dieser Stelle den Anspruch auf Vollständigkeit zu stellen, wird mit dem Raumbegriff auf ein Con- tainerkonzept der räumlichen Organisation von Gesellschaft verwiesen (vgl. Dang- schat 1998, S. 211), wobei, mit Bourdieu (1991) gesprochen: der soziale Raum ge- meinhin die Tendenz aufweist „sich mehr oder weniger strikt im physischen Raum in Form einer bestimmten distributionalen Anordnung von Akteuren und Eigen- schaften nieder zuschlagen" (ebd,. S. 21). Durch alltägliche Praxen der individu- ellen Raumaneignung wird der physische Raum mit Bedeutung ausgestattet, die- se aber auch gleichzeitig im sozialen Raum materiell verfestigt. Sozialen Milieus wird diesbezüglich üblicherweise eine mesosoziale Vermittlungsfunktion zuge- schrieben, da sie als soziale Großgruppe über einen kollektiv geteilten Stil der Le- bensführung in gesamtgesellschaftliche Makroprozesse eingebettet sind, aber auch die zwischenmenschlichen Beziehungen kontextuieren. Dabei handelt es sich um ein Anliegen der Sozialisationsforschung die Prozesse der gesellschaftlichen und kulturellen Reproduktion, sowie die damit verschränkten Prozesse der Kultivie- rung von Handlungspraxen zu erforschen. Dazu werden sowohl die individuenzen- trierte Prozesse der Persönlichkeitsgenese, als auch die soziozentrische Prozesse der Gestaltung des sozialen Miteinanders untersucht (vgl. Grundmann, Hornei & Steinhoff im Erscheinen). Indem strukturelle und/oder kulturelle Faktoren perso- naler Handlungskontexte von einander getrennt werden, kann untersucht werden, wie diese Faktoren formativen Handelns infolgedessen den Kontext reproduzie- ren oder verändern. Anders als in der Habitustheorie ist in der Empirie zwischen den verschiedenen Entitäten von Handeln (begründet in subjektiven Handlungs- orientierungen und Handlungszielen) und Strukturen (als „co"-steuernde Kräf- te) zu unterscheiden (vgl. Archer 1988). Gemäß dieser Definition geht der Begriff des „Sozialisationsraumes" durch die Mehrebenen-Dimensionierung des indivi- duellen Handlungskontextes, nicht zuletzt aber auch wegen Berücksichtigung der physischen Materialität des Raumes, über die lebensweltliche Fassung eines Er- fahrungsraumes hinaus. Dieser begrenzt zwar auf Seiten des Individuums die Welt, vermag jedoch die Kausalität individueller und sozialer Mechanismen nicht zu erfassen. Pierre Bourdieu setzt bei seiner Kritik der sozialphänomenologischen Rekonstruktion ähnlich an, da diese es ausspart die objektiven Konfigurationen offenzulegen, welche die Herstellung von Realität schlussendlich produzieren (vgl. Waquant 1996, S. 27). Letztlich beruft er sich jedoch auf eine Epistemologie, welche den Kampf um die Konstruktion der sozialen Welt selbst zum a priori seiner Erkenntnis macht[3] (vgl. Bourdieu 1976, S. 146ff), anstatt von vorne herein ontologisch zu argumentieren und zuerst nach den Strukturen der (sozialen) Welt und deren materiellen Entitäten zu fragen[4] (vgl. Bhaskar 1979). Dieser Turn besitzt methodologische Relevanz, da er die Fragen der Realitätskonstitution und der Möglichkeit ihrer Erkenntnis in ein Abhängigkeitsverhältnis zueinander stellt. Dies ist ein Gesichtspunkt, auf den auch John Grady für den Anwendungsbereich visueller Daten und ihrer Reichweite verweist, wenn er sagt „Looking at" impliziert auch „being framed by" (Grady 2008, S. 1). Heißt dies folglich, dass das abgebildete nicht nur eine subjektive Relevanz besitzt, die es in ihrer akteursbezogenen Bedeutung zu rekonstruieren gilt, sondern der habituelle Sinn gleichzeitig durch die ihn umgebende Umwelt geprägt wird, die durch den Fotografen räumlich visualisiert wird. Hierbei ähnelt das sozialökologische Erkenntnisinteresse einer durch die Chicago School inspirierten visuellen Ethnographie (vgl. Deegan 2001) die zu verstehen sucht, welche spezifischen Bedeutungen Situationen, Ereignisse und Orte für das alltägliche Leben Jugendlicher und deren Entwicklung besitzen. Dementsprechend gilt es die in ökologische Zeichensysteme eingebettete Lebenswelt zu interpretieren und deren aufeinanderbezogene Strukturierung relational zu identifizieren. Folgend wird eine Methode zur visuellen Mehrebenenanalyse skizziert, welche es durch einen kleinen Turn vermag, die doppelte Kontingenz des Individuums in seinem Kontext herauszustellen.

3. Skizze einer Methode zur visuellen Mehrebenenanalyse

In den „Feinen Unterschieden" stellte Pierre Bourdieu den systematischen Charakter des Modus Operatum heraus, da „dieser bereits im Modus Operandi steckt" (Bourdieu 1982, S. 282). Doch, um in ähnlicher Weise an Erik Olin Wrights Frage nach der analytischen Funktion des Klassenbegriffs (Wright 2005, S. 180) anzuschliessen, wenn Habitus die Antwort ist, was ist dann die Frage? Zeige er sich doch, so schreibt Bourdieu:

> „In den Eigenschaften (…) mit denen sich die Einzelnen wie die Gruppen umgeben – Häuser, Möbel, Gemälde, Bücher, Autos (…), Kleidung – und in den Praktiken, mit denen sie ihr anders sein dokumentieren – in sportlichen Betätigungen, den Spielen, den kulturellen Ablen-

---

3   Leider begrenzt Bourdieu (2006) deswegen auch seine Arbeit mit Fotografien auf die visuelle Praktik: „In Wirklichkeit hält die Photographie einen Aspekt der Realität fest, d. h. das Ergebnis einer willkürlichen Wahl und somit einer Bearbeitung." (ebd., S. 85)
4   Dabei schliesst der Critical Realism Roy Bhaskars an den historischen Materialsmus Karl Marx an, in dem die Realität bereits auch unabhängig vom Menschen existiert.

kungen – ist Systematik nur, weil sie in der synthetischen Einheit des Habitus vorliegt, dem einheitsstiftenden Erzeugungsprinzip aller Formen von Praxis." (ebd., S. 283)

Fürwahr lässt sich dieser empirisch identifizieren, für deren typologische Analyse die Forschergruppe um Michael Vester eine spezielle Methode der Habitushermeneutik entwickelt hat. Im Unterschied zu Bourdieu, der die Attribute und Praktiken der Lebensstile verschiedener Berufsgruppen untersuchte, wurden hier auf der Basis biographischer Interviews verschiedene Habitus-Syndrome, d. h. Kombinationen verschiedener Einstellungszüge, der alltäglichen Lebensführung empirisch herausgefiltert (vgl. Vester, Oertzen, Geiling, Hermann & Müller 2001, S. 215). Habitus-Syndrome bilden ein typisierbares Zusammenspiel, die in ihrer Gesamtstruktur auf einen bestimmten sozialen Ort verweisen. Zur Überführung der Struktur der Beziehungen zwischen den einzelnen Mentalitätszügen wurden analytische Elementarkategorien entwickelt. Diese folgen zunächst Max Webers Idee der Idealtypen oder aber auch Pierre Bourdieus Forschungsstrategie des doppelten Bruchs, den er vollzog um die wissenschaftliche Erkenntnis in eine objektive, d. h. abstrakte Kategorie zu überführen (vgl. Bourdieu 1976, S. 146ff). Als abstrahierende Gegensatzpaare (z. B. ästhetisch vs. funktional, individuell vs. gemeinschaftlich usw.) dienen sie dem heuristischen Auffinden einer fallspezifischen Realtypisierung (vgl. Bremer & Teiwese-Kügler 2010, S. 259ff). Angewandt auf die Analyse visueller Praktiken, kann der Stil, bzw. die Art und Weise der Fotografie beispielweise ästhetische Aspekte der Abbildung in den Vordergrund stellen, jedoch in der Auswahl des Motivs (Relevanzsetzung bzw. Komposition) visuelle Einblicke in eine (potenziell) zur Verfügung stehende Umwelt geben, die in der Ikonik einer abgebildeten Personenfiguration auf eine gemeinschaftliche Lebensführung verweisen. In einer reflexartigen Reflexivität des eigenen und zu analysierenden Standpunktes im sozialen Raum werden Konstruktionen erster Ordnung rekonstruiert und Konstruktionen zweiter Ordnung entworfen. Bourdieu spricht dabei von einer so vorgenommen „Demokratisierung der hermeneutischen Haltung" (ebd., 1997, S. 801). Dies schliesst in seiner ästhetischen Theorie die visuelle Kompetenz einer unerlässlichen „Kenntnis der möglichen Unterteilungen eines Universums von Vorstellungen in komplementäre Klassen" (Bourdieu 1974, S. 169) mit ein. Zur Analytik der Gesamtästhetik und Mentalitätszüge erweisen sich die benannten Elementarkategorien schlussendlich also als sehr hilfreich, da sie sowohl die Formen sozialen Handelns als auch die Dimensionen des Habitus sichtbar machen (vgl. Bremer & Teiwes-Kügler, 2010, S.259). Da der Habitus jedoch nicht nur ein Produkt abstrakter strukturierender Strukturen ist, sondern aus akteursbezogenen Erfahrungen resultiert, die sich im Kontext eines positionalen Gefüges in einer speziellen sozialökologischen Konfiguration aufgeschichtet haben, geht eine sozialisationstheoretische Fassung über die positionale Bestimmung eines Gesamtkomplexes an Kapital- und Eigentumsverhältnissen und dazugehöriger Mentalitätszüge hinaus. Dadurch geraten diejenigen Relationen in den Blick, die Bourdieu zunächst durch seine Macht- und Kapitaltheorie ausschloss. Zu den Besonderheiten einer visuellen Soziologie gehört es, dass anhand von personenbezogenen Fotoerhebungs- und Auswertungsverfahren, die Grenzen einer auf Erfahrung beruhenden Wissenschaft überwunden werden können. Durch visuelle Verfahren kann der Prozess der Perzeption der externen Welt durch die handelnde Aneignung der Realität nachvollzogen werden. Neben den Fragen nach dem „wie" sozialer Praktiken, die auf den individuellen bzw. kollektiven Sinn (z. B. visuell vermittelter Emotionen, Interaktionen vgl. Bohnsack 2001) abzielen sind auch jene zur topologischen und soziographischen Beschaffenheit und Nutzung menschlicher Siedlungen als Symbolräume entscheidend, wie dies z. B. von Herbert Schubert (2002) ausgeführt wird. Demnach wird das gesellschaftliche materiell-physische Substrat durch ein räumliches Zeichen- und Symbolsystem repräsentiert, anhand der sich ebenfalls die formalen Nutzungs- und Aneignungsmuster identifizieren lassen (vgl. Schubert 2002 in Anlehnung an Läpple 1991, S. 164).[5] Sozialräume können als architektonische und städtebauliche Objekte gemäß ihrer typologischen Codes (z. B. Wohnblöcke, Einfamilienhäuser, Schule, Nachbarschaftsfunktion etc.) und deren Konfiguration (z. B. urbane Grundrisse, Verhältnis von inneren und äußeren Räumen) gelesen werden, in der die Soziosemiotik des Alltags (z. B. Jugend- und Freizeitkultur, Familienleben etc.) eingebettet und deren Bedeutungen (z. B. durch Kleidung, Schilder etc.) eingeschrieben sind (vgl. Schubert 2002, S. 170ff). Dieses Prinzip der Analyse von Objekt-Personen und Umweltbeziehungen wurde bereits von Wuggening (1988) für die Interpretation von Wohnumwelten angewandt. Demnach kann der personale Sozialisationsraum im Kontext des je spezifischen-relationalen Verhältnisses sozialökologischer Zeichensysteme sozialstrukturell bestimmt werden.

4. Empirische Anwendung und Beispiele

Zur systematischen Vorgehensweise soll nun auf ein leicht modifiziertes Verfahren Christel Teiwes-Küglers (2001, 2007) zurückgegriffen werden, durch dass sich das empirische Fotomaterial Schritt für Schritt aufschlüsseln lässt. Neben der Arbeit mit Pierre Bourdieus „Soziologie der symbolischen Formen", beruft es sich, den Spuren Bourdieus folgend und erweiternd, auf die ikonographisch-ikonologische

---

5   Zur Stadtkonstruktion, d. h. Nutzung städtischer Räume durch Jugendliche liegen bereits
    interessante Studien z. B. von Seggern u. a. (2009) vor.

Methode (Panofskys 1978), die Ikonik Ihmdahls (1980) sowie die struktural-hermeneutische Symbolanalyse Müller-Doohms. Grundlagen also, auf denen auch die dokumentarische Methode der Bild- und Fotointerpretation beruht, die jedoch dort eher zur Analyse und Dokumentation von „Seinsfaktoren" in der Auseinandersetzung mit Karl Mannheim vertieft wurde (vgl. Bohnsack 2007). Grundlage bietet dass empirische Datenmaterial, d. h. Fotointerviews Jugendlicher zu den Fragen: Was ist ein typischer Tag? Was tue ich gerne in meiner Freizeit? Was sind Orte, an denen ich mich gerne aufhalte. Anders, als in üblichen Verfahren der Fotoanalyse wird dabei nicht jedes Bild einzeln, sondern der geschossene Film entsprechend der vergebenen Aufgabenstellung, den „eigenen", d. h. personal-ökologischen Sozialisationsraum abzubilden, als gesamte Reihe in den Mittelpunkt der Analyse gestellt. Um die symbolisch-materiellen Lebensverhältnisse und die Bedeutungs- und Sinnstrukturen des akteursspezifischen Handelns vor dem Hintergrund der relevanten visualisierten lebensweltlichen Kontextuierungen zu rekonstruieren, stellt also jedes Foto eine zu fassende Sequenz in einem Gesamtkomplex dar, die einen besonderen, durch den Fotografierenden in seiner Bedeutung herausgehobenen Aspekt seiner sozialen und physisch-materiellen Umwelt abbildet. Neben der augenscheinlichen Ermittlung von objektivierbaren Netzwerkressourcen[6] und Kapitalindikatoren ist die Originalreihenfolge der geschossenen Fotos, die sich auf der abgebildeten Fotoübersichtstafel von unten rückwärts vollzieht, von besonderer interpretativer Bedeutung, da dies u. a. auf die Spur der konkreten Vorgehensweise, d. h. den Sinn der visualisierten visuellen Praktik verweist.

Auswertungsleitfaden zur Fotoanalyse
(abgewandelt nach Teiwes-Kügler 2007)

- Spontaner ästhetischer Gesamteindruck
- Formale Gestaltung- Deskription und Analyse
  - Bildkomposition (optisch)
  - Fotografiemodus (ästhetisch-praktisch)
  - Art und Sphäre der Motive (inhaltlich)
- Bedeutungsanalyse
  - Grobanalyse: Zusammenfassung der inhaltlichen Themenkomplexe
  - Feinanalyse: Bildelemente (symbolischer Bildsinn vs. verbale Erläuterung)
- Relationale Analyse
  - Sozialökologische Konfiguration
  - Habitushermeneutische Synthese
- Zusammenfassung und abschließende Beurteilung

---

6   Zur Operationalisierung und Transition von Sozialkapital z. B. Baier & Nauck 2006

Nach einem ersten Durchgang durch das Material, in dem das ermittelt wird, was spontan als auch unter den oben genannt Gesichtspunkten ins Auge fällt, wird in gezielter Auswahl von Fotos und deren Vergleich untereinander Schritt für Schritt in Deskription und Analyse fortgefahren. Zu unterscheiden sind dabei, die optisch-ästhetische Komposition des Abgebildeten (z. B. optisches Zentrum, stilistische Besonderheiten, Perspektive), der ästhetisch-praktische Modus der Fotografie (z. B. spontan, gezielt, geplant, inszeniert, gestellt) und Art und Sphäre der Motivauswahl (z. B. Gegenstände, Personen, Tiere, Landschaften & Architektur, Wohn- & Freizeitbereiche, Szenen etc.). Im nächsten Schritt, der Bedeutungsanalyse, werden dann die visualisierten Themenkomplexe inhaltlich zusammengefasst, um folgend die jeweiligen Bildelemente doppelt, d. h. gemäß ihrem wörtlichen und symbolischen Bildsinns, als auch unter Zuhilfenahme ihrer verbalen Erläuterung zu interpretieren. Dabei wird davon ausgegangen, dass die Fotografien durch die Visualisierung der den Akteuren unbewussten Dispositionen, über eine eigene, vom Narrativum unabhängige Abbildungsqualität verfügen. Deswegen wird gegenüber textbasierten Forschungsmethoden dem visualisierten Vorrang eingeräumt. Durch einen relationalen Vergleich der herausgearbeiteten Gestaltungsprinzipien können anschließend die im Material auffindbaren sozial-ökologischen Konfigurationen der personalen Lebensführung, als auch das Habitus-Syndrom[7], unter Anwendung der Elementarkategorien herausgefiltert und letztlich in den Zusammenhang existierender Wissensbestände eingeordnet werden. Was folgt ist eine überblickartige Zusammenfassung ausgewählter Fälle. Zugunsten der Möglichkeit die Verschiedenartigkeit visueller Praktiken in visualisierten Sozialisationsräumen aufzuzeigen, wird auf eine vollständige Interpretationsbeschreibung gemäß des Auswertungsleitfadens verzichtet.

---

7   Da das zusammenhängende Syndrom interpretativ aus dem empirischen Material herausgearbeitet wird, sind die sich zeigenden Widersprüche im visuellen und textbasierten Material, aber auch jene innerhalb des Habitusmusters in der Beziehung zu verschiedenen Sphären analytisch zu kontrastieren.

5. Fall 1 (m/René 14 Jahre)

Abbildung 1: René

Die Fotoserie wurde an zwei verschiedenen Orten gemacht. In der Schule (sichtbar anhand der Kleiderhaken auf Bild 22 A) und auf einer Eisbahn (dass es sich
nicht um eine Halle handelt, wird am Netz auf Foto 7A deutlich). Die fotografische Perspektive, die dabei eingenommen wurde ist zumeist frontal und auf gleicher Augenhöhe wobei Nähe und Ferne sich abwechseln. Im Vordergrund stehen
Bewegung/Sport und die Darbietung des eigenen Leistungsvermögens (z. B. 14
A, 16 A, 8 A). Weiterhin werden Themen wie Freundschaft (z. B. 3 A, 10 A) und
männliche Gemeinschaft stilisiert (z. B. 23 A, 24 A, 25 A). Die männliche Dominanz (die Fotografierten sind alle männlich, bis auf ein Mädchen) wird unterstrichen anhand sexueller Anspielungen (z. B. 22 A, ein Junge versucht sich augenscheinlich an seiner Brust zu lecken) und in Abgrenzung/Annäherung an das
andere Geschlecht (20A, ein Mädchen, welches verschämt ihr Gesicht verbirgt,
aber dennoch geschmeichelt lacht). Die Fotos wirken an Äußerlichkeiten (z. B.
Posing 23A, 24A) orientiert, was sich auch durch einen gemeinsamen Dresscode
der Fotografierten (Skaterlook z. B. Mützen, Karohemden, aber überwiegend
Mainstream-Markenklamotten) zeigt. Augenscheinlich ist der Fotografierende

in eine bestehende Jungenclique bzw. Jugendszene eingebunden. Folgt man dem Verlauf der Fotoserie, so nimmt die actionorientierte Performanz gegen Ende ab. Es folgen intimer wirkende Einblicke in die Beziehungen zueinander (Wettlauf 10A, gemeinsames Herumstehen 3A, Einzelfotos z.b 7A, 6A, 4A) Vergleichend dazu, was gerade nicht fotografiert wurde (z. B. Unterricht in der Schule, Familie, das eigene Zimmer), wird ein lustbetonter Vorrang von Freizeit deutlich (Hedonismus). Freizeit und das gemeinsame Abhängen wird anhand jugendkultureller Praktiken stilisiert (z.B. 1A, 24A). Durch die Analyse des Fotointerviews entlang der sozialökologischen Kategorien können diese Eindrücke verdichtet werden, es wird aber auch deutlich, dass insbesondere die jugendkulturell-adoleszenten-Beziehungspraktiken durch die visuelle Methode detaillierter erfasst werden (s. o.).[8] Bei der Frage wie René mit der Aufgabe umgegangen ist, sagt er, er sei gleich nach Erhalt der Kamera in die Klasse seines Bruders gegangen „dann bin ich gleich rüber schon zu Tim gegangen, hab da ein paar Fotos gemacht". In der Eisbahn ging es ihm darum „einfach so Actionfotos (...)" zu machen dabei habe er sich (= helle Hose) mit seinem Zwillingsbruder (= Karohemd) abgewechselt „Tim hat ein paar Faxen gemacht, ich hab ein paar Faxen gemacht, er hat das fotografiert oder ich habs fotografiert." In der Schule stehen für ihn die Pausen im Vordergrund „im Moment gehe ich ganz gerne zur Schule wegen der Kaffeemaschine. (...) Die haben wir halt seit Montag und seitdem gehe ich eigentlich ganz gerne so! In der Pause", die er am liebsten in der Nachbarklasse seines Bruders verbringt „bei mir, die sind halt alle nicht so...(...) weiss ich nicht, ich bin einfach lieber bei denen in der Klasse." Die Eisbahn ist für ihn und seine Clique „also dass ist ne ziemlich riesige, also grosse Clique" ein zentraler Treffpunkt „die Eisbahn, da bin ich sehr oft halt, da verbringe ich, ja ich glaub die meiste Zeit meiner Jugend bis jetzt". Dass es sich dabei um ein übergreifendes Szenenetzwerk „da gibt es halt in dieser grossen Clique da gibts halt kleinere Cliquen" handelt, kann durch vielfältige Aussagen Renés bestätigt werden[9]. Später untermauert eher nochmal die augenscheinliche Trennung von Freizeit und Schule „Schule bleibt Schule und Freizeit ist Freizeit (lacht)", die als typisch für die Arbeitnehmermilieus der gesellschaftlichen Mitte gelten. Dieses Verhältnis erweist sich dennoch als ambivalent. Trotz guter Noten „Also, jetzt, mit meinen Noten könnte ich es

---

8   Dies zeigt sich z.B. im Vergleich der visuell-symbolischen Informationsdichte und deren
     Erläuterung der Fotos z.B. zum Thema der Sexualität (z.B. 20A, 22A), oder auch auf das
     konkrete „wie" der Beziehung untereinander (z.B.10A, 3A). Auch der Code der jugendlichen
     Selbstdarstellung lässt sich durch die Visualisierung von Praktiken und Kleidung sehr viel
     detaillierter identifizieren.
9   Hitzler & Niederbacher (2010, S. 16ff) beschreiben Szenen z.B. als thematisch fokussierte
     soziale Netzwerke, die sich um den Mitgliedern bekannte Treffpunkte zentrieren (in diesem
     Fall das Eislaufen in der Eisbahn).

schaffen!" und zukunftsorientierter Leistungsambitionen „da hab ich meine Zukunft in der Hand. So werde ich später leben!" ist er sich nicht sicher, ob er das Abitur wirklich machen möchte „hab keine Lust auf Abi und das ist halt so", derweil sein Klassenlehrer ihm aber rät sich seine Chancen freizuhalten. Bei der abschließenden Frage, wie seine Bilder auf ihn wirken, sagt er dann: Die Bilder, ja. Einfach so meine besten Freunde, mein Bruder und ich, mein Leben und ich!

6. Fall 2 (w/Shirley 13)

Um aufzeigen wie unterschiedlich sich Lebenswelten durch Fotos visualieren können, soll der Blick auf die Fotoreihe Shirleys geworfen werden. Hier spielt sich das meiste in der häuslichen Wohnung ab (32 A ff). Im Vordergrund dieser Fotoreihe steht u. a. die Beziehung zum Bruder (43), der augen-scheinlich (heimlich) Fotos von seiner Schwester machte (33A-39A) und damit die Kontrolle übernahm. Diese Fotos wurden überwiegend von oben nach unten (z. B. 34A, 36A, 38A) oder auch sehr nah, wie „herangezoomt" fotografiert, was einen etwas voyeuristischen Eindruck erweckt. Die Beiden befinden sich in einem widerstreitenden Dialog miteinander (siehe 32 A, 43). Es fällt auf, das die Fotos so gemacht wurden, wie die Räume vorzufinden waren, da sie nicht aufgeräumt wurden (z.B 33A, 42). Die Art und Weise wie mit der Aufgabenstellung umgegangen wurde spiegelt dadurch eher (unabsichtlich) die generierenden Prozesse der Lebensre-

Abbildung 2: Shirley

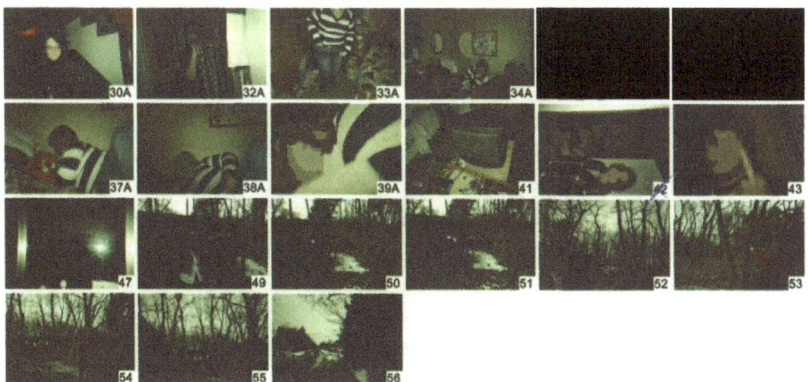

alität wieder, anstatt die eigene Lebenswelt intendiert zu stilisieren. Es fällt auf, dass Freunde so gut wie gar keine Rolle in dieser Fotoreihe spielen. Bis auf das Foto 30A ist sonst niemand Gleichaltriges abgebildet. Die Wohnung selbst ist ausgestattet mit „Nippes" wie z. B. Diddle Mausmotiven (34A, 37 A, 38 A) Insgesamt scheint eine stärkere Orientierung am Machbaren (funktional) und Notwendigen vorzuherrschen (materiell). Die andere Hälfte der Fotos spielt sich in einer winterlichen Waldlandschaft ab. Während das erste Bild (56) eine an der Seite mit Tannen bewaldeten Straße abbildet, widmen sich die anderen Bilder der Fotografie eines Bogenschiessstandes (inklusive zweier Personen, d. h. des Bruders und einem unbekannten Mann). Diese eher dörfliche Betätigung verdichtet den Eindruck, dass der Wohnort der Probandin eher ländlich ist. Im Vergleich mit dem Interview finden sich diese Ergebnisse wieder. Gleich auf dem ersten Bild ist der Schulweg abgebildet, zu dem sie erläutert, dies sei ihr Heimweg „Ich wollte halt zeigen, wo ich immer langgehen muß und so. Weil ich hab halt nichts besonderes und das ist halt schon was, was ich typisch mache. Nach Hause gehen!" Demnach scheint der personale Entwicklungs- bzw- positionale Möglichkeitsraum Shirleys tatsächlich sehr eingeschränkt zu sein. In der Freizeit unternehme sie nicht viel „Wir können nicht mehr so oft weggehen. Kein Geld" (dabei formt sie die Worte lautlos mit den Lippen). Als sie dann die Fotos von sich selbst erblickt, ruft sie entsetzt aus:„Oh mein Gott! Dieser Arsch! Mein Bruder hat Fotos von mir gemacht. (...) Ja Du kriegst gleich einen in die Fresse Zuhause." Die sich zeigenden Szenen mit ihren Bruder beschreibt sie als alltäglich „Auch wenn das jetzt gemein ist, was jetzt kommt: Das ist ein typischer Alltag! Das macht der jeden Tag." Forschungsmethodisch interessant ist hierbei dass der Rollentausch der Fotografen, im Vollzug ihrer visuellen Praxis, auf der zwischenmenschlichen Beziehungsebene etwas eigenständiges und vergleichsweise zu René und seinem Bruder etwas ganz anderes abzubilden vermochten (Geschwisterkonflikte und Erniedrigung vs. Teamarbeit und gegenseitige Selbstdarstellung). Auf die Frage, wie sie mit der Aufgabe umgegangen ist antwortet sie: Also Frau H. erwartet bestimmt was Tolles. (Atmet aus, lacht) Habe ich extra meinem Vater gesagt ob er was mit uns machen will." Hierzu berichtet sie folgend, dass die Fotos im Schiessstand von einem Ausflug mit ihrem Vater stammen, der in Trennung lebt. Demzufolge hat sie die Fotoaufgabe strategisch genutzt um einen Ausflug zu initiieren, was eher auf einen starken Beziehungswunsch verweist. Die Anwesenheit des Vaters bleibt derweil fragwürdig, da er als Person (der andere Mann ist gemäß ihrer Aussage ein anonymer Bogenschütze) auf den Fotos nicht auftaucht, dies aber verneint wird „Da ist ein Stück von meinem Vater! Da ist ein Stück von meinem Vater. Da sehen Sie die Haare da? Das ist mein Vater." Bezüglich ihrer Wohnsituation liegt ihr offensichtlich etwas daran, einen wahrhaften Eindruck vermitteln, anstatt etwas zu verbergen „Können Sie sich ja jetzt ungefähr vorstellen, wie mein Zimmer aussieht. So ungefähr. (..) Unordentlich (..) Unaufgeräumt (..) Sogar noch dreckige Anziehsachen auf dem Boden. (…) Ich hätte ja für das Foto aufgeräumt, aber da dachte ich mir, ach Frau H., die möchte das lieber so Natur pur haben, da habe ich das nicht aufgeräumt!"

7. Fall 3 (w/Toni 13)

Dem steht das Beispiel von Toni entgegen, deren Bilder überwiegend hochgradig inszeniert bzw. geplant sind. Hier wurden Gegenstände aufgrund ihres Symbolcharakters fotografiert und drappiert. So wurden z.B. Gegenstände wie die Spraydose (23) zum Zweck des Fotografierens aufgestellt. Das diese extra herangetragen wurde, zeigt sich mitunter auch daran, dass die Dose auf Bild 32 noch/ wieder beiläufig auf der Fensterbank steht. Aus ästhetischen Gründen wurde scheinbar ein Blatt Papier unter die Spraydose gelegt. Darauf verweist auch das Bild des Gameboys (Bild 26), denn hier wird durch ein Verrutschen des Blattes die eigentliche Tischplatte sichtbar. Freizeitaktivitäten werden durch Gegenstände symbolisch repräsentiert (wie z. B. Auf Bild 27 = ein Plastikbecher aus einer Cafékette). Dies deutet auf eine Abstrahierung von Dinglichem hin (ideell). Die Spraydose setzt einen Gegenpol zu den Objekten aus der noch nahen Kinderwelt (z.B. Teddy, Bettbezug, Wellensittich). Hier wird eine Hinwendung zur Jugend-

Abbildung 3: Antonia

kultur betont, mit der Bereitschaft über Grenzen zu gehen (z. B.Graffiti). Die Fotos wurden überwiegend Zuhause, aber auch in der Schule (28, 16, 14) gemacht. Auffallend ist das insgesamt viele Symbole abgebildet werden, die auf Gewohnheiten (22/Salat, 33/Schokolade), Aktivitäten (z. B. 23, 26, 27) oder auch Status (z. B. Haus/33, Marken wie Milka/33, Nintendo/26, Chucks/25) oder individuellen Stil verweisen (Hutsammlung/21, Chucksammlung/25, Sprayen/23). Aber auch Personen. Die Fotos der zwei Mädchen (34,13) erinnern zum Beispiel an ein Facebookposing (Motto: Meine Freundin & Ich)[10] . Alles in allem erwecken die vielen Bilder in häuslicher Umgebung aber einen „behüteten" Eindruck. Gleich zu Anbeginn des Interviews begründet Toni ihre Vorgehensweise: „ich hab hauptsächlich nur Sachen fotografiert, die ich maaag. Und äh, ein paar mal habe ich vergessen die Kamera an wichtige Orte mitzunehmen, deswegen habe ich dann einfach irgendwas Symbolisches fotografiert". Sie bestätigt, zur besseren Fotografie weißes Papier unter einige Gegenstände gelegt zu haben „damit man das sieht". Tatsächlich scheint sie sich derzeitig in einer Übergangsphase zu befinden, da sie ihre eigene Nähe zur Kindheit einerseits negiert „da noch den Bettbezug von meiner kleinen Cousine, weil sie da bei mir geschlafen hat" und andererseits ihr Kuscheltier noch liebt „Und das ist mein Teddy, den ich sehr toll finde. Der ist toll! Gell?" Die Spraydose steht gemäß ihrer Aussage stellvertretend für ihre eigene Kreativität, wenngleich sie damit eigentlich nur ihr Fahrrad ansprüht „Weil ich das an den Wänden nicht machen darf". Die Sprayerkultur selbst interpretiert sie dabei vorrangig ästhetisch „aber ich mag das eigentlich und würde auch sagen, das ist keine Schmiererei, sondern manchmal auch Kunst". Einerseits zieht es sie demnach zu modernen Ausdrucksformen dieser Jugendkultur hin, andererseits grenzt sie sich aber auch durch ein hochkulturelles Interpretationschemata von der dazugehörigen Lebensweise ab, deren spezifisches Szenewissen sie auch (noch) nicht erworben zu haben scheint „Damit kenne ich mich jetzt nicht so aus". Dass sie die Gesprächsinhalte im Kontext des Fotointerviews stark unter ästhetischen Gesichtspunkten betrachtet, zeigt sich auch anhand ihrer Aussage zu den Fotografien ihrer Schulklasse „aber als ich das fotografiert habe, sah das viel schöner aus alles" während sie in einem anderen Teil des Interviews durchaus tiefergehend auf die Netzwerkqualität eingeht, welche die besuchte Ganztagsschule z. B. für sie besitzt „gut im Sinne davon das ich hier wie gesagt alle meine Freunde hab". Im Besonderen präsentiert sie ihre Mützen „da sind meine ganzen Mützen. Ich mag Mützen sehr gerne und ich habe auch sehr

---

10   Auch die Nahaufnahmen (mit Selbstauslöser) scheinen dem Prinzip einer Selbstdoku zu folgen
      (z. B. 19, 10, 12). Nicht aufzuklären ist, inwiefern virtuelle Netzwerke und Medienformate das
      Fotografieverhalten Jugendlicher prägen.

viele" und Chucksammlung „Da sind jetzt nur die Originalen drauf", die für sie scheinbar ein indivdiduelles Stilisierungs- und Abgrenzungmerkmal darstellen „dass ich nicht solche High-Heels oder so sammele, sondern Boardschuhe, so wie ich Mützen mag". Dieses pubertäre Abgrenzungsmuster (u. a. gegenüber weiblichen Mainstream?) verdichtet sich, bei der Erläuterung der Fotos mit ihrer besten Freundin „ich verdrehe da mein Gesicht, aber ich finde das halt lustiger, wenn man solche Fotos macht als solche Modell-Fotos". Der bereits vermutete behütet-wohlhabendere Eindruck wird u. a. durch die selbstbewusste Präsentation des familieneigenen Hauses (33) untermalt: „das ist unser Haus und ein ganz kleiner Teil vom Garten, der jetzt im Sommer natürlich viel schöner aussieht als im Winter. (...) Dazu haben wir dann noch zwei Garagen und der Garten geht um das ganze Haus. Haben sie dazu noch Fragen? Dass unordentliche Jugendzimmer keine visualisierten Klassenmerkmale, sondern wie hier im Vergleich zu Shirley, unterschiedlichen Praktiken der Selbstdarstellung unterliegen, wird im Übrigen durch dieses Statement belegt: „Ach ja, mein Zimmer habe ich nicht fotografiert, weil ich zu faul war es aufzuräumen (lacht)"

8. Fazit

Anhand der Beispiele konnte die Anwendung des empirischen Forschungsprogramms dokumentiert werden. Methodisch erwies sich, dass durch visuelle Erhebungs- und Auswertungsverfahren eine hohe Informationsdichte generiert werden kann, die sich von text- und erfahrungsbasierten Methodologien unterscheidet. Dies betrifft vor allem Fragen der räumlichen Kontextuierung und den situativen Prozesscharakter menschlichen Handelns und Erlebens. Beeindruckende Stärken lagen aber auch in der „scheinbar zufälligen", weil den Fotografen unbewussten, visuell-symbolischen Ausdruckskraft fotografierter Szenarien, anhand der jugendkulturelle, adolszente oder familiäre Beziehungspraktiken (bishin zu Tabuthemen wie Sexualität oder Gewalt) abgebildet bzw. identifiziert werden konnten. Ebenso der kulturelle Code jugendlicher Selbstdarstellungen ließ sich durch die Visualisierung von Praktiken und Kleidung sehr viel detailierter ausmachen. Im Vergleich des Fotomaterials mit dem dazugehörigen Interviews ist zu bedenken, dass auch die narrative Qualität des Interviews, durch die Fotomethode strukturiert bzw. erreicht worden ist. Denn die Fotos boten einen lebensweltbasierten Anreiz über das Leben der Jugendlichen ins Gespräch zu kommen, was den Jugendlichen aufgrund der spielerischen Abwechslung im Interviewverfahren sehr gut gefiel. Einerseits verhalfen sie dazu das Alltägliche visuell einzufangen, andererseits regten sie durch die Verdopplung sozialer Wirklichkeit die kognitive

Reflexion über die gegenwärtige Lebenssituation an. Dies ist überaus förderlich, da in diesem Alter die (narrative) Identität noch nicht vollends entwickelt ist. In der folgenden empirischen Analyse visueller Praktiken Jugendlicher verdeutlichte sich, dass der reale Gehalt empirischer Sozialisationsgeschehen verdeckt bleibt, wenn visualisierte Ausdrucksformen kultureller Praktiken methodologisch nur unter utilaristischen Aspekten der Nutzenmaximierung oder Inszenierung betrachtet werden (vgl. Honneth 1984). Reduktionistische Vereinfachungen, die Interpretationen der „Feinen Unterschiede" Bourdieus implizieren können, wurden durch die Fallanalysen verifiziert. Während sich im Fall „René" kontrastierend zu einem funktionalistischem Bildungsverständnis die normative Frage nach dem „guten Leben" (bzw. Jugend) empirisch zuspitzen ließ, legte der Fall „Shirley" z. B. die Problemhaftigkeit jugendlicher Lebensführung vor dem Hintergrund prekärer Lebensverhältnisse offen. Im Vergleich zum Fall „Toni" lässt sich aufzeigen, dass Selbstdarstellung mit ungleich verteilten Ressourcen und entwicklungsrelevanten Kapazitäten einhergeht, welche nicht nur maßgeblich für die visuelle Praktik, sondern auch konstituierend für die gesamte Lebensweise sind. Demnach erwies sich die, für diesen Aufsatz ausschlaggebende theoretische Gegenüberstellung und Differenzierung zwischen „Visueller Praktik" und „Sozialisationsraum", zur Aufklärung dieses empirischen Verhältnisses als zielführend.

Literatur

Archer, M. S. (1988). Culture and Agency. The Place of Culture in social Theory. Cambridge: University Press

Bauer, U. & Vester, M. (2008). Soziale Ungleichheit und soziale Milieus als Sozialisationskontexte. In K. Hurrelmann, M. Grundmann & S. Walper (Hrsg.), Handbuch Sozialisationsforschung. 7. Auflage (S. 184 – 202). Weinheim & Basel: Beltz

Bhaskar, R. (1975). A Realist Theory of Science. London: Routledge

Bohnsack, R. (2007). Die dokumentarische Methode in der Bild- und Fotointerpretation. In R. Bohnsack, I. Nentwig & A.-M. Nohl (Hrsg.), Die dokumentarische Methode in der Forschungspraxis. Grundlagen qualitativer Sozialforschung (S.). Wiesbaden: VS

Bremer, H. & Teiwes-Kügler, C. (2007). Die Muster des Habitus und ihre Entschlüsselung. Mit Transkripten und Collagen zur vertiefenden Analyse von Habitus und sozialen Milieus. In B. Friebertshäuser, H. von Felden & B. Schäffer (Hrsg.), Bild und Text – Methoden und Methodologien visueller Sozialforschung in der Erziehungswissenschaft (S. 81 – 104). Leverkusen-Opladen: Verlag Barbara Budrich

Bremer, H. & Teiwes-Kügler (2010). Typenbildung in der Habitus- und Milieuforschung: Das soziale Spiel durchschaubar machen. In J. Ecarisus & B. Schäffer (Hrsg.), Typenbildung und Theoriegenerierung. Methoden und Methodologien qualitativer Bildungs- und Bio graphieforschung (251-276). Opladen & Farmington Hills: Barbara Budrich Verlag

Bourdieu, P. & Boltanski, L. (2006). Eine illegitime Kunst. Die sozialen Gebrauchsweisen der Fotographie. Hamburg: Eurpäische Verlagsgesellschaft

Bourdieu, P. (1997) Verstehen. In P. Bourdieu, P. (Hrsg.), Das Elend der Welt (S. 779 – 802). Konstanz: UVK Verlagsgesellschaft

Bourdieu, P. & Waquant, L. J. D. (1996). Reflexive Anthropologie. Frankfurt a.M.: Suhrkamp Taschenbuch Verlag

Bourdieu, P. (1991). Physischer, sozialer und angeeigneter pysischer Raum. In. M.Wentz (Hrsg.), Stadt-Räume (S.25-34). Frankfurt a.M. & New York: Campus Verlag

Bourdieu, P. (1987). Die feinen Unterschiede. Kritik der gesellschaftlichen Urteilskraft, Frankfurt a.M.: Surkamp Taschenbuch Verlag

Bourdieu, P. (1976). Entwurf einer Theorie der Praxis auf der Grundlage der ethnologischen Grundlage der kabylischen Gesellschaft. Frankfurt a.M.: Suhrkamp Verlag

Bourdieu, P. (1974). Zur Soziologie der symbolischen Formen. Frankfurt a.M.: Suhrkamp Taschenbuch Verlag

Baier, D. & Nauck, B. (2006). Soziales Kapital. Konzeptionelle Überlegungen und Anwendungen in der Jugendforschung. In A. Ittel & H. Merkens (Hrsg.), Interdisziplinäre Jugendforschung. Jugendliche zwischen Familie, Freunden und Feinden (S.49-72). Wiesbaden: VS

Collier, J. (1967).Visual Anthropology: Photography as a Research Method.New York, Chicago, San Francisco, Atlanta, Dallas, Montreal, Toronto, London, Holt, Rinehart and Winston

Dangschat, J. S. (1998). Segregation. In H. Häußermann (Hrsg.), Großstadt. Soziologische Stichworte (S. 207-220). Opladen: Barbara Budrich Verlag

Deegan, M. J. (2001). The Chicago School of Ethnography. In P.C. Atkinson, A. Delamont & J. Lofland (Hrsg.), Handbook of Ethnography (S.11-25). London, Thousand Oaks, New Delhi, Sage Publications

Grady, John (2008). Visual Research at the Crossroads. Forum Qualitative Sozialforschung / Forum: Qualitative Social Research, 9(3), Art. 38, http://nbn- resolving.de/urn:nbn:de:0114-fqs0803384.

Grundmann, M., Hornei, I. & Steinhoff, A. (im Erscheinen). Capabilities in sozialen Kontexten. Erfahrungsbasierte Analysen von Handlungsbefähigung und Verwirklichungschancen im menschlichen Entwicklungsprozess. In C. Sedmak, E. Kapferer & G. Graf (Hrsg.), Der Capability Approach und seine Anwendung. Fähigkeiten von Kindern und Ju gendlichen erkennen und fördern. Wiesbaden: VS

Grundmann, M., Hornei, I. & Ziegler, H. (2010). Bildung als Verwirklichungschance: Konturen einer multiperspektivischen Bildungssoziologie. In Zeitschrift für Soziologie der Erziehung und Sozialisation (S. 375 – 389) , 30 (4)

Hitzler, R. & Niederbacher, A. (2010). Leben in Szenen. Leben in Formen juveniler Vergemeinschaftungen heute. Wiesbaden: VS

Imdahl, M. (1980). Grotto Arenafresken. Ikonographie,Ikonologie, Ikonik. München: W. Funk Verlag

Joas, H. & Knöbl, W. (2003). Zwischen Strukturalismus und Theorie der Praxis. Die Kultursoziologie Pierre Bourdieus. In Joas, H. & Knöbl, W., Sozialtheorie. Zwanzig einführende Vorlesungen (S. 518-557). Frankfurt a.M.: Suhrkamp

Läpple, D. (1991). Essay über den Raum. Für ein gesellschaftswissenschaftliches Raumkonzept. In H. Häußermann (Hrsg.), Stadt und Raum (S. 157-207). Pfaffenweiler: Centaurus Verlag

Panofsky, E. (1978). Sinn und Deutungsmuster in der bildenden Kunst. Köln: Dumont Buchverlag

Schubert, H. (2002). Menschliche Siedlungen als Symbolräume. In Riege, M. & Schubert, H. (Hrsg.), Sozialraumanalyse. Grundlagen, Methoden, Praxis (S. 175-190). Wiesbaden: VS

Seggern, H. von, Schmidt, A., Detten, B. v., Heinzelmann, C., Schultz, H. & Werner, J. (2009): Stadtsurfer, Quartierfans & Co. Stadtkonstruktionen Jugendlicher und das Netz urbaner öf fentlicher Räume. Berlin: Jovis Verlag GmbH

Teiwes-Kügler, C (2001): Habitusanalyse und Collageninterpretation. Ein Beitrag zur Entwicklung einer methodisch-theoretisch begründeten Hermeneutik am Beispiel von empirischen Ein zelfallanalysen aus Gruppenwerkstätten mit zwei sozialen Milieus. Unveröffentlichte Di plomarbeit, Universität Hannover, Institut für Politsche Wissenschaft

Wuggenig, U. (1990). Photobefragung als projektives Verfahren Angewandte Sozialforschung (S. 109-129), 16

Wright, E. O. (2005). Conclusion: If class it the answer, what is the question? In E.O. Wright (Hrsg.), Appoaches to class analysis (S. 180-192) Cambridge: University Press

Vester, M., von Oertzen, P., Geiling, H., Hermann, T, Müller, D. (1993). Soziale Milieus im ge sellschaftlichen Strukturwandel. Zwischen Integr und Ausgrenzung, Köln: Bund-Verlag

Vester, M., von Oertzen, P., Geiling, H., Hermann, T. & Müller, D. (2001). Soziale Milieus im gesellschaftlichen Strukturwandel. Zwischen Integration und Ausgrenzung. Frankfurt a.M.: Suhrkamp Verlag

„Du sollst dir (k)ein Bildnis machen" – Zur Verwendung von Video- und Bildmaterial und ihrer Bedeutung für die emotionalen Stile christlicher Gemeinden heute

Regine Herbrik

1. Einleitung

In den vergangenen Jahrzehnten hielt die Videotechnik nicht nur Einzug in die privaten Haushalte, sondern auch in diverse andere Lebensbereiche, wie Wissenschaft, Sport und Kunst. Die für den Einsatz dieser Technik erforderlichen Aufnahme- und Wiedergabegeräte wurden von Jahr zu Jahr erschwinglicher und erorberten sich infolgedessen sukzessive weitere Einsatzbereiche hinzu (Knoblauch, Schnettler & Raab 2009, S. 9). Nachdem darüber hinaus die flächendeckende Ausstattung mit schnellen Internetverbindungen soweit vorangetrieben wurde, dass die Mehrzahl der Internetnutzerinnen und -nutzer heute Videostreams in ausreichender Qualität nutzen kann, sind Videoclips auch zu einem festen Bestandteil vieler Webseiten geworden.

Dass diese Entwicklungen auch den Bereich der Religionsausübung in den christlichen Gemeinden nicht unberührt lassen, kann insofern kaum überraschen, als Religion nicht unverbunden neben den anderen Lebenswelten steht, in denen sich die mit ihr befassten Akteurinnen und Akteure tagtäglich bewegen. Außerdem gehören Bilder wie selbstverständlich zum Kirchenraum, in die Kinderbibel und als ‚Heiligenbildchen' in das Gesangbuch. Das Bild, zumal die Abbildung Gottes, ist jedoch innerhalb der christlichen Traditionen, sei es in seiner umkämpften Anwesenheit, sei es in der Lücke, die seine Zerstörung oder Abwesenheit reißt, niemals unproblematisch. Es erlebt in der wechselvollen Geschichte des Christentums Hochkonjunkturen und Tiefpunkte, die nicht nur von theologischen Überlegungen und dogmatischen Entscheidungen beeinflusst wurden, sondern auch jeweils von den zu einem bestimmten historischen Zeitpunkt zur Verfügung stehenden technischen, medialen Möglichkeiten.

Im Folgenden soll nicht nur die Frage gestellt werden, welche neuen Verwendungsweisen von Video- und Bildmaterial in christlichen Gemeinden heutzuta-

ge zu beobachten sind. Vielmehr geht es darum, erste Anhaltspunkte hinsichtlich der Bedeutung des Einsatzes dieser neuen Formate für das Gemeindeleben,
den Charakter der Andachten und insbesondere für die Emotionskultur der Gemeinden zu entwickeln.

2. Das problematische Bild

In der Auseinandersetzung mit der Frage, welche Bedeutung der Verwendung
von Bild- und Videomaterial heutzutage in der Glaubensausübung christlicher
Gemeinden zukommt, ist man unweigerlich mit einem sehr breiten, bereits über
Jahrhunderte geführten Diskurs konfrontiert. Dass die Haltung der christlichen
Kirchen zu Visualisierungen, insbesondere zur bildhaften, bildhauerischen Abbildung dies- und jenseitiger Entitäten, von jeher alles andere als unproblematisch
war, ist ein weidlich bekannter Sachverhalt (vgl. Bachmann 2005). Das zweite der
zehn Gebote verbietet dem sich gerade in der Wüste um ein goldenes Kalb scha-
renden Volk Gottes via Inschrift auf einer Steintafel die Anfertigung materialer
Abbildungen Gottes – je nach Übersetzung zumindest in skultureller Form. „Du
sollst dir kein Gottesbild machen und keine Darstellung von irgendetwas am Himmel droben, auf der Erde unten oder im Wasser unter der Erde." (Exodus/2. Mose
20, 4) Mit Blick auf die Geschichte des Juden- aber auch des Christentums ist das
der Beginn einer wechselreichen, jahrhundertelangen Auseinandersetzung mit der
Frage, ob und inwieweit Abbildungen Gottes und seiner Geschöpfe mit den göttlichen Geboten in Übereinstimmung zu bringen sind. Wie Bachmann (2005, S.
15ff.) zeigt, lässt sich diese Problematik sogar noch in jüngerer Zeit in den theologischen Überlegungen Barths und Bultmanns wieder finden.

Problematisch scheint hinsichtlich der Abbildungen Gottes die Gefahr der
Erschaffung eines Götzenbildes, das nicht nur stellvertretend, sondern auch an
Stelle Gottes Verehrung durch die Gläubigen erfährt. Bezüglich der bildlichen
Gestaltung im Allgemeinen stellt sich für monotheistische Religionen darüber hinaus die Frage, ob nicht die schöpferische Nachbildung der von Gott erschaffe-
nen Geschöpfe durch den Menschen einen blasphemischen Akt darstellt, da sich
in ihr der Mensch zum Nebenschöpfer aufschwingt. Andere Interpretationen sehen den Sinn des Bilderverbots auch in dem Schutz des Menschen vor dem für
ihn unerträglichen Anblick Gottes (vgl. Bachmann 2005, S. 8) oder schlicht in
der Unmöglichkeit, die „Freiheit" Jahwes von magischer Beschwörbarkeit in einer Verbildlichung einzufangen und sie gleichzeitig zu bewahren (Brumlik 1994,
S. 28). Der alttestamentarische Gott entzieht sich dem Blick des Menschen. Er
ist damit unsichtbar und wird dem Menschen lediglich durch sein Wort und sei-

ne Schöpfung, sein Wirken in der Welt, zugänglich. Auch nachdem Gott mit den Menschen durch Jesus einen neuen Bund geschlossen hat, bleibt für die Christen die Schau Gottes, die „visio beatifica", in die Zeit nach dem Tod verlagert. Gleichzeitig wissen wir jedoch auch, dass die Geschichte der christlichen Kirchen eng mit derjenigen des Bildes verwoben ist. Bilder sind im Laufe der Jahrhunderte Gegenstand der Verehrung, schmücken und organisieren den Kirchenraum, wurden geschändet und zerstört, belehren die Gemeinde, erzählen Geschichten, erinnern an Regeln, wichtige Ereignisse und Persönlichkeiten. Letztlich wird die Idee der Gottesschau in der Betrachtungsweise des Kirchenvaters Augustinus sogar zum Bindeglied zwischen Religion und Ästhetik. Denn er entwirft, wie es Thomas Rentsch formuliert, eine „Ästhetik als Theophanie" (Rentsch 1987).

Dem Bild schlug im Laufe auch der jüngeren Geschichte – nicht nur im religiösen Kontext – eine kritische Haltung entgegen, die zum Beispiel Misstrauen gegenüber einem neuen (technischen) Typus des Bildes schürt und dessen Allgegenwart problematisiert (vgl. Flusser 1995). So wurde dem Bild vorgeworfen ein Zeichen zu sein, das sich jedoch nicht als solches zu erkennen gebe, sondern den Eindruck einer natürlichen Gegebenheit erwecke. Das Bild gerät dadurch unter Verdacht, sich für etwas auszugeben, das es nicht ist. Diese Sichtweise ergibt sich jedoch nur dann, wenn man das Bild eben als Zeichen betrachten will. Versucht man jedoch, auf der Grundlage Husserls (2006) Abhandlungen über Phantasie und Bildbewusstsein das Bild in seiner ihm eigenen Spezifik zu sehen und es nicht den Zeichen zu subsumieren, so kann man mit Wiesing (2005) zu einer Auffassung vom Bild als einem „Gegenstand aus reiner Sichtbarkeit" gelangen, der sich nicht nach den Gesetzmäßigkeiten der Physik zu richten hat und eine Art „artifizieller Präsenz" besitzt. Diese Herangehensweise schließt die Möglichkeit, dass Bilder als Zeichen verwendet werden können, selbstredend nicht aus. Sie weist jedoch darauf hin, dass die Zeichenhaftigkeit dem Bild nicht von vornherein wesenhaft gegeben ist, sondern erst durch die Verwendung des Bildes als Zeichen und durch die Interpretation als Zeichen zustande kommt. Der Blick auf die Verwendung von Bild- und Videomaterial im Rahmen christlicher Gemeinden soll dementsprechend weder von einer kulturpessimistischen, das Bild verdammenden Perspektive beeinträchtigt werden, noch durch die Verkürzung des Bildes auf seine Fähigkeit, sich als Zeichen nutzen zu lassen.

An dieser Stelle muss jedoch eine wichtige Verbindung hergestellt werden. Denn im Hinblick auf die religiöse Auseinandersetzung mit ‚dem Bild' wird dieses häufig mit ‚dem Text' kontrastiert. Bild und Text wurden lange Zeit gemeinhin hinsichtlich ihrer jeweiligen Spezifik dargestellt: Einer ikonischen Sinnerzeugung im Fall des Bildes wurde eine sprachliche, der Logos, gegenübergestellt.

Eine typische Vertreterin dieser Position finden wir in Langer (1965). Während wir Sprache und Schrift sequentiell wahrnähmen, sei das Bild durch die Simultanität seiner Wahrnehmung gekennzeichnet. Diese Position ist jedoch in den letzten Jahren unter Beschuss geraten. Einerseits kann die Schrift eigentlich nicht als rein sequentielle Abfolge von Laute repräsentierenden Zeichen erfasst werden.[1] Andererseits haben wir es häufig mit Formen von Bildern zu tun, die sich nicht ausschließlich durch Simultanität, sondern auch durch sequenzielle Abläufe charakterisieren lassen, wie Filme, Comic-Strips, animierte Bilder und so weiter.

Eine unreflektierte Trennung von Text und Bild scheint insofern für eine Analyse empirischer Daten nicht zielführend zu sein. Mitchell schlug folgende Sichtweise des Verhältnisses vor: „Die Dialektik von Wort und Bild scheint in dem Gewebe von Zeichen, mit dem eine Kultur sich umgibt, eine Konstante zu sein. Das Veränderliche ist die Webart, die Relation von Kette und Schuß." (Mitchell 1990, S. 55) Im Folgenden wird sich zeigen, dass für die Verwendung von Bildern und Videomaterial, mit der wir es heutzutage in christlichen Gemeinen zu tun haben, gerade auch diese Verwobenheit von Text und Bild charakteristisch ist.

3. Emotionale Stile in christlichen Gemeinden heute

Die im Folgenden erläuterten, empirischen Funde zur Verwendung von Bild- und Videomaterialien in christlichen Gemeinden waren nicht das Ergebnis einer auf diesen Themenbereich konzentrierten Suche. Das Erkenntnisinteresse, das die diesem Aufsatz zugrundeliegenden Daten generiert hat, soll daher im Folgenden in sehr komprimierter Form vorgestellt werden.

Die Anlage des Projekts beruht auf der Beobachtung, dass der für die Modernisierung üblicherweise veranschlagte Prozess der Säkularisierung durchaus *nicht* dazu geführt hat, das Religiöse aus dem Leben der Menschen der spät- oder postmodernen Gesellschaften zu verdrängen. Einige Autoren sprechen im Gegenteil sogar von einer Renaissance des Religiösen oder einer Resakralisierung (vgl. Bell 1977, Berger 1999). Zumeist wird in diesem Zusammenhang darauf hingewiesen, dass die großen christlichen Kirchen gesellschaftlich und in absoluten Mitgliederzahlen gemessen an Bedeutung verlieren und ihre Vormachtstellung zugunsten eines vielgestaltigen Angebots an alten und neuen spirituellen und religiösen Gruppierungen und Praxen einbüßen. Zu dieser Vielfalt gehören mittlerweile auch in Mitteleuropa zunehmend Gemeinden, die charismatisch, (neu) pfingstlerisch, pentekostal und/oder evangelikal ausgerichtet sind (vgl. Kern 1998)

---

1   Krämer (2003) spricht im Gegensatz dazu von der ‚Schriftbildlichkeit'.

sowie Gemeinden, die sich vor allem dadurch charakterisieren lassen, dass ihre Gläubigen in der Mehrzahl über einen (häufig gemeinsamen) Migrationshintergrund verfügen (vgl. Hüwelmeier/Krause 2009).

Durch die Neugründungen der letzten Jahrzehnte entstand ein vielgestaltiges Gemeindespektrum. Dadurch bot sich ein ideales Forschungsfeld, dessen Erforschung dabei helfen soll, die Frage zu beantworten, welche emotionalen Stile für christliche Kirchengemeinden heutzutage charakteristisch sind und inwiefern sich die emotionalen Stile einzelner Gemeinden voneinander unterscheiden. Als emotionale Stile bezeichnen wir dabei die situativen Verdichtungen kommunikativer Codierungen des Emotionalen, die unserer Beobachtung und Analyse zugänglich sind.

Für unsere Studie ist insofern das Visuelle (Bilder, Videos) als eigenständige Ebene relevant, jedoch ist es stets auch in seiner Verwobenheit, im multimodalen Zusammenspiel zu betrachten. Die Ausdrucks- oder Darstellungskomponente der Emotion, ihre kommunikative Dimension also, ist dabei von besonderem Interesse. Einerseits gehen wir mit Goffman (1959) davon aus, dass der Ausdruck von Emotionen nicht einfach eine lineare Repräsentation eines inneren Gefühls ist, sondern dass er ein bestimmtes Ausdrucks- oder Display-Ergebnis anstrebt, für die antizipierten Erwartungen eines bestimmten Publikums ‚inszeniert' wird und somit eine entscheidende kommunikative Funktion übernimmt, die sich auch auf die Koordination interaktiver Abläufe sowie auf deren Motive bezieht. Andererseits ist jedoch Hochschild (1975) insofern Recht zu geben, als sich die Analyse nicht auf das von Goffman beschriebene ‚Surface Acting' beschränken darf, sondern darüber hinaus mithilfe der Analyse von Befragungsdaten das ‚Deep Acting', die Arbeit der Handelnden, die nicht in den Ausdruck, sondern in die Beeinflussung des subjektiven Fühlens investiert wird, einzuschließen hat.

4. Erste empirische Beobachtungen zur Bedeutung neuer Visualisierungsformate für die Emotionskultur christlicher Gemeinden heute

Im Zuge der für das oben beschriebene Forschungsprojekt durchgeführten Feldaufenthalte und Datenanalysen verfestigt sich der Eindruck einer zunehmenden Bedeutung neuer medialer Formen der Visualisierung.

Die Leinwand im Kirchenraum

So finden wir in zahlreichen Kirchen Leinwände, auf die während der Gottesdienste Inhalte unterschiedlicher Art projiziert werden. Für die jüngeren, meist
freikirchlichen Gemeinden, scheint diese Einrichtung bereits einen Standard darzustellen. Für die Gemeinden der großen christlichen Kirchen ist dies zwar noch
nicht im selben Ausmaße der Fall, insbesondere bei speziellen Gottesdienstfor-
men (wie der ‚Rockmesse') gehört die Leinwand jedoch wie selbstverständlich
in oder neben den Altarraum. Es erstaunt daher nicht, dass Schnettler und Knoblauch bereits vor einigen Jahren in ihrer Forschung zu Powerpoint-Präsentationen
als neuen Formen der gesellschaftlichen Kommunikation von Wissen auch auf
Powerpoint-Gottesdienste gestoßen sind (vgl. Schnettler, Knoblauch & Pötzsch
2007, S. 22). Was damals exotisch klang, ist heute in vielen jüngeren Gemeinden
so in die Liturgie eingeflochten, dass es kaum noch als Fremdkörper wahrgenommen wird. Selbstverständlich werden die der Predigt zugrunde liegenden Bibel-
stellen auf die Leinwand geworfen, genauso wie Gebete, die von der gesamten
Gemeinde im Wechsel mit dem Pfarrer zu sprechen sind, und die Texte der Kir-
chenlieder. Im Zusammenspiel mit der Visualisierung der Texte werden illustrierende oder zur Meditation anregende Bilder in die Präsentationen eingebunden.

Insbesondere im Hinblick auf die Visualisierung von Gebets- und Liedtexten
ersetzt die Leinwandprojektion häufig das Gesang- und Gebetbuch. Dies führt zu
einer bemerkenswerten Änderung der Körperhaltung der Gläubigen. Der Blick ist
nicht nach unten auf das Buch gerichtet, der Rücken nicht gekrümmt, das Haupt
nicht gesenkt, sondern nach oben zur Leinwand hin ausgerichtet. Die Hände sind
frei, sie können in die Höhe gehoben und zu einer Gebetsgeste genutzt werden
oder den Banknachbarn an der Hand fassen. Auffällig ist jedoch auch, dass die
Leinwandprojektion hinsichtlich der Aufmerksamkeit der Gläubigen eine ernsthafte Konkurrenz für Priester oder Pfarrerinnen darstellt, die in der Apsis liturgische Handlungen vollziehen.

Doch nicht nur die Ausrichtung der Gemeindemitglieder wird durch den
Einsatz der Leinwandprojektion beeinflusst. Für die Liturgen stellen der Umgang
mit der Projektion und eventuell sogar deren Steuerung neue Herausforderungen
dar. Sie sehen sich dabei einerseits vor all diejenigen Probleme gestellt, mit denen
grundsätzlich alle Referenten konfrontiert sind, die mit ‚PowerPoint' und ähnlichen Präsentationsprogrammen arbeiten: beginnend mit der „sozialen Ökologie"
(Knoblauch 2007a, S. 191) derartiger Veranstaltungen – zum Beispiel der „De-
zentrierung des Sprechers" (Knoblauch 2007a, S. 193), der Verortung des Publikums und der Leinwand im Raum – über die „Körperformation" (Knoblauch,
2007b, S. 126), die für ein Zeigen auf und mithilfe der Präsentation notwendig

ist, bis hin zu den für die Gattung ‚Powerpoint-Präsentation' geradezu charakteristischen (technischen) Pannen (vgl. Schnettler & Tuma 2007, S. 163ff.). Darüber hinaus ist jedoch in diesem speziellen Fall die Vereinbarung der Präsentation mit dem gegebenen und in sich eigentlich bereits konsistenten Kirchenraum zu bewerkstelligen sowie die Einbettung in traditionelle, liturgische Abläufe, durch die bereits geregelt ist, wann sich der Zelebrant oder die Pfarrerin an welchem Ort im Kirchenraum (Ambo, Kanzel, Altar etc.) aufhalten.

Der Einsatz von Projektionsmedien eröffnet über die Verdoppelung liturgischer Elemente hinaus auch die Möglichkeit, Videoclips in die Gestaltung des Gottesdienstes einzubeziehen. Uns begegnet dieses Element vorwiegend in freikirchlichen Gemeinden, die im Einzelfall sogar mehrere Flachbildschirme fest im Kirchenraum installiert haben.

Abbildung 1: Flachbildmonitore im Kirchenraum

Quelle: Standbild aus Videoclip von der City Kirche Berlin (http://www.citykircheberlin.de)

Die verwendeten Videoclips werden (semi-)professionell von christlichen Medienagenturen produziert. Die Vorführung des Videomaterials kann beispielsweise in die Predigt eingebunden werden. Es ergibt sich dadurch ein Zusammenspiel aus direkter Ansprache und den Stilmitteln, die den filmischen Medien durch ihre spezifischen Kompositionsmöglichkeiten von bewegtem Bild, sprachlichem Kommentar und Text sowie musikalischer Untermalung zur Verfügung stehen.

Der vermehrte Einsatz dieser Kombinationen lässt sich auch als Hinweis auf eine Entwicklung deuten, die Meyer (2006) am Beispiel ghanaischer Pfingstkirchen mit dem Begriff „sensational religion" beschreibt. Gemeint ist damit im mehrfachen Wortsinn einerseits eine zunehmende Betonung der Sensationalität, andererseits aber auch die Einbeziehung *aller* Sinne in die Gestaltung des Gemeindelebens sowie der Aspekt der Sinnstiftung. In dieser Ausweitung des religiösen Erlebens auf alle Wahrnehmungsebenen der Gläubigen findet sich eine wichtige Basis für neue emotionale Stile, die sich in ihren jeweiligen Ausdrucksformen auch in ihrer Sichtbarkeit darstellen und vermitteln lassen.

Die Leinwandprojektion bzw. der Monitor bringen in ihrem Zusammenspiel aus bildlichen, textlichen und teils sogar filmischen Elementen eine, die Blicke auf sich ziehende, zusätzliche mediale Ebene in einen Kirchenraum ein, der traditionell zumeist bereits mit einem multimodalen Medienangebot ausgestattet ist. Sie schaffen einerseits Freiheitsgrade und einen gemeinsamen Fokus für die Gemeinde, sie treten andererseits in Konkurrenz zum Zelebranden, den sakralen Einrichtungen und Gegenständen, wie Altar, Tabernakel oder Kruzifix. Sie haben sowohl auf die visuelle Ausrichtung der Gemeinde Einfluss als auch auf die Positionierung der Zelebranden im Raum.

Twitter- und Facebook-Gottesdienst

Eine ganz besondere Form der Leinwandnutzung im Gottesdienst wird im sogenannten „Twitter-Gottesdienst" verwirklicht.[2] Die Gottesdienstbesucher hatten die Möglichkeit, mithilfe des kircheneigenen Wlans per Notebook oder Smartphone Kommentare zum Predigttext abzusetzen. Die den entsprechenden ‚hashtag' – #twgd – verfolgende ‚twitterwall' wurde gleichzeitig für alle Gottesdienstteilnehmerinnen und -teilnehmer auf der Leinwand in der Kirche sichtbar gemacht, konnte jedoch auch von Abwesenden via ‚twitter' mitverfolgt werden.

---

2   In einer evangelischen Gemeinde in Meckenheim fand im vergangenen Jahr ein solcher Twitter-
     Gottesdienst statt. Das Ereignis wird von dem verantwortlichen Pfarrer in seinem Internetblog
     namens „Pastorenstückchen" (http://pastorenstueckchen.de/2011/02/erfahrungen-mit-meinem-
     ersten-twittergottedienst/) geschildert und von einem Teilnehmer des Gottesdienstes innerhalb
     wiederum seines Blogs kommentiert.

Abbildung 2: Twitterwall

Quelle: http://pastorenstueckchen.de/2011/02/ruckblick-auf-den-ersten-twitter-gottesdienst

Gedacht war diese Aktion als visuelle Version des sonst im Gespräch stattfindenden ‚Bibel-Teilens'. Dies ist eine Methode, die am südafrikanischen Patoral-
institut in Lumko entwickelt, und insbesondere in den 1980er Jahren in deutschen
Gemeinden, genauso wie auch in vielen anderen Ländern der Welt, bekannt wurde (vgl. Hirmer & Steins 1999). Sie konzentriert sich nicht auf eine intellektuelle, psychologische oder historische Bibelexegese, sondern auf die persönlichen
und individuellen Gedanken, Erfahrungen und Gefühle, die die Teilnehmer während einer vertieften Beschäftigung mit einer Bibelstelle erleben. Einer der sieben Schritte[3] des Bibel-Teilens ist der Wiederholung von individuell wichtigen
Textpassagen gewidmet, die mehrmals laut ausgesprochen werden. Dieses Prinzip zeigt sich auch auf der oben abgebildeten ‚twitterwall'.

---

3   Die sieben Schritte des Bibel-Teilens werden von missio Aachen in einer Übersicht zusam-
     mengestellt auf: http://www.missio-aachen.de/angebote-medien/bildungsangebote/asipa/
     Bibel-Teilen_Methode.asp#tcm:14-33721

Die Methode des ‚Bibel-Teilens' ist ursprünglich für eine kleine Gruppe von unter zehn Teilnehmenden konzipiert worden, die im Kreis um eine zentral aufgestellte Bibel sitzt und sich günstigstenfalls in ähnlicher Besetzung in regelmäßigen Abständen trifft. Dies ist sicher einerseits pragmatischen Überlegungen geschuldet, wie zum Beispiel derjenigen, dass sich innerhalb einer Zeitspanne von 60 bis 90 Minuten nur wenige Personen überhaupt mitteilen können. Des Weiteren bietet die eingespielte und vertraute Gruppe jedoch auch einen relativ geschützten Raum für die gegenseitige Mitteilung recht intimer Erfahrungen bei der Bibellektüre.

Die Einbeziehung der Software-Anwendung ‚twitter' und die Visualisierung der ‚twitter-wall' im Kirchenraum lösen das pragmatische Problem der Begrenzung der Teilnehmerzahl. Sie heben durch die Veröffentlichung der Wortmeldungen zwar den Schutz durch die kleine Gruppe auf, verbergen jedoch Autorinnen und Autoren der Mitteilungen hinter deren selbstgewählten ‚nicknames'. Eine sich stark auf die individuelle Erfahrung und die Wahrnehmung und Mitteilung eigener Gefühle stützende liturgische Form findet durch die Möglichkeiten, die das hier erprobte neue Format bietet, einen Weg, für größere Gruppen, die Gemeinde oder sogar eine um Nicht-Kirchgänger, aber App-Nutzer, erweiterte Gemeinde zugänglich zu werden. Der ‚hashtag' wird jedoch nicht nur genutzt, um die einzelnen Schritte des Bibel-Teilens mitzuvollziehen, sondern auch um den Gottesdienst bzw. einzelne seiner Abschnitte zu kommentieren und zu bewerten („das war super #twgd").

Einem ähnlichen Prinzip folgend wurde auch der laut Organisatoren erste deutsche, katholische Facebook-Gottesdienst[4] gestaltet. Facebook-Nutzer sahen im oberen ‚Fenster' der entsprechenden Facebook-Seite den Live-Stream eines kurzen Wortgottesdienstes, während sie im unteren ‚Fenster' per Live-Chat das Geschehen kommentieren, Vorschläge für Fürbitten formulieren oder mitbeten konnten. Der den Gottesdienst zelebrierende Priester ließ sich ab und an von einer mit einem Ipad ausgestatteten Berichterstatterin über den Chatverlauf informieren. In diesem meldeten sich nicht nur Nutzer zu Wort, die ihre Zustimmung zum neuen Format äußerten oder durch ein „Amen" ihre aktive Teilnahme am Gebet anzeigten, sondern auch Stimmen, die sich fragten, ob sie es mit einem Aprilscherz zu tun hätten und gar solche, die sich eher für die körperliche Attraktivität der Lektorin interessierten als für den von ihr vorgetragenen Text.

---

4   Der Gottesdienst fand am 01.04.2012 (Palmsonntag) statt und wurde auf den folgenden Facebookseiten gestreamt: www.facebook.com/tvkirche; www.facebook.com/domradio.de; www.katholisch.de/facebook

Sowohl das Beispiel des ‚twitter'- als auch dasjenige des ‚facebook-Got-tesdiensts' verdeutlichen die Relevanz der für alle Teilnehmer sichtbaren Veröf-fentlichung von Kommentaren. Bislang gehörten zu den liturgisch vorgesehenen Beteiligungsformaten der Gottesdienstteilnehmer in der Hauptsache rituelle Wech-selgesänge und -gebete, das gemeinsame Beten vorgegebener Texte und das Sin-gen von Liedtexten. Auch hinsichtlich der im Rahmen der Predigt vorgetragenen Schriftauslegung war bislang keine Diskussionsphase vorgesehen. Spontane in-haltliche Beiträge, Widerspruch oder Ergänzungen finden in den allermeisten Fäl-len nicht statt oder beschränken sich, wie in einigen charismatisch oder evangeli-kal geprägten Gemeinden zumeist auf zustimmende oder verstärkende Einwürfe.

Rezipienten von Webinhalten sind heutzutage darin geübt, sich mittels diver-ser Kommentarfunktionen zu Produkten und Medieninhalten zu äußern. Kritik, Diskussion und Widerspruch werden im Zuge dessen institutionalisiert und anbie-terseits routinisiert gehandhabt und bearbeitet. Mit der Möglichkeit zu kommentie-ren zieht innerhalb dieser experimentellen Formate eine kommunikative Gattung in den Gottesdienst ein, die einigen Gläubigen sicher aus anderen Kontexten ver-traut, der Zeremonie selbst jedoch traditionell fremd ist und auch sein muss. Der Live-Kommentar erfordert eine Distanz zum Geschehen während es geschieht. Die engagierte Teilnahme an einer Zeremonie, das Mitfeiern, ist mit einer solchen Hal-tung nicht zeitgleich zu vereinbaren. In den Kommentaren spiegelt sich daher eine Teilung der Teilnehmer in kommentierendes Publikum und mitfeiernde Gemeinde.

Bilder als kollektives Gemeindegedächtnis und Emotionsmodell

Christliche Gemeinden nutzen neuere mediale Formate nicht nur für Live-Visua-lisierungen von Text und Bild während der Gottesdienste, sondern auch als Mittel für die Selbstdarstellung nach außen und nach innen und für die Dokumentation ihres Gemeindelebens. Dies lässt sich besonders gut anhand ihrer Internetprä-senzen nachvollziehen, die Bild- und Videomaterial zur Verfügung stellen. Am Beispiel eines Jahresrückblicks in Videoformat einer Berliner Freikirche[5] wird deutlich, dass die Zusammenstellung der Sequenzen einerseits als Gedächtnis-stütze, dabei auch als eine Art Bildspeicher (Fotoalbum), für die gemeindeinterne Erinnerung an gemeinsame Aktivitäten dient, andererseits aber auch als Präsen-tation der Gemeinde nach außen wirkt. Interessant erscheint in diesem Zusam-menhang auch die Dokumentation eines ökumenischen Gottesdienstes, die als Bildersammlung, im Format einer Powerpoint-Präsentation von einem Pfarrer auf seiner Homepage zur Verfügung gestellt wird.

---

5   http://www.citykircheberlin.de/pages/video-ueber-uns.php

Abbildung 3: Fotoalbum

Quelle: http://www.wolfgang-schuhmacher.de/oekt/segensliturgie-oekt-web/

Nicht nur das gesprochene Wort wird für mitteilungswürdig und der Aufbewah-
rung wert befunden. Vielmehr scheint es hier insbesondere darum zu gehen, gerade auch die visuell wahrnehmbaren Bestandteile der Liturgie, auf die in diesem
Fall besonderer Wert gelegt wird, wie liturgische Handlungen, Gegenstände, die
Interaktion zwischen den zelebrierenden Geistlichen, ihre Gesten, die Positionierung der teilnehmenden Personen im Kirchenraum usw. festzuhalten, aufzubewahren und zugänglich zu machen.

    Bild- und Videomaterialien aus dem Gemeindeleeben dienen jedoch gleich-
zeitig als nach außen und innen wirksame Präsentationsformen des jeweiligen
emotionalen Stils einer Gemeinde.

Abbildung 4: Freakstock

Quelle: Pressemappe des „Freakstock Festivals" zugänglich über www.freakstock.de

Der „Schwenk" in die Gemeinde stellt eine Besonderheit dar, die insbesondere in freikirchlichen Gemeinden beobachtet werden kann. Hier gibt es nicht nur auf der „Bühne" bzw. im Altarraum etwas zu sehen und damit auch zu zeigen, sondern auch im Hinblick auf die sich in ihrer Ergriffenheit, häufig in emotional expressiven Posen, Gesten und Mimiken präsentierenden Gottesdienstteilnehmer.

Dabei zeigt sich, dass dieses Material unter anderem ein visuelles Wissen über die Gefühlsregeln – „feeling rules" (Hochschild 1979) – bzw. das emotionale Regime (vgl. Riis & Woodhead 2010) einer Gemeinde zur Verfügung stellt. Hier wird in bildlich anschaulicher Form darüber Auskunft gegeben, welche Emotionen und insbesondere welche performativen Ausdrucksformen des Emotionalen innerhalb einer Gemeinschaft möglich und auch erwünscht sind.

5. Resümee

Dass das Visuelle in bildlicher und textlicher Form für das Christentum eine wichtige Rolle spielt, ist also zwar keine Neuigkeit, denn davon zeugen seit Jahrhunderten Kirchenfenster, die bildreiche Innenausstattung von Kirchenräumen sowie opulent ausgestattete Bibelausgaben und Gebetbücher. Interessant ist jedoch, wie christliche Gemeinden heute Visualisierungen mithilfe neuer technischer Möglichkeiten in ihr Gemeindeleben einbeziehen und dadurch häufig einen neuen visuellen Fokus setzen. Diese Entwicklung lässt sich teilweise darauf zurückführen, dass die Lebenswelt der Religion, wie eingangs erwähnt, nicht unverbunden neben anderen Lebenswelten der Gläubigen steht, sondern eng mit ihnen verwoben ist. Medientechnische Entwicklungen und damit verbundene Rezeptions- und Sehgewohnheiten werden, abgestimmt auf die jeweilige Gemeindekultur, gezielt zum Einsatz gebracht.

Trotz der bis heute andauernden Diskussion über das alttestamentarische Bilderverbot machen sich christliche Gemeinden heutzutage Bildnisse. Sie halten ihr Gemeindeleben photographisch und filmisch fest, sie präsentieren sich und andere in Bildern auf ihren Webpräsenzen, sie fügen Bilder und Videoclips mittels Präsentationssoftware in ihre Gottesdienste ein, und sie erweitern ihren Kirchenraum mithilfe der Leinwand um eine zusätzliche mediale Dimension. Mithilfe von Bildersammlungen schaffen sie ein kollektives Gemeindegedächtnis, das die Erinnerung an gemeinsame Aktivitäten wachhält oder immer wieder erneuert.

Für die Erforschung der Emotionen in christlichen Gemeinden bietet die Verwendung neuester Medien einen ergiebigen Ansatzpunkt im Hinblick auf die performative, kommunikative Ebene, die der Beobachtung durch die von den Gemeinden hergestellten Bild- und Video-Materialien zugänglich wird. Für die Forschungspraxis bedeutet dies, dass die Analyse nicht nur auf selbst hergestellte Videoaufnahmen zurückgreifen kann, sondern auch auf das von den Akteuren im Feld hergestellte Material. Dabei finden sich bildlich präsentierte Modelle für die in einer Gruppe möglichen oder sogar erwünschten Emotionen bzw. deren Ausdruckmöglichkeiten. Gemeinden zeigen auf diesem Wege nach außen und nach innen an, wie der emotionale Stil beschaffen ist, der ihre spezifische Emotionskultur charakterisiert. Dabei werden einerseits die von Hochschild beschriebenen Gefühlsregeln deutlich, die innerhalb einer bestimmten Gruppe und sozialen Situation Gültigkeit beanspruchen und eingefordert werden. Andererseits wird in zweifacher Hinsicht der von Goffman beschriebene Charakter des Emotionsausdrucks als ein für ein Gegenüber ‚inszenierter' deutlich; einerseits im Hinblick auf die Situation des aktuell und situativ stattfindenden Gefühlsausdrucks und andererseits im Hinblick auf die Präsentation der bildlich dokumentierten Emotion für ein über die Situation hinausgehendes Publikum.

Bild- und Textelemente sind insbesondere im Fall von Präsentationen eng miteinander verknüpft. Letztere haben durch ihre Fähigkeit, die Aufmerksamkeit auf sich zu ziehen, großen Einfluss auf die Ausrichtung von Gemeinde und Zelebranten und stellen die Verantwortlichen hinsichtlich der praktischen Vereinbarung der neuen Technik mit der traditionellen Liturgie vor neue Herausforderungen. Sie bieten gleichzeitig den Gottesdienstbesuchern die Möglichkeit, eine offene, nicht zum Gebetbuch hinab gebeugte Körperhaltung einzunehmen.

Aber auch neuen Formen der ausschließlichen Visualisierung von Texten kommt große Bedeutung zu. Durch die bislang noch experimentelle Einbindung bestimmter internetbezogener Software-Anwendungen hält mittels der Visualisierung durchlaufender Texte der Kommentar – eine für diesen sozialen Kontext bislang irrelevante kommunikative Gattung – Einzug in den Gottesdienst. Durch die jeweils spezifische Verwendung der Kommentarfunktion lassen sich distanzierte Beobachter von mitfeiernden und stark involvierten Teilnehmern unterscheiden.

Abschließend ist daher zu resümieren, dass christliche Gemeinden heute die ihnen zur Verfügung stehenden technischen Möglichkeiten zur Visualisierung und Konservierung von Bildern, Texten und Filmen verwenden, dem Gottesdienst neue kommunikative Gattungen hinzufügen und sich und ihren jeweils eigenen emotionalen Stil identifizieren und präsentieren.

Literatur

Bachmann, C. (2005). Vom unsichtbaren zum gekreuzigten Gott. Die Karriere des biblischen Bilderverbots im Protestantismus. *Zeitschrift für Systematische Theologie und Religionsphilosophie, 47*: 1-34.

Bell, D. (1977). The return of the sacred? The argument on the future of religion. *British Journal of Sociology, 2*: 419-449.

Berger, P. L. (1999). The Desecularization of the World. In P. L. Berger (Hrsg.), *The Desecularization of the World: Resurgent Religion and World Politics* (S. 1-18). Washington: Eerdmans.

Brumlik, M. (1994). Schrift, Wort und Ikone. Wege aus dem Bilderverbot. Frankfurt a.M.: Fischer.

Flusser, V. (1995). Die Revolution der Bilder. Der Flusser-Reader zu Kommunikation, Medien und Design. Mannheim: Bollmann.

Goffman, E. (1959). The Presentation of Self in Everyday Life. New York: Doubleday

Hirmer, O. & Steins, G. (1999). Gemeinschaft im Wort. Werkbuch zum Bibel-Teilen. München: Don Bosco Verlag.

Heitmüller, U. (2010). Die Fundis sind los. *taz.de 04.06.2010*

Hochschild, A. (1975). The sociology of feelings and emotions. In M. Millman & R. M. Kanter (Hrsg.), *Another Voice* (S. 280-307). Garden City, N.Y.: Doubleday.

Hochschild, A. (1979). Emotion Work, Feeling Rules, and Social Structure. *The American Journal of Sociology, 85*: 551-575.

Hüwelmeier, G. & Krause, K. (Hrsg.) (2009). Traveling Spirits. Migrants, Markets and Mobilities. New York: Routledge.

Husserl, E. (2006). Phantasie, Bildbewusstsein, Erinnerung. Zur Phänomenologie der anschaulichen Vergegenwärtigungen. Herausgegeben und eingeleitet von Eduard Marbach. Text nach Husserliana, Band XXIII. Hamburg: Felix Meiner Verlag.

Kern, T. (1998). Schwärmer, Träumer und Propheten. Frankfurt a.M.: Knecht.

Knoblauch, H. (2007a). Der Raum der Rede. Soziale Ökologie und die Performanz von Powerpoint-Vortragen. In B. Schnettler & H. Knoblauch (Hrsg.): *Powerpoint-Präsentationen. Neue Formen der gesellschaftlichen Kommunikation von Wissen* (S. 189-205). Konstanz: UVK,.

Knoblauch, H. (2007b). Die Performanz des Wissens. Zeigen und Wissen in Powerpoint-Präsentationen. In B. Schnettler & H. Knoblauch (Hrsg.), *Powerpoint-Präsentationen. Neue Formen der gesellschaftlichen Kommunikation von Wissen* (S. 117-137). Konstanz: UVK.

Knoblauch, H., Schnettler B. & Raab, J. (2009) Video-Analysis. Methodological Aspects of Interpretive Audiovisual Analysis in Social Research. In H. Knoblauch, B. Schnettler, J. Raab & H.-G. Soeffner (Hrsg.), *Video Analysis: Methodology and Methods. Qualitative Audiovisual Data Analysis in Sociology. 2. überarbeitete Auflage* (S. 9-26). Frankfurt a.M.: Peter Lang.

Krämer, S. (2003). ‚Schriftbildlichkeit' oder: Über eine (fast) vergessene Dimension der Schrift." In S. Krämer & H. Bredekamp (Hrsg.), *Bild, Schrift, Zahl* (S. 157-176). München: Wilhelm Fink.

Langer, S. K. (1965). Philosophie auf neuem Wege. Das Symbol im Denken, im Ritus und in der Kunst. Frankfurt a.M.: Fischer.

Luckmann, T. (1967). The Invisible Religion: The Problem of Religion in Modern Society. New York: Macmillan.

Meyer, B. (2006). Religious Sensations. Why Media, Aesthetics and Power Matter in the Study of Contemporary Religion. Amsterdam: Faulteit der Sociale Wetenschappen, Vrije Universiteit Amsterdam.

Mitchell, W. J. T. (1990). Was ist ein Bild? In V. Bohn (Hrsg.), *Bildlichkeit. Internationale Beiträge zur Poetik* (S. 17-68). Frankfurt a.m.: Suhrkamp.

Rentsch, T. (1987). Der Augenblick des Schönen. Visio beatifica und Geschichte der ästhetischen Idee. In H. Bachmaier & T. Rentsch (Hrsg.), *Poetische Autonomie? Zur Wechselwirkung von Dichtung und Philosophie in der Epoche Goethes und Hölderlins* (S. 329-353). Stuttgart: Klett-Cotta.

Riis, O. & L. Woodhead (2010). A Sociology of Religious Emotion. New York: Oxford University Press.

Schnettler, B., Knoblauch, H. & Pötzsch, F. S. (2007). Die Powerpoint-Präsentation. Zur Performanz technisierter mündlicher Gattungen in der Wissensgesellschaft. In B. Schnettler & H. Knoblauch (Hrsg.), *Powerpoint-Präsentationen. Neue Formen der gesellschaftlichen Kommunikation von Wissen* (S. 9-34). Konstanz: UVK.

Schnettler, B. & Tuma, R. (2007). Pannen – Powerpoint – Performanz. Technik als ‚handelndes Drittes' in visuell unterstützten mündlichen Präsentationen? In: B. Schnettler & H. Knoblauch (Hrsg.), *Powerpoint-Präsentationen. Neue Formen der gesellschaftlichen Kommunikation von Wissen* (S. 163-188). Konstanz: UVK.

Wiesing, L. (2005). Artifizielle Präsenz. Studien zur Philosophie des Bildes. Frankfurt a.m.: Suhrkamp.

Go Live! Der User-Livestream als Präsentationsbühne

Heiko Kirschner

1. Einleitung

Das Dreamhack Festival in Schweden bezeichnet sich selbst als "Worlds Largest Digital Festival". Um diesen Slogan zu untermauern, betonen die Veranstalter, dass beim Finalturnier des Computerspiels "League of Legends", einem frei zugänglichen Computerspiel, über 180.000 Menschen per Livestream zugeschaltet waren. Die Definition des digitalen Festivals wird hier über die physikalische Präsenz hinaus gedeutet – in Jönköping physisch anwesend, waren laut Veranstalter lediglich 20.000 Menschen. Das Dreamhack Festival ist bei der Ausweitung seines Eventcharakters ins Netz nicht alleine. Für die „IEM World Championship 2012"[1] auf der CeBIT 2012 werden erneut Zuschauerrekorde via Livestream erwartet.

Die Ausweitung solcher Events ins Digitale, in Form von Livestreams, wie vom Dreamhack Veranstalter propagiert, kann als neue Form des "Live dabei seins" (Auslander 2006) verstanden werden.

Nach der von mir beschriebenen Definition, die sich mit der Selbstbeschreibung des Feldes deckt, ist ein Livestream eine audio und/oder visuelle Übertragung eines zeitlich aktuellen, also in diesem Moment (live) stattfindenden Ereignisses, ins Internet. Im Folgenden gehe ich insbesondere auf User-Livestreams ein und beschreibe diese als neue, im Zuge der Mediatisierung (Krotz 2007) aufkommende, Präsentationsform. Im Mittelpunkt steht hierbei das schnell wachsende Feld von Computerspiel User-Livestreams.

In der Sozialforschung zeigt sich methodisch, beispielsweise mit der Netnographie (Kozinets 2006), bisher ein Fokus vor allem auf schriftliche Kommunikation im Internet. Ethnografische Ansätze wie die Webnographie (Strübing 2004) fokussieren ebenfalls eher schriftliche, technisch vermittelte Kommunikation. Es lässt sich dabei eine Tendenz feststellen, in der Visualität, – also die Sichtbarmachung von Kommunikation, – insbesondere in Form von Schrift, besonders durch dem Einsatz neuer Medien eine immer stärkere Rolle spielt (vgl.

---

[1]   Die IEM World Championships sind das höchst dotierte Computerspiel Turnier in Europa. http://www.esl-world.net/masters/

Raab 2008, S. 96 ff.). Für neuere audiovisuelle Medienumgebungen, wie dem User-Livestream, sind die mit ihnen verbundenen methodischen Herausforderungen dabei noch aufzuzeigen. Zudem untersuche ich weiter, welche Qualitäten des ‚Live' für User-Livestreams zutreffen. Dabei lehne ich mich an die von Auslander beschriebenen Formen der „Liveness" (Auslander 2006) an, die durch das Phänomen User-Livestream neu kombiniert werden. Der User-Livestream, als ein Typus von Livestream, ist hierbei von besonderer Bedeutung. Er bietet Zuschauern über Kommunikationsrückkanäle die Möglichkeit, selbst Teil des gezeigten Streams zu werden. Dadurch ergibt sich eine neue Präsentationsform zwischen dem Streamer, der den Livestream produziert und seinen Zuschauern, welche zu Koproduzenten werden können. Die präsentierenden Streamer haben dabei die Möglichkeit, ihren Livestream durch noch zu besprechende Inszenierungsformen zu lenken. Hier spielen unterschiedliche visuelle und auditive Signale eine Rolle. Diese bringen, durch "Orchestrierung" (Schnettler 2007, S. 142) und in Verbindung mit der zugehörigen "Performanz" (ebd., S. 20) des Streamers, eine neue, durch Mediatisierung hervorgerufene Qualität des „klassischen Live dabei seins" (Auslander 2008) hervor. In Verweis auf die von Schnettler und Knoblauch untersuchten Powerpoint-Präsentationen (Schnettler, Knoblauch 2007) rücken diese Aspekte im User-Livestreams in den virtuellen Raum und erweisen sich dabei, obwohl nicht Face to Face, unmittelbar als zentrale Merkmale der Medienumgebung. Hier wird deutlich, wie die multimodale und kommunikative Präsentationsfläche des User-Livestreams entsteht. Der Goffmannsche Begriff des "Ensemble" (Goffman 2003, S. 73ff.) verdeutlicht dabei, wie unterschiedliche Akteure über Kommunikationskanäle die Präsentation eines User-Livestreams mitgestalten und so gemeinsam eine dynamische Bühne bespielen.

2. Streaming

Livestreams von Computerspielen bedienen sich sowohl Video- als auch Audiodaten des Computers eines Streamers. Livestreaming ist in den letzten Jahren einer breiten Masse an Computerspielern durch unterschiedliche Portale und Software zugänglich gemacht worden.[2]

---

2   http://www.fraggednation.com/content.php?k=battlefield_3 x-split software, ein populäres
     Streaming Programm, organisierte in Zusammenarbeit mit führenden Computerhardware
     Herstellern ein Computerspiele-Turnier zum Start des Spiels "Battlefield 3" von Electronic
     Arts. Der Partner FraggedNation gibt auf der Contest Webseite eine Nutzerzahl von 68,039
     Accounts von denen 13,094 Teams in 1,142 Ligen, und 590 Turnieren teilnehmen.

Technisch funktioniert Streaming von Computerspielen wie folgt: Ein Streamer sendet einen ausgewählten Ausschnitt seines Computerbildschirms an ein Streamingportal wie beispielsweise own3d.tv. Es bleibt dem Streamer stets die Wahl, welche Inhalte er an den Stream sendet. Alles was auf seinem Bildschirm geschieht kann dabei potentiell für die Zuschauer sichtbar gemacht und damit zum Inhalt des Streams werden. Über diese Portale können prinzipiell beliebig viele Zuschauer[3] die Übertragung verfolgen. Das Streamingportal, also die Webseite auf der ein Stream zu sehen ist, dient hierbei als Distributionsplattform, d. h. als notwendiges Bindeglied zwischen Produktion und Rezeption des Streams.[4]Streamingportale bieten unter anderem eine Chat-Funktion an.[5] Über diese können alle am Stream Beteiligten, sowohl Produzent als auch Rezipienten, miteinander schriftlich und in Echtzeit kommunizieren.

Die Erweiterung durch den Chat kann als Rückkanal zur Kommunikation mit den Zuschauern gesehen werden. Dieser Rückkanal bezeichnet hinsichtlich eigener Aktivitäten einen grundlegenden Unterschied zum Fernsehen. Das Fernsehen bindet ein Publikum daran, am Endgerät Rezipient des jeweils laufenden Programms zu sein. Es bietet nur bedingt Möglichkeiten, beispielsweise über andere Endgeräte das Programm zu beeinflussen, bzw. mit dem Produzenten oder anderen Zuschauern über den Fernsehbildschirm zu interagieren.Im Livestream hingegen können jederzeit weitere Kanäle zugeschaltet werden, dazu gehört Kommunikationssoftware wie „Skype" oder „Mumble", mit Hilfe derer weitere Verbindungen zwischen Produzenten und Rezipienten geschaffen werden können.[6] Für alle Beteiligten eines Livestreams ergeben sich damit vielerlei Möglichkeiten, die unterschiedlichen Kommunikationskanäle eines Streams zu nutzen. Man kann den Stream anschauen, mit anderen Zuschauern chatten, mit dem Streamer in Kontakt treten und sofern der Stream es zulässt, auch als Rezipient Inhalte schaffen. Je nach Typ des Livestreams kann das Publikum den Stream ohne Rückkanäle sehen oder Teil des Ensembles werden, das die Inhalte des Streams schafft.

Für den Produzenten ergeben sich in Livestreams eine Reihe von Inszenierungsmöglichkeiten. Die Wahl des Bildausschnitts und die verwendeten Kom

---

3   Die Beschränkung für die Anzahl der Zuschauer ist dabei die Menge an eingehenden Verbindungen für das Portal, die dieses übertragungstechnisch bewältigen kann.

4   Streamen weist damit Ähnlichkeiten zum eingangs erwähnten Live-Broadcast auf, insofern als sowohl beim Streaming als auch beim Live-Broadcast die physische Kopräsenz der Beteiligten keine Rolle spielt, sich jedoch die synchrone Produktion und Rezeption des jeweilig medial übertragenen Ereignisses vollzieht.

5   Die angebotene Chatfunktion ist außerdem in das Chatprogramm IRC implementierbar, welches von vielen Spielern genutzt wird, um das Geschehen des Streams zu kommentieren.

6   Skype und Muble sind Kommunikationsprogramme, mit denen es möglich ist audio- oder audiovisuelle Signale, zwischen mehreren Computern zu übermitteln.

munikationskanäle können, in Anlehnung an Goffman, als Vorderbühne (der
für das Publikum sichtbare Bildausschnitt) und Hinterbühne (der Teil des Bildschirms der nicht gestreamt wird) verstanden werden. Daraus entsteht die Möglichkeit, dem für das Publikum sichtbare Geschehen, eine „dramatische Gestaltung" (Goffman 2003, S. 31ff.) zu verleihen und sich damit in einer bestimmten
Art und Weise zu inszenieren.

3. Livestream Videoanalyse durch Screen Capturing

Für die Analyse von User-Livestreams gilt es sich zunächst einen Überblick über
die verschiedenen Livestream-Portale zu verschaffen. Hier eignet sich die von
Schnettler und Knoblauch vorgestellte Videographie (2009) als Zusammenschluss
von fokussierter Ethnographie (Knoblauch 2001) und anschließender Videoanalyse.[7] Dabei werden unterschiedlichen Typen von Computerspiel-Livestreams
deutlich: die Übertragung von Live-Events, das alltägliche Training von Computerspielern sowie von Streamern produzierte Sendungen, die sich mit Computerspielen auseinandersetzen.

Durch diese Primär-Recherche zu der auch das Produzieren eines eigenen
Streams zählt, wurde es möglich sich über Focusgroup- (Flick, Kardorff 2010)
und Experteninterviews[8] (Pfadenhauer 2002) weitere Einblicke in die Praxis des
Streamens zu verschaffen. Das notwendige „ethnographische Hintergrundwissen" (Schnettler, Knoblauch 2009, S. 274), welches sich durch die Beobachtungen im Feld ansammelt, spielt dabei eine wichtige Rolle. Durch dieses werden
die Aktionen und Abläufe der Produzenten eines User-Livestreams erst für den
jeweilig Forschenden verständlich. Genauer lässt sich durch dieses Wissen die
Trennung und Beschreibung der routinierten Handlungsabläufe und Aktionen der
Streamer, auf den verschiedenen gleichzeitig genutzten Audio- und Videokanä-
len, verstehen und beschreiben.

Die vorwiegend visuelle Darstellung der multimodalen Medienumgebung
eines User-Livestreams stellt dabei für die konventionelle[9] Videoanalyse eine

---

7   Der Feldzugang gestaltete sich dabei über verschiedene Portale als sehr einfach. Die unter-
    schiedlichen Typen von Livestreams benötigen jedoch unterschiedliche Kenntnisse um die
    dargestellten Inhalte zu verstehen und deren Zusammenhänge nachzuvollziehen.
8   Dabei eignete man sich in vielen Stunden zuvor ein Vorwissen an, um mit einem Experten ein
    Gespräch auf Augenhöhe führen zu können.
9   Als konventionell meine ich hier, die Analyse von Daten, die mit Hilfe einer Kamera aufge-
    zeichnet wurden. Im Falle des User-Livestream ist keine Kamera als Artefakt bei der Aufnahme
    der Daten vorhanden. Hier dient der Bildschirm des Forschers als Kamera, der das Geschehen
    des Streams direkt aufnimmt.

Herausforderung dar. In Anlehnung an die Videographie habe ich bereits die Notwendigkeit des ethnographischen Hintergrundwissens beschrieben. Desweiteren ist für die Analyse der Videodaten eine Partitur nötig, die sämtliche miteinander verschränkte Kanäle aufzeigt und es damit erlaubt deren Verknüpfungen herauszuarbeiten. Für die Aufstellung dieser Partitur ist die von Reichertz und Englert ausgearbeitete Trennung zwischen „Kamerahandeln" (Reichertz, Englert 2011, S. 37) und „Handlung vor der Kamera" (ebd., S. 38) überaus hilfreich. Diese Unterscheidung ermöglicht es die Rolle des Streamers, als Produzent und Inhalteschaffenden aufzuzeigen und die mit dieser Verschränkung einhergehenden Konsequenzen für die Streamingsituation aufzuzeigen. Dieser Mix aus konventionellen Videoanalyseverfahren (Videographie und hermeneutisch-wissenssoziologische Videoanalyse) wird dabei durch eine dem Livestream spezifische Aufzeichnungsmethode ergänzt. Als spezifisch beschreibe ich diese deshalb, da es sich nicht um eine Videoaufzeichnung einer Face to Face Interaktion handelt, sondern um die Aufzeichnung eines am Bildschirm stattfindenden Ereignisses, durch den Bildschirm selbst. Da die Kommunikation zwischen Produzent und Rezipient nicht Face to Face, sondern über die bereits besprochene Vielfalt an Kanälen stattfindet, ist in diesem Fall die Videoaufzeichnung durch Screen Capturing eine adäquate Form der Aufzeichnung. Nur durch Screen Capturing ist die Dokumentation der Primärdaten der Streamer sichergestellt.

Der Ort der Aufnahme entspricht hierbei allerdings nicht dem Ort der Handlung, wie beispielsweise bei den von Luff, Hindmarsh und Heath beschriebenen „Workplace Studies" (Luff, Hindmarsh, Heath, 2000). Stattdessen wurde der Stream durch mich als Rezipient über ein Streamingportal verfolgt und per Screen Capture, soll heißen als Videoaufzeichnung meines Bildschirminhalts in der Rolle des Rezipienten, aufgenommen. Das Material wurde anschließend mit dem Streamer diskutiert. Die Aufnahme beinhaltet dabei nur den vom Streamer ausgewählten Bildausschnitt, also die oben benannte Vorderbühne. Über das zuvor in der Primärrecherche erlangte ethnographische Hintergrundwissen des Forschers und durch die Kommentare der Experten, können im Anschluss Erkenntnisse über die entsprechende Hinterbühne und die dadurch erkennbare Inszenierung (Goffmann 2003) getroffen werden.

Zu dem ethnographisch angeeigneten Wissen gehört insbesondere, dass auf der Hinterbühne offenkundig weitere Software verwendet wird, die nicht in der visuellen Übertragung sichtbar ist. Bestimmte im Stream auftretende auditive Ereignisse können eindeutig zu Kommunikationssoftware wie Skype und MSN Messenger zugeordnet werden, beispielsweise durch einen charakteristischen Ton wenn eine Textnachricht empfangen wird. Dies ermöglicht es, die Kanäle zu identifizieren, die den Inhalt des Streams beeinflussen ohne sichtbar zu sein. Ein weiteres Beispiel für versteckte Kommunikationskanäle ist das hörbare Tippen des Streamers auf seinem Keyboard, ohne eine sichtbare Konsequenz im eigentlichen Stream.[10] Einen dieser unsichtbaren Kanäle stellt der Chat dar. Dieser findet bei den meisten Streams in einem gesonderten Programm statt. Im Zuge der Analyse ist der Kommunikationsverkehr dieses Mediums ebenfalls über Screen-Capture aufgenommen worden.

User Livestreams als multimodale Medienumgebung zeichnen sich durch ihre Medienkonvergenz (Hasebrink und Domeyer 2010) aus. Mit Hilfe dieses Konzepts kann man die Verschränkung der verschiedenen Kanäle in einem User-Livestream beschreiben. Diese Konvergenzerscheinung kann durch einen Mix aus konventionellen Videoanalyseverfahren und Screen-Capturing aufgezeigt werden und die verantwortlichen Kanäle dabei in Bezug zueinander stellen. Es zeigt sich, dass im User-Livestream verschiedene bildlich-visuelle, schriftliche und akustische, Kanäle und Zeichensysteme, für die Herstellung einer technisch vermittelten sozialen Situation verwendet werden. Die Orchestration, also die zur Herstellung dieser Situation notwendige Organisation von Technik, Inhalt und Publikum, durch den Streamer sowie dessen Inszenierungsstrategie wird dabei ausschließlich über den Bildschirm sichtbar. In dieser Situation führt die räumliche Abwesenheit der Zuschauer durch die Verschränkung der unterschiedlichen Echtzeitkommunikationskanäle im User-Livestream, zu einer neuen Qualität des „Live dabei seins" (Auslander 2006), welche ich als deterritoriale Kopräsenz beschreibe.

4. Liveness im Livestream

In welcher Form ein Livestream als "Live" zu verstehen ist, lässt sich anhand von Auslanders vier Kategorien der "Liveness" (Auslander 2006) beschreiben.

„Live dabei sein" beschreibt beispielsweise einen Theaterbesuch. Dabei ist durch die physische Kopräsenz von Publikum und Schauspielern sowie die synchrone Produktion und Rezeption dieses Erlebnisses, seine Live-Qualität gegeben. Für den "Live Broadcast" ist lediglich die synchrone Produktion und Rezeption des jeweiligen Ereignisses, sobald es auftritt, notwendig. Jedoch benötigt der Live Broadcast keine physische Kopräsenz. Als Beispiel hierfür gelten Fernseh-Live-Übertragungen. Die Verbreitung des Internets und mobiler Kommunikationsmedien fördern eine Vielzahl von Angeboten, die ebenfalls Kategorien des

---

10   Ein weiteres Beispiel für unsichtbare Kanäle: Hat der Streamer eine Webcam als Teil seines visuellen Bildausschnitts gewählt, die ihn selbst zeigt, kann anhand seiner Blickrichtung und Aktivität auf einen zweiten Monitor und weitere Einflüsse geschlossen werden.

Attributs Live beschreiben. Couldry unterscheidet noch zwischen „Internet Liveness" und „Social Liveness" (Couldry in Auslander 2006). „Internet Liveness" beschreibt das Wissen um medial vermittelte Kopräsenz von Usern z. B. in einem Chatroom. „Social Liveness" hingegen ist nicht auf die Synchronizität und räumliche Kopräsenz angewiesen. Sie beschreibt ein Gespür für die Verbindung mit anderen, die sich durch die ständige Erreichbarkeit z. B. über einen Messenger Dienst wie Skype oder Facebook manifestiert.

Auslander beschreibt weiter, dass für „Internet Liveness" und „Social Liveness" keine spezifische Unterscheidung zwischen Publikum und dem vor Publikum Agierenden mehr getroffen werden kann. Die Auflösung dieser Strukturen führt am Beispiel des Livestreams zu einer Kooperation zwischen Produzent und Rezipient.

Die hier besprochene Form von Livestream ruft eine neue Qualität des Live hervor, in der sich Produzent und Rezipient befinden. Dieser User-Livestream beinhaltet sowohl Elemente des Live Broadcasting als auch eine medial vermittelte Form des „Live dabei seins". Diese lässt sich anhand ihrer Unmittelbarkeit durch die genutzten Kommunikationskanäle für die Produktion des Streams sowie durch die Nutzung der Kommunikationsrückkanäle, als "Hypermediacy" (Bolter, Grusin, 1999) beschreiben. Die Zuschauer und der Streamer sind synchron an der Konstruktion und Rezeption der Inhalte eines offensichtlich mediatisierten User-Livestreams beteiligt und formen eine konvergente Medienumgebung. Dadurch beschreibt der User-Livestream nicht nur die gleichzeitige räumliche Anwesenheit von Streamer und Publikum, wie bei der auf einen Chatraum begrenzten Internet Liveness, sondern erweitert dieses Wissen über die simultane Anwesenheit verschiedenster Kanäle durch die Interaktion stattfinden kann. Formal als "Zuschauer" bezeichnete Akteure beeinflussen den User-Livestream und dessen Inhalte in Echtzeit. Nach Goffman stellt die Bühne in diesem Fall kein trennendes Element zwischen Agierenden und Publikum mehr dar. Sie wird zum mediatisierten Zuschauerraum und bietet damit dem Publikum die Möglichkeit, selbst an der Inszenierung teilzunehmen und sich auch selbst zu inszenieren, ohne räumlich anwesend sein zu müssen.

5. Beispiel

In einem kurzen Beispiel soll die aufkommende Verschränkung dieser Medienumgebung illustriert werden, in die sich ein Streamer und die User begeben:

Abbildung 1:   Screenshot vom Stream 1

In Abbildung 1[11] ist der Spieler im Ausschnitt seiner Webcam zu sehen. Er spielt ein Computerspiel, in dem sein gespielter Charakter gerade gestorben ist. Sofort nach dem Tod seines Charakters benutzt er die Tastenkombination ALT+Tab, um den Chat zu seinem Stream aufzurufen. Dieser ist in der oberen linken Ecke seines Streams zu sehen, darin finden sich, durch die User im Chat geschrieben, verschiedene Youtube Links. Weiter zeigt der Bildausschnitt unten links in der Leiste Icons für aktive, aber aktuell nicht im Stream sichtbare Programme, wie den Browser des Streamers, ein Chatprogramm („Skype"), ein Musikprogramm („Windows Media Player") und das notwendige Programm zum Streamen („Xsplit"). Der Streamer benutzt Textnachrichten, die über seinen Desktop laufen, die in der oberen rechten Ecke und am unteren Bildrand zu sehen sind. Zudem gibt die sichtbare Haltung des Streamers Anzeichen, dass er sich nicht mehr primär mit dem Spiel befasst, da seine linke Hand am Gesicht und nicht an den für das Spielen notwendigen Tasten auf der Tastatur zu sehen ist.

---

11   Die folgenden Screenshots und Beschreibungen sind am 06.08.2011 um 09:54 entstanden und konnten unter folgender Addresse öffentlich eingesehen werden: www.own3d.tv/live/18633

Abbildung 2: Screenshot vom Stream 2

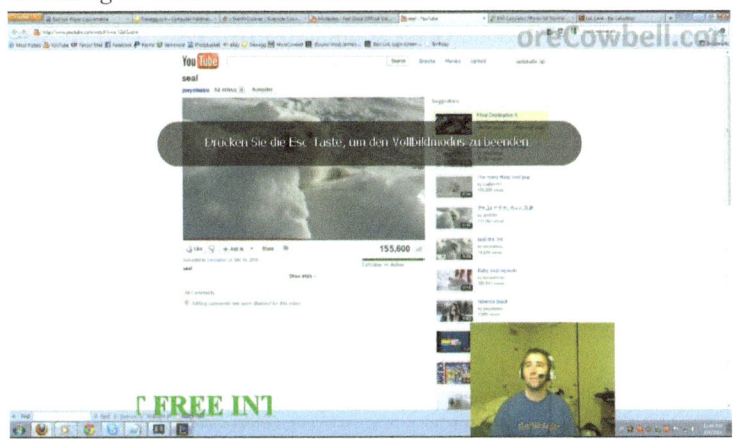

Ein durch den Chat gesendeter Youtube-Link wird von dem Streamer aufgerufen und angeschaut. Dieser ist nun für alle Zuschauer des Streams sichtbar. Außerdem werden alle weiteren Tabs, die der Streamer in seinem Browser geöffnet hat, sichtbar. Der Streamer antwortet auf dieses Video, indem er in sein Mikrofon spricht. Die im Chat stattfindende Kommunikation wird Teil des gesendeten Inhaltes des Streams. Somit werden Zuschauer, die sich im Chat beteiligen, potenzielle Interaktionspartner für den Streamer. Nicht zu sehen, jedoch in der Aufzeichnung zu hören, sind andere beteiligte Personen, die via Skype, also per Audiokanal, mit dem Streamer in Verbindung treten. Sie sind ebenfalls für das gesamte Publikum des Streams hörbar, genau wie die abgespielte Musik des Streamers. Der User-Livestream kann daher als eine multimodale interaktive Medienumgebung, in der User und Streamer gemeinsam Inhalte produzieren können, beschrieben werden. Hierzu gehören nicht nur spielrelevante oder spielbegleitende Inhalte, wie Kommentare zum Spielverlauf, Taktikansagen, etc., sondern wie das Beispiel zeigt, auch spielfremde Inhalte, wie Youtubevideos oder Websites[12]. Der User-Livestream verbindet unterschiedliche Kategorien des ‚Live dabei seins‘ für unterschiedliche Typen von Zuschauern und für den Streamer.

---

12   Diese spielfremden Inhalte werden oftmals in Spielpausen verwendet, um die Zeit zwischen den Spielen, während Ladezeiten oder ähnlichem, zu verkürzen.

6. Der User-Livestream

Der User-Livestream zeichnet sich durch die kommunikative Verschränkung zwischen inhalteschaffendem Produzenten und Rezipienten – in diesem Zusammenhang als Zuschauer bezeichnet – aus. In dieser spezifischen Form des Livestreams, dem Computerspiel Livestream, fällt die Position des Produzenten und des inhalteschaffenden Spielers in ein und dieselbe Person, den Streamer. Der Zuschauer kann in diesem Fall zum User des Livestreams werden. Im Gegensatz zu anderen Livestream-Typen kann der Zuschauer im User-Livestream Inhalte schaffen, die im Stream sichtbar werden. Zwar werden die Inhalte immer noch durch den Streamer koordiniert, die User beeinflussen den Streamer jedoch über zusätzliche Kommunikationskanäle und treten damit als Ko-Produzenten von Inhalten auf.[13] Die Zuschauer teilen sich dadurch im User-Livestream in Publikum und User. Personen, die sich in keiner Weise an den Rückkanälen beteiligen, die den Stream nur wahrnehmen, bezeichne ich als Publikum. Die User, im Gegensatz zum Publikum, treten als aktive Nutzer der Rückkanäle des Streams auf und sind somit für den Produzenten und das Publikum auf dem Stream sichtbar. Sie können Inhalte schaffen und sind gleichzeitig Konsumenten dieser Inhalte. Der User tritt also in die Rolle eines Prosumenten (Blättel-Mink, Hellman et al. 2010). Diese Anordnung der Parteien eines User-Livestreams lässt sich in einem Schaubild wie folgt darstellen:

Abbildung 3: User-Livestream

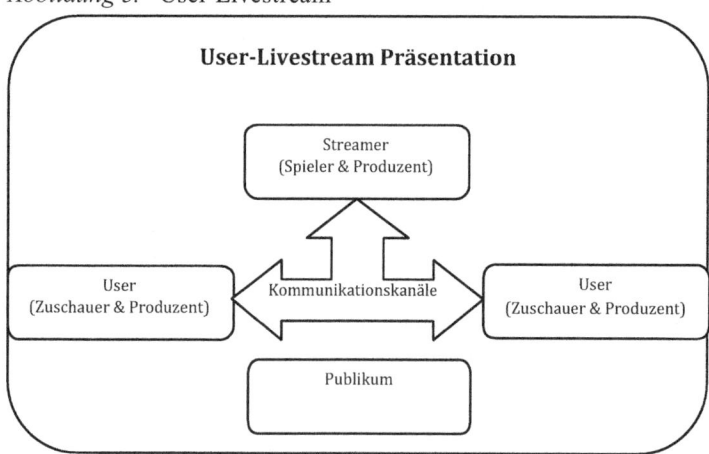

---

13   Daran schließt sich auch die Erwartung und damit das Rollenverständnis der User an, aktiv
     Inhalte zu generieren.

Dabei kombiniert der User-Livestream verschiedene Attribute des Live und bildet eine Verschränkung von Kommunikationskanälen zwischen User und Streamer. Zu den typischen Kanälen im Fall von Computerspiel-User-Livestream zählen hier mehrere Formen des Chat. Einmal der im Spiel selbst ablaufende, weiter der Chat des Streams und schließlich der in unsichtbaren Programmen ablaufende Chat. Stream-Zuschauer können dadurch im Spiel des Streamers auftreten, vom Streamer besprochen werden, im Chat des Streams aktiv sein, etc. Zudem werden vom Streamer Audiokanäle genutzt, um sich mit Mitspielern, Zuschauern, anderen Streamern oder Unbeteiligten[14] zu unterhalten.

Zu den typischen Aktionen des Streamers im Computerspiel kommen weitere hinzu. Typisch ist hierbei der Wechsel zwischen Spiel und Musikprogramm. Diese Aktion ist häufig als Inszenierungsstrategie zu erkennen, die es dem Streamer ermöglicht, dem Publikum seine Vorliebe für bestimmte Musik zu kommunizieren. Die Aktion kann auch eine direkte Reaktion auf Kommunikation in einem Rückkanal darstellen, etwa wenn sich User über die Musikwahl beschweren. Weiterhin kann der Streamer direkte Fragen der User beantworten, selbst Fragen stellen oder Kommentare abgeben. Hinzu kommt das „Browsen", um Anregungen der User nachzugehen oder um Spielpausen zu überbrücken, etc.

Das im Livestream übertragene Spielen wird zu einem diffusen Gebilde aus zuvor beschriebenen Aktionsmöglichkeiten. Während beispielsweise in einem Live-Broadcast eines Turniers für die inhalteschaffenden Spieler keine Möglichkeiten gegeben sind, sich außerhalb ihrer tatsächlich Beschäftigung mit dem Spiel in Szene zu setzen, bietet der User-Livestream durch seine Multimodalität die Möglichkeit, weitere Aktionen die durch User angeregt werden, in die Spielpraxis aufzunehmen.

7. Die Präsentationsbühne im User-Livestream

Für einen User-Livestream, wie für eine Powerpoint-Präsentation gilt, dass sie nicht als Hintergrundhandlung auftreten, um einen anderen Zweck, wie z. B. Wissenstransfer, zu erfüllen, sondern dass sie als Haupthandlung gelten. Diese Haupthandlung konstituiert sich einerseits aus den unterschiedlichen Aktionen, die für die Herstellung der Präsentation bzw. des Streams notwendig sind und andererseits aus den Handlungen, die für die Aufrechterhaltung der Präsentationssituation sorgen (vgl. Knoblauch 2006, S. 75). Bei der Powerpoint-Präsentation wird

---

14   Unbeteiligte meint hier die Personen, die keinen direkten Einfluss auf den Stream haben, also weder den Stream als Zuschauer verfolgen, noch sich im Chat aktiv über den Stream unterhalten. Meistens sind es Spieler, die zur gleichen Zeit ein anderes Spiel als der Streamer spielen.

insbesondere der Fokus auf die Performanz (Schnettler, Knoblauch 2007, S. 20) gelegt. Die Präsentationsfolien sind an dieser Stelle nur ein Teil der weiterführenden Inszenierung (vgl. Schnettler, Knoblauch 2007, S. 18). Die Folien einer Präsentation können dabei nur begrenzt für sich selbst sprechen. Sie werden über die Performanz des Vortragenden in „Szene" gesetzt und damit Teil dessen Inszenierung. Die Folien werden zu einem Teil der Bühne, auf der die Akteure handeln. Diese Folien sind meist als statische, vorgefertigte Bilder zeitlich vor der eigentlichen Präsentation entstanden. In der Inszenierung der Präsentation werden dann Sprechtext und Folien kommunikativ[15] unmittelbar miteinander verknüpft (vgl. Schnettler 2007, S. 142). Bei einem User-Livestream bietet der durch den Streamer angebotene und produzierte Stream, immer auch eine Präsentationsbühne. Dabei zeigt sich, wie in der Arbeit von Schnettler und Knoblauch in Bezug auf Powerpoint-Präsentationen bereits zu sehen ist, dass insbesondere der Aspekt der Orchestrierung (Schnettler 2007, S. 142) für die Aufrechterhaltung einer Präsentationssituation von Bedeutung ist. Orchestrierung beschreibt hier die bewusste Koordination aller technischen Programme und Geräte sowie die von den Usern des Streams eingehenden Signale, die für den Stream oder die Präsentation notwendig sind. Im Gegensatz zu einer Powerpoint-Präsentation vervielfältigt sich jedoch die Menge an technischen Möglichkeiten zur Produktion des Streams und damit zur Gestaltung der Präsentationssituation. Durch den vom Streamer frei wählbaren Bildschirmausschnitt, den er überträgt, kann prinzipiell alles, was auf seinem Rechner geschieht, auch Teil des Streams werden. Hinzu kommt, dass durch die Live Produktion, bedingt durch die in dem Moment des Streamens vom Streamer und User produzierten Inhalte, des Streams, die Orchestrierungsanforderungen für den Streamer steigen. Daher wird der wichtige Inhalt der offensichtlichen Präsentationssituation von Streamer und User oftmals erst durch kommunikative Prozesse ausgehandelt.

Wie in User-Livestreams lässt sich eine Powerpoint-Präsentation in Bühne, Publikum (nicht Zuschauer) und Produzent unterteilen. Als Produzent kann dabei der Vortragende bezeichnet werden.

Powerpoint-Präsentationen und User-Livestreams zeigen deutliche Gemeinsamkeiten hinsichtlich ihrer Inszenierung. Beide sind abhängig von der Performanz des präsentierenden Akteurs. Für den User-Livestream gilt dabei, dass der Streamer durch seine Performanz für die Aufrechterhaltung des Streams sorgt. Hierzu gehört die Verwendung von Computerprogrammen, die den Erwartungen

---

15 Kommunikativ meint in diesem Fall jedoch nicht die reine sprachliche Verknüpfung, sondern, wie Schnettler und Knoblauch gezeigt haben, insbesondere das Zeigen (Schnettler, Knoblauch 2007, S. 23).

der Zuschauer und den Erwartungen des Streamers an einen Stream entsprechen. Vergleichbar mit der Orchestrierung einer Powerpoint-Präsentation zählen hierzu Audio- und Video Signale, die einem Publikum präsentiert werden. In einer Powerpoint-Präsentation sind diese Signale kommunikativ unmittelbar. Was das Publikum sieht und wie der Produzent agiert ist unmittelbar miteinander verknüpft.

Der größte Unterschied zwischen einer Powerpoint-Präsentation und einem User-Livestream bietet die Bühne, auf der die Akteure handeln. Während in Powerpoint- Präsentationen vorgefertigte Folien Teil der Bühne sind und das Publikum unmittelbar anwesend ist, wird die Bühne des User-Livestreams stetig von voneinander unabhängigen Ensembles bespielt, die dabei nur deterritorial Kopräsent sind. Eine Wiederherstellung des Bildausschnitts in einem solchen User-Livestream ist damit unmöglich. Während in einer Powerpoint-Präsentation die Folien immer wieder aufrufbar sind, können die gezeigten Ereignisse eines User-Livestreams nur einmalig sein. Der Streamer und die jeweiligen Akteure, mit denen er interagiert, schaffen diese Inhalte live in dem Sinne, wie es Auslander als "Live dabei sein" beschreibt. Die simultane Rezeption und Produktion des gezeigten Bildausschnittes ist ortsunabhängig, aber zeitlich unmittelbar und bietet damit eine neue Kategorie des Live. Dieses Phänomen erweitert die von Goffman verwendete Theaterrhetorik um eine mediatisierte Bühne, auf der verschiedene Ensembles gleichzeitig ein Publikum bespielen, welches dabei Teil des Ensembles werden kann. Diese neuen Zugänge, die Kommunikationskanäle, die bei der Schaffung dieser Inszenierung zum Tragen kommen, sind es, die eine neue Livequalität und damit auch eine neue Präsentationsform für alle beteiligten Akteure eines User-Livestreams ausmachen.

8. Ausblick

Der User-Livestream bietet dem Zuschauer nicht nur die Möglichkeit, „Live" bei einem Spiel dabei zu sein, sondern darüber hinaus, „Live" mit dem Streamer zusammen den Stream zu gestalten. Dies geschieht durch die Kommunikation über Rückkanäle. Der Stream wird für die beteiligten Akteure zur Bühne. Für den Streamer ergeben sich daraus Inszenierungsstrategien. Dazu gehört die Wahl des gestreamten Bildschirmbereichs, das Wechseln zum Musikprogramm oder das Aufgreifen von Kommunikation über die Rückkanäle in den Stream. Weitere persönliche Informationen über den Streamer können zugänglich gemacht werden, indem der Streamer einen weiteren Kanal zur Übertragung hinzufügt, beispielsweise eine Webcam, die ihn beim Spielen bzw. bei der Streamübertragung zeigt.

Dieser Umstand beschreibt eine durch Medienkonvergenz hervorgerufene neue Qualität des Live. Es treten in dieser Umgebung zwar Elemente des Live Broadcasting auf, gleichzeitig wird aber eine medial vermittelte Form des „Live dabei seins" simuliert. Die Zuschauer und der Streamer sind synchron an der Produktion und Rezeption der Inhalte des Streams beteiligt und formen weiterhin zur selben Zeit diese konvergente Medienumgebung. Dadurch beschreibt der User-Livestream nicht nur die gleichzeitige Anwesenheit von Streamer und Publikum, wie bei der auf einen Chatraum begrenzten Internet Liveness, sondern erweitert dieses Wissen über die simultane Anwesenheit auf verschiedenste Kanälen, durch die Interaktion stattfinden kann. Der User-Livestream zeigt dabei Merkmale einer Powerpoint-Präsentation. Insbesondere in der Verknüpfung und Orchestrierung von visuellem Bildmaterial, Ton und Performanz wird die Präsentationssituation durch ihre multimodalen Kommunikationskanäle noch erweitert.

Die zeitliche Verdichtung von Informationen und die Kommunikation zwischen Streamer und Zuschauern kann zum Teil schon als gemeinschaftsgeneriered beobachtet werden (vgl. Eisewicht, Grenz 2011).

Livestreams führen zu einer Steigerung des Bekanntheitsgrades von Spielern, die sich anhand der stetig wachsenden Anzahl an Zuschauern und der steigenden Vielfalt an Streams bemerkbar macht. Kommerziell motivierte Spieler beginnen Trainingsstunden via Livestream anzubieten oder versuchen durch eine große Zahl an Zuschauern Werbeeinnahmen zu generieren. Firmen verwenden User-Livestreams, um ihre Produkte zu platzieren. Es sind Elitenbildungsprozesse die mit Fantum (Gebhardt 2010) einhergehen zu beobachten. Fans treffen sich, um gemeinsam einen Stream zu schauen und jubeln via Chat ihrem Favoriten zu. User-Livestreaming von Computerspielen weist für Produzenten und Rezipienten, Streamer und User eine medienkonvergente Umgebung auf. Dabei gilt es noch zu untersuchen, inwie- weit User-Livestreams spezifische Kommunikationsräume bieten, in denen Wissensbestände und Wertsetzungen ausgehandelt werden. Welche Kontrollmechanismen zwischen unterschiedlich agierenden Ensembles zu erkennen sind, bzw. welche Strategien und Typen von Streamern es gibt, um einem unbekannten oder bekannten Zuschauer seinen Stream zu präsentieren. Livestreaming bietet damit methodisch für die sozialwissenschaftliche Videoanalyse sowie für die Vergemeinschaftsforschung und die Medien- und Kommunikationssoziologie ein breites Untersuchungsfeld.

Literatur

Auslander, P., (2006). Liveness: Performance in a mediatized culture. New York: Routledge.

Blättel-Mink, B., Hellman, K-U. (Hrsg.) (2010). Prosumer Revisited: Zur Aktualität einer Debatte. Wiesbaden: VS.

Bolter, J-D., Grusin R. (1999). *Remediation: Understanding New Media.* Cambridge: MIT Press.

Couldry, N., McCarthy, A. (2004). Mediaspace: Place, scale and culture in a media age. New York: Routledge.

Eisewicht, P., Grenz, T., (2011). Online Communities als Gemeinschaften? Ein Blick auf semantische Verkürzungen und Probleme. In H-G. Soeffner (Hrsg.), Transnationale Vergesellschaftungen. DGS Kongressband 2011 – CD-Rom. Frankfurt a.M.: Campus.

Flick, U., von Kardorff, E., Steinke, I. (Hrsg.) (2010). Qualitative Forschung: Ein Handbuch. Hamburg: Rowohlt.

Gebhardt, W., (2010). Fans und Distinktion. In: Roose, J., Schäfer, M. S., Schmidt-Lux, T. (Hrsg.). Fans: soziologische Perspektiven (S.183-204). Wiesbaden: VS.

Goffman, E., (2003). Wir alle spielen Theater: die Selbstdarstellung im Alltag. München: Piper.

Hasebrink, U., Domeyer, H., (2010). Zum Wandel von Informationsrepertoires in konvergierenden Medienumgebungen. In Hartmann, M., Hepp, A., (Hrsg.). Die Mediatisierung der Alltagswelt (S. 49-64). Wiesbaden: VS.

Knoblauch, H., (2001). Fokussierte Ethnographie. *Sozialer Sinn,* (2)1, 123-142.

Knoblauch, H., (2006). Videography: Focused Ethnography and Video Analysis. In H. Knoblauch, B. Schnettler, J, Raab, und H-G. Soeffner (Hrsg.), Video Analysis – Methodology and Methods: Qualitative Audiovisual Data Analysis in Sociology (S.35-50). Frankfurt a.M.: Peter Lang.

Kozinets, R.V., (2006). Netnography: In: V. Jupp (Hrsg.), The Sage Dictionary of Social Research Methods (S. 193-195). London: Sage.

Krotz, F., (2007). Mediatisierung: Fallstudiuen zum Wandel von Kommunikation. VS: Wiesbaden.

Luff, P., Hindmarsh, J., Heath, C. (Hrsg.) (2000). Workplace Studies: Recovering Work Practice and Informing System Design. Cambridge Universitsy Press.

Pfadenhauer, M., (2002). *Auf gleicher Augenhöhe.* Das Experteninterview: ein Gespräch zwischen Experte und Quasi-Experte. In A. Bogner, B. Littig, W. Menz, (Hrsg.). Das Experteninterview: Theorie, Methode, Anwendung (S.99-116). Wiesbaden: VS.

Raab, J. (2008). Visuelle Wissenssoziologie: Theoretische Konzepte und materiale Analysen. Konstanz: UVK.

Reichertz, J., Englert, C.J (2011). Einführung in die qualitative Videoanalyse: Eine hermeneutisch-wissenssoziologische Fallanalyse. Wiesbaden: VS.

Schnettler, B., Knoblauch, H., (2009). Videoanalyse. In S. Kühl, P. Strodtholz, A. Taffertshofer (Hrsg.), Handbuch Methoden der Organisationsforschung: Quantitative und Qualitative Methoden. Wiesbaden: VS.

Schnettler, B., Knoblauch, H., (Hrsg.) (2007). Powerpoint-Präsentationen: Neue Formen der gesellschaftlichen Kommunikation von Wissen. Konstanz: UVK.

Strübing, J., (2006). Webnographie. Zu den methodischen Voraussetzungen einer ethnografischen Erforschung des Internet. In W. Rammert & C. Schubert (Hrsg.), Technographie: Zur Mikrosoziologie der Technik (S.247-274). Frankfurt a.M.: Campus.

III
Bilder der Wissenschaft

„Sehen und gesehen werden."
Visualisierungen in der Neuroinformatik

Lisa-Marian Schmidt

Thema dieses Beitrages sind die sozialen Praktiken der Herstellung und Deutung von Bildern, die an den Schnittfeldern zwischen unterschiedlichen wissenschaftlichen Disziplinen im transdisziplinären Feld der Computational Neurosciences[1] zirkulieren. Diese Bilder sind einerseits das Ergebnis von vielschichtigen und heterogenen Produktionsprozessen, andererseits erlauben gerade diese Bilder überhaupt erst die Kooperation über unterschiedliche Disziplingrenzen hinweg. Damit wird die Art und Weise, wie in den Computational Neurosciences Bilder erzeugt werden zu einem zentralen Element wissenschaftlicher Kooperation.

Neben dem verbreiteten Einsatz bildgebender Verfahren in den Naturwissenschaften lässt sich seit Ende der 1970er Jahre eine zunehmende Auseinandersetzung mit diesen Techniken und den von ihnen erzeugten Bildern in der sozialwissenschaftlichen Wissenschaftsforschung feststellen. Beispielsweise in den ethnografischen Laborstudien (Knorr Cetina, 1981; Latour & Woolgar, 1979; Lynch, 1985; Lynch & Woolgar, 1990) oder in wissenschaftshistorischen Arbeiten (Daston & Galison, 2002; Shapin & Schaffer, 1985) wurde den Zeichen- und Bildtechniken sowohl bei der Konstruktion epistemischer Objekte als auch bei der Produktion, Vermittlung, Durchsetzung und Stabilisierung wissenschaftlichen Wissens ein zentraler Stellenwert eingeräumt. Sozialwissenschaftlicher Konsens ist, dass naturwissenschaftliche Bilder keine reinen Abbilder sind, sondern in komplexen sozio-technischen Prozessen konstruierte Produkte, weshalb auch Begriffe wie Sichtbarmachung oder Visualisierung für diese Herstellungsprozesse verwendet werden.

Die Bilder sind keine reinen Abbilder, da eine Reihe an lokalen Entscheidungen, epochenspezifischen und institutionalisierten Darstellungskonventionen oder

---

[1] Die Computational Neurosocience stellt eine Form neurowissenschaftlicher Forschung dar, die durch verschiedene Programme u. a. der Bundesregierung stark gefördert wird und derzeit den dominanten Modus neurowissenschaftlicher Forschung verkörpert. Institutionalisiert ist dieses Forschungsfeld bisher in verschiedenen Clustern, Zentren und temporären Forschungsverbünden.

ästhetischen Stilen in sie eingeschrieben werden, die bspw. auf spezifischen Objektivitätsvorstellungen ganzer Wissenschaftsbereiche oder Disziplinen beruhen (für weitere Aspekte siehe Fitsch & Engelmann in diesem Band).[2] Dass das Sehen als aktiver und sozial vermittelter Prozess eine besondere Erkenntnispraktik in den Wissenschaften darstellt, hat bereits Ludwik Fleck (1980 [1935]) herausgestellt. Fleck weist dabei insbesondere auf den Zusammenhang von visuellem Wissen, Sehgewohnheiten und Darstellungsformen mit spezifischen Denkstilen von Denkkollektiven hin. Mittlerweile besteht eine große Vielzahl an Arbeiten in der Wissenschaftsforschung, die sich allgemeinen, wie spezifischen Fragen von visuellen Kulturen in den Wissenschaften widmen. Unter visueller Kultur werden hier *erstens* die Seh- und Bildbearbeitungspraktiken, *zweitens* die Darstellungskonventionen und ästhetischen Stile der Bildgestaltung sowie *drittens* die spezifischen visuellen Wissensbestände verstanden. Aber auch Fragen der bildlichen (Selbst-)Inszenierung einzelner Wissenschaftler rücken in den Fokus der Analysen (bspw. Erlemann in diesem Band). In diesen Studien werden zumeist einzelne Forschergruppen oder Disziplinen analysiert. Dagegen ist die Frage, wie in Forschungszusammenhängen, an denen Akteure aus unterschiedlichen Disziplinen spezifische Visualisierungen untereinander vermitteln oder übersetzen, bzw. wie sich eine gemeinsam geteilte visuelle Kultur herausbildet, kaum systematisch untersucht. Das verwundert, da insbesondere in den Technik- und Naturwissenschaften allgemein ein Imperativ der Inter- und Transdisziplinarisierung zu verzeichnen ist und gerade hier Forschungsfelder bestehen, die intensiv bildgebende Techniken verwenden – wie bspw. die Neuro- oder Nanowissenschaften. Bildgebende Verfahren wie die funktionale Magnetresonanztomographie (fMRI) sind in diesen Bereichen Schlüsseltechnologien. An diese Verfahren sind besondere Hoffnungen und Versprechen geknüpft, die die Erkenntnisproduktion in Regionen, die den Forschern bisher nicht oder nur schwer zugänglich waren, beschleunigen, ausdehnen oder vertiefen sollen, wie etwa der Blick in die Mikrowelten des Körpers.

Der Frage nach Bildern und deren Herstellung und Deutung an den Schnittfeldern unterschiedlicher Wissenschaftsdisziplinen werde ich im Folgenden am Beispiel der Computational Neuroscience nachgehen. Grundsätzlich soll hier geschaut werden, ob sich eine gemeinsam geteilte visuelle Kultur in dem Feld finden lässt, und wenn dem so ist, was diese auszeichnet, oder aber, ob abgegrenzte

---

2   Daneben lassen sich die Produkte dieser Verfahren als Teil medizinischer Gutachten wiederfinden, z. B. in amerikanischen Gerichtssälen (hierzu Golan, 2008) oder als Datengrundlage der expandierenden Bildatlanten im Internet (beispielsweise die Hirnatlantensammlung der Michigan State University: www.msu.edu/~brains/brains/index.html), die als globale Datenbanken der Forschung dienen sollen (kritisch hierzu Schmitz & Schinzel, 2002).

und bereichspezifische visuelle Kulturen innerhalb des Feldes bestehen und wie an diesen Grenzen der visuellen Kulturen mit Differenzen in den visuellen Darstellungen umgegangen wird.

Im ersten Abschnitt des Beitrages werde ich zunächst den allgemeinen Zusammenhang von wissenschaftlichen Denkkollektiven und der visuellen Kultur im Anschluss an Ludwik Fleck erläutern. Als möglichen Vorschlag für eine detailliertere Analyse und Konzeption der Akteurskonstellationen in den Wissenschaften greife ich danach das interaktionistische Konzept sozialer Welten von Anselm Strauss auf und verbinde dieses mit den vorher dargelegten visuellen Aspekten, die die sozialen Welten maßgeblich mit konstituieren. Im Anschluss wird die Frage erörtert, wie die Zusammenarbeit unterschiedlicher sozialer Welten konzeptionell fassbar gemacht werden kann. Schließlich wird erläutert, wie die Handlungen der Bildherstellung und Bildinterpretation aus mikrosoziologischer Perspektive beobachtet werden können. Im zweiten Abschnitt des Beitrags werden zur Beantwortung der Fragestellung die empirischen Ergebnisse meiner Fallstudie aus den Computational Neuroscience dargelegt. Hier werden zunächst die spezifischen Handlungen und das visuelle Wissen im Prozess der Bildherstellung in den Computational Neuroscience erläutert. Im abschließenden Abschnitt wird dargelegt, welche Bildformen an den Schnittstellen der kooperierenden Disziplinen in den Computational Neuroscience zirkulieren. Damit knüpfe ich auch an die generelle Frage an, welche Mechanismen der Handlungskoordination in heterogenen Forschungskooperationen bestehen und welche Rolle Bilder hierbei spielen können.

Teil I: Visualisieren in den Wissenschaften

Flecks Studien zur Forschungspraxis der Medizin sind die ersten systematischen Arbeiten, die den Zusammenhang von Bildern und Sehen mit spezifischen Akteurskonstellationen herstellen. Fleck fasst den handlungsleitenden Wissensvorrat einer Wissenschaftsgemeinschaft als den *Denkstil* eines spezifischen *Denkkollektivs* zusammen. Dieser äußert sich als „[...] *gerichtetes Wahrnehmen mit entsprechender gedanklicher und sachlicher Verarbeitung des Wahrgenommenen*[...]." (Fleck, 1980, S. 130 Hervorhebung im Original). Das bedeutet, dass der spezifische Wissensvorrat einer Gemeinschaft die Grenzen und Möglichkeiten des Forschungshandelns erzeugt und auf Dauer stellt.[3] Insbesondere die Sozialisation

---

3   Etwa war der mittelalterliche Denkstil der Medizin noch stark verknüpft mit religiösen Vorstellungen. Auf medizinischen Bildern, die das Körperinnere darstellen, lässt sich daher bei

der visuellen Wahrnehmung durch das Denkkollektiv ist Gegenstand von Flecks Studien (vgl. Fleck, 1983 [1947]). Er unterscheidet dabei zwischen zwei Formen des Sehens: Je stärker die Internalisierung des Denkstils ist, desto fokussierter wird auch die visuelle Wahrnehmung, die sich von einem anfänglichen *Schauen* schließlich in ein *gerichtetes Sehen* wandelt. Dabei wird die Wahrnehmung spezifischer Formen derart geschult, dass entsprechend dem Denkstil Unwesentliches von Wesentlichem getrennt werden kann. Jetzt werden typische visuelle Formen, deren Hauptmerkmale, Kategorien und Kontexten von Gegenständen sowie konkurrierende visuelle Formen erlernt (ebd., S. 149ff.). Das bedeutet, bezogen auf die Bildpraxis, dass sowohl die Darstellungsnormen von Bildern, aber auch die spezifischen körperlichen Fähigkeiten der Bildherstellung, ebenso wie eine spezifische Sehordnung, sozial vermittelt und von den Mitgliedern des Denkkollektivs internalisiert werden. Bilder werden nicht nur gemäß dem Denkstil interpretiert sondern – und das ist an dieser Stelle zentral – auch gestaltet. Fleck verwendet den Begriff des Denkkollektivs dabei synonym zu einzelnen Wissenschaftsdisziplinen. Diese grobe Überschneidung werde ich im Folgenden zugunsten eines Denkkollektivbegriffs auflösen, der auf subdisziplinärer Ebene ansetzt und auf konkrete Visualisierungspraktiken fokussiert.

In der neueren Wissenschaftssoziologie bestehen hierzu Konzepte, die die soziale Organisation bzw. Akteurskonstellationen in den Wissenschaften in kleineren sozialen Einheiten bspw. Spezialistengemeinschaften, Laborformen oder „communities of practice" fassen (für einen Überblick siehe Gläser, 2006). Zumeist wird aber auch hier die organisationale und intellektuelle Ordnung der Wissenschaften als Disziplinen konzipiert. Entsprechend werden Gemeinsamkeiten der Akteure wiederum aufgrund derselben Disziplinzugehörigkeit bestimmt. Diagnostiziert wird aber auch, dass die Binnendifferenzierung einzelner Disziplinen in kleine spezialisierte Einheiten wie Subdisziplinen oder Theorieschulen so weit fortgeschritten ist, dass bereits große Unterschiede innerhalb von Disziplinen bestehen, deren Wissen sich kaum mehr systematisch an ihrer Mutterdisziplin rückbindet (vgl. Laudel, 1999, S. 36.ff; Heintz et al., 2004, S. 42ff.). Es ist also problematisch, Zugehörigkeit oder Gemeinsamkeiten, etwa Erkenntnispraktiken oder Wissensbestände, von Akteuren einzelner Disziplinen vorauszusetzen und diese unhinterfragt als Grundlage der Analyse von visueller Kultur oder ihrer Teilaspekte anzunehmen. Die Frage spitzt sich dann noch einmal zu, wenn „interdisziplinäre" Forschungszusammenhänge untersucht werden sollen. Im Folgenden möchte ich daher das Konzept der *sozialen Welten* und *Arenen* von

---

männlichen Körpern auf der linken Körperhälfte das Fehlen einer Rippe feststellen, da laut Bibel aus Adams Rippe Eva geschaffen wurde (ebd., S. 76-77).

Anselm Strauss (1978) als Möglichkeit vorschlagen, um diese Probleme aus interaktionistischer Perspektive anzugehen.

Die soziale Bindung von Akteuren und damit die Konstituierung von sozialen Welten bestimmt Strauss über gemeinsame Kernaktivitäten, die sich bspw. auf bestimmte Inhalte oder Objekte beziehen, und die damit verbundene wechselseitige Bezugnahme der Akteure aufeinander (Strauss, 1978, S. 22f.). Kontinuierliche Interaktionsprozesse, die ein hinreichendes Maß an „commitment" von den Mitgliedern der sozialen Welt erfordern, bestimmen darüber, wer Mitglied einer sozialen Welt ist, und – je nach Engagement an den Kernaktivitäten – ob es sich um eine zentrale oder eher periphere Mitgliedschaft in einer sozialen Welt handelt (Strübing, 2005, S. 178-181).[4] Typischerweise bilden soziale Welten mit der Zeit spezifische Wissensbestände, Begriffe und Symbole aus, teilen verschiedene Ressourcen und weisen eine hohe Interaktions- bzw. Kommunikationsdichte auf (Clarke & Star, 2003, S. 115f.). Als zentraler Aspekt müssten m. E. die spezifischen visuellen Wissensbestände[5], Darstellungsstile von Visualisierungen sowie die typischen Formen der Bildbearbeitungen und -herstellung der sozialen Welten, wie es Fleck (1983 [1947]) gezeigt hat, ergänzt werden. Unterschiedliche soziale Welten lassen sich also durch die spezifischen Formen der Bildherstellung, der Deutung und Verarbeitung der Visualisierungen unterscheiden.

Selten bilden soziale Welten feste Grenzen, vielmehr bestehen fließende Übergänge zu anderen sozialen Welten und auch nach innen können sich soziale Welten segmentieren in Subwelten oder es bilden sich soziale Welten aus bestehenden Subwelten heraus (Strübing 2005, S. 183f.). Zur Konzeptionalisierung der Bearbeitung von offenen Fragen oder Problemen von Akteuren aus unterschiedlichen sozialen Welten, etwa einer interdisziplinären Forschungsfrage, schlägt Strauss das Konzept der *Arena* vor. Wie soziale Welten sind auch Arenen in unterschiedlicher Skalierung, etwa der Mikro- oder Makroebene möglich. Als Makroarena sind bspw. größere Forschungsverbünde, in denen Akteure aus unterschiedlichen sozialen Welten ein Forschungsproblem bearbeiten, denkbar, während auf der Mikroebene eine Reihe an Arenen innerhalb der Makroarenen bestehen, in denen (etwa in Arbeitstreffen) einzelne Forschungsfragen oder Ähnliches verhandelt werden. Als sozialer Ort der Bearbeitung und Aushandlung von „issues" treffen hier also divergente Perspektiven aufeinander, die eine offene Frage und dabei auch die Grundsätze, wie weiter verfahren werden soll, verhandeln (Strauss, 1993;

---

4   Typischerweise gehören die Akteure unterschiedlichen sozialen Welten an, die sich durchaus auch überschneiden können.

5   Visuelles Wissen kann hierbei als spezialisiertes Wissen von bildgebenden Techniken und deren Handhabung, der Herstellung und Bearbeitung von Bildern, als das Sehen und Wissen, das zur Deutung der Bilder notwendig ist, gelten.

Strübing, 2005, S. 186). Prägnant lassen sich beide Konzepte von Strauss wie folgt auf den Punkt bringen: „Soziale Welten stehen für den Zusammenhalt des Gleichen, Arenen für den Zusammenhalt des Divergenten" (Strübing 2005, S. 189).

Als Prozessperspektive werden mit dem Konzept der sozialen Welten die Binnendifferenzierung und beständigen Interaktionsprozesse, die die sozialen Zusammenhänge in den Wissenschaften konstitutieren, beobachtbar. Und es rückt mit dem Arenakonzept auch die beständige Bearbeitung von Problemen und Abstimmungsleistungen, die die Akteure der unterschiedlichen sozialen Welten leisten und die einen großen Teil der Arbeit in „interdisziplinären" Forschungszusammenhängen ausmachen, stärker in den Vordergrund.

Wie oben dargelegt, stellen die spezifischen Bildherstellungs- und Bearbeitungspraktiken und die zugrundeliegenden visuellen Wissensbestände einen wichtigen Teil der visuellen Kultur von sozialen Welten in den Wissenschaften dar. Insbesondere Karin Knorr Cetina (2002) hat herausgestellt, dass wissenschaftliche Praxis vor allem ein Zeichenprozessieren[6] ist und je nach lokaler Laborform starke Unterschiede in dieser Praxis zu finden sind. So werden im Labor selten die Forschungsobjekte selbst, sondern vielmehr Zeichen bzw. deren bildliche Repräsentationen[7] behandelt und beforscht. Wie werden aber nun Bilder lokal hergestellt und gedeutet? Die im Labor hergestellten Bilder und Zeichen sind nicht problemlos „lesbar" und werden häufig gestört durch andere Zeichen, deren Ursache oder Referenz nicht eindeutig feststellbar ist. Das bedeutet, die Zeichen müssen interpretiert und gegenüber anderen Zeichen z. B. auf einem Hirnscan abgegrenzt und in ihrer Bedeutung innerhalb der Community durchgesetzt bzw. stabilisiert werden. Eine Reihe an unterschiedlichen Praktiken der Interpretationsarbeit an den Bildern lässt sich dabei unterscheiden.

Am Beispiel der Molekularbiologie stellt Knorr Cetina als dominanten Modus die „Autopsie" der Zeichen fest (ebd., S. 146ff.). Mittels spezifischer Gesprächstechniken werden die Zeichen durchdrungen, „...bis man auf die phänomenale Realität stößt, die unter der Zeichenoberfläche verborgen liegt" (ebd., S. 146). In spezifischen Gesprächsformen (zur detaillierten Darstellung siehe Amann & Knorr Cetina, 1988, S. 141ff.) wird die Entstehung der Zeichen rekonstruiert und erneut vergegenwärtigt, indem szenische Beschreibungen der experimentellen Tätigkeit vor allem in einer Art „grafischen Sprache" dargelegt werden. Diese „work of

---

6   So auch Latour und Woolgar in der Darstellung der „inscription devices" (Latour & Woolgar,
      1979).
7   Knorr Cetina bezeichnet die einzelnen Elemente oder Spuren in einem Bild als Zeichen.
      Innerhalb der sogenannten Bildwissenschaft besteht eine intensive Debatte darüber, was als
      Zeichen gilt und was als Bild (für einen Überblick der verschiedenen Positionen siehe Wiesing
      (2005)).

seeing" weist darüber hinaus weitere typische Charakteristika auf (siehe Amann/ Knorr 1988). So wird die mögliche Deutung des Objektes nicht einfach nur über das Objekt verhandelt sondern währenddessen immer auch am Objekt durchgeführt. Als relevant vermutete Aspekte werden z. B. im Bild manipuliert, indem Kontraste hervorgehoben oder ganze Bildmontagen erstellt werden. Eine weitere Charakteristik ist der beständige Vergleich mit anderen Serien von Bildern, die aus dem primären Bild erstellt wurden bzw. zu einer ähnlichen Klasse von Bildern gehören. In dieser Interpretationsarbeit werden aber nicht nur die „positiven" Zeichen dekodiert sondern auch störende Zeichen. Knorr Cetina beschreibt dieses Phänomen als Teil der Struktur der „Sorge um sich", in dem auch negatives Wissen über die Grenzen bzw. Störungen des erwünschten Wissens, zum Beispiel über sogenannte *Artefakte*, kultiviert wird (Knorr Cetina 2002, S. 94ff.). Eine ganze Typologie dieser Artefakte, ihrer Interpretation und Behandlung findet sich bei Lynch (1985, S. 81ff.). Mit Knorr Cetina lässt sich also feststellen, dass der Prozess der Bildinterpretation sich aus einer Reihe an Interaktionen und Interaktivitäten konstituiert, durch die sich die Bedeutung der Zeichen im Bild allmählich herausbildet und stabilisiert.[8] Ähnlich zeigt Bruno Latour (vgl. Latour, 2002, S. 26-95) am Beispiel einer bodenkundlichen Forschungsexpedition im Amazonasgebiet von Boa Vista, wie epistemische Objekte im Laufe der Forschungsarbeit in verschiedenste Bild- und Zeichenformen transformiert werden. Diese einzelnen Zeichen verweisen dabei nicht direkt auf das Referenzobjekt, sondern immer auf weitere Bilder und Zeichen. Letztlich konstituiert sich eine „zirkulierende Referenz" als Eigenschaft dieser gesamten Transformationskette. Das bedeutet auch andauernde *Referenzarbeit* entlang dieser Kette, die in den einzelnen Schritten nicht unterbrochen werden darf, da ansonsten die Referenz auf das „ursprüngliche Objekt" nicht mehr gegeben ist (ebd., S. 84ff.).

Freilich sind nicht immer und alle Bilder und Zeichen in der Forschungsarbeit schwierig zu entziffern, sondern auch routiniert behandelbar, indem auf spezifisches denkstilabhängiges, visuelles Wissen zurückgegriffen wird. Allgemein aber stellen Visualisierungen zentrale Erkenntnispraktiken in den Wissenschaften dar und sind damit auch maßgeblich an der Konstitution sozialer Welten beteiligt.

Daher ist m. E. *zunächst* die Bestimmung der Einheiten und deren Charakteristika in den untersuchten Forschungsfeldern nötig, um in einem *zweiten* Schritt deren visuelle Kultur zu untersuchen und dann *drittens* die Bilder in Schnittfeldern verschiedener Forschungsgruppen zu analysieren. Im Folgenden wird dies anhand des von mir untersuchten Forschungsfeldes dargelegt.

---

8   Ein sehr anschauliches Fallbeispiel für verteilte Aktivitäten an und mit Bildern liefert auch Goodwin aus der Archäologie (2000).

Die Fallstudie

Zur Klärung der Fragestellung wurde eine Forschungsgruppe innerhalb der Computational Neuroscience untersucht, die Neuroinformatik. Meiner Fallstudie[9] liegt ein qualitatives Design zu Grunde, in dem verschiedene Datensorten und Methoden kontrolliert trianguliert wurden. Die Datenerhebung und -analyse wurde gemäß der Grounded Theory iterativ-zyklisch durchgeführt (Strauss, 1987). Neben offenen Interviews, Dokumenten- und Bildanalysen[10] wurden vor allem ethnografische Beobachtungen in einem Zeitraum von acht Monaten durchgeführt. Ausgehend von den Analysen dieser Daten, stellt sich die soziale Welt der Neuroinformatik wie folgt dar: Im Kern aller Projekte in der Neuroinformatik steht die Analyse von Mustern (und deren Mechanismen) der Informationsverarbeitung mittels spezifischer Methoden der Mathematik und Informatik.

Die Forschung innerhalb der Neuroinformatik umfasst dabei auch Grundlagenforschung innerhalb neurowissenschaftlicher Fragestellungen,[11] bspw. wie optische Informationen im Gehirn verarbeitet werden. Aufbauend darauf werden die aus der Grundlagenforschung gewonnenen Erkenntnisse über Mechanismen der Informationsverarbeitung im Gehirn verwendet, um Methoden der maschinellen Informationsverarbeitung zu entwickeln. D. h., es werden Algorithmen und Computerprogramme entwickelt, die in ihrer Funktionsweise die Mechanismen der biologischen Informationsverarbeitung im Gehirn nachahmen, welche in unterschiedlichen Anwendungsgebieten Verwendung finden.[12] Diese besondere Forschungsausrichtung ist charakteristisch für die Künstliche-Intelligenzforschung (KI-Forschung). Diese ist laut Rammert ein „[...] Denkkollektiv von Wissenschaftler-Ingenieuren verschiedener Disziplinen [...], die sich mit der Aufnahme, Verar-

---

9   Im Rahmen eines Lehrforschungsprojektes am Institut für Soziologie der TU Berlin wurde 2007 das Projekt begonnen und im Rahmen meiner Diplomarbeit 2009 abgeschlossen. Das Ziel der Arbeit bestand in der Analyse der spezifischen Bildinterpretationspraktiken in der Neuroinformatik.

10 In Anlehnung an Müller-Dohm wurden formal-stilistische Elemente der Bilder analysiert wie bspw. allgemeinperspektivische Bedingungen (Vordergrund und Hintergrund) und bildästhetische Elemente wie etwa Farbgebung, Perspektive, Stilart. Eine Bedeutungsanalyse nach Müller-Dohm konnte nicht geleistet werden, da viele der Bildtypen derart abstrakt sind und nur aus Farbflächen bestehen, die diesen Analyseschritt grundsätzlich unmöglich machen und auch nicht sinnvoll für die hier verfolgte Fragestellung sind.

11 Forschungsthemen sind daneben die Robotik und Musikanalyse.

12 In der Neuroinformatik wird ein spezifischer theoretischer Ansatz vertreten, der Konnektionismus, der auch bekannt ist unter dem Begriffen der Neuronalen Netze. Im Konnektionismus wird ein „bottom- up"-Ansatz verfolgt, bei dem die anatomische Struktur bspw. eines Neurons, auf deren Basis die Informationsverarbeitung stattfindet, eine große Rolle spielt. Informationsverarbeitung wird hier als Verrechnungseigenschaft eines parallel arbeitenden Neuronennetzes verstanden.

beitung und Übermittlung von Nachrichten bei Menschen, Tieren und Maschinen befassen." (Rammert, 1995, S. 16). Bedeutsam ist hier der Hinweis auf den Typ des Wissenschaftler-Ingenieurs, der sich aus der spezifischen Vermischung zweier Denkstile (s. Fleck, 1980, S. 165-190) herausgebildet hat, welche gleichberechtigt nebeneinander stehen: auf der einen Seite der ingenieuriale Denkstil, in dem die Forschung und Entwicklung von Rechner- und Programmiertechniken im Vordergrund steht, und auf der anderen Seite der wissenschaftliche Denkstil der mathematisch-naturwissenschaftlichen Grundlagenforschung (Rammert, 1995, S. 14). Dies spiegelt sich auch in spezifischen Bildklassen innerhalb des Feldes wieder – bspw. ähneln die Skizzen von Nervenzellverbänden stark elektrischen Schaltkreismodellen.

Die Vision der KI-Forschung ist letztendlich eine Maschine, die menschliches Verhalten zeigt. Um das zu verwirklichen, werden empirische Gegenstände, wie Neuronen bzw. Bilder von Neuronen, aus anderen Wissenschaften entliehen und am Computer nachgebaut (Rammert, 1995, S. 10-13). Der letzte Aspekt ist ein wichtiges Charakteristikum der Forschung in der von mir untersuchten sozialen Welt: die enge Kooperation aller Projekte mit anderen wissenschaftlichen Disziplinen, aus denen die Forschungsobjekte, d. h. Bilder, „entliehen" werden. Institutionalisiert sind diese Kooperationen durch die Beteiligung der Neuroinformatik an der Computational Neuroscience. Die Mitarbeiter in der Neuroinformatik führen selbst keine Experimente o. Ä. durch, sie besitzen demnach keine eigenen empirischen Forschungsdaten. Diese werden von den Projektpartnern erzeugt. Insgesamt ist die soziale Welt der Neuroinformatik eher schwach in einzelne Subwelten segmentiert, deren Kernaktivitäten um einzelne bildgebende Techniken oder Spezialthemen innerhalb der Mustererkennung und damit um spezifische Sonderwissensbestände gruppiert sind. Darüber hinaus stammen die Mitarbeiter in der Neuroinformatik aus sehr unterschiedlichen Disziplinen wie etwa der Mathematik, Physik, Elektrotechnik und Informatik.

Bildgebende Techniken wie etwa fMRI, PET oder die konfokale Mikroskopie und ihre Visualisierungen sind sowohl zentrale Erkenntnismittel als auch epistemische Gegenstände der Forschung in der Neuroinformatik. Bildgebende Verfahren ermöglichen erst den Zugriff auf die Forschungsobjekte, bspw. auf Gehirnprozesse oder einzelne Nervenzellen. Daneben werden aber auch andere Bildtypen in der Arbeit verwendet wie bspw. bildliche Illustrationen und Skizzen zur Veranschaulichung und Wissensvermittlung. Die Interaktionsdichte zwischen Forschern aus der Neuroinformatik und den Projektpartnern ist allerdings nicht besonders hoch und es finden teilweise explizite Abgrenzungsprozesse statt. Punktuell treffen sich einzelne Akteure der verschiedenen sozialen Welten in Kol-

loquiums- oder Arbeitstreffen oder auf Konferenzen, um die einzelnen Arbeits-
pakete, weitere Vorgehensweisen der Forschungsprojekte, Teilergebnisse oder die
übergreifenden Forschungsfragen zu definieren, zu diskutieren oder Teillösungen
für die gemeinsamen Probleme zu erarbeiten. Im letzten Abschnitt wird darauf
noch einmal gesondert eingegangen, zunächst werden zentrale Aspekte der visuellen Kultur, d. h. der Bildherstellung und Bildinterpretationspraktiken, dargelegt.

Idealtypische Phasen der Bildherstellung

Die idealtypischen Phasen der Bildherstellung der Forschungsobjekte in der Neuroinformatik lassen sich in drei Schritte unterteilen. Im Anschluss an Strauss
(1993) und Burri (2008, S. 108f.) verstehe ich diesen Prozess als Bildtrajekt, das
alle Handlungen und Interaktionen, die an der Entwicklung eines Prozesses oder
Phänomens – in meinem Fall der Bilder – beteiligt sind, umfasst.[13] In gewisser
Weise durchschreitet dieses Trajekt eine der oben von Latour beschriebenen Re-
ferenzketten und wird durch ebenso kontinuierliche wie auch heterogene Referenzarbeit kooperativ hergestellt.

     In einer *ersten Phase* wird in einem aufwendigen Prozess der "Präparation"
des Forschungsobjektes (s. a. Lindemann, 2006; Lynch, 1988), etwa einer Nervenzelle oder einer Person, eine spezifische materielle Form oder ein körperlicher
Zustand von Biologen oder Psychologen hergestellt, deren Form oder Zustand es
ermöglicht, mit bildgebenden Verfahren erfasst zu werden. In der *zweiten Phase*
findet die eigentliche Bildaufnahme statt, die von denselben Akteuren oder vom
technischen Laborpersonal durchgeführt wird. Hier wird das Forschungsobjekt
in das Bildgebungsinstrument eingepasst, die Aufnahmeeinstellungen an dem
Gerät werden so vorgenommen, dass automatisiert numerische Daten entstehen,
die an einem dem Bildgerät angeschlossenen Computer automatisch in ein Bild
transformiert werden. Bildgebende Verfahren wie etwa die Konfokalmikroskopie, mittels derer einzelne Nervenzellen sichtbar gemacht werden, funktionieren
vereinfacht dargestellt wie ein Scanner, d. h. sie „vermessen" das Objekt in bestimmten Abständen. So entsteht jeweils ein Bild von einem Abschnitt des Objektes und am Ende liegen jeweils 100 bis 200 Schnittbilder vor, über die sich das
gesamte Forschungsobjekt erstreckt.

     Die so entstandenen Bilder bestehen aus rasterförmig angeordneten, dreidi-
mensionalen Feldern (Voxel), denen jeweils ein bestimmter Zahlenwert (Inten-
sität der gemessenen Wellenlängen) zugeordnet ist und farbig dargestellt wird.

---

13   Die übergreifenden koordinierenden Handlungen dieser Arbeiten, die ebenfalls dazugehören,
     konnten im Rahmen des Projektes nur ausschnitthaft untersucht werden.

Diese Werte bzw. Farben repräsentieren also bestimmte Messprinzipien der bildgebenden Verfahren des Objektes.[14] Somit liegen die erstellten Daten prinzipiell immer zuerst als numerische und dann als visuelle Daten vor. Die so hergestellten Daten werden grob aufbereitet und gelangen dann in der *dritten Phase* erst in die Neuroinformatik. Hier werden die Bilder wiederum präpariert, d. h. lesbar gemacht, interpretiert und für die weiteren Forschungsarbeiten aufbereitet. Die so gewonnenen Bilddaten dienen als Grundlage, um einerseits das Forschungsobjekt am Computer künstlich nachzubauen und um andererseits daran anschließend Simulationen durchführen zu können. Die Ergebnisse aus den Simulationen werden dann zumeist gemeinsam mit den Kooperationspartnern ausgewertet und für weitere Experimente verwendet. Das besondere an dem Fall ist also, dass sich das Bildtrajekt über verschiedene soziale Welten erstreckt, die an der Sichtbarmachung beteiligt sind.

Teil II: „Sehen"

Wie eben beschrieben werden Forschungsobjekte in den Computational Neurosciences in hochgradig arbeitsteiligen Prozessen hergestellt, visualisiert und gedeutet. Im Folgenden werde ich nun einen Ausschnitt aus dem Bildtrajekt: die Bildaufbereitung und -deutung in der Neuroinformatik – in der o. g. dritten Phase – erläutern und zeigen, welche Darstellungsstile der Bilder bestehen und welches visuelle Wissen hierbei handlungsleitend ist.[15]

Arbeiten am Bild in der Neuroinformatik

Die Bilddaten der Projektpartner werden zunächst in der Neuroinformatik aus einer Datenbank abgerufen, in eine spezielle Bildbearbeitungssoftware geladen und im Weiteren am Computer bearbeitet.

    In den ersten Arbeitsschritten der Bildinterpretation werden die Bilder auf ihre Qualität geprüft. Bei dieser „visuellen Inspektion" sind das sozial vermittel-

---

14   Bspw. werden in der Konfokalmikroskopie spezifische Stoffe (Tracer) die vorher in das Objekt injiziert werden, mittels Laserabtastung des Gerätes „sichtbar gemacht". Die MR-Technik basiert auf der "Kernspinresonanz" der Atome in Körpern, die durch starke Magnetfelder angeregt werden und so gemessen werden können.

15   Vergleichend wurde hier die Arbeit mittels verschiedener bildgebender Verfahren, MR-Technik und der Konfokal-Mikroskopie, untersucht. Bei den so hergestellten Bildern handelt es sich um morphologische Bilder eines menschlichen Organs und einer tierischen Nervenzelle. Es zeigte sich, dass die Bildinterpretationspraktiken in beiden Projekten sehr ähnlich sind.

te Wissen und teilweise eigene praktische Erfahrungen damit, was in den vorherigen Phasen des Bildtrajektes geschieht, handlungsleitend. Die Mitarbeiter kennen also die Praktiken, wie etwa das Forschungsobjekt präpariert wird und welche Fehler dort gemacht werden können, die sich auch auf die Qualität der Bilder auswirken, und auch, wie diese Fehler im Bild zu erkennen sind. Daneben verfügen sie auch über Wissen über die Funktionsweise der bildgebenden Verfahren und auch wie diese sich in dem Bild ausdrücken. Auch beziehen sich die Mitarbeiter auf visuelles Wissen über die anatomische Idealstruktur des Objektes, das aus Lehrbüchern erlernt wird. So findet ein beständiges Abgleichen mit den Erwartungen, wie das Objekt im Bild aussehen müsste, und dem tatsächlichen Bild statt. Hierzu ein Zitat eines Mitarbeiters:

> Das ist im Prinzip visuelle Inspektion, dass ich halt sage, so denke ich halt nicht das, das Neuron aussieht, sondern ich erwarte hier eigentlich, dass ich hier einzelne unterscheidbare, ähm Strukturen habe, und nicht einen großen Klumpatsch [....]Eine Zelle ist ein zusammenhängendes Ding, also das macht auch keine Loopings und wächst= dann= wider=zusam(-)men. Das ist 'ne baumartige Struktur- also 'ne= topologische= Struktur.

Stichprobenartig werden so die Einzelbilder durchgesehen, um die Qualität des Bildes und einzelne Bildelemente zu überprüfen. Ist die visuelle Inspektion abgeschlossen, beginnt die eigentliche Interpretationsarbeit an den Bildern. Die Bilder werden zunächst insgesamt in den typischen, lokalen farbigen Darstellungsstil (Rot für die Objekte und Grün für umliegendes Gewebe) der Neuroinformatik transformiert. Es geht nun in den folgenden Arbeitsschritten darum, Bildelemente, die zum Forschungsobjekt gehören, zu identifizieren und von anderen Bildelementen abzugrenzen. Auch Störungen im Bild – die Artefakte – müssen entfernt werden. Bildinterpretation und Bildmanipulation sind nicht voneinander zu trennen in der Arbeit am Bild. Die Bildinterpretation findet auf der visuellen Ebene der Bilder statt, nur in Grenzfällen wird die numerische Ebene der Bilder hinzugezogen.

Um einen ersten Eindruck der Bilder zu gewinnen, werden die Bilder schnell hintereinander durchgeblättert. Das hat einen „Daumenkinoeffekt". So können die Akteure grob den Verlauf des Objektes in der Abfolge von Bildern nachvollziehen. Oder aber es wird ein Durchschnittsbild aller Bilder erzeugt, das einen Gesamteindruck erlaubt und die Orientierung in den Schnittbildern erleichtert. Um einzelne Bildelemente interpretieren und identifizieren zu können, werden eine Reihe von Bildtransformationen vorgenommen. So wird etwa die Farbcodierung des Bildes entsprechend individueller Vorlieben umgewandelt (etwa die gesamten Bilder in Rottönen), das Bildformat verändert, Kontraste werden verstärkt, die Bilder animiert oder neue Bilder erzeugt um die „Originalbilder" interpretieren zu können. Um undeutliche Strukturen im Bild hervorzuheben werden beispielsweise alle Bilder aufgehellt. Bildtransformationen haben nicht zuletzt auch immer neue Bilder zur Folge. D. h., es werden aus den Originalbildern Teilbilder abgeleitet, um damit wiederum die Originalbilder interpretieren zu können. Ist eine Form in den Bildern als Teil des Forschungsobjektes, etwa eines Neurons, identifiziert, erfolgt entlang dieses ersten Ausgangspunktes die weitere Interpretation der Bilder. Sind einzelne Bildelemente interpretiert und klassifiziert, werden diese mit speziellen Markierungen versehen. Hierbei werden ebenfalls die typischen Stile in der sozialen Welt – konkret bestimmte Farben oder Formen – verwendet, die die spätere Arbeit erleichtern. Dieser Stil zeichnet sich durch einen gezielt künstlichen Charakter der Objektdarstellung aus. Insgesamt ist die Verwendung spezieller Farbcodierungen ein zentrales Mittel sowohl der Bildinterpretation als auch der Klassifikation erkannter Formen im Bild.

In dieser Interpretationsarbeit werden aber auch unerwünschte Zeichen, die Störungen der gewünschten Objekte oder des Wissens darstellen (Knorr Cetina, 2002, S. 94ff.), herausgearbeitet. Nicht alle Formen im Bild sind schwierig zu deuten, sondern auch routiniert behandelbar durch das geschulte und aktive „Sehen".

Zusammenfassend beinhaltet das visuelle Wissen, das das Sehen leitet, spezifisches Wissen über die typische visuelle Form der Forschungsobjekte, ebenso aber auch darüber, wie eine gute oder schlechte Bildqualität aussieht, oder auch visuelles Wissen über störende Bildelemente und Fehler, die in der Bildbearbeitung regelmäßig auftreten. Dieses Wissen wird in der Sozialisation „on the job"[16] und in Form von „shop talk" vermittelt.

So wird Bild für Bild die Bedeutung der Formen in den Bildern herausgearbeitet und für die weitere Arbeit aufbereitet. Mittels der Markierungen auf den Bildern (als eine Art „Durchpausetechnik") entsteht so aus den Bildern der künstliche Nachbau des Forschungsobjektes in Form eines Skelettes, dessen Hülle anschließend automatisiert generiert wird. Am Ende der zahlreichen Arbeitsschritte und Bildtransformationen entsteht so eine dreidimensionale Repräsentation des Forschungsobjektes.

Zusammenfassend lässt sich auch feststellen, dass ein spezifischer Darstellungsstil (der sich auf die Kombination und Gestaltung der Elemente im Bild bezieht) in der Neuroinformatik besteht, der sich v. a. an der Verwendung von Farben zeigt und der die Positionierung der Akteure in der sozialen Welt widerspiegelt. Insbesondere die Farbästhetik (bspw. Rot-und-Grün-Verwendung sowie die Formen der Markierungen im Bild) ist geprägt durch die zentralen Akteure, die als

---

16 Die wenigsten Mitarbeiter in der Neuroinformatik stammen aus der Biologie. Sie verfügen demnach nicht über dezidiert biologisches oder neurowissenschaftliches Wissen über bspw. die Anatomie der Forschungsobjekte.

Experten gelten und maßgeblich den „Ton und die Arbeit in der sozialen Welt"
bestimmen. Im Gegensatz dazu lassen sich andere Gestaltungsweisen der Bilder
an den Schnittfeldern der sozialen Welten finden. Damit möchte ich abschließend
zur Frage der Rolle von Bildern an den Schnittstellen bzw. in den Arenen verschiedener sozialer Welten kommen.

Teil III „Gesehen werden"

Für die Frage, welche Bildstile an den Schnittstellen von unterschiedlichen sozialen Welten zu finden sind und welche Rolle diese hier spielen, habe ich die Bilder
der täglichen Arbeit der Neuroinformatik mit den Bildern verglichen, die in typischen Situationen, in denen verschiedene soziale Welten in der Arena zusammen-
kommen, bspw. in Kolloquiums- und Posterpräsentationen, verwendet werden.

Die Darstellungsformen in den Arenen der Computational Neuroscience als
auch die Bilder von temporären Gastwissenschaftlern in der Neuroinformatik unterscheiden sich deutlich. Bei der Präsentation von Bildern in unterschiedlichen
Arenen orientieren sich die Akteure aus der Neuroinformatik v. a. an der letzten
bedeutenden Publikation anderer Autoren und übernehmen daraus die Darstellungsformen der Bilder. Die Wahl einer ähnlichen Darstellung macht zum Einen
die Arbeit anschlussfähig und vergleichbar mit denen der Kollegen aus anderen
sozialen Welten und zum Anderen rekurrieren diese auf als dominant angenom-
mene Wissensbestände der Darstellungsformate, wie folgendes Zitat verdeutlicht:

> Hmm (...) nee, es gibt keinen wirklichen Standard. Es gibt immer wieder Unterschiede. Aber
> damit die Wahrscheinlichkeit sehr groß ist, dass die Leserschaft deine Ergebnisse versteht,
> wählt man Darstellungen, die zumindest ähnlich sind zu denen, die in der letzten wichtigen
> Publikationen benutzt wurden.

D. h., implizit erfolgt die Auswahl der Bilddarstellungen nach den Regeln des
Matthäus-Prinzips (Merton, 1968) und so werden „erfolgreiche" Darstellungsweisen (re)produziert und als Stile verfestigt – nicht zuletzt auch in der Hoffnung,
„gesehen zu werden" und in der weiteren Community anschlussfähig zu sein. Sicherlich spielen auch „visuelle Überzeugungsstrategien" in der Durchsetzung von
Deutungsansprüchen eine Rolle bei der Wahl der Darstellungsformen. Mit Burri
(2008, S. 74) lässt sich anführen, dass aufgrund von speziellen Zuschreibungen,
etwa der Objektivität von Bildern oder einer speziellen ästhetischen Gestaltung,
die an die Emotionen der Akteure appelliert, Bilder besonders überzeugungsstark
sein können (ebd., S. 163ff.).

So lassen sich auf Postern in der Neuroinformatik Bildgestaltungen finden, die so nicht in der täglichen Arbeit verwendet werden. Etwa werden Bilder als originale Ausgangsbilder in schwarz-weiß dargestellt. Mit diesen Darstellungsformen wird implizit an Bildstile von etablierten Techniken wie etwa der Röntgentechnik angeknüpft, die stark an das Ideal mechanischer Objektivität erinnern (Daston & Galison, 2002). Auch werden ganz spezifische Bilder ausgewählt, die dem lehrbuchartigem Idealtyp ähneln und in der Bildgestaltung besonders kräftige Farben verwenden (meist die Primärfarben blau, rot, gelb), als Mittel des Kontrastes und der Hervorhebung, um Aufmerksamkeit zu erzeugen und den Blick des Betrachters zu lenken. Zur Auswahl der Bilder ein Zitat:

> [...] in den Publikationen siehst du immer diese perfekten, standardmäßigen, typischen Zellen. Die es so meist halt nicht gibt. Jeder zeigt halt meist seine Beste.

Insgesamt gibt es wenig explizites Wissen über die Standards der Bildgestaltung in der Computational Neuroscience. Die wenigen standardisierten Formen sind bestimmte Farbklassifikationen, die zu Beginn des Bildtrajektes eingesetzt werden (bei der Übermittlung der Bilder in die Neuroinformatik). Daneben gibt es für die Veröffentlichung oder Präsentation von Bildern äußerst unklare Vorgaben, etwa dass die Bilder nicht mehr als nötig bearbeitet sein dürfen. Die Akteure der Neuroinformatik führten als Normen der Darstellung der Bilder, die präsentiert oder veröffentlicht werden, einen „realistischen Darstellungsstil", „Naturtreue", „lehrbuchartige Darstellungen" und die sparsame und „nicht zu übertriebene Verwendung von Farben" an. Diese Beschreibungen unterscheiden sich von der alltäglichen Verwendung und Gestaltung der Bilder, wie oben dargelegt.

Besonders auffällig sind aber auch andere Formen der Bildgestaltung an den Kontaktzonen der sozialen Welten. So wird häufig auf alltagsweltliche Darstellungsweisen (zentrale Objekte im Bild werden im Bildzentrum platziert, leicht glänzende Oberflächen der Objekte suggerieren lebendiges, feuchtes Material bzw. frisch präparierte Nervenzellen) und v. a. auf Farbgestaltungen wie etwa die Temperaturskala (Rot wird verwendet für hohe, blau für niedrige Messwerte, was äquivalent zur Temperaturdarstellung ist) zurückgegriffen. Dass die Verständigung über die sozialen Welten hinweg ein zentrales Problem darstellt, wurde immer wieder deutlich. Der Rückgriff auf bekannte, alltagsweltliche Bildgestaltungen kann also auch als Mittel der Kommunikation verstanden werden.

Fazit und Ausblick

Zusammenfassend lässt sich festhalten, dass Bilder in den Wissenschaften zentrale Mittel der Erkenntnisproduktion und Formen der Kommunikation darstellen. Wie gezeigt, sind die Bilder und die Praktiken ihrer Herstellung, Deutung und Behandlung immer eingebettet in spezifische Seh- und Bildkulturen einzelner sozialer Welten. Am Beispiel der sozialen Welt der Neuroinformatik habe ich einige Aspekte dieser visuellen Kultur aufgezeigt. In dem dargestellten Fallbeispiel erstreckt sich interessanterweise die Bildherstellung, Bilddeutung und weitere Verwendung der Bilder als Bildtrajekt über verschiedene soziale Welten. An den Überschneidungsorten der sozialen Welten, den Arenen, lassen sich typische Gestaltungsweisen der Bilder finden, die sich von denen der sozialen Welt der Neuroinformatik unterscheiden. Zum Einen lässt sich hier ein Rückgriff auf alltagsweltliche und geteilte Darstellungsweisen feststellen, der die Zirkulation und Adaption der Bilder in den verschiedenen sozialen Welten erleichtert. Zum Anderen werden idealtypische oder erfolgreich publizierte Bildformen kopiert, die die Anschlussfähigkeit in den Arenen herstellen sollen. Aber auch Bildstile, die Aufmerksamkeit erregen und besonders überzeugend wirken sollen, lassen sich finden. Das verweist auf ein zentrales Problem von Forschungskooperationen, die sich aus hochgradig spezialisierten sozialen Welten konstituieren: Wie wird die Kooperation und Wissensvermittlung erfolgreich organisiert und mit Divergenz handlungspraktisch umgegangen? Bestimmte Bilder können hier also als ein Mittel des Umgangs mit Unterschieden verstanden werden. Darüber hinaus wird deutlich, dass Bilder als Mittel der Durchsetzung von Deutungsansprüchen und Aufmerksamkeitserzeugung eine wichtige Rolle spielen. Diese ersten Überlegungen zur Rolle von Bildern an den Schnittstellen unterschiedlicher sozialer Welten gilt es sicherlich zu vertiefen und systematisch weiter auszuarbeiten. Fruchtbare Anschlüsse hierfür sind in den Konzepten der „boundary objects" (Star & Griesemer, 1989), „immutable mobiles" (Latour, 1986) oder in der von Galison (2004) dargelegten Entwicklung von spezifischen Fachsprachen, die sich in „trading zones" herausbilden und die als Bildkommunikationsformen hier übertragen werden könnten, zu finden. Auch wären andere Formen des vermittelnden Umgangs mit Divergenzen, die die Kooperation über die Grenzen der sozialen Welten erleichtern, zu vertiefen. Dabei gilt es genauer herauszuarbeiten, welche sozialen Welten sich jenseits des gängigen Disziplinbegriffs in Kooperationen ausmachen lassen und welche Divergenzen in der Handlungspraxis für die Akteure praktisch relevant sind (hierzu Strübing et al., 2004). Die Bildpraktiken in den unterschiedlichen Wissenschaften halte ich für einen zentralen Untersuchungsgegenstand für diese Fragen, da insbesondere in den Lebenswissenschaften Bilder zentrale Erkenntnismittel darstellen und diese Forschungsfelder sich durch interdisziplinäre Forschungskooperationen von hochgradig spezialisierten sozialen Welten auszeichnen.

Literatur

Amann, K. & Knorr Cetina, K. (1988). The Fixation of (visual) evidence. *Human Studies, 11*,S. 133-169.

Burri, R. V. (2008). *Doing Images. Zur Praxis medizinischer Bilder.* Bielefeld: Transcript.

Clarke, A. E. & Star, S. L. (2003). Symbolic interactionist studies of science, technology and medicine. In Reynolds, L. T. & Herman-Kinney, N. J. (Hrsg.), *Handbook of symbolic interactionism* (S. 539-574). Walnut Creek: Alta Mira Press.

Daston, L. & Galison, P. (2002). Das Bild der Objektivität. In Geimer, P. (Hrsg.), *Ordnungen der Sichtbarkeit. Fotografien in Wissenschaft, Kunst und Technologie* (S. 29-99). Frankfurt a.M.: Suhrkamp.

Fleck, L. (1980). *Entstehung und Entwicklung einer wissenschaftlichen Tatsache.* Frankfurt a.M.: Suhrkamp.

Fleck, L. (1983 [1947]). Sehen, schauen, wissen. In *Erfahrung und Tatsache. Gesammelte Aufsätze* (147-173). Frankfurt a.M.: Suhrkamp.

Galison, P. (2004). Heterogene Wissenschaften: Subkulturen und Trading Zones in der modernen Physik. In Strübing, J. & Schulz-Schaeffer, I. & Meister, M. & Gläser, J. (Hrsg.), *Kooperationen im Niemandsland. Neue Perspektiven auf die Zusammenarbeit in Wissenschaft und Technik* (S. 27-57). Opladen: Leske+Budrich.

Gläser, J. (2006). *Wissenschaftliche Produktionsgemeinschaften. Die soziale Ordnung der Forschung.* Frankfurt a.M.: Campus.

Golan, T. (2008). Bildbesprechung. Hirndarstellungen vor Gericht. In Bredekamp, H.&Bruhn, M. & Werner, G. (Hrsg.), *Bilderwelten des Wissens. Kunsthistorisches Jahrbuch für Bildkritik* Vol. 6, (S. 62-65). Berlin: Akademie Verlag.

Goodwin, C. (2000). Practices of color classification. *Mind, Culture and Activity, 7* (1),S. 19-36.

Knorr Cetina, K. (1981). *The manufacture of knowledge. An essay on the constructivist and contextual nature of science.* Oxford: Pergamon Press.

Knorr Cetina, K. (2002). *Wissenskulturen. Ein Vergleich Naturwissenschaftlicher Wissens-formen.* Frankfurt a.M.: Suhrkamp.

Latour, B. (1986). Visualization and cognition. Thinking with eyes and hands. In Kuklick, H. & Long, E. (Hrsg.), *Knowledge and society. Studies in the sociology of cultural past and present* Vol. 6, (S. 1-40). New York: Jai Press inc.

Latour, B. (2002). *Die Hoffnung der Pandora.* Frankfurt a.M.: Suhrkamp.

Latour, B. & Woolgar, S. (1979). *Laboratory life. The social construction of scientific facts.* London: Sage.

Laudel, G. (1999). *Interdisziplinäre Forschungskooperationen. Erfolgsbedingungen der Institution „Sonderforschungsbereich".* Berlin: edition sigma.

Lindemann, G. (2006). Die DU-Perspektive in der Hirnforschung. In Reichertz, J. & Zaboura, N. (Hrsg.), *Akteur Gehirn – oder das vermeintliche Ende des handelnden Subjekts. Eine Kontroverse* (S. 263-285). Wiesbaden: VS.

Lynch, M. (1985). *Art and artifact in laboratory science. A study of shop work and shop talk in a research laboratory.* London: Routledge.

Lynch, M. & Woolgar, S. (Hrsg.). (1990). *Representation in scientific practice.* Boston: MIT Press.

Lynch, M. E. (1988). Sacrifice and the Transformation of the Animal Body into Scientific Object: Laboratory Culture and Ritual Practices in Neuroscience. *Social Studies of Science* (18), S. 265-289.

Merton, R. K. (1968). The Matthew Effect in science. *Science, 159*, S. 56-63.

Müller-Dohm, S. (1997). Bildanalyse als struktural-hermeneutische Symbolanalyse. In Hitzler, R. & Honer, A. (Hrsg.), *Sozialwissenschaftliche Hermeneutik. Eine Einführung* (S. 81-108). Opladen: Leske+Budrich.

Rammert, W. (Hrsg.). (1995). *Soziologie und künstliche Intelligenz. Produkte und Probleme einer Hochtechnologie.* Frankfurt a.M.: Campus.

Schmitz, S. & Schinzel, B. (2002). GERDA: A brain research information system for reviewing and deconstructing gender differences. In Pasero, U. & Gottburgsen, A. (Hrsg.), *Wie natürlich ist Geschlecht? Gender und die Konstruktion von Natur und Technik* (S. 126-139). Wiesbaden: Westdeutscher Verlag.

Shapin, S. & Schaffer, S. (1985). *Leviathan and the air-pump. Hobbes, Boyle, and the experimental life.* Princeton: Princeton University Press.

Star, S. L. & Griesemer, J. R. (1989). Institutional ecology, 'translations' and boundary objects: Amateurs and professionals in Berkeley's Museum of Vertebrate Zoology, 1907-1939. In *Social Studies of Science* (19), S. 387-420.

Strauss, A. L. (1978). A social world perspective. *Studies in Symbolic Interaction, 1* (1),S. 119-128.

Strauss, A. L. (1987). *Qualitative Analysis For Social Scientists.* Cambridge: Cambridge University Press.

Strauss, A. L. (1993). *Continual Permutations of Action.* New York: de Gruyter.

Strübing, J. (2005). *Pragmatistische Wissenschafts- und Technikforschung. Theorie und Methode.* Frankfurt a.M.: Campus.

Strübing, J. & Schulz-Schaeffer, I. & Meister, M. & Gläser, J. (Hrsg.). (2004). *Kooperation im Niemandsland. Neue Perspektiven auf Zusammenarbeit in Wissenschaft und Technik.* Opladen: Leske + Budrich.

Wiesing, L. (2005). *Artifizielle Präsenz. Studien zur Philosopie des Bildes.* Frankfurt a.M.: Suhrkamp.

Internetquellen

www.msu.edu/~brains/brains/index.html, Zugriff zuletzt am 09.03.2012
www.brainmuseum.org, Zugriff zuletzt am 09.03.2012

Die Beobachter des Beobachtungsinstruments: Elektronenmikroskopische Laborarbeit vor und nach der digitalen Revolution[1]

Eric Lettkemann

Im digitalen Zeitalter stellt der Computer das am häufigsten genutzte Arbeitsmittel im naturwissenschaftlichen Labor dar. Bildschirm und Mausklick ergänzen und ersetzen vielerorts die klassische Werkbank des Laborwissenschaftlers. So lautet das Ergebnis einer aktuellen Trendstudie des *Fraunhofer Instituts für Arbeitswirtschaft und Organisation*. Der Studie zufolge ist gegenwärtig ein „Paradigmenwechsel hinsichtlich Tätigkeitsanteilen und Technologieeinsatz" zu beobachten, der sich in einer weitreichenden „Automatisierung und Computerisierung von Laborarbeit" manifestiert (Castor, 2008, S. 26). Freilich sagt dieser Trend allein nichts Substanzielles darüber aus, ob und welche sozialen und epistemischen Konsequenzen sich aus dem vermehrten Computereinsatz ergeben. Mein Beitrag beleuchtet einige Folgen der sogenannten *digitalen Revolution* am Beispiel der visuellen Laborarbeit von Elektronenmikroskopikern.

Die soziale Form der wissenschaftlichen Arbeitsorganisation ist die „Produktionsgemeinschaft" (Gläser, 2006; Gläser & Lange, 2007). In der Moderne differenziert sich die umfassende Wissenschaftlergemeinschaft zunehmend in (sub-)disziplinäre Fachgemeinschaften. Charakteristisch für jede einzelne dieser Produktionsgemeinschaften ist, dass ihre Mitglieder Fachwissen über einen gemeinsamen Forschungsgegenstand teilen. Die Gemeinschaften reproduzieren sich, indem ihre Mitglieder innovative Beiträge zum Forschungsstand produzieren und ihr Wissen an Nachwuchsforscher weitergeben. Dabei fungieren Bilder, neben formaler Logik, in vielen naturwissenschaftlichen Fachgemeinschaften als wichtige Ausdrucksformen und Kommunikationsmittel der Wissenserzeugung und -weitergabe (z. B. Galison, 1997, S. 19-31).

Wissenschaftsbilder sind schwer zu definieren. In Anlehnung an den Wissenschaftshistoriker Peter Galison (ebd.) verstehe ich darunter alle visuellen Zei-

---

1   Für konstruktive Verbesserungsvorschläge zum Vortragsmanuskript dieses Beitrags bin ich Jochen Gläser, Grit Laudel und Martina Merz zu Dank verpflichtet.

chen, die mittels eines wissenschaftlich anerkannten Bildgebungsverfahrens hervorgebracht werden (z. B. Magnetresonanztomografie, Laserspektroskopie, Computersimulation). Im Unterschied zum künstlerischen Bild handelt es sich beim Wissenschaftsbild primär um ein „Instrument" (Boehm, 2001). Welche konkreten Funktionen diese Instrumente übernehmen, ist abhängig von der Einbettung in spezifische Forschungsprozesse. Denn einzelne Fachgemeinschaften differieren zum Teil stark in Bezug auf ihre Arbeitsweise. Mit anderen Worten, sie entwickeln weitgehend autonome „Kulturen" der Wissensproduktion, die vor allem den epistemischen und technischen Besonderheiten verschiedener „Experimentalsysteme" Rechnung tragen (vgl. Rheinberger, 2001, S. 148-154; ähnlich Knorr Cetina, 2002).

In den letzten Jahren beschäftigte sich die Wissenschaftsforschung intensiv mit den verschiedenen Funktionen bildlicher Darstellungen in unterschiedlichen Wissenschafts- und anderen Expertenkulturen (z. B. Heintz & Huber, 2001; Heßler, 2006; Heßler & Mersch, 2009b). Historische und ethnografische Laborstudien förderten ein breites Funktionsspektrum zutage:

> Bilder transferieren [...] *Theorien* in sichtbare Strukturen, wie umgekehrt bei der Bildgenerierung Theorien entstehen; darüber hinaus fungieren visuelle Formate als *Speichermedien* für komplexe Datensysteme, sie *erklären* Abläufe, Entwicklungen und Funktionsmechanismen, sie bilden *Beweismittel* und *Belege*, bieten eine *Synopsis*, erzeugen *Vorstellungen*, zeigen *Verteilungen*, *Muster* oder *Anordnungen*, vor allem aber dienen sie als *Analysewerkzeuge zur Erkenntnisgewinnung.* (Heßler & Mersch, 2009a, S. 15, Hervorhebungen im Original)

Wissenschaftssoziologen und -historiker sind überzeugt, dass insbesondere der Computer die Bildproduktion und -verwendung in allen Wissenschaftsgebieten stimuliert hat (vgl. Adelmann, Frercks, Heßler & Hennig, 2009). Beispielsweise hat er „die bildliche Anschauung in die Mathematik (zurück)gebracht" (Heintz, 2000, S. 213). Allerdings stecken kultur- und sozialwissenschaftliche Analysen der computervisuellen Wissensproduktion und -kommunikation nach wie vor in den Kinderschuhen.

Einen Schwerpunkt der aktuellen Diskussion bildet der Wandel von Laborarbeit durch computervermittelte Kommunikation innerhalb sogenannter *collaboratories* (z. B. Finholt, 2003; Olson, Zimmerman & Bos, 2008; Shrum, Genuth & Chompalov, 2007). Mit dieser Wortschöpfung bezeichnet die Literatur in der Regel alle durch das Internet ermöglichten Formen der Kooperation zwischen Wissenschaftlern, die an räumlich entfernten Orten arbeiten. Obwohl Computernetzwerke zweifellos zur Beschleunigung und Erleichterung des Austauschs von digitalen (Bild-)Daten zwischen Laboren beitragen, liefern die vorliegenden Fallstudien kaum stichhaltige Belege, die auf Veränderungen der lokalen Arbeitsweisen hindeuten. Der Nachweis neuartiger Wissenschaftskulturen gelingt dagegen einer Reihe aktueller Studien, deren Autorinnen die *dry labs* der noch jungen *computational sciences* fokussieren (z. B. Humphreys, 2004; Lenhard, Küppers & Shinn, 2006; Gramelsberger, 2010). Zu den epistemischen Besonderheiten der Computerlabore gehört, dass Bilder zunehmend auf reinen Simulationen basieren, die an die Stelle stofflicher Referenzobjekte gesetzt werden (vgl. besonders Merz, 2006).

Gemeinsam ist den Diskussionen über *collaboratories* und *dry labs*, dass sie ausschließlich auf ganz und gar *neue* Formen computergestützter Laborarbeit abstellen. In beiden Fällen bleibt die Frage unberücksichtigt, wie und mit welchen arbeitspraktischen Konsequenzen computergenerierte Bilder in den *älteren* Werkbanklaboren (im Wissenschaftsjargon: *wet lab*) Fuß gefasst haben?[2]

Mein Beitrag will diese Forschungslücke ein Stück weit schließen. Dazu liefere ich eine historisch und ethnografisch informierte Analyse des Wandels der Arbeit mit Bildern im elektronenmikroskopischen Labor.[3] Für den Vergleich visueller Laborarbeit vor und nach der digitalen Revolution bietet die Elektronenmikroskopie einen aufschlussreichen Fall, weil dieses zuerst in den 1930er Jahren entwickelte Bildgebungsverfahren seit den 1990er Jahren eine umfangreiche Computerisierung durchlaufen hat (vgl. Kirkland, 2010, S. 1-3). Den Wandel beobachte ich anhand zweier Arbeitskontexte, auf die sich Wachstum und Stabilität jeder erfolgreichen Fachgemeinschaft gründen: die Entwicklung epistemisch ertragreicher *Forschungspraktiken* sowie die *Ausbildung von Nachwuchswissenschaftlern*.

Im Folgenden argumentiere ich, dass computervisuelle Formate die elektronenmikroskopische Laborarbeit nachhaltig verändert haben. Mit Hilfe des Computers gelang es, die vormals stark durch technisches Know-how[4] geprägte Laborarbeit auf eine Bildschirmarbeit umzustellen, die überwiegend formallogi-

---

2 Eine ähnliche Fragestellung verfolgt schon Galison in seiner instruktiven Studie *Image and Logic*. Galisons detaillierte Analyse bezieht sich allerdings auf die Frühphase des Computereinsatzes, als Großrechner um die Mitte des 20. Jahrhunderts Großforschungszentren als neue Organisationsform der Teilchenphysik hervorbrachten (vgl. besonders Galison, 1997, S. 489-498).

3 Der historische Teil beruht auf Inhaltsanalysen von Dokumenten (z. B. Lehrbücher, Laborsatzungen). Meine ethnografischen Beschreibungen sowie die als ‚Screenshots' gekennzeichneten Abbildungen stammen aus teilnehmenden Beobachtungen, die ich hauptsächlich im Rahmen eines zweisemestrigen Laborpraktikums für Physikstudierende durchführen konnte. Historische und ethnografische Beschreibungen stützen sich zudem auf fünfzehn Experteninterviews, die durchschnittlich neunzig Minuten dauerten. Bei der Durchführung der Interviews bin ich den Prinzipien der „informierten Befragung" nach Laudel & Gläser (2007) gefolgt.

4 Damit meine ich das „implizite Wissen" (Polanyi, 1985), das zur Bedienung der Forschungsapparate unerlässlich ist und vor allem in den körperlichen Routinen individueller Akteure gespeichert wird.

sches Wissen voraussetzt. Auf der Grundlage dieser Bildschirmarbeit entwickelte sich einerseits eine epistemisch fruchtbare Verzahnung theoretischer und experimenteller Forschungspraktiken. Andererseits kam es zur stärkeren Verknüpfung der epistemischen und pädagogischen Praktiken, die man zuvor weitgehend
voneinander separierte. Um meine Thesen zu belegen, skizziere ich zunächst einige Merkmale der visuellen Arbeit mit und am Elektronenmikroskop sowie ihre
Konsequenzen für die historische Arbeitssituation (1). Anschließend beschreibe
ich die Unterschiede, die ich im gegenwärtigen Laboralltag beobachte (2). Zuletzt
fasse ich die Entwicklung systematisch zusammen und diskutiere, was sich aus
dem Fall der Elektronenmikroskopie über visuelle Laborarbeit lernen lässt (3).

1. Visuelles Arbeiten mit und am Elektronenmikroskop

Die (Transmissions-)Elektronenmikroskopie[5] ist ein bildgebendes Verfahren, das
seit vielen Jahrzehnten in biologischen und physikalischen Wissenschaften erfolgreich zum Einsatz kommt (vgl. Rasmussen & Hawkes, 1998). Allerdings beziehe ich mich in den folgenden Beschreibungen allein auf Arbeitssituationen in
physikalisch-technischen Forschungszentren und Servicelaboren. Dort befassen
sich die Labormitarbeiter überwiegend mit der Sichtbarmachung und Vermessung
atomarer Strukturen von Werkstoffen und anderen physikalischen Festkörpern.

Gewöhnlich erläutern Lehrbücher das Funktionsprinzip eines Elektronenmikroskops, indem sie seinen Aufbau mit dem Linsensystem eines Lichtmikroskops vergleichen. Demnach funktioniert ein Elektronenmikroskop analog zum
sogenannten Projektionsverfahren in der Lichtmikroskopie. Anders als beim gewöhnlichen Lichtmikroskop, das sein Endbild direkt auf die Netzhaut des Beobachters projiziert, wird das Endbild beim Projektionsverfahren auf einer Leinwand
abgebildet. Abbildung 1 ist einem heute gängigen Begleitwerk zu physikalischen
Grundvorlesungen entnommen, findet sich in ähnlicher Form aber schon in der
Pionierzeit der Elektronenmikroskopie. Sie zeigt schematisch, dass alle lichtop-
tischen Bauelemente des Projektionsverfahrens jeweils ein elektronenoptisches
Analogon kennen. Statt einer Glühlampe bestrahlt hier eine Glühkatode das Objekt. Die Aufgaben der Glaslinsen übernehmen hier die sogenannten Elektronenlinsen. Das sind elektromagnetische Spulen, die die Elektronen zu Strahlen bündeln (*Kondensor*), das ein- oder mehrstufig vergrößerte Bild entwerfen (*Objektiv*)

---

5   Der Begriff Elektronenmikroskopie im engeren Sinne umfasst nur das erstmals 1931 von Ernst
    Ruska und Max Knoll entwickelte Transmissions-Verfahren (vgl. Ruska, 1987). Zuweilen wird
    der Begriff auch auf die Rastermikroskopie ausgeweitet, die in meiner Betrachtung jedoch
    keine Berücksichtigung findet.

und die Strahlen zuletzt auf den Beobachtungsschirm lenken (*Projektiv*). Der Projektionsleinwand entspricht im Elektronenmikroskop ein Fluoreszenzleuchtschirm, der durch ein Einblickfenster in der Elektronensäule beobachtet wird.

Abbildung 1:   „Elektronenmikroskop mit magnetischen Linsen, daneben Strahlengang im optischen Projektionsmikroskop"

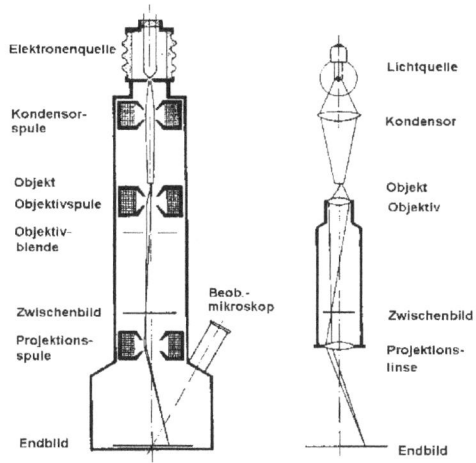

(aus Gerthsen, Kneser & Vogel, 1986, S. 477)

Solche Lehrbuchdarstellungen legen den Trugschluss nahe, dass die Arbeit mit und am Elektronenmikroskop der Handhabung eines Lichtmikroskops ähnelt. Abgesehen davon, dass die kürzere Wellenlänge von Elektronenstrahlen ein deutlich höheres Auflösungsvermögen ermöglicht, führt die Analogie der beiden mikroskopischen Bildgebungsverfahren in mindestens zwei Hinsichten zu falschen Vorstellungen über die visuelle Laborarbeit:

Erstens ist der Operateur auffällig stark mit den technischen Limitierungen elektronenoptischer Bilder konfrontiert. Statt dreidimensionalen und farbigen Eindrücken erkennt der Beobachter lediglich Helligkeitsunterschiede, die einer zweidimensionalen Intensitätsverteilung der Elektroneneinschläge auf dem Fluoreszenzschirm entsprechen. Das Erkennen einer Struktur in diesen Elektronenschatten ist ohne spezielle Ausbildung und das dort erworbene Know-how kaum

möglich. Ein Labormitarbeiter erläuterte mir, dass besonders unser visuelles Alltagswissen Neulinge zu Fehlschlüssen verleitet:

> Es heißt nicht, dass das was dunkel ist, das da Materie ist, wenn ich jetzt so ein Bild sehe.
> Beim lichtmikroskopischem Bild ist es einfach: so im Durchlicht, da wo es dunkel ist, ist die
> Probe dick, fertig. Oder es ist ein schweres Element, das das Licht absorbiert. Das ist ganz
> einleuchtend. Das entspricht auch der täglichen Erfahrung. Ja, dunkler ist dick und damit ist
> es dann leicht zu interpretieren. Im Transmissions-Elektronenmikroskop ist das nicht so ein-
> fach. Man kann nie einfach sagen: dunkel, da ist Materie. Das kann genau andersherum sein.
> Da gibt es einen Effekt, der heißt Kontrastumkehr. Also, je nachdem, wie ich den Fokus ein-
> stelle, auf welche Stelle in der Probe ich fokussiere, sehe ich also das Atom weiß oder ich sehe
> es schwarz. (Interview I)

Die Relevanz dieses Spezialwissens für die tägliche Arbeit leuchtet unmittelbar
ein, wenn man Abbildung 2 betrachtet. Sie zeigt das elektronenoptische Abbild
der atomaren Gitterstruktur von Galliumarsenid bei 1.050.000-facher Vergrößerung.[6] Will der Operateur des Elektronenmikroskops z. B. den Abstand zwischen
zwei Atomen messen, muss er wissen, ob die Positionen der Atomkerne durch
weiße oder schwarze Bildpunkte repräsentiert werden.

Abbildung 2: Galliumarsenid (GaAs) bei 1.050.000-facher Vergrößerung
(Screenshot)

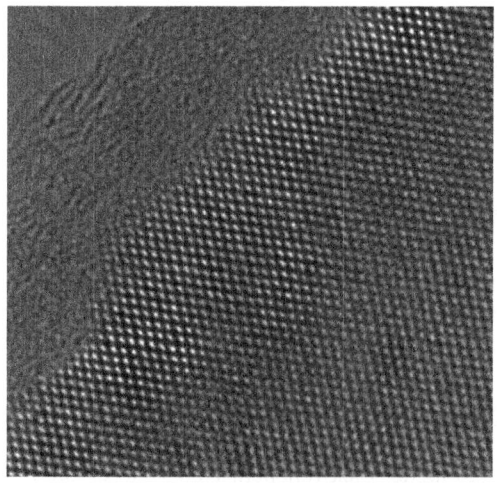

---

6   Gallium und seine chemischen Verbindungen spielen in der Halbleiterproduktion eine zentrale
     Rolle und gehören daher zu häufig studierten Objekten in der elektronenmikroskopischen
     Forschung.

Zweitens, so erläutert der Leiter eines renommierten elektronenmikroskopischen Forschungszentrums, besteht der Kern seiner Aktivität aus der Arbeit *am* Gerät, das heißt in der ständigen „Beobachtung des Beobachtungsinstruments" (Interview XI). Er weist mit dieser Formulierung darauf hin, dass die Arbeit *mit* dem Gerät – also die Aufnahme von Objektstrukturen, die später in wissenschaftlichen Publikationen erscheinen – oft nur wenige Sekunden, maximal Minuten, in Anspruch nimmt. Für den Operateur steht im Vordergrund, dass die Justierung der hochempfindlichen Elektronenlinsen nur etwa „neunzig Minuten" (Interview IX) stabil bleibt. Das Justieren der technischen Komponenten wird so zum stetigen Wettlauf gegen die Zeit. Im scharfen Gegensatz zum Lichtmikroskop ist das Elektronenmikroskop kein einfaches Handwerkzeug, sondern ein komplexer und nicht-linearer Apparat, dessen Funktionalität und Leistungsfähigkeit wesentlich von der Erfahrung des menschlichen Operateurs abhängt. Gravierende Fehler in der Justierung („Verjustierungen") können schon aufgrund geringer mechanischer Erschütterungen (wie ein zu lautes Wort), kleiner Mengen Staub, leichter Temperaturschwankungen oder elektromagnetischer Störfelder auftreten. Unter diesen Randbedingungen gerät selbst die Untersuchung relativ simpler Objektstrukturen zur „Schwerarbeit der Sinne" (Lickfeld, 1979, S. 23).

Das für diese „Schwerarbeit" notwendige visuelle Know-how kann am Beispiel einer Standardprozedur – der Korrektur eines Astigmatismus – demonstriert werden (Abbildung 3). Der Astigmatismus ist eine sogenannte Aberration, das heißt eine Verjustierung der Elektronenlinsen. Ein Astigmatismus lässt punktförmige Strukturen stäbchenförmig erscheinen. Eine Astigmatismuskorrektur wird besonders oft durchgeführt, weil diese Aberration schon bei verhältnismäßig geringen Auflösungen stark verzerrend auf das entstehende Bild wirkt. Zur Korrektur des Astigmatismus beobachtet der Operateur ein Testobjekt, meist eine Lochfolie aus Kohlenstoff. Die Eigenschaften dieser Kohlefilmchen gelten seit der Pionierzeit der Elektronenmikroskopie als gut erforscht. Sie gehören zu den wichtigsten Hilfsmitteln bei der Beobachtung des Beobachtungsinstruments. Die zahlreichen Löcher in der Folie bieten Anhaltspunkte für die Korrektur des Astigmatismus. Im Fokus erkennt der Operateur einen Lochrand scharf und deutlich (C). Dagegen erzeugt ein leichter Über- oder Unterfokus ein optisches Beugungsphänomen, das in der Fachsprache als „Fresnel-Ringe" bekannt ist. Bei Unterfokus erscheinen helle Fresnel-Ringe innerhalb des Lochrands (A), während sie bei Überfokus dunkler und um den Lochrand herum zu liegen scheinen (B). Solange diese Beugungsringe nicht rundherum den gleichen Abstand zum Lochrand aufweisen, ist das ein Indikator für einen Astigmatismus (D). Der Operateur justiert nach, bis die Fresnel-Ringe das Loch gleichmäßig umranden.

Abbildung 3: Astigmatismus-Korrektur

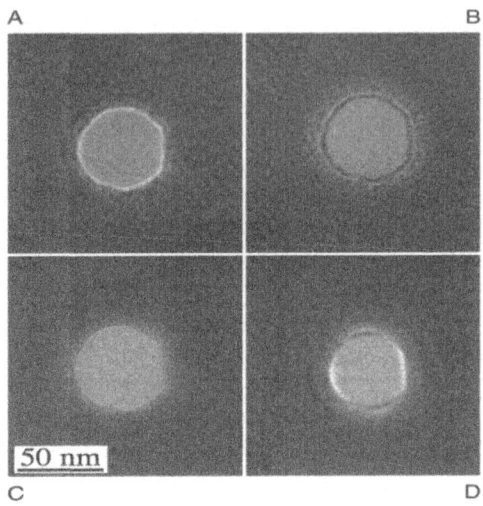

(aus Williams & Carter, 1996, S. 148)

Für den erfahrenen Operateur leisten elektronenoptische Bilder also primär technische Funktionen. Ein technisches Bild gibt Auskunft über den Zustand des Forschungsapparats, nicht über das untersuchte Präparat.

Das Training der Nachwuchswissenschaftler zielt darauf ab, jeden Hand-
griff am Apparat zu habitualisieren, um den Zeitaufwand des Justierens zu mi-
nimieren und möglichst viel Zeit für die Arbeit mit dem Elektronenmikroskop
zu gewinnen. Das setzt voraus, dass der Operateur die verschiedenen Aberrationen in Sekundenschnelle erkennt. Nur selten ist das so einfach, wie es im eben
skizzierten Fall anmutet. Schon das Korrigieren eines zweistelligen Astigmatismus erfordert sehr viel mehr Konzentrationsfähigkeit. Will der Operateur das
Vorhandensein dieser Aberration prüfen, muss er in der Lage sein, ein optisches
Phänomen zu erkennen, das erfahrene Operateure gerne als „Würstchen-Kont-
rast" umschreiben. Weil es hier, wie so oft, an vergleichbaren visuellen Eindrücken aus der Alltagswelt mangelt, fällt die Vermittlung solchen impliziten Wissens besonders schwer. Ein Novize muss zunächst das Sehen dieser unbekannten
Gestalt („Würstchen") erlernen. Viele Anfänger scheitern daran. Wer solche Hür-
den meistert, qualifiziert sich allerdings für eine Karriere in der Elektronenmi-

kroskopie. Ein Laborleiter schildert mir am Beispiel eines Mitarbeiters, wie der Einstieg in das Feld verläuft:

> Den [wissenschaftlichen Mitarbeiter] haben Sie ja auch kennen gelernt, der hat ja auch bei uns gelernt im [Labor]. Und der saß zwei Tage davor, vor dem Mikroskop, und hat gesagt, ich seh' das nicht, was ihr mir hier weismacht zu sehen. Und zwar ging's um den Würstchen-Kontrast, der wurde sicher auch angesprochen, jetzt beim zweistelligen Astigmatismus. Und hat gemeint, zwei Tage lang steif und fest behauptet, er sieht's nicht. Und am dritten Tag hat er gesagt: ich hab's gesehen. Und dann hat er das so bombastisch gut justiert die ganze Geschichte. Da hat es so richtig geschnackelt. (Interview III)

Verkompliziert wird die Arbeitssituation durch die mechanische Instabilität des elektronenoptischen Apparats, die alle Anstrengungen des Operateurs nach kurzer Zeit wieder zunichte macht. Kommen eine Fehleinschätzung der technischen Bildinformationen und wenige, aufgrund mangelnder Erfahrung, ausgeführte Handgriffe hinzu, können leicht Verjustierungen entstehen, die den Laborbetrieb für Stunden oder sogar Tage lahmlegen.

Bis weit in die 1980er Jahre förderte diese, von der Störanfälligkeit des Elektronenmikroskops geprägte Arbeitssituation, die Wahl technischer Forschungsziele, die sich auf eine Verbesserung der Stabilität des Forschungsapparats richteten. Der Operateur verstand sich als Spezialist für die Lösung physikalischer Messprobleme, insbesondere was die Minimierung von Aberrationen und anderer Störfaktoren betraf. Die Aneignung des dazu nötigen Know-hows dauerte Jahre und war schwer an Nachfolger vermittelbar. Die Vielzahl physikalischer Störfaktoren bot eine schier unerschöpfliche Problemquelle, die Forscher jahrzehntelang mit lohnenden Forschungszielen versorgte und so zum Wachstum der Fachgemeinschaft beitrug.

Zu dieser Zeit brachten Elektronenmikroskopiker ihr technisches Know-how zum Ausdruck, indem sie elektronenoptische in naturalisierte Bilder übersetzten. Das heißt, nach getaner Arbeit ließen die Aufnahmen nur noch möglichst wenig Spuren der vorausgegangenen Bearbeitungsschritte erkennen. Auf diese Weise wollte man die unverfälschte Interpretation der Daten sicherstellen. Gemäß des „mechanischen Objektivitätsideals" (Daston & Galison, 2002) bemühten sich die Elektronenmikroskopiker neben der bereits beschriebenen Bereinigung von Aberrationen auch um die Vermeidung vieler weiterer sogenannter visueller Artefakte, die aus dem technischen Aufzeichnungsverfahren herrührten. Dazu zählten beispielsweise Strahlenschäden, die angesichts des kontinuierlichen Beschusses der Untersuchungsobjekte mit Elektronen nur schwer zu vermeiden waren. Die Fotoserie in Abbildung 4 stammt aus einem Lehrbuch für Materialwissenschaft-

ler und demonstriert anhand einer Quarzprobe die Zunahme von Strahlenschäden im Zeitverlauf (*von A nach B*).

Abbildung 4: Strahlenschäden

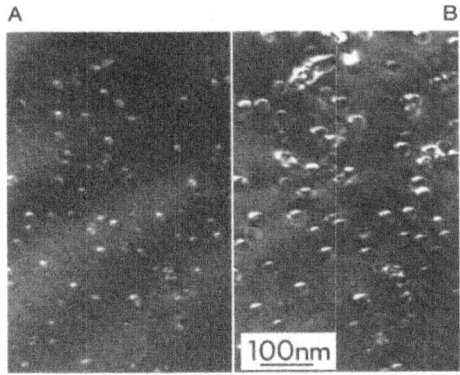

(aus Williams & Carter, 1996, S. 10)

Solche zwischen elektronenmikroskopischen Spezialisten ausgehandelten Standards für naturalisierte Bilder fungierten als wichtiges Mittel der sozialen Kom-
petenzdarstellung. Auf der Grundlage solcher Referenzbilder konnte die Fachgemeinschaft das Know-how (oder die Lernfortschritte) eines Operateurs beurteilen.

Die hohe Empfindlichkeit des Elektronenmikroskops gegen Störungen er-
forderte über technische und architektonische Maßnahmen hinaus auch eine Ab-
schirmung der Apparatur von unerfahrenen Personen. Dazu wurde insbesondere
die Ausbildung von Nachwuchsforschern in spezielle Trainingslabore ausgelagert,
wo man über zusätzliche Trainingsmikroskope verfügte, bei denen Verjustierungen nicht zum Ausfall des Forschungsbetriebs führten. Aufgrund der hohen Kosten für die Apparate konnte lange Zeit allein die elektronenoptische Industrie das
notwendige Nachwuchstraining bewerkstelligen. In Deutschland waren es zwei
große Industrielabore der damals marktführenden Hersteller, *Siemens* und *Zeiss*,
die mehrere Generationen elektronenmikroskopischer Forscher heranzogen (vgl.
Schimmel, 1986, S. 185).[7]

---

7   Mit den Worten des Technikhistorikers König (1996) lässt sich die frühe Elektronenmikroskopie
     daher zutreffend als „industry-based science" beschreiben.

2. Die Forschungssituation im digitalen Zeitalter

In den 1990ern erlebte die Elektronenmikroskopie eine Revolution ihrer Arbeitsweise. An die Stelle analogen Fotofilms traten sogenannte CCD-Kameras. Diese Detektoren zählen die Elektroneneinschläge pro Pixel und generieren so numerische Daten, die direkt in einen digitalen Rechner eingespeist und dort durch verschiedene Programme weiterverarbeitet werden können. Auf diese Weise wurden Messungen zwischen Bildpunkten quasi in Echtzeit möglich, die der Operateur zuvor nur nachträglich auf Fotos und mühsam, mit Zirkel und Lineal, durchführen konnte. Hinzu kam eine komfortable Bedienung der mechanischen Stellschrauben, die nun, ohne die empfindliche Elektronensäule zu berühren, über Mausklick und Tastatur angesteuert wurden. Mit Hilfe des Computers erreichte die Justierung des Elektronenmikroskops bald eine Geschwindigkeit und Genauigkeit, die menschliches Augenmaß und Fingerspitzengefühl allein nicht zustande brachten. Die Beobachtung des Computerbildschirms und der Mausklick ersetzten zunehmend direkte Beobachtungen. (Direkte Beobachtungen dienen heute nur noch der Rückversicherung, ob das Computersystem fehlerfrei operiert.) Die Beobachtung des Beobachtungsinstruments nahm die Form einer Bildschirmarbeit an. Ein Interviewpartner fasst die Folgen dieser digitalen Revolution in wenigen Sätzen zusammen:

> Wenn sie in den Anfangsjahren der Hochauflösungselektronenmikroskopie eine Abbildung hatten, dann haben sie im Nachhinein versucht, die Bildfehler zu analysieren, ob sie jetzt ein astigmatisches Bild haben oder irgendwelche anderen Bildfehler da sind. Das können sie heute mit Hilfe der Computertechnik online. Das heißt, bevor sie das Bild machen, können Sie bestimmen, wie ihre Bildfehler sind, und sie mittels des Computers am Instrument korrigieren und damit, sozusagen, fehlerfreie Abbildungen erhalten. Natürlich ist das aufwendig, aber dafür existieren ja Computerprogramme. Früher konnte man anhand der Abbildungsqualitäten sehen, wie exzellent der Operateur war. Heute können sie vielleicht daran erkennen, wie exzellent der Operateur den Computer bedient. (Interview VIII)

Mit anderen Worten, die Computerrevolution entwertete das persönliche Erfahrungswissen der elektronenmikroskopischen Operateure. Dieses Ergebnis deckt sich mit der These, dass Automatisierung und Computerisierung analog zur industriellen Arbeit zu einem „De-Skilling" unter Laborwissenschaftlern führen (z. B. Baird, 2004, S. 69 f.). Ein interessanter Befund meiner Interviews ist jedoch, dass diese Entwicklung innerhalb der elektronenmikroskopischen Gemeinschaft keineswegs als Kompetenz- oder Statusverlust wahrgenommen wird. Indem Computerprogramme die Operateure von zeitaufwendigen Kalkulationen und Routinearbeiten entlasteten, schufen sie ein neues Zeitregime im Labor. Die nachwachsende Generation der Elektronenmikroskopiker investierte einen Großteil der freigesetzten Forschungszeit in das Programmieren von computervisuellen Hilfsmitteln, die die Entwicklung neuer Forschungsstrategien und Ausbildungsmethoden begünstigten. Ich untersuche zunächst die pädagogischen und anschließend die epistemischen Funktionen dieser computervisuellen Darstellungsformate.

a) Pädagogische Bilder

Von Bildern mit pädagogischen Funktionen spreche ich, weil der Computerbildschirm die Lehrer-Schüler-Interaktion im Labor auf symbolische Weise rahmt und unerfahrenen Laborbesuchern Handlungsinstruktionen visuell vermittelt. So markiert die Bildschirmgestaltung deutlich die sozialen Unterschiede bezüglich Ausbildung und Erfahrungsgrad des Laborpersonals. Das tritt besonders augenfällig in der farblichen Gestaltung der Zugriffsrechte auf verschiedene Justierungsbefehle hervor (siehe Abbildung 5). Der Screen-shot zeigt einige wichtige Bedienungselemente der Computerschnittstelle. Auf der rechten Seite repräsentieren fortlaufende Zahlenkolonnen, welche Korrekturbefehle das System erhält und welche Aberrationen die Computerprogramme aus den eingehenden Datenströmen errechnen. Im unteren linken Bildschirmbereich werden die numerischen Daten, die den Justierungszustand betreffen, zusätzlich und „auf einen Blick" visualisiert.

Abbildung 5:   Computerinterface (Screenshot)

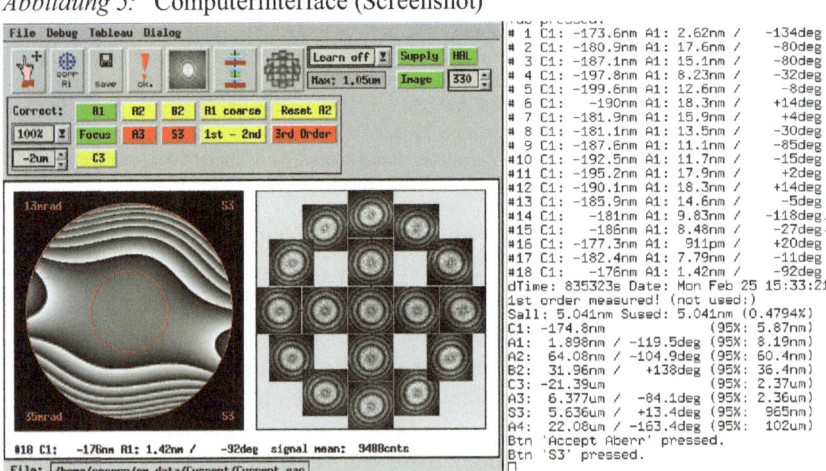

Die auf Abbildung 5 grün markierten Schaltflächen können von allen Besuchern angeklickt werden, die über ein Minimum an technischem Know-how verfügen. Dagegen sollten die roten Schaltflächen nur von langjährigen und hoch erfahrenen Operateuren benutzt werden, weil sonst das Risiko einer schweren Verjustierung des elektronenoptischen Apparats besteht. Kurz gesagt, die Farbskala, die sich nicht zufällig an den international bekannten Ampelfarben orientiert, symbolisiert unterschiedliche Grade technischen Know-hows und strukturiert mit Hilfe dieser allgemein bekannten Symbolsprache die Koordination von erfahrenen und unerfahrenen Personen innerhalb einer für Fehlverhalten wenig toleranten und international vernetzten Laborwelt.[8]

Wachsende digitale Speicherkapazitäten erleichtern außerdem die Aufzeichnung einzelner Arbeitsschritte und erlauben so ein effektiveres Training:

> Und die digitale Bildverarbeitung, die noch hinzukommt, macht es auch sehr leicht, dann zu sehen, was haben die Leute eigentlich falsch gemacht. Man kann sie alleine lassen. Dann dokumentieren sie sehr viel. Und dann sieht man, was sie gemacht haben. Früher ging das auf Film. Aber da hat man das nicht gemacht, weil das einfach zu teuer war. Aber man hatte nie die Rückkoppelung, so zu sagen. Heute lässt man die Leute einfach Bilder machen und sieht dann, aha, das ist noch nicht richtig scharf gestellt. Da ist noch was und da hast du noch nicht richtig eingestellt. Da weißt du noch mal, wo du nachschulen musst. (Interview III)

Während Ausbilder das Know-how eines Schülers im Prä-Computer-Zeitalter vor allem anhand des Endprodukts, dem möglichst naturalisierten Bild, beurteilten, können sie Bildfehler heute mit Hilfe automatisch gespeicherter Bildserien einzelnen Handlungen zuordnen und Fehlverhalten zeitnah korrigieren. Dazu muss das erfahrene Laborpersonal noch nicht einmal Vollzeit anwesend sein und kann mehr Zeit für eigene Forschungen aufwenden.

Zu den wichtigsten Folgen dieser computertechnischen Innovationen hinsichtlich der Arbeitsorganisation gehörte, dass es gelang, das Training von Nachwuchswissenschaftlern besser in den laufenden Forschungsbetrieb zu integrieren. Die Ausbildung von Studenten und Doktoranden verlagerte sich zusehends von Industrielaboren in die Universitätslabore. Damit einher geht eine wachsende Unabhängigkeit der Elektronenmikroskopie von industriellen und kommerziellen Belangen. Zudem erleichterte die pädagogische bzw. soziale Rahmung der Arbeitssituation mittels Computerbildern engere Kooperationen mit fachfrem-

---

8   Im Feld berichtete man mir, dass einige Labore zusätzlich passwortgeschützte Nutzerprofile im Computersystem anlegen, um bestimmte Befehle für unterschiedliche Nutzergruppen zu sperren. In dem von mir beobachteten Labor reichte die Angst, eine schwerwiegende Verjustierung herbeizuführen, allerdings aus, um Studierende und Gastwissenschaftler zum vorsichtigen Umgang mit dem Interface zu motivieren.

den Wissenschaftlern innerhalb eines Labors. Dazu gehören z. B. auch theoretisch arbeitende Physiker.

b) Epistemische Bilder

Im Zuge der Computerisierung übernahmen diese Theoretiker, eine bis dato relativ randständige Gruppierung innerhalb der elektronenmikroskopischen Fachgemeinschaft, eine zentrale Rolle. Formalisierte Modelle des Elektronenmikroskops und seiner Wechselwirkungen mit verschiedenen Objekten existierten von Anfang an, aber für die lokale Laborarbeit war dieses Formelwissen allenfalls von marginaler Bedeutung. Heute liefern theoretische Modelle den wichtigsten Rohstoff für die Programmierung von Simulationen, und jedes größere elektronenmikroskopische Forschungszentrum unterhält zu diesem Zweck eigene Theoretikergruppen. Der Computer übersetzt ihre numerischen Modelle mittels Simulationen in Bilder.

Die epistemische Funktion dieser Computerbilder liegt in der Differenz, die zwischen simulierten Modellen und komplementären Bilddaten aus Realexperimenten auftritt (vgl. auch Merz, 1999). Im visuellen Medium des Computerbildschirms können beide Bildformate nebeneinander oder sich überlagernd dargestellt werden, sodass Differenzen leicht erkennbar werden. Solche Differenzen werden als ‚Anomalien‘ gedeutet. Eine dieser Anomalien, die Elektronenmikroskopiker beim Vergleichen experimenteller und simulierter Bilder entdeckten, ist der sogenannte ‚Stobbs-Faktor‘. Seine Entdeckung löste weltweite Forschungsaktivitäten aus:

> *Interviewer: Wie nah kommt denn heute eine Simulation an die experimentellen Daten ran? Ich hab gesehen, dass sie ausgeschrieben haben, eine Doktorarbeit, um den Stobbs-Faktor genauer zu bestimmen?*
> *Interviewter:* Ja. Also ich würde sagen, strukturell. Also strukturell heißt tatsächlich die Netzebenenabstände genauer zu bestimmen. [...] Man kann die Position extrem genau bestimmen. Was aber bis heute noch ungeklärt ist, ist, dass die Intensitäten oder Kontraste, die wir im elektronenmikroskopischen Aufnahmen haben, dass die nicht übereinstimmen mit dem, was wir in der Simulation bekommen. Die Strukturen stimmen überein, also die Bilder. Man könnte jetzt einfach den Kontrast aufziehen. Das würde man einfach mit Photoshop machen den Kontrast aufziehen, dann würde das übereinstimmen. Aber quantitativ stimmt es einfach nicht überein. Und da gibt es die verschiedensten Faktoren, die diskutiert werden. Und das ist auch relativ klar, dass das nicht ein Faktor ist, sondern mehrere Faktoren sind, die da mitspielen. Wir haben es bislang noch nicht genau herunter gebrochen, was liegt da vor. (Interview VII)

Selten kann die Fachgemeinschaft schnell entscheiden, ob und zu welchem Anteil sich eine Anomalie auf den Apparat oder das untersuchte Präparat zurückführen lässt. Auf diese Weise werden experimentelle und theoretische Forschungsprozesse langfristig miteinander verzahnt. Daher treiben die Fachgemeinschaft heute weniger gerätetechnische Verbesserungen als vielmehr modelltheoretische Forschungsfragen an, die auf der Grundlage von Computermodellen formuliert werden. Das heißt, für die soziale Reproduktion der Fachgemeinschaft verliert das epistemische Ziel der technischen Perfektionierung an Bedeutung, während die Erzeugung epistemischer Differenz an Bedeutung stark hinzugewinnt (vgl. dazu Rheinberger, 2001, S. 76 ff.).

Abbildung 6: Experimentelle und simulierte Bilddaten der atomaren Struktur von GaN

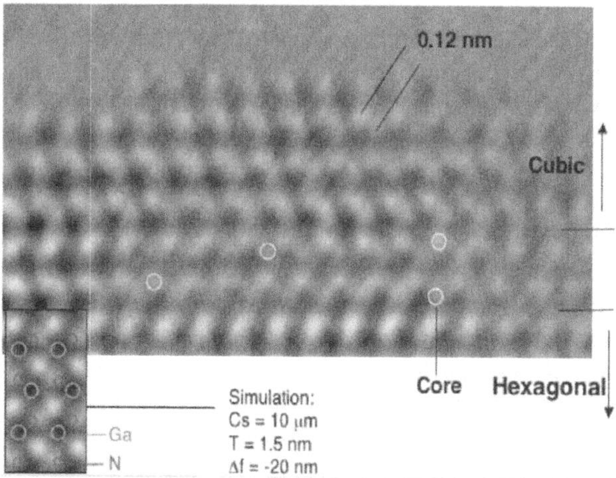

(aus Kisielowski, Freitag, Xu, Beckmann & Chrzan, 2006, S. 4586)

Seit den 1990ern weichen in Fachartikeln naturalisierte Bilder einer Darstellungsweise, in der modelltheoretische Interpretationsleistungen durch farbliche Markierungen deutlich zu Tage treten. Die Kombination von naturalistischen und simulierten Darstellungselementen zeigt, dass der ältere und messtechnisch orientierte Arbeitsstil heute zwar keineswegs verschwunden ist, aber von Simulationen überlagert wird und zunehmend mit modellgetriebenen Forschungsstrategien verschmilzt. Abbildung 6 ist einer renommierten physikalischen Fachzeitschrift, dem *Philosophical Magazine*, entnommen. Auf dieser für die Gegenwart typischen Abbildung heben Elektronenmikroskopiker einzelne Bilddetails gezielt hervor bzw. vervollständigen das experimentell hergestellte Bild mit Hilfe ihrer modelltheoretischen

Annahmen. An diesem Beispiel wird noch einmal sehr deutlich, dass die Trennung von epistemischen und sozialen Bildfunktionen eine rein analytische Unterscheidung ist. Denn selbstverständlich bringt auch dieses Bild die Kompetenz der Hersteller innerhalb der Fachgemeinschaft zum Ausdruck. Allerdings markieren die Bildproduzenten ihren sozialen Expertenstatus heute weniger durch experimentelles Geschick als vielmehr durch theoretischen Sachverstand. Weiterhin belegt die Abbildung, dass sich experimentelle und simulierte Bildinhalte weitgehend entsprechen, und erfüllt damit wiederum pädagogische Vorbildfunktionen.

3. Fazit und Ausblick

Im computerisierten Labor der Elektronenmikroskopie tritt der Bildschirm zwischen den Beobachter und das Beobachtungsinstrument. Es zeigt sich, dass der Bildschirm mehr als eine bloße Widerspiegelung elektronenoptischer Bildinhalte in digitalisierter Form ist. Der Bildschirm bündelt und verdichtet die visuellen Korrelate sehr verschiedener Laborarbeiten in einem sozio-epistemischen Repräsentationsraum. Innerhalb dieses Bildraums können epistemische, pädagogische und andere soziale Funktionen nur mehr analytisch getrennt werden – praktisch verschmelzen die unterschiedlichen Arbeitskontexte auf dem Bildschirm zusehends. Mit anderen Worten, der Computerbildschirm wird zum Kristallisations- und Bezugspunkt für zahlreiche Arbeitsprozesse.

Als Folge der digitalen Revolution fanden eine Entwertung des technischen Know-hows und eine Aufwertung theoretischen Wissens statt. Dieser Prozess spiegelt sich einerseits in der engen Verkopplung messtechnischer mit theoretischen Forschungsfragen und andererseits in der stärkeren Öffnung des Labors für experimentell unerfahrene Theoretiker und den wissenschaftlichen Nachwuchs. Computerbilder unterstützen diesen Prozess, weil sie die Beobachtung des Beobachtungsinstruments hochgradig erleichtern. Sie entlasten menschliche Operateure von zeitaufwendigen Kalkulationen und Routinearbeiten. Zudem erlaubt die computergenerierte Rahmung der Arbeitssituation, unerfahrene Personen stärker als bisher in den Laboralltag mit einzubeziehen, ohne dass es zu größeren Störungen des Forschungsbetriebs kommt. Inwiefern diese Transformationsprozesse auch auf andere Fachgemeinschaften und Wissenschaftsdisziplinen zutreffen, muss in Zukunft empirisch und vergleichend aufgeklärt werden. An dieser Stelle schließe ich mit einigen weiterführenden Überlegungen an, die sich aus dem vorliegenden Fallbeispiel ergeben.

Erstens lässt sich die Funktion von (computergenerierten) Bildern nicht aus der isolierten Betrachtung einzelner Wissenschaftsbilder erschließen. Während meines Laboraufenthalts stieß ich wiederholt auf Situationen, in denen nicht-informierten ('naiven') Beobachtern der wissenschaftlichen Arbeit mit und am elektronenmikroskopischen Bild viele wertvolle Details entgangen wären. Ohne mindestens oberflächliche Kenntnisse des praktischen Wissens, das in die Bildherstellung und -interpretation einfließt, ist die Funktion von Bildern im Alltag der Laborforscher kaum zu verstehen. Das Spektrum der Wissensformen reicht dabei vom impliziten Know-how bis hin zu expliziten Vorschriften. Der soziologische Beobachter muss sich dieses Bildwissen der Fachgemeinschaft mindestens teilweise aneignen, um die Praxis der visuellen Laborarbeit zu rekonstruieren.[9]

Zweitens erschöpfen sich digitale Bildformate nicht in funktionalen Äquivalenten älterer Zeichensysteme. Obwohl computergenerierte Darstellungsweisen scheinbar nur 'analoge' Bildformate nachzuahmen vermögen, liegt in der Kombinierbarkeit und Verschmelzung unterschiedlicher Bildinhalte das besondere sozio-epistemische Potenzial dieses technischen Mediums. Wie gezeigt, eröffnete der Computerbildschirm neue Perspektiven, indem er sowohl numerische Modelle als auch soziale Unterschiede in visuelle Zeichen transformierte und in einem Bildraum darstellte. Auf diese Weise kanalisiert der Bildschirm die Wahrnehmung der Akteure und schuf neue Handlungschancen. Ich behaupte nicht, dass der Generationswechsel innerhalb der Elektronenmikroskopie allein aufgrund digitaler Bilder zustande kam. Allerdings scheint mir der Computerbildschirm ein besonders effektives Medium zu sein, um modelltheoretische Forschungsfragen in die experimentelle Laborarbeit zu integrieren und das Verhalten unerfahrener Labormitarbeiter zu kontrollieren.

Schließlich liefert meine Untersuchung eine informative Kontrastfolie zu anderen Fallstudien aus der Wissenschaftsforschung. Beispielsweise zeigt der Fall der Elektronenmikroskopie, dass Computerisierung und Automatisierung nicht in einem *De-Skilling* von Laborarbeit enden müssen. Vielmehr eröffnet der Computereinsatz den betroffenen Fachgemeinschaften auch Gelegenheiten, um neue Kompetenzen und Forschungspraktiken zu entwickeln. An die Stelle experimentellen Geschicks treten theoretische Kenntnisse und Programmierfähigkeiten. Anders als die Literatur über *collaboratories*, die sich auf räumlich weit entfernte Arbeitszusammenhänge konzentriert, lässt meine Rekonstruktion computerge-

---

9 Meine teilnehmende Beobachtung in einem Physikseminar erwies sich bei der Wissensaneignung als äußerst nützliche Strategie. Übrigens ist das Risiko eines *going native* dabei weit geringer, als allgemein angenommen wird. Die analytische Distanz bleibt schon deshalb gewahrt, weil sich die Studierenden und der ethnografische Beobachter in einer sehr ähnlichen Situation wiederfinden. Mit ihren unbedachten Fragen und ungelenken Verhaltensweisen werden beide wiederholt zu Auslösern von kleineren *Krisenexperimenten*, die wertvolle Hinweise bezüglich der 'stillschweigenden' Voraussetzungen der Laborarbeit liefern (ähnlich berichten Mody & Kaiser, 2008, S. 389 f.).

stützter Trainingsmethoden erkennen, dass digitale Bildtechnologien signifikante Veränderungen der Kommunikations- und Koordinationspraktiken schon auf der lokalen Ebene, innerhalb der Laborgrenzen, anstoßen. Zu guter Letzt belegt meine Fallstudie, dass Computersimulationen nicht gezwungenermaßen auf einen Verlust realweltlicher Referenzobjekte zusteuern, wie es Beobachter den neuen Computerwissenschaften zuweilen unterstellen. Stattdessen gehen *wet lab* und *dry lab* in der Elektronenmikroskopie eine epistemisch fruchtbare Symbiose ein. Im digitalen Repräsentationsraum des elektronenmikroskopischen Labors werden die lange Zeit getrennten Fachgemeinschaften der experimentellen und theoretischen Physik mit Hilfe simulierter Bilder aufs Neue verwoben.

Literatur

Adelmann, R., Frercks, J., Heßler, M., & Hennig, J. (Hrsg.). (2009). *Datenbilder. Zur digitalen Bildpraxis in den Naturwissenschaften*. Bielefeld: Transcript.

Baird, D. (2004). *Thing Knowledge: A Philosophy of Scientific Instruments*. Berkeley, Calif. u. a.: University of California Press.

Boehm, G. (2001). Zwischen Auge und Hand: Bilder als Instrumente der Erkenntnis. In B. Heintz & J. Huber (Hrsg.), *Mit dem Auge denken. Strategien der Sichtbarmachung in wissenschaftlichen und virtuellen Welten* (S. 43-54). Zürich: Voldemeer.

Castor, J. (2008). Frischzellenkur für das Labor. Neue Gestaltungsideen für Laborarbeit im Wandel. *Labor & More*, Heft 1, 26-27.

Daston, L., & Galison, P. (2002). Das Bild der Objektivität. In P. Geimer (Hrsg.), *Ordnungen der Sichtbarkeit: Fotografie in Wissenschaft, Kunst und Technologie* (S. 29-99). Frankfurt a.M.: Suhrkamp.

Finholt, T. A. (2003). Collaboratories as a new form of scientific organisation. *Economics of Innovation and New Technology*, *12*(1), 5-25.

Galison, P. (1997). *Image and Logic: A Material Culture of Microphysics*. Chicago u. a.: University of Chicago Press.

Gerthsen, C., Kneser, H. O., & Vogel, H. (1986). *Physik. Ein Lehrbuch zum Gebrauch neben Vorlesungen* (15. Aufl.). Berlin u. a.: Springer.

Gläser, J. (2006). *Wissenschaftliche Produktionsgemeinschaften. Die soziale Ordnung der Forschung*. Frankfurt a.M. u. a.: Campus.

Gläser, J., & Lange, S. (2007). Governance der Wissenschaft. In R. Schützeichel (Hrsg.), *Handbuch Wissenssoziologie und Wissensforschung* (S. 773-782). Konstanz: UVK.

Gramelsberger, G. (2010). *Computerexperimente. Zum Wandel der Wissenschaft im Zeitalter des Computers*. Bielefeld: Transcript.

Heintz, B. (2000). *Die Innenwelt der Mathematik. Zur Kultur und Praxis einer beweisenden Disziplin*. Wien u. a.: Springer.

Heintz, B., & Huber, J. (Hrsg.). (2001). *Mit dem Auge denken. Strategien der Sichtbarmachung in wissenschaftlichen und virtuellen Welten*. Zürich: Edition Voldemeer.

Heßler, M. (Hrsg.). (2006). *Konstruierte Sichtbarkeiten*. München: W. Fink.

Heßler, M., & Mersch, D. (2009a). Bildlogik oder Was heißt visuelles Denken? In M. Heßler & D. Mersch (Hrsg.), *Logik des Bildlichen. Zur Kritik der ikonischen Vernunft* (S. 8-49). Bielefeld: Transcript.

Heßler, M., & Mersch, D. (Hrsg.). (2009b). *Logik des Bildlichen. Zur Kritik der ikonischen Vernunft*. Bielefeld: Transcript.

Humphreys, P. (2004). *Extending Ourselves: Computational Science, Empiricism, and Scientific Method*. Oxford: Oxford University Press.

Kirkland, E. J. (2010). *Advanced Computing in Electron Microscopy*. New York u. a.: Springer.

Kisielowski, C., Freitag, B., Xu, X., Beckmann, S. P., & Chrzan, D. C. (2006). Sub-Angstrom Imaging of Dislocation Core Structures: How Well Are Experiments Comparable with Theory? *Philosophical Magazine, 86*(29-31), 4575-4588.

Knorr Cetina, K. (2002). *Wissenskulturen. Ein Vergleich naturwissenschaftlicher Wissensformen* [zuerst 1999]. Frankfurt a.M.: Suhrkamp.

König, W. (1996). Science-Based Industry or Industry-Based Science? Electrical Engineering in Germany before World War I. *Technology and Culture, 37*(1), 70-101.

Laudel, G., & Gläser, J. (2007). Interviewing Scientists. *Science, Technology & Innovation Studies, 3*(2), 91-111.

Lenhard, J., Küppers, G., & Shinn, T. (Hrsg.). (2006). *Simulation: Pragmatic Constructions of Reality*. Sociology of the Sciences Yearbook 25. Dordrecht u. a.: Springer.

Lickfeld, K. G. (1979). *Elektronenmikroskopie. Eine Einführung in die Grundlagen der Durchstrahlungs-Elektronenmikroskopie und ihrer Präparationstechniken*. Stuttgart: Ulmer (UTB 965).

Merz, M. (1999). Multiplex and Unfolding: Computer Simulation in Particle Physics. *Science in Context, 12*(2), 293-316.

Merz, M. (2006). Locating the Dry Lab on the Lab Map. In J. Lenhard, G. Küppers & T. Shinn (Hrsg.), *Simulation: Pragmatic Construction of Reality* (S. 155-172). Dordrecht: Springer.

Mody, C. C. M., & Kaiser, D. (2008). Scientific Training and the Creation of Scientific Knowledge. In E. J. Hackett, O. Amsterdamska, M. Lynch & L. A. Suchman (Hrsg.), *Handbook of Science and Technology Studies, 3rd Edition* (S. 377-402). Cambridge, Mass. u. a.: MIT Press.

Olson, G. M., Zimmerman, A. S., & Bos, N. (Hrsg.). (2008). *Scientific Collaboration on the Internet*. Cambridge, Mass.: MIT Press.

Polanyi, M. (1985). *Implizites Wissen* [zuerst 1966]. Frankfurt a.M.: Suhrkamp.

Rasmussen, N., & Hawkes, P. (1998). Electron Micrsocope. In R. Bud & D. J. Warner (Hrsg.), *Instruments of Science: An Historical Encyclopedia*. New York u. a.: Garland Publishing.

Rheinberger, H.-J. (2001). *Experimentalsysteme und epistemische Dinge. Eine Geschichte der Proteinsysnthese im Reagenzglas* [zuerst 1997]. Göttingen: Wallstein.

Ruska, E. (1987). The Development of the Electron Microscope and of Electron Microscopy, Nobel Lecture. In Nobel Foundation (Hrsg.), *Les Prix Nobel 1986* (S. 58-83). Stockholm: Almquist & Wiksell.

Schimmel, G. (1986). The Succession of Generations of Electron Microscopists. *Ultramicroscopy, 20*, 183-188.

Shrum, W., Genuth, J., & Chompalov, I. (Hrsg.). (2007). *Structures of Scientific Collaboration*. Cambridge, Mass.: MIT Press.

Williams, D. B., & Carter, C. B. (1996). *Transmission Electron Microscopy: A Textbook for Materials Science*. New York: Springer.

Das Bild als Phänomen.
Visuelle Argumentationsweisen und ihre Logiken am Beispiel von Sichtbarmachungen des ‚AIDS-Virus' und der funktionellen MRT

Hannah Fitsch / Lukas Engelmann

Dass ein Bild nicht mit dem Gegenstand, den es abbildet zu verwechseln sei, wusste schon René Magritte, der mit seinem berühmten Bild *Der Verrat der Bilder* (1929)[1] darauf hinwies, dass die Abbildung einer Pfeife mitnichten mit der Pfeife, die man stopfen und rauchen kann, gleichzusetzen sei. Die Weigerung Magrittes eine Analogie zwischen Abbildung und abgebildeten Gegenstand anzunehmen, spitzt sich für die Analyse digitaler Bilder, in denen „Unsichtbares sichtbar" (Heßler 2006) gemacht wird, noch zu. Wie mit einem Bild umgehen, wenn der abgebildete Gegenstand als verfügbare Referenz nicht existiert, wenn er überhaupt erst mit dem Bild real wird? Unsere in diesem Artikel vorgenommene exemplarische Untersuchung zweier Wissenschaftsbilder folgt der Frage, welches Verständnis von Sichtbarmachungen / Visualisierungen[2] eine visuelle Soziologie bräuchte, um sie für eine kritische und gesellschaftspolitisch relevante Forschung und Praxis zugänglich zu machen? Das Bild – so unsere Antwort – muss dazu als Phänomen begriffen werden.

1. Das Bild (als) Phänomen gedacht

Der Begriff des Phänomens, der hier für ein Verständnis von Wissenschaftsbildern produktiv gemacht werden soll, ist der feministischen Wissenschaftskritik

---

1   Das Bild ist durch Michel Foucaults Essay eher unter dem Namen *Ceci n'est pas une pipe (2001[1973])* bekannt.

2   Mit dem Begriff der Sichtbarmachung, respektive der Visualisierung wird der konstitutive und konstituierende Prozess der Herstellung eines Bildes bereits in dessen Anrufung mit aufgenommen. Sichtbarmachung und Visualisierung liegt die Konnotation eines Geworden-seins bereits inne und legt den Schwerpunkt auf den Entstehungsprozess eines Bildes (Rheinberger 2009).

von Karen Barad entlehnt. Ihre von Niels Bohr inspirierte Lesart des Begriffs setzt an der konstitutiven Ununterscheidbarkeit von beobachteten Objekten und den Apparaturen ihrer Beobachtung an (Barad 2001, 83). Das Bild wie das im Bild dargestellte Objekt sind damit stets sowohl als apparative Bedingung der Sichtbarmachung eines Objekts als auch als das sichtbare Objekt selbst zu verstehen. Dieses Wechselspiel des Bildes zwischen Erkenntnisinstrument und Erkenntnisobjekt als Phänomen im Sinne Barads[3] zu verstehen, erlaubt uns hier der These nachzugehen, dass sich die spezifische Wirkmacht wissenschaftlicher Bilder erst vor dem Hintergrund derjenigen materiellen und diskursiven Bedingungen einstellt, in dessen Kontext sie emergieren.

So ist die Frage danach, wie wir Bilder wahrnehmen und wie sie wirken eine politische, da sie eingebunden ist in gesellschaftliche Deutungsangebote, Darstellungstechniken, Normen, Bildkonventionen und Ästhetiken. Jaques Rancière beschreibt die ästhetische Dimension als ein Feld von Sag- und Sichtbarkeiten in einer gesellschaftlichen, d. h. politischen Ordnung. Sichtbarkeit ist für Rancière alles, was abgebildet werden kann und alles was abgebildet werden kann, ist einer spezifischen Ästhetik verpflichtet. Ästhetik ist dabei als politische Voraussetzung zu verstehen, die bedeutsame Erscheinungsformen ermöglicht (Rancière 2008). Wir möchten zum einen zeigen, dass Bilder zu einem wirkmächtigen Argument werden, wenn sie vor dem Hintergrund dieser sozialen und kulturellen Bedingungen ihres Erscheinens betrachtet werden. Wir möchten aber noch einen Schritt weitergehen und nicht dabei stehen bleiben, dass die Bilder nichts und ihr Kontext alles sei, dass das Bild somit nur eine Projektionsfläche ohne Inhalt und ohne Sinn sei. Eine klassische Bildontologie möchten wir jedoch ebenso zurückweisen und dem Bild auch keinen überzeitlichen und kontextlosen Status einräumen, der unantastbar durch Raum und Zeit zirkulieren würde.[4] Unser on-

---

3 Dieses Wechselspiel ist unter verschiedenen Begriffen bearbeitet worden. Vgl. etwa Mitchells Unterscheidung zwischen *Image* und *Picture* (Mitchell 2008), Beltings Unterscheidung zwischen *Bild* und *Medium* (Belting 2001) oder auch Barthes analytische Differenzierung von *Studium* und *Punctum* (Barthes 1985). Der Begriff des Phänomens von Karen Barad, den wir hier als einen neuen Zugang zu einem bekannten Problembereich vorschlagen, ist nicht zu verwechseln mit Ansätzen aus der Phänomenologie und dem philosophischen Bereich der Anschauung. Als ein der Quantenphysik entlehnter Begriff soll er hier einem onto-epistemologischen Zugriff auf Bildpolitiken erlauben, die so wiederum den jungen Ansätzen des „New Materialism" nutzbar gemacht werden können (Barad 2007).

4 So wird der Begriff der Bildontologie heute zwar oft mit den Bemühungen Gottfried Boehms verbunden, das Bild der Semiotik zu entziehen (Boehm 1999), wir grenzen uns hier jedoch eher von einer traditionellen und platonisch gedachten Verfügbarkeit der Seinsweisen von Darstellung ab, die zu guten Teilen auch theologisch begründet ist (Imdahl 1994). Als verkörperte Bildlichkeit liegt dieser Gedanke auch der Bild-Anthropologie von Belting zugrunde (Belting 2001) und als Ort einer Logik des Visuellen bleibt ein unzugänglicher Rest des Bildhaften in vielen Ansätzen der Bildwissenschaft übrig und kann und soll auch aus dem hier entwickel-

to-epistemologischer Ansatz versucht Bilder als Phänomene zu denken, die sich im Moment ihrer Betrachtung ereignen, eine Materialisierung vorantreiben und dabei sowohl Instrumente wie Objekte der Erkenntnis sind.

In diesem Beitrag werden wir versuchen unser Verständnis von Bildern anhand zweier Beispiele zu diskutieren. Sie mögen auf den ersten Blick völlig unterschiedlich erscheinen, eine Gemeinsamkeit aber fällt auf: es sind beides Visualisierungen aus medizinischen und zudem politisch umkämpften Feldern. Beide Bildformen stehen im Zentrum gesellschaftlicher Verhandlungen, die das Soziale betreffen. Beide Visualisierungen sind umkämpfte Bilder in ebenso umkämpften Gebieten. Unser Vorgehen will daher als Dialog verstanden werden. Als ein Austausch zwischen uns, den Autor_innen und zwischen den Bildern.

Den Anfang macht ein Bild, das den ersten Preis in der Kategorie Illustration der ‚International Science and Engineering Visualization Challenge‘ 2010 gewann: ein dreidimensionales Modell des Human Immunodeficiency Virus, kurz HIV.[5] Das geöffnete Modell ist in ungewöhnlich technisch wirkenden Farben illustriert und der Detailreichtum ist erstaunlich. Das Bild reiht sich ein in eine lange Reihe der Visualisierungen von HIV, einigen mag dieser runde Körper mit Noppen und einem zylindrischen Gebilde im Inneren vielleicht bekannt vorkommen, die vorliegende Illustration widersetzt sich jedoch auch diesen Sehgewohnheiten und präsentiert so das angeblich akkurateste Modell von HIV auf der Grundlage aktuellster Forschungsergebnisse.

Das zweite Bild ist ein bekanntes und eindrückliches Beispiel, das seinen Weg aus der Wissenschaft, aus dem Labor in die populärwissenschaftliche Medienlandschaft gefunden hat: die statistische Karte funktioneller Hirndaten. Auf den Bildern der funktionellen Magnetresonanztomographie wird die menschliche Anatomie des Hirns gezeigt, in der einzelne Stellen bunt markiert wurden. Aber was ist die Aussage, das Argument, dieser bunt eingezeichneten Flecken? Herausgerissen aus jeglichem Kontext, ohne Fragestellung, ohne die Umstände des Experiments zu kennen, dessen Ergebnisse das Bild aufzeigen soll, kann das Bild nicht (richtig) gedeutet werden. Auf der anderen Seite entwickeln Hirnkarten Aussagen fernab ihrer eigentlichen Bestimmung: nämlich der Analyse von generierten Daten zu dienen. Sie argumentieren universal, ja fast schon archetypisch, sie sind zu einem Visiotyp (Pörksen 1997) geworden und stehen als Phä-

---

ten Argument nicht getilgt werden, wenn die Differenz zwischen visuellen und diskursiven epistemischen Einsätzen hervorgehoben werden soll.

5   Zum Wettbewerb siehe: http://www.nsf.gov/news/special_reports/scivis/challenge.jsp (letzter Zugriff, 19.04.2012). Die verantwortlichen Illustratoren sind Ivan Konstantinov, Yury Stefanov, Aleksander Kovalevsky, Yegor Voronin im Auftrag der Visual Science Company, siehe: http://visualscience.ru (letzter Zugriff, 19.04.2012).

nomen allgemein für die technischen Möglichkeiten ihrer Zeit ein. Denn man erkennt die Darstellung des Gehirns, und man versteht auch scheinbar sofort was die bunten Flecken auf der Hirnrinde aussagen wollen; was dazu führt, dass man das Bild als ein allgemeines Zeichen mit einer relativ offenen Referenz behandelt. Die beiden Bilder, die wir im Folgenden vorstellen, verweisen durch ihre Visualität auf ein ganz eigenes Versprechen. Die durchaus paradoxe Politik dieser Bilder werden wir in einigen elliptischen Schleifen ausführen. So beginnen wir mit einem kurzen Abriss der politisch-sozialen Bedingungen unserer beiden Beispiele, um von dort die den Bildern innewohnenden Dimensionen der Digitalität, eines bildlichen Wissens und der Diagrammatik nacheinander aufzublättern. Wir möchten im Folgenden zeigen, dass das visuelle Wissen beider Bilder sowohl im Modus ihrer Visualität als auch in den Bedingungen bereitgestellt wird, unter denen die Bilder entstehen und zum Phänomen werden.

2. AIDS und die Krise des Wissens

AIDS wurde 1981 vom Center for Disease Control als eigenständiges Phänomen klassifiziert und eingeordnet. Schon in der Definition des CDC wird eine unsichere Verortung des beobachteten Syndroms zwischen „homosexual lifestyle or disease" (CDC 1981) vorgenommen. Die Anfangs auf schwule Männer zugeschnitten Klassifizierungen der neuen und bedrohlichen Epidemie ließ sich aber schon 1982 nicht mehr aufrecht erhalten, blieb ihr aber als Spur stets erhalten (Epstein 1996, 45).

Festhalten lässt sich: das zentrale Vehikel, der Epidemie AIDS zu Beginn der 1980er Jahre Sinn zu verleihen, war die mächtige Koppelung an schwule Identität und andere Lebensstile, die als deviant, pervers und unmoralisch eingeordnet wurden. Irreführend wäre an dieser Stelle jedoch eine klare Linie zwischen leichtfertigen populären auf der einen und nüchternen wissenschaftlichen Auffassungen auf der anderen Seite zu ziehen. Vielmehr lässt sich das Argument dahin zuspitzen, dass gerade der eklatante Mangel medizinisch und mikrobiologisch haltbarer Erklärungskonzepte dem Exzess der Bedeutungen zuträglich war (Weingart 2002, 23 f.) und damit AIDS als eine Krise der epistemischen Immunität in das kulturelle Gedächtnis der Gegenwart eingeschrieben hat (Yingling 1991, 292).

Für die Bedeutung der Sichtbarmachung des HIV-Viruses ist zudem auf die keineswegs geradlinige Geschichte der mikrobiologischen Bestimmung von HIV zu verweisen. Vor der eindeutigen Definition von HIV durch das Subkommitee für humane Retroviren des „International Commitee on the Taxonomy of Viruses" der WHO in 1986 kursierten nicht weniger als 4 Konzepte zur Bestimmung einer viralen Etiologie von AIDS (Epstein 1996, 45). Festzuhalten ist an dieser Stelle lediglich, dass sich die Bestimmung von HIV nicht nur in Konkurrenz zu anderen zum Teil äußerst stigmatisierten Theorien über die Ursachen von AIDS befand, sondern zusätzlich in einem umkämpften Feld vonstatten ging, in dem die abschließende Bestimmung eines eindeutigen kausalen Agenten von großer politischer, sozialer und nicht zuletzt ökonomischer Bedeutung war. In dieser Krise des Wissens um Gesundheit und Immunität, Sexualität und Identität, die AIDS bedeutete, bildete sich das Feld, in dem die Bilder von HIV Bedeutung erlangen, Position beziehen und als Phänomen eine spezifische Intervention leisten müssen.

Abbildung 1: HIV-Modell, 2010

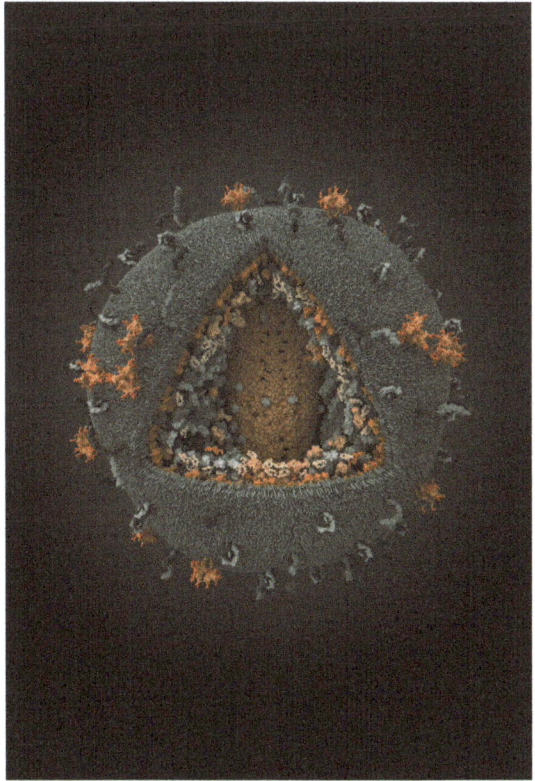

Quelle: http://visualscience.ru/en/projects/hiv/illustrations/, © bei Ivan Konstantinov für Visual Science, Moskau

Das uns hier vorliegende Bild zeigt eine Aufsicht auf das Virus, in das zur Einsicht eine dreieckige Öffnung geschnitten ist. Die unterschiedlichen molekularen Verbindungen werden zu sehen gegeben, die einzelnen Schichten sind unterschiedlich farblich markiert. An der Außenhülle sind die Rezeptoren zu sehen, die das Eindringen des Virus in T-Helferzellen ermöglichen. Im Inneren ist der eingekapselte RNA-Strang sichtbar, der mit Proteinen und Enzymen umgeben ist, die die reverse Transkriptase und damit die virale Replikation ermöglichen. Das vorliegende Bild entstammt einem nicht ganz eindeutig zu definierenden Feld. Es ist sowohl an ikonische Konventionen der Rasterelektronenmikroskopie gebunden, erinnert an andere Bilder von HIV, die seit Anfang der 1990er Jahre zirkulieren (Weingart 2004), in seiner Grundstruktur bleibt es aber diagrammatisch. Es ist ein Bild, das ähnlich einer Fotografie seinen Gegenstand zeigt und somit von ihm zeugt. Es vermittelt so einen visuellen Eindruck davon, wie HIV ,aussieht.'[6] Als Gewinner des Preises für die beste wissenschaftliche Illustration 2010 ist es zugleich als Bild Ergebnis eines höchstaktuellen Wissens- und Forschungsstandes zu HIV. Jedes Detail ist an umfassende Forschungsergebnisse der letzten Jahre gebunden, das Bild ist damit bis ins kleinste Detail hinein vollständig auf der Grundlage von Daten, Experimenten und Annahmen hin konstruiert.

Allgemein kann man über Visualisierungen von HIV sagen, dass Bilder von HI-Viren zuvorderst HIV zeigen.[7] Sie beweisen die Existenz des Virus und erlauben Einblicke in für das menschliche Auge unzugängliche mikroskopische Welten. Zum zweiten bringt das Bild von HIV das Virus als abgrenzbaren Körper hervor und unterscheidet es von dem menschlichen Kontext, in dem es parasitär angesiedelt ist. So leistet es beständig die Produktion von Eindeutigkeit und Differenz. Es soll die zahllosen phobischen wie stereotypischen Vorstellungsräume zu AIDS verschließen und das Virus dazu als eigenständigen oder ontologischen Agenten materialisieren.

---

6   Der Kunsthistoriker W.J.T. Mitchell sagte in Bezug auf das durchaus vergleichbare Bild eines Atoms: „It is surely an image, and a visual image, but not one that looks like what it represents." (Mitchell 2008, 60)
7   Diese Aussage erinnert fast programmatisch an die legendäre Formulierung des Virus-Forschers André Lwoff von 1957: „Viruses should be considered as viruses because viruses are viruses." (Lwoff 1957)

3. Funktionelle Magnetresonanztomographie als Verräumlichung des Denkens

Die Forschungsfrage der Hirnforschung ist seit ihrer psychophysischen Ausrichtung klar formuliert: Um das Verhalten des Menschen zu verstehen, müssen die Funktionsweisen des Gehirns aufgedeckt werden. Bevor das Gehirn als Gegenstand der Hirnforschung etabliert werden konnte, musste es als Organ des Denkens und in Folge als Denkraum installiert werden. Erst nachdem sich die Vorstellung vom Gehirn als ‚Ort des Denkens' herausgebildet hatte, ließ es sich sukzessive der Vermessung zuführen. Anfangspunkt der Verknüpfung physiologischer und anatomischer Forschungen, wie sie heute auch in der fMRT immanent ist, ist die Schädellehre (Phrenologie) Franz Joseph Galls aus den Anfängen des 19. Jahrhunderts. Hier wurde erstmals der Schädel als Projektionsfläche einer landkartenähnlichen Lokalisierung (Anatomie) funktioneller Hirndaten (Physiologie) verwendet (Hagner 1997). Das Gehirn der räumlichen Vermessung im funktionellen Magnetresonanztomographen zugänglich zu machen, gelang mit Hilfe des cartesianischen Koordinatensystems. Das Koordinatensystem ermöglicht die gesamträumliche Vermessung des Hirnraums durch die Anlegung eines Gitternetzes, mit dessen Hilfe das Gehirn in einzelne kleine Volumen unterteilt werden kann, denen im Koordinatensystem jeweils ein Ort zugewiesen wird.

Das Bild in der funktionellen Magnetresonanztomografie soll lokalisieren; den verschiedenen Reizverarbeitungen und psychischen Prozessen – wie zum Beispiel Liebe, Glaube, Sexualität – im Gehirn einen Ort geben. Die Visualisierung verortet diese Funktionen, die in eine Hirnkarte eingetragen werden, um sie fortan interindividuell, anhand der angefertigten Kartierungen, miteinander vergleichen zu können. Dadurch, dass die Bilder die hohe Informationsdichte auf verschiedenen Ebenen gleichzeitig abbilden können, erleichtern, bzw. ermöglichen sie erst das Verständnis und die Analyse der erhobenen Daten. Die Technik der funktionellen Magnetresonanztomographie ist eine Weiterentwicklung der Magnetresonanztomographie, mit der allein die Anatomie des Gehirns dargestellt werden kann. In der funktionellen Magnetresonanztomographie stellen die Bilder keinen Mehrwert dar, sondern genauer: das Phänomen fMRT würde es ohne Bilder nicht geben. Die Bilder stellen also vielmehr das Ergebnis des Wunsches dar, nicht mehr nur Ein- und Ausgänge der Hirnaktivität messen zu können, sondern scheinbar die ‚Black-Box' Hirn zu öffnen, während es arbeitet. Die Art und Weise der Generierung der Daten zielt auf ihre Darstellung als Bilder ab.

Abbildung 2:   Funktionelles Magnetresonanztomographie-Bild.

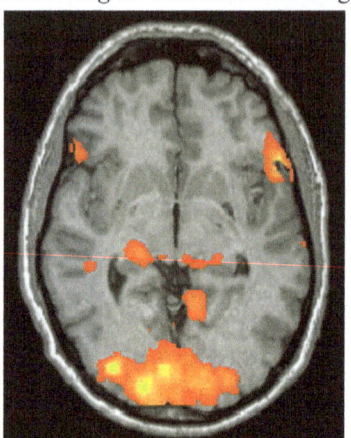

Quelle: Kaiser, A.

Was also sieht man auf einem durchschnittlichen, axialen, die Hirnschicht von oben darstellenden, funktionellen Hirnbild?[8] Das hier im Text besprochene Bild zeichnet sich dadurch aus, dass die Morphologie des Gehirns zusammen mit den im Experiment gewonnen Daten angezeigt wird, die Darstellung des Hirns also, abgesehen vielleicht von einer Anpassung an ein Normgehirn durch die Talairach-Transformation nicht weiter ästhetisch modifiziert wurde. Der Hintergrund der pixelig wirkenden Bilder ist schwarz und sorgt für Neutralität, lenkt den Blick der Betrachter_innen auf das was wichtig ist, wichtig erscheinen soll. Für das Expertenauge ist der schwarze Hintergrund Garant dafür, dass die dargestellten Daten keine Artefakte beinhalten, dass nur der Bereich gescannt wurde, von dem auch Daten gewünscht sind, nämlich innerhalb des abgebildeten Gehirns. Neben dem einheitlich schwarzen Hintergrund sind auch die Hirnflüssigkeiten nahezu schwarz dargestellt, was dazu führt, dass der Schädelknochen nach innen und außen schwarz abgesetzt ist. Dadurch wirkt der symmetrisch angeordnete Schädelknochen, ein ungleichmäßiger, weiß-hellgrauer ovaler Ring, durch den starken Kontrast zum Schwarz eher aufgesetzt, begrenzt eher störend die sonst gleichmäßig kontrastierenden Grautöne des Bildes. Folgen wir bei der Beschreibung weiter der Bildstruktur von außen nach innen, folgt dem schwarzen Hintergrund,

---

8   Es gibt drei verschiedene Perspektiven aus der man das Gehirn mit funktioneller Bildgebung
     abbilden kann, entweder von der Seite (sagittal) von oben (axial) oder von vorne (coronal).

dem hellen Ring des Schädels und dem schwarzen Ring der Hirnflüssigkeit die in Grautönen dargestellte Hirnmorphologie. Der für die Hirnmorphologie verwendete Kontrast zwischen den 255 verwendeten Grautönen erinnert an Röntgenbilder. Die an manchen Stellen blumekohlartig anmutenden Strukturen werden zwischen hellgrau und dunkelgrau dargestellt und wiederholen sich symmetrisch auf der rechten wie auf der linken Seite. Einige Stellen der Hirnkarte sind bunt eingefärbt. Sie geben die Regionen im Gehirn an, in denen eine mögliche Denkaktivität, in Form des BOLD-Kontrasts, gemessen wurde. Der BOLD-Effekt beschreibt die Abhängigkeit der Spinrelaxationszeit der Wasserstoffmoleküle vom Sauerstoffgehalt im Blut, der durch aufwendige Berechnungen aus den Daten verschiedener Messungen in Kontrast gesetzt wird. Die für die Markierung verwendeten Farben decken in den meisten Fällen eine Farbskala von Dunkelblau über Grün bis Gelb, Orange und einem tiefen Rot ab. „Das Gehirn brennt" sagt man zu den Stellen, an denen besonders hohe Aktivität gemessen wurde und die im Gehirn mit hellgelben Stellen, die orange auslaufen markiert werden.[9] Schon hier ist wichtig darauf hinzuweisen, dass Hirnkarten unbedingt auf den Vergleich angewiesen sind. Sie wollen stets eine grundlegende Aussage über die Architektur des Gehirns machen, produzieren dabei immer schon ein Normgehirn mit Normfunktion und die unweigerlich dazugehörigen Abweichungen mit.

4. Der Einsatz des Bildes

Wie festgehalten wurde, sind beide Bilder in einen konkreten historisch-politischen Kontext eingebunden, in dem sie eine je spezifische Überzeugungsarbeit leisten sollen. Beide zeigen darin auf eine Entität, auf etwas, das in die bestehenden Kräfteverhältnisse einwirkt, beide bringen einen Gegenstand hervor und fügen ihn in die Diskurse um AIDS und um Hirnforschung ein.

Das Bild von HIV stellt in der Suche nach dem kausalen Erreger ein Ergebnis da. Es ist eine sichtbare Spur der Experimentalsysteme,[10] in denen HIV eingekreist und als materielle Ursache dingfest gemacht wurde. Das Bild ist darin zunächst Forschungsinstrument, dann Forschungsergebnis und nicht zuletzt ein

---

9   Eine ausführliche Beschreibung der Bildgebungstechniken im Kernspintomographen und den Zusammenhang von Visualität und epistemischer Funktion in der funktionellen MRT findet sich in der Dissertation *Just to give you a picture. Über Sicht- und Sagbarkeiten in der funktionellen Magnetresonanztomografie*, Hannah Fitsch (TU-Berlin) 2012.
10   Die Begriffe Spur und Experimentalsystem sind hier von Hans-Jörg Rheinberger entlehnt (Rheinberger 1992).

wesentliches Vehikel der Popularisierung.[11] Im Unterschied dazu stehen funktionelle Bilder des Gehirns mithin am Ausgangspunkt moderner Hirnforschung, da ihr Wissen rein visueller Natur ist. Funktionelle Bildgebung artikuliert sich nicht nur bildhaft, sie funktioniert auch bildhaft. Denn fMRT ist eine Methode, die sich auf Karten und Bilder von vorher ausgewiesenen Verarbeitungsmodulen und ihrer Lokalisation im Gehirn stützt. Um die funktionellen Messdaten lesen zu können, müssen sie zur Auswertung wie eine Folie über die anatomischen Daten gelegt und geortet werden. So ist die gemessene Aktivität im Gehirn nur sinnvoll im Bedeutungszusammenhang der Lokalisation und somit dem anatomischen Hirnbild, da die Daten ohne eine Zuschreibung, wo sie passieren und was sie, weil sie gerade dort passieren, für eine Funktion haben, nicht gelesen werden können. Das Wissen der funktionellen Daten existiert ausschließlich über die visuelle Darstellung; über die Verknüpfung der anatomischen Hirnbilder mit den statistischen Karten. Denn die verschiedenen Bereiche im Gehirn können nirgendwo so klar voneinander abgegrenzt und unterschieden werden, wie es die Bildgebung mit ihren farblich unterschiedlichen Kolorierungen simuliert.

Das HIV-Bild kann folglich als ein Schlusspunkt verstanden werden kann, dessen Leistung darin besteht, Forschungsergebnisse zu besiegeln und Kontroversen zu beenden. Anders herum lassen sich fMRT-Bilder als Ausgangspunkt von Hirnforschung positionieren, ihre Leistung besteht somit in der Darlegung eines Problembereichs, dessen notwendige Beforschung impliziert wird. Mit anderen Worten: Bilder von HIV arbeiten an einem „blàck-boxing" von HIV (Epstein 1996, 66) und generieren HIV so als „obligatory point of passage" (Callon 1986) für die Forschung. Es wird zum singulären Konzept, das sämtliche Forschungsarbeit auf einen Gegenstand vereint, dessen Gegenständlichkeit darin paradigmatisch geworden ist. FMRT-Bilder des Gehirns hingegen sind Teil des Projekts, die Black-Box Gehirn nachhaltig zu öffnen und unbekannte Welten des Denkens visuell zu erschließen.

Diese beinahe polemische Gegenüberstellung dient hier vor allem der Differenzierung von Bildleistungen und verweist auf die ambivalenten Funktionen von Bildern als Phänomene. Wie lässt sich eine so widersprüchliche und sich widersprechende visuelle Logik formal fassen? Denn an dieser Stelle kann überspitzt formuliert werden, dass ein Bild entweder als abschließender Beweis eines vorhanden Arguments („AIDS wird durch HIV ausgelöst") oder aber als offener Ge-

---

11   Bruno Latour bezeichnet diese Kette der Transformationen und Übersetzungen von Gegenständen, Instrumenten, Praktiken und eben auch Bildern als Verfahren, in denen Referenz beständig zirkuliert (Latour 2000, 36). Die Auseinandersetzung mit der Zirkulation von Bildern und ihren Referenztransformationen als Phänomen liefert so einen weiteren Zugang zu einer Wissenschaftssoziologie, die der Emergenz von Wissen in den visuellen Praktiken nachspürt.

genstand eines zu entwickelnden Arguments („Bestimmte Emotionen sind wahrscheinlich mit den Hirnregionen XY verbunden") hervortritt. Lässt sich dann noch von einer eigenständigen Logik sprechen, die dem Bildlichen jenseits des Kontextes innewohnt, in dem die Bilder Bedeutung erlangen und funktionieren?

5. Digitales visuelles Wissen

Die beiden oben vorgestellten Bildtypen gehören zur Kategorie der digitalen Bilder. Digitale Sichtbarmachungen sind Bilder eines doppelt Unsichtbaren: Den Daten, die bei der Hirnforschung ebenso wie in mikrobiologischen Virusforschung erhoben und gemessen werden, wird eine erste Sichtbarmachung abgerungen.[12] Ihre Umsetzung in die Karte, die dem anatomischen Bild eingelagert wird und stärker noch die Umsetzung in ein dreidimensionales Modell von HIV ist eine zweite Sichtbarmachung, in der nun die gewonnen Daten und die Algorithmen ihrer Gestaltung sichtbar werden.

Wie bereits hervorgehoben, existiert jedoch ein Spannungsfeld zwischen den beiden Beispielen. Das Gehirn und seine ikonischen Anspielungen ist auf der einen, das artifizielle und fast schon monströse Bild von HIV, in einer anderen Position zu verorten. Und diese ist paradox. Warum ist das Bild, das sich als paradigmatischer Ausgangspunkt der modernen Hirnforschung etikettiert ein offenes Buch für Assoziationen, Interpretationen und Analyse, während das Bild von HIV als ausgewiesenes Forschungsergebnis nur wenige symbolische Analogien zulässt und strukturelle Ähnlichkeiten scheut?[13]

Dieter Mersch unterscheidet zwischen zwei höchst disparaten visuellen Strategien der Evidenzerzeugung, die hier zur weiteren Klärung beitragen können (Mersch 2006). So findet sich zum einen eine Darstellungsweise, die Zeugenschaft ablegt, die referentiell funktioniert und einen Existenzbeweis vorlegt. Das

---

12 Auf die Vielzahl der Sichtbarmachungsschritte, die allen digitalen Bildgebungsverfahren immanent sind, kann an dieser Stelle nicht näher eingegangen werden, da sie sich für die beiden hier beschriebenen Bildarten unterscheiden. Grundlegend spielen insbesondere auf Modellen beruhende mathematische und statistische Berechnungen eine wesentliche Rolle bei der Herstellung und Gestaltung der Bilder (Hüppauf & Weingart 2008, Mersch 2006).
13 Wenngleich das Bild hier natürlich an die Geschichte der Visualisierung von HIV anknüpft und eine Bildkonvention aufruft, die seit Mitte der 1980er Jahre den kausalen Erreger von AIDS zeigt, sind jedoch Farbgebung und die Einsicht vermittelnde Darstellung dieses Bildes höchst ungewöhnlich. Zudem verbleibt die Visualisierung von Viren grundsätzlich in einem Bereich der Sichtbarmachung, in dem hochartifizielle Körper erzeugt werden, deren Wiedererkennbarkeit in alltäglichen Lebenswelten nicht gewährleistet ist. Das Bild zeigt damit nicht nur einen spezifischen Erreger, es zeigt und erzeugt zugleich eine Welt, deren Sichtbarkeit hoch voraussetzungsvoll bleibt (Weingart 2004).

Gehirnbild beweist die Aktivität im Gehirn, legt die vertraute Folie menschlicher Anatomie bewusst über farbliche Kartierungen von messbaren Aktivitäten, die damit bewiesen und zur Interpretation freigegeben sind. Dem gegenüber findet sich eine zweite Struktur, die allgemein formuliert die Anordnung von Wissen auf abstrakten Tableaus vornimmt und aus Daten berechenbare Figuren produziert. Während sich auch im Gehirnbild dieses abstrakte Tableau in der Aktivitätskarte wiederfindet, ist das HIV-Bild vollständig errechnet. Dieser graphematische oder diagrammatische Vorgang erzeugt eine Skriptur, die damit letztlich einen konstruktiven Status einnimmt. Das aus Unmengen von Datenmaterial erzeugte Bild von HIV nimmt eine konkrete Form an, erhält einen Körper und wird als eigenständiges Wesen (als Virus) denk- und greifbar. Die argumentative Dimension des Bildlichen liegt damit eventuell weniger in der Produktion einer Ähnlichkeit oder eines Wiedererkennungswertes. Oder anders ausgedrückt: die Analogie ist nur eine Dimension der Evidenz, die im Bildlichen zum Vorschein kommt. Eine andere Dimension, die für die vorliegende Fragestellung deutlich ergiebiger sein wird, ist der diagrammatische Status, den wissenschaftliche Visualisierungen annehmen, wenn sie weniger dem referentiellen Abdruck von Wirklichkeit, als vielmehr der Produktion geordneter Syntaxe, d. h. der Visualisierung von numerischen Ordnungen/Daten verpflichtet sind. Und wissenschaftliche Bilder, wie die beiden hier diskutierten, zeichnen sich genau dadurch aus, dass sie eben nicht rein visuelle Zeugnisse sein wollen. Ihre Struktur ist nicht darin beschaffen eine normative und undurchdringliche Grenze gegenüber diskursiven Formationen und numerischen Werten zu schaffen und darauf aufbauend eine völlig eigene rein visuelle Form der Argumentation zu entwickeln. Und genau in dieser Zwischenposition werden sie zu einem Phänomen, dass sich nach Barad durch ein temporäres und diffraktives In-die-Welt-kommen auszeichnet:

> Phenomena are ontologically primitive relations – relations without preexisting relata. On the basis of the notion of intra-action, which represents a profound conceptual shift in our traditional understanding of causality, I argue that it is through specific agential intra-actions that the boundaries and properties of the ,components' of phenomena become determinate and that particular material articulations of the world become meaningful. (Barad 2007, 333)

Die Struktur von wissenschaftlichen Bildern als Phänomenen ist in ihrer Indifferenz zwischen Schrift und Bild begründet, ihre argumentative Performativität beruht auf der beständigen intra-aktiven Bezüglichkeit von diskursiven und visuellen Elementen als disparate Entitäten, die zugleich nur in der Relation hervortreten und dennoch aufeinander irreduzibel bleiben. Ihre Argumentationsleistung als Phänomen wäre demnach nicht visuell, sondern diagrammatisch beschaffen. Denn die Operationen zwischen Symbolizität und Ikonizität verwischen beständig die Grenze zwischen Text und Bild (Weingart 2004, 107) und bringen darin ein diffraktives Element jeder visuellen Argumentation hervor, dass das Verhältnis von Sichtbarkeit und Sagbarkeit in einer fortwährend Interferenz stabilisiert.[14] Der Effekt liegt in einem überzeugenden visuellen Argument, das eine allgemeine und zugleich als allgemein vermittelte Struktur in einem konkreten einzelnen Bild darstellen kann: das partikulare Zeichenvorkommnis des Diagramms verweist immer auf einen universellen Gegenstand, ein allgemeines Verhältnis, einen grundsätzlichen Sachverhalt, es ermöglicht ein begriffliches Sehen (Krämer 2009, 102). Das Bild von HIV verweist auf die ‚Situation‘ und das ‚Verhältnis‘ HIV, auf die grundlegende Struktur, die mit HIV einhergeht, die HIV ausmacht. So wie eine Karte stets einen kartierten, vermessenen Raum referenziert, so verweist das diagrammatische Bild auf einen allgemeinen Bereich, eine allgemeine Struktur, für die das Einzelne stellvertretend steht. Ebenso beansprucht das Gehirnbild immer mehr zu sein, als ein bloßes Bild eines einzelnen Gehirns und dessen zufällige Aktivitätsmuster. Es steht stets ein für mögliche allgemeine Muster, die immer und in jedem Hirn auftreten. So ließe sich eine diagrammatische Argumentation auffassen, als eine Sichtbarmachung, die über den konkret abgebildeten Gegenstand immer auch Ordnungen errichtet.

Als Visualisierung von Strukturen und Ordnungen stellt jedes Diagramm immer eine Vereinfachung allgemeiner und globaler Sachverhalte dar. Die Diagrammatik entzieht in diesem Sinn dem Bild das spontane und Bildhafte und reduziert es auf eine Form oder eben eine Topologie, die lediglich Ausdruck eines begrifflich fassbaren Sachverhaltes ist. Die Diagrammatik entzieht aber auch der Sprache und dem Diskurs die Form der Sukzession und transferiert sie in evidente Flächigkeit und Simultanität: „Generell kann als diagrammatische Grundregel angenommen werden, dass die Eindeutigkeit des Wissens sich zum Grad der Ikonizität umgekehrt proportional verhält." (Mersch 2006, 107).

Das Verhältnis und das jeweilige Gewicht der ikonischen wie der diskursiven Einsätze bestimmt demnach den Grad der Eindeutigkeit des vermittelten Wissens: Umso bunter und „hübscher" das Diagramm gestaltet ist, umso weniger ist es wissenschaftlich ernst zu nehmen. Um so stärker die ikonischen Anleihen an sozialen Bildarchiven ausfallen, um so weniger trägt das Bild damit den Index einer abstrakten Wissenschaftlichkeit. Die Vermittlungsstruktur von Wissen, die Argumentation der beiden hier vorgestellten Bilder unterscheidet sich daher also im Grad der Abstraktion, der vor dem Hintergrund der hier ausgebreiteten

---

14 Das gilt selbstverständlich auch von der anderen Seite aus betrachtet. Aus der Perspektive von Schriftbildlichkeit ist Sprache in ihrer Gegebenheit von Schrift immer schon in einer ikonografischen Dimension denkbar. Damit ist nur logisch von einer Grammatologie auf eine Diagrammatologie der operativen Bilder zu extrapolieren (Vgl. Krämer 2009, 97 f.).

Gedankengänge entscheidend ist für die tatsächliche Form der Wissensvermittlung. Die Konkretheit des Gehirnbildes, die Greifbarkeit und Vertrautheit der
menschlichen Anatomie als Hintergrundfolie eröffnet einen offenen und sozial
äußert unterschiedlich besetzten Raum, der dann mit abstrakten Daten in Form
einer Karte der Hirnaktivität überlagert wird. In der Verknüpfung, so ließe sich
schlussfolgern, von ikonischer Anleihe aus der Anatomie mit abstrakten Karten
schafft das diagrammatische Hirnbild ein Argument, in dem die ikonische Ebene – die Anatomie des Hirns – gerade durch ihre vertraute Bildhaftigkeit Uneindeutigkeit suggeriert. Dem gegenüber kann dann die Aktivitätskarte ein abstraktes Prinzip verkörpern, eine Struktur und Ordnung, die über die graphematischen
Mittel als allgemeine Ordnung, als Norm installiert wird.

Ganz anders verhält es sich mit dem Bild von HIV. Wenn das Argument von
Mersch lediglich auf die wissenschaftliche Redlichkeit des Bildes verweist, dann
trägt das HIV-Bild offensichtlich zu recht einen Preis für die beste wissenschaftliche Veröffentlichung in 2010. Die Abstraktheit und technizistische Ausstattung
des Bildes würde dem dann Rechnung tragen. In einer solchen Betrachtung würde allerdings ein entscheidender Moment verloren gehen, der oben bereits ange-
sprochen wurde: die künstlich geschaffene Körperlichkeit und Gestalt des Virus.
Vor allem, wenn ikonische Referenzen eingefügt werden, wenn mimetische Ver-
fahrensweisen hinzugezogen werden, um die Referenzen des Diagramms deutlich und sichtbar zu machen, entsteht das, was von Mersch als Ontologisierung
von Daten durch Diagramme aufgefasst wird (Mersch 2006, 111). Das Diagramm
wird dann unter Umständen nicht mehr als Darstellung einer topologischen Ordnung oder als Graph gelesen sondern als Bild, das Gegenstände mit eigener Kon-
tur und Identität zeigt und diese damit ontologisiert, d. h. als tatsächlich vorhan-
dene Dinge hervorbringt. Wie mit einer Art von analogem Schein ausgestattet,
können graphematische und diagrammatische Ordnungen so zu referentiellen
Ordnungen umgestiftet werden.

6. Schluss

Wie lassen sich diese Bilddimensionen nun in den Fragenkatalog einer visuellen
Soziologie einbetten? Vor dem Hintergrund des skizzierten gesellschaftlichen
Feldes, aus dem die Bilder kommen und in das sie intervenieren, werden die dargelegten Bildpraktiken nun bedeutsam. Beide Bilder als Phänomen zu begreifen und damit in einen onto-epistemologischen Erkenntnisrahmen einzuordnen,
scheint uns hilfreich, die spezifischen Funktionen dieser Bilder in einem beständigen differentiellen Werden der Welt einzuordnen (Barad 2007, 91). Damit sind

beide Bilder weder als Repräsentationen eines spezifizierten Wissensobjekt noch als symbolische Stellvertretungen eines Feldes und Kontextes zu verstehen: ihre materielle Praktik zeichnet sich vielmehr dadurch aus, beide Aspekte aufeinander zu beziehen, und so machtvoll in ein Wissensfeld zu intervenieren.

Das 2010 produzierte Bild von HIV interveniert in ein Feld, das als „Krise des Wissens" umrissen werden kann und das einen epistemischen Bruch in der Ordnung westlichen Wissens über Individualität, Sexualität und Immunität beschreibt. Das Bild in seinen unterschiedlichen Dimensionen zu betrachten hat gezeigt, dass dem Bild nicht nur der Versuch eingeschrieben ist, die Existenz von HIV zu beweisen und es vom menschlichen Körper zu differenzieren. Wir haben herausgearbeitet, dass dieses Bild in seiner technizistischen Gestaltung auffällt, dass es in einem hohen Ausmaß indexikalische Funktionen einzunehmen sucht und nur wenige ikonische Anleihen enthält. Diese wenigen sucht es zwar in rasterelektronenmikroskopischen Vorlagen, verfremdet jedoch auch diese so umfangreich, dass wir dazu neigen, hier von der Hervorbringung einer Körperlichkeit zu sprechen, deren Artifizialität geradezu ausgestellt wird. Entscheidend ist daher der diagrammatische Charakter des Bildes. Die Positionierung des aus vielfältigen Daten- und Wissensbeständen gewonnen Viruskörper als Prototyp, der analoge Schein, der über die Konturierung und Farbgebung erreicht wird und die offene Referenzialität des Bildes erzeugen jene Black Box, verschweißen Legenden, Wissen, Text und Bild zu einem undurchdringlichen Visiotyp (Pörksen 1997).

Das Bild von HIV installiert und stabilisiert so das Konzept des Virus, die ätiologische Ordnung des Virus als unhinterfragbare Entität im Zentrum der Auseinandersetzungen mit AIDS. Paradoxerweise gerade, indem es die Herkunft der verwendeten Daten transparent macht und über die dreidimensionale Modellierung einen möglichst weitgehenden Einblick verspricht, verschafft das Bild dem Virus seine Ontologie und macht es zu einem nahezu opaken Konzept. Der diagrammatische Einsatz des Bildes von HIV wäre demnach und wenn man so möchte, einer Ordnung des Virus, und nicht so sehr dem Virus selbst, das Wort zu reden, bzw. zu zeigen. Vor dem Hintergrund der Geschichte von AIDS, den Kämpfen um sexualisierte, ethnisierte und vergeschlechtlichte Risikozuweisungen, wird die artifizielle Struktur des Virus zu einem Körper stilisiert, der gerade im Feld hoher identitätspolitischer Relevanz eine Art posthumane Identität installiert, die die Krankheit von sozialen und kulturellen Faktoren differenzieren und so ontologisieren soll.

Die Hirnforschung wurde hingegen als lange andauerndes Projekt einer Verräumlichung des Denkens beschrieben. Die noch recht junge Entwicklung der fMRT-Visualisierung der letzten zwanzig Jahre stellt nun eine Bildpraxis dar, die grundlegend für eine moderne Hirnforschung geworden ist. Wissen wird dort ganz selbstverständlich als visuelles generiert, das Verständnis vom Hirn den visuellen Logiken angepasst. Das fMRT-Bild, auf das wir in unserer Beschreibung rekurrieren, ist keines, das besondere Aufmerksamkeit verdient, es ist ein Bild von tausenden, die jährlich produziert werden und dennoch ist es einzigartig in dem, was es zeigt. Die statistische Hirnkarte vereint die ikonisch gewohnte Ansicht der Hirnanatomie mit den abstrakten Daten, die als statistische Landmarken darin eingelagert werden. Das individuelle Exemplar eines Gehirns, das hier vorgeführt ist, wird also mit der diagrammatischen Struktur von Messdaten überlagert. Die gegenseitige Bezüglichkeit der Bildstile wird darin essentiell. Die anatomische Vorlage wird zu einem exemplarischen Beispiel, in das eine allgemeine Aussage über das Denken diagrammatisch eingefügt wird. Diese Allgemeinheit kommt zum einen in der Differenz der Datenvisualisierung (Farbgebung) und zum anderen im ausgeführten Anspruch graphematischer und digitaler Visualisierungsweisen zum Ausdruck. Sie benötigen eine Verknüpfung mit dem individuellen Fall, um überhaupt erst Sinn machen zu können. Sie zeigen eine bestimmte Aktivität an einem bestimmten Ort und suggerieren in dieser visuellen Verknüpfung das Bild als eine Quelle von Informationen, die erst noch untersucht und ausgewertet werden kann. Abgekürzt könnte so geschlussfolgert werden, dass das Aufeinandertreffen von Hirnanatomie und digitalen Daten im Bild einen Bildkorpus konstruiert, der konkrete Messergebnisse visualisiert, dabei allgemeine Muster nahe legt und so eine Standardisierung des Hirnraums durch das Anlegen von ‚Landkarten' vornimmt. Die Bilder der fMRT machen spezifische Ordnungen sichtbar, die im Spannungsfeld zwischen abgebildetem Einzelfall und anzunehmender Allgemeingültigkeit oszillieren. Für die allgemeine Anerkennung und mögliche Lesart der Daten braucht es den ikonographischen Verweis auf das im gesellschaftlichen Gedächtnis etablierte Bild der Hirnanatomie. Durch die Einlagerung in den Referenzraum Gehirn werden zum Beispiel geschlechterspezifische Funktionsweisen durch die statische Rückbindung an die Hirnanatomie essentialisiert und bekommen damit eine biologische Determinante.

Beide Bilder, so haben wir gezeigt, intervenieren in jeweils spezifischer Art und Weise in den Feldern, in denen sie Bedeutung erlangen. Sie schaffen der Hirnforschung biologische Determinanten im undurchdringlichen Feld der Hirnfunktionen und sie ontologisieren AIDS, in dem sie der Epidemie eine eigene Wesenhaftigkeit in Form eines Virus verleihen. Beide Bilder als Phänomene zu denken heißt dann, sie eben nicht über ihre repräsentativen Einsätze zu befragen. Stattdessen ist das Phänomen bei Barad immer Teil des experimentellen Settings, ein Aspekt des differentiellen Werdens der Welt. Darin kann es je nach Einsatz, nach

Ansicht und nach ‚Messvorgang' als Instrument erscheinen, das einem Sachverhalt zu Evidenz verhilft oder es ist selbst der Sachverhalt, der neue Probleme aufwirft, andere Messverfahren braucht und das Denken in eine andere Richtung treibt. Wie wir gezeigt haben, ist das Bild dabei nie losgelöst von den sozialen, kulturellen und politischen Vorraussetzungen, in die es interveniert. Die performative Qualität des Bildes als Phänomen erlaubt jedoch, die Spuren seines Kontext stets wiederaufzufinden und damit Wege zu finden, den differentiellen Interventionen des Bildes ein kritisches Bildwissen und vor allem eine kritische Bildpraxis hinzuzufügen.

Literatur

Barad, K. (2001). Re(con)figuring space, time, and matter. In: DeKoven, M. (Hrsg.). Feminist Locations. New Brunswick, S. 75-109.

Barad, K. (2007). Meeting the Universe Halfway; Quantum Physics and the Entanglement of Matter and Meaning. Durham.

Barthes, R. (1985). Die helle Kammer. Bemerkung zur Photographie, Frankfurt a.M.

Belting, H. (2001). Bild-Anthropologie. Entwürfe für eine Bildwissenschaft. München.

Boehm, G. (1999). Zwischen Auge und Hand. Bilder als Instrumente der Erkenntnis. In: Huber, J. & Heller, M. (Hrsg.). Konstruktionen. Sichtbarkeiten. Wien, S. 215-228.

Callon, M. (1986). Some elements of a sociology of translation: Domestication of the scallops and the fishermen of St Brieuc Bay. In: Law, J. (Hrsg.). Power, Action and Belief: A New Sociology of Knowledge. London, S. 196-233.

CDC – Center for Disease Control (1981). Pneumocystis Pneumonia – Los Angeles. Morbidity and Mortality Weekly Report, Bd. 30, Nr. 21, June 5th, S. 250-252.

Epstein, S. (1996). Impure science. AIDS, activism, and the politics of knowledge. Berkeley.

Foucault, M. (2001). Dies ist keine Pfeife. In: Defert, D. & Ewald, F. (Hrsg.). Dits et Ecrits. Schriften in vier Bänden, Bd. 1, Frankfurt a.M., S. 812-830.

Hagner, M. (1997). Homo Cerebralis. Der Wandel vom Seelenorgan zum Gehirn. Berlin.

Heßler, M. (2006). Von der doppelten Unsichtbarkeit digitaler Bilder. Zeitenblicke, Bd. 5, Nr. 3.

Hüppauf, B. & Weingart P. (2008), Images in and of Science. In: Dies. (Hrsg.). Science images and popular images of the sciences. New York, S. 3-31.

Imdahl, M. (1994). Ikonik. In: Boehm, Gottfried (Hrsg.), Was ist ein Bild? München, S. 300-324.

Krämer, S. (2009). Operative Bildlichkeit. Von der ‚Grammatologie' zu einer ‚Diagrammatologie'? Reflexionen über erkennendes Sehen. In: Heßler, M. & Mersch, D. (Hrsg.). Logik des Bildlichen. Zur Kritik der ikonischen Vernunft. Bielefeld, S. 94-123.

Latour, B. (2000). Die Hoffnung der Pandora. Untersuchungen zur Wirklichkeit der Wissenschaft. Frankfurt a.M.

Lwoff, A. (1957). The Concept of Virus. In: Journal of General Microbiology, Bd. 17, S. 239-253.

Mersch, D. (2006). Visuelle Argumente. Zur Rolle der Bilder in den Naturwissenschaften. In: Maasen, S. & Mayerhauser, T. & Renggli, C. (Hrsg.). Bilder als Diskurse, Bilddiskurse. Weilerswist, S. 95-116.

Mitchell, W.J.T. (2008). Image Science. In: Hueppauf, B. & Weingart, P. (Hrsg.). Science images and popular images of the sciences. New York, S. 55 – 68.

Pörksen, U. (1997). Weltmarkt der Bilder. Stuttgart.

Ranciere, J. (2008). Die Aufteilung des Sinnlichen. Berlin.

Rheinberger, H.-J. (1992). Experiment, Differenz, Schrift. Zur Geschichte epistemischer Dinge. Marburg/Lahn.

Rheinberger, H.-J. (2009). Sichtbar machen – Visualisierung in den Naturwissenschaften. In: Sachs-Hombach, K. (Hrsg.). Bildtheorien. Anthropologische und kulturelle Grundlagen des Visualistic Turn. Frankfurt a.M., S. 127-145.

Weingart, B. (2002). Ansteckende Wörter. Repräsentationen von AIDS. Frankfurt a.M.

Weingart, B. (2004). Viren visualisieren: Bildgebung und Popularisierung. In: Mayer, R. & Weingart, B. (Hrsg.). Virus! Mutationen einer Metapher. Bielefeld, S. 97-130.

Yingling, T. (1991). Aids in America: Postmodern Governance, Identity and Experience. In: Fuss, D. (Hrsg.), inside/out: Lesbian Theories, Gay Theories. New York, S. 292-310.

Geschlechterordnungen als Sehordnungen – Mediale Repräsentationen von PhysikerInnen in Text und Bild

Martina Erlemann

1. Einleitung

Ist die Analyse der linguistischen Zeichen durch die verschiedenen Spielarten der Diskursanalyse seit langem in den Sozialwissenschaften fest etabliert, so blickt die Analyse von Bildern auf eine kürzere Geschichte zurück.[1]

Ein in vielerlei Hinsicht interessantes Feld sind Visualisierungen im Bereich der Wissenschaften. WissenschaftlerInnen einer bestimmten Disziplin sind als Mitglieder einer so genannten „Sehgemeinschaft" (Raab, 2008) erklärbar, die ein bestimmtes geteiltes Sehen auf die Dinge ihres Interesses in Form von Sehpraktiken haben und die – daraus folgend – geteilte epistemische Praktiken verbindet.[2] Konzeptionell möchte ich Sehgemeinschaften ähnlich zu Ludwik Flecks Denkkollektiven (Fleck, 1980) begreifen. Mitglieder eines Denkkollektivs teilen nach Fleck einen so genannten Denkstil, den er als „gerichtetes Wahrnehmen, mit entsprechendem gedanklichen und sachlichen Verarbeiten des Wahrgenommenen" umreißt (Fleck, 1980, S. 130).

Es soll in diesem Beitrag aber nicht nur um die speziellen Visualisierungspraktiken in der Erzeugung von wissenschaftlichem Wissen gehen, sondern auch um die Visualisierung der AkteurInnen der Wissenserzeugung und die Frage, wie beide miteinander verknüpft sind: Die Praktiken des Sehens der „Sehgemeinschaft" sind Teil der Praktiken der Wissenserzeugung, die sich wiederum in den Visualisierungen von WissenschaftlerInnen, also den AkteurInnen der Wissenserzeugung, wiederfinden.

Nicht nur Visualisierungs- und Sehpraktiken der Wissenschaften sind aktive Prozesse, auch Praktiken des Sehens außerhalb der Wissenschaften bestehen

---

1 Vgl. für viele etwa Breckner (2010).
2 Für den Zusammenhang von Visualisierungen und wissenschaftlichen Praktiken der Wissenserzeugung siehe etwa Lynch und Woolgar (1990), aber auch viele weitere Publikationen der *Science and Technology Studies*.

nicht aus passivem Konsumieren von Bildern, sondern aus aktiven Prozessen der Auseinandersetzung mit deren Bedeutungen und Inhalten. Damit gestaltet der oder die Sehende die Bedeutung und den Gebrauch von Bildern in der Gesellschaft mit (Sturken und Cartwright, 2001).

Auf der Ebene des methodischen Vorgehens der Bildinterpretation plädieren VertreterInnen der Visual Studies dafür, Bedeutungsgehalte von Bildern auch aus deren Einbettung in ihre soziokulturellen Produktions- und Rezeptionskontexte zu erschließen (Rose, 2001). Damit sind sie aber auch nicht mehr von sprachlichen Diskursen zu trennen, so dass Text und Bild einer gemeinsamen Analyse unterzogen werden müssen. Denn auch „Bilder können diskursiv symbolisieren ebenso wie Sprache eine präsentative symbolische Form annehmen" (Breckner, 2008, S. 2).

Interessant ist nun die Frage, was mit Bildern von wissenschaftlichem Wissen und WissenschaftlerInnen geschieht, die in aus Text und Bild bestehenden Repräsentationen außerhalb des wissenschaftlichen Raums produziert und rezipiert werden.[3]

Anhand von Bildern über Wissenschaften aus Printmedien wird die Bedeutung von Produktions- und Rezeptionskontexten von Bildern unmittelbar klar, wenn man sich vor Augen hält, dass der Handlungsspielraum der Medien an ihren Status als privatrechtlich organisierte Wirtschaftsunternehmen gebunden ist. Das heißt, Medien müssen sich der Konkurrenz anderer Medien stellen und potenzielle Anzeigenkunden gewinnen und halten können, um ihr Print-Produkt gewinnbringend absetzen zu können. Daher funktioniert die mediale Textproduktion nach einer Eigenlogik, die maßgeblich durch ihre spezifischen Produktionsbedingungen, Blattlinien und Zieldefinitionen geformt wird. Die Herausgeber von Nachrichtenmagazinen, Zeitungen und Illustrierten orientieren sich nicht zuletzt aus ökonomischen Gründen an öffentlichen Vorstellungen von Wissenschaften und WissenschaftlerInnen.[4] Printmediale Visualisierungen von wissenschaftlichem Wissen und WissenschaftlerInnen sind in dieser Hinsicht auch Bilder des Sozialen. Dabei kommen in ihnen gesellschaftliche Ordnungen kultureller Kategorien wie Rasse, Klasse und Geschlecht – oder auch ihrer Brechungen – als Sehordnungen zum Ausdruck und werden in der Analyse dekonstruierbar.

---

3   Die Grenze zwischen „innerhalb" und „außerhalb" der Wissenschaften fasse ich nicht als eine statische, eindeutig zu markierende Demarkationslinie auf, sondern als umkämpfte, ständigen Repositionierungen unterworfenen Grenzterritorien, vgl. dazu auch den Begriff des „Boundary Work" (Gieryn, 1999).
     Der Begriff der Repräsentation ist nicht als Abbild zu verstehen, sondern als soziale Repräsentation (Moscovici, 1984).

4   Vgl. auch Nelkin (1995) und aus der Perspektive des Wissenschaftsjournalismus Göpfert und Ruß-Mohl (1996).

In diesem Beitrag wird eine spezielle Perspektive im Vordergrund stehen: Geschlechterordnungen als Sehordnungen in den Bildern naturwissenschaftlicher Forschung in Text und Bild am Beispiel der Disziplin Physik.

2. Physik in den Printmedien

Die hier vorgestellten Reportagen und Zeitschriftenartikel sind – soweit nicht anders angegeben – dem Untersuchungssample eines Projektes über die medialen Repräsentationen von PhysikerInnen entnommen, in dessen Rahmen qualitative und quantitative Analysen der Zeitschriften *Der Spiegel*, *P.M.* und *GEO* sowie der Zeitungen *Die ZEIT* und der *Frankfurter Allgemeinen Zeitung* in den Jahrgängen 1999 bis 2001 durchgeführt wurden (Erlemann, 2009). Thematisiert werden Physik und PhysikerInnen in vielen Printmediengattungen, in Tages- und Wochenzeitungen, in Nachrichtenmagazinen und Illustrierten, aber auch besonders häufig in populärwissenschaftlichen Special-Interest-Zeitschriften. Als Reportagen oder Kurzmeldungen über wissenschaftliche Neuerungen werden sie in den Wissenschaftsressorts positioniert, als lange Artikel mit zum Teil mehrseitigen Fotostrecken eher in den populärwissenschaftlichen Magazinen.

In vielen Beiträgen über Physik sind Abbildungen eingebunden, in erster Linie als Fotos oder schematische Abbildungen, aber auch als Tabellen, geographische Karten oder mitunter auch in Form von Cartoons. Motive der fotografischen Abbildungen sind Forschungsobjekte, Orte der Forschung, wie etwa Labore und Observatorien, oder auch PhysikerInnen mit ihren Beobachtungs- und experimentellen Apparaturen. Die Bilder haben unterschiedliche Funktionen. Einige Bilder dienen der Veranschaulichung von wissenschaftlichem Wissen, andere portraitieren ForscherInnen, wieder andere lassen einen Blick in ein Labor zu oder lockern die Magazin- oder Zeitungsseite visuell auf. Gern und häufig gezeigte Fotomotive sind Galaxien, geophysikalische Phänomene, Radioteleskope und Teilchenbeschleuniger. Unter den schematischen Abbildungen sind Atom- und Molekülstrukturen häufige Inhalte.

Als Quellen der Bilder spielen Bildarchive oder die PR-Abteilungen von Forschungseinrichtungen eine große Rolle. Dies gilt nicht nur für die Physik. Beide Quellen bieten speziell für den medialen Bereich zugeschnittene Bilder, derer sich JournalistInnen häufig bedienen. Daneben werden manche Fotografien von den Medien extra für bestimmte Artikel aufgenommen oder schematische Abbildungen entworfen, die auf den speziellen Artikelkontext zugeschnitten sind. Das ist allerdings eher die Ausnahme. Eine Vielzahl der Bilder wird aus dem wissenschaftlichen Kontext, wie etwa aus wissenschaftlichen Fachblättern oder aus dem Bilderrepertoire von Forschungseinrichtungen in die Medien importiert, z. B. in populärwissenschaftlichen Magazinen. Dabei werden die Abbildungen ihrem ursprünglichen Bedeutungskontext der wissenschaftlichen Erkenntnisproduktion entnommen, zum Teil modifiziert und in den populären medialen Kontext exportiert. Bei der Übertragung vom Kontext der wissenschaftlichen Wissensproduktion in den Kontext der medialen Wissenschaftsberichterstattung erfahren die Bilder eine Bedeutungsverschiebung. Die Bedeutung von wissenschaftlichen Bildern geht über die von „Abbildern" des Wissens oder der Forschungsobjekte weit hinaus. Visualisierungen werden in allen Stadien der Wissensproduktion gebildet, von der Erzeugung der Daten bis zu deren Publikation, und sind Teil der wissensproduzierenden Erkenntnispraktiken (Lynch und Woolgar, 1990). Die jeweilige epistemische Bedeutung und der Sinn dieser Bilder gehen also erst aus dem Kontext, in den sie eingebettet werden und vom Publikum „gelesen" werden, hervor. In ähnlicher Weise sind jene Bilder in populären Wissenschaftsartikeln, die ihren Ursprung im medialen Kontext haben, keine Abbilder einer wirklichen wissenschaftlichen Praxis, sondern erfahren ihre Bedeutung erst im Kontext der medialen Artikel, die sie bebildern. Sie sind damit ein konstitutiver Teil der medialen Repräsentationen von Wissenschaften. Jacobi und Schiele betrachten populärwissenschaftliche Artikel daher auch als „Scriptovisual Documents", die aus linguistischen und ikonischen Zeichen bestehen (Jacobi und Schiele 1989, S. 732). Auf gestalterischer Ebene des Artikels zeigt sich die wechselseitige Verknüpfung darin, welche Bilder für den Text ausgewählt und mit ihm kombiniert werden und wie der zur Verfügung stehende Platz auf den entsprechenden Artikelseiten zwischen Bild und Text aufgeteilt wird. Auf der Bedeutungsebene verweisen Abbildungen in Wissenschaftsartikeln zwar auf den Text und umgekehrt, sind aber trotzdem als eigenständige Bedeutungsträger zu interpretieren. Beide Bedeutungsträger, Text und Bild können sich allerdings in ihrem jeweiligen Bedeutungsgehalt verstärken, ergänzen oder sich auch gegenseitig abschwächen (Breckner, 2010).

Ein neben den Bildern von Forschungsobjekten häufig vorkommender Abbildungstyp in Artikeln über Physik sind Fotografien, die ein „Science-in-themaking" zu illustrieren vorgeben, indem sie vermeintliche Momentaufnahmen aus dem Forschungsprozess zeigen. Auf den Bildern sind Laborgeräte zu sehen, große experimentelle Anlagen oder kleinere Apparaturen, häufig auch in Kombination mit den betreffenden ForscherInnen. Diese Requisiten, die symbolisch für physikalische Praktiken zu stehen scheinen, ermöglichen jedoch keinen realen Einblick in die Erkenntnisprozesse des Wissens, sondern bedienen in vielen Fällen ein bildliches Repertoire, das die Imaginationen über Physik, die parallel auf der Ebene der Texte erzeugt werden, ergänzt.

3. Intimität zur Apparatur: Physiker auf Abbildungen

Abbildungen von PhysikerInnen kommen in den fünf untersuchten Medien unterschiedlich häufig vor. Am häufigsten werden PhysikerInnen im *Spiegel* abgebildet, gefolgt von *P.M.*, *GEO* und der *ZEIT*. Am seltensten sind sie in der *FAZ*. Nur jeder zwanzigste *FAZ*-Artikel enthält eine Abbildung, die einen Physiker oder eine Physikerin zeigt, wohingegen im *Spiegel* und in *P.M.* immerhin rund jeder zweite Artikel Abbildungen von PhysikerInnen zeigt.

Neben den Reportagen der Wissenschaftsberichterstattung gibt es auch Beiträge, die Physik in sozio-historischen Kontexten zeigen. Sie machen jedoch nur etwa ein Drittel aller Artikel aus.

Physikerinnen werden, relativ gesehen, häufiger auf Abbildungen als in Texten repräsentiert. Mit 6 % ist der Frauenanteil unter allen Abgebildeten etwas höher als der Frauenanteil unter allen AkteurInnen, die in Texten auftauchen. Physikerinnen werden in Artikeln, in denen keine wissenschaftlichen Inhalte im Fokus stehen, sondern sozio-historische Kontexte von Physik im Mittelpunkt stehen, mit höherer Wahrscheinlichkeit abgebildet als in Artikeln, die Physik im Rahmen der Wissenschaftsberichterstattung behandeln. Ein weiterer markanter Geschlechterunterschied ist der Befund, dass Frauen sehr viel häufiger als einzige abgebildete Akteurin den Artikel illustrieren, wohingegen Männer seltener als alleiniger abgelichteter Physiker eines Artikels fungieren.

Die Mehrzahl der Artikel folgt einem einheitlichen strukturellen Konzept: Im thematischen Zentrum der Artikel stehen jeweils nur ein bis zwei bahnbrechende Forschungsergebnisse oder -vorhaben, deren verantwortliche Forschungsleiter – eben zumeist Männer – die Rolle der Protagonisten in der Story einnehmen. Zur Illustration des Artikels werden sie auf einem Foto in Kombination mit einer experimentellen Apparatur oder einem Beobachtungsgerät portraitiert. Werden mehrere Abbildungen eingebunden, so zeigen die weiteren das beobachtete Objekt (z.B. Himmelsobjekte) oder das Beobachtungsinstrument (z.B. eine Teleskopschüssel oder Satelliten) bzw. die experimentelle Apparatur.

Die häufigste Gattung der Abbildungen von PhysikerInnen sind Kopfportraits, vermutlich weil sie für die Artikel nicht extra produziert werden müssen und kein Fotograf benötigt wird, sondern auf schon bestehende Aufnahmen der präsentierten ForscherInnen zurückgegriffen werden kann. Interessanter ist daher ein Blick auf die eigens für die Artikel aufgenommenen Abbildungen, die Physiker in forschenden Kontexten repräsentieren. Sie folgen in der Mehrzahl einem immer wiederkehrenden Bildaufbau, der wenig variiert wird: Die Physiker werden in Kombination mit ihren Beobachtungsgeräten oder dem Laborequipment abgebildet, entweder in lässiger Haltung an einen Großrechner (*Der Spiegel*, 9/2001,

S. 166) oder an ein Laborgerät gelehnt (*P.M.*, 11/2000, S. 36), oder, in Artikeln über Astrophysik, die Hand auf ein Teleskop legend (*Der Spiegel*, 32/1999, S. 170). Der Körperkontakt, den die Akteure zu den Geräten halten, vermittelt eine Aura der Vertrautheit mit dem Laborequipment, aber auch der Kontrolle über ihre Arbeitsgeräte. In einem *GEO*-Artikel erinnert die Pose des abgebildeten Akteurs an den Typus des Großwildjägers: Den Fuß lässig auf das mannshohe Gerät gestellt und die Hand auf die Maschine gelegt, schaut der Betreffende in die Kamera.

Eine weitere Variante, die ebenso das Mittendrinsein in der Forschung betont, positioniert die Forscher hinter oder zwischen ihren Laborgerätschaften und Computern ohne dass es zu einem direkten Kontakt kommt, so dass die Wissenschaftler von ihren Geräten umgeben zu sein scheinen (*FAZ*, 235/2001, S. 47; *P.M.*, 11/2000, S. 36 und 12/1999, S. 58; *Der Spiegel*, 35/2000, S, 129, 7/2001, S. 190 und 9/2001, S. 166). Ein Gegenbeispiel zeigt Astronomen, die vor ihrem Teleskop stehen und skeptisch in die Kamera blicken. Sie erscheinen dadurch ihren Geräten gegenüber etwas distanzierter, wofür das Bild eine umso intensivere Beziehung zu dem Betrachter aufbaut (*Der Spiegel*, 48/1999, S. 281).

Beide Varianten dieses Bildaufbaus haben statischen Charakter. Die Abgebildeten schauen auf die BetrachterInnen. Ein Ausnahme von diesen statisch konzipierten Abbildungen zeigt den Protagonisten einer Wissenschaftsreportage bei einer Aktion, die seine Forschungstätigkeit fingieren soll (*Der Spiegel*, 35/2000, S. 128) und dem Bild einen dynamischen Anstrich gibt: Er ist mit dem im Artikel vorgestellten, so genannten „Nanomanipulator" beschäftigt und schaut konzentriert auf einen seiner Bildschirme, die im Hintergrund zu sehen sind. Auf einer weiteren Abbildung im Artikel blickt er, wiederum der vorherrschenden Bildstruktur folgend, die LeserInnen an. Vor ihm liegt ein Haufen Plastikkugeln, die ihn bis zum Torso verdecken. In der einen Hand hält er ein Modell des Nanomanipulators, mit der anderen Hand das Kinn aufstützend, mimt er eine überlegende Denkerpose.

Die Perspektive wird in den Abbildungen unterschiedlich gewählt. Neben der Normalperspektive kommen auch Frosch- und Vogelperspektive vor, wobei erstere überwiegt (*Der Spiegel*, 22/1999, S. 238, 243; 35/2000, S. 128 und 33/2001, S.152). Bei Abbildungen von Astronomen simuliert der Blick das Beobachten des Himmels, da der Blick vom Leser zum Forscher geht und von dort aus längs des Teleskopstrahlengangs in Richtung Himmel geleitet wird (*Der Spiegel*, 22/1999, S. 243 und 33/2001, S. 152). Aber es kommt auch die Vogelperspektive vor (*Der Spiegel*, 32/1999, S. 170), die umgekehrt den Blick des Beobachteten, des Himmels, auf die Forscher simuliert.

Die häufiger vorkommende Froschperspektive erhöht den Forscher in Relation zu den LeserInnen. So spiegelt diese Blickrichtung von oben, wo die Wissenschaft durch die Forscher verkörpert wird, nach unten, wo das Lesepublikum steht, die kognitive Hierarchie zwischen Wissenschaft und Publikum, die dem Konzept der Wissenschaftspopularisierung eingeschrieben ist.

Eine weitere prominente Bildstruktur ist die Positionierung von Physikern an einer Tafel, auf der sie schreiben oder vor der sie gestikulieren, als ob sie etwas erklären würden. Diese Struktur findet man mehrfach in Artikeln, in denen es um theoretische Physik geht. In einem moderierten Gespräch zwischen Physikern und Vertretern des tibetischen Buddhismus wird der Physiker Anton Zeilinger vor einer Tafel gestikulierend, anscheinend erklärend, mehrmals wiedergegeben (*GEO*, 1/1999). Diese Symbolik wird besonders deutlich auf einer Abbildung, auf der die gestikulierenden Hände isoliert auftauchen, da sie auf Höhe der Handgelenke vom Bildrand vom Körper abgeschnitten werden.

Eine zweite beispielhafte Abbildung zeigt Albert Einstein, wie er eine Formel an die Tafel schreibt und sich dabei dem Publikum zuwendet (*P.M.*, 9/1999, S. 52). Es ist eine Szenerie der Erkenntnisgewinnung in der theoretischen Physik, symbolisiert durch Einstein, die Tafel und die angeschriebenen Formel. Der Atompilz, der im Hintergrund zu sehen ist, verleiht ihr jedoch auch einen kritischen Impetus. Roland Barthes meint, dass Einstein erst durch die Verschmelzung mit der von ihm aufgestellten Formel zum Mythos wurde. Dieser Prozess der Mystifizierung habe sich mehr über den gezeichneten Einstein entwickelt, weniger über den fotografierten (Barthes, 1996). Vor dem Hintergrund von Barthes' Argument ist die Verwendung eines Fotos von Einstein naheliegend, da es im Kontext dieses Artikels nicht um die Verklärung seiner Figur geht, sondern er hier als Verkörperung des Erkenntnisdranges der Physik repräsentiert wird, der als zu kritisieren vermittelt wird.

Die Abbildungen vermitteln kaum etwas über konkrete Praktiken der Physik. Die Fotografien von PhysikerInnen gehorchen eher statischen Bildstrukturen, welche die Beziehungen zwischen Forscher und Labor-, bzw. Beobachtungsgerätschaften sowie zwischen Forscher und Erkenntnis als ein intimes Verhältnis konstituieren, das sowohl Momente der Vertrautheit als auch der Kontrolle beinhaltet. Charakteristisch ist weiterhin, dass diese bildlichen Inszenierungen nur Physiker betreffen und bei Physikerinnen lediglich als Ausnahme zu finden sind.

4. Physiker und Physikerinnen in der Wissenschaftsberichterstattung

Der Frauenanteil an allen in Text erwähnten PhysikerInnen von 4,6 % entspricht ungefähr dem Frauenanteil unter dem promovierten wissenschaftlichen Personal in der Physik von 4,2 % im Jahr 2000 (Statistisches Bundesamt).[5] Unter den populärwissenschaftlichen Magazinen weist *P.M.* den höheren Frauenanteil im Vergleich zu *GEO* auf. Unter den Nachrichtenmedien repräsentiert die *FAZ* Physikerinnen etwas häufiger als die *ZEIT* und der Spiegel.

Eine häufige Stilisierung von Physikern ist das Bild des Forschers, der sein Leben in den Dienst der Wissenschaft stellt und sich ohne Rücksicht auf sein Privatleben ganz dieser Berufung widmet:[6]

> Astronomiestudent Chris Fragile, 28, liebt die Einsamkeit. Ihm macht es nichts aus, nächtelang allein in der dunklen Teleskopkuppel zu sitzen. „Wir Sternengucker sind sehr geduldige Menschen", sagt er, „normalerweise warten wir Monate, bis etwas Aufregendes passiert" (*Der Spiegel*, 22/1999, S. 238).

Am Alltag der sozialen Realität scheint dieser junge Mann kein Interesse zu bekunden. Auch soziale Beziehungen scheint er nicht zu entbehren. Im Gegenteil, er liebt die Einsamkeit und geht auf die Suche nach Beziehungen zu „fernen Welten" (ebd.), die seine ganze Aufmerksamkeit erfordert. Mit dieser Passage, in der sich ein angehender Forscher selbst typisiert als Vertreter des der Welt „ent"- und vielleicht auch schon „ver"rückten Wissenschaftlers, setzt ein Bericht über astrophysikalische Forschungen nach extraterrestrischem Leben an. Diese Stilisierung wird zumeist gepaart mit Jagd-, Kampf- und Abenteuermetaphern, die das physikalische Forschen als maskulinisierende Praktiken symbolisieren. Ein immer wiederkehrendes Motiv ist, „der Natur Geheimnisse zu entreißen" (ebd.) und sie zu kontrollieren.

Der textlichen Inszenierung physikalischer Forschung entsprechen die – Intimität zwischen Physiker und Forschungsobjekt und -gerät vermittelnden – Abbildungen, wie sie oben beschrieben wurden.

Die Mehrzahl der Physikerinnen wird ausschließlich in einem privaten Kontext gezeigt statt, wie man es in einer Wissenschaftsreportage erwarten würde, in ihrem wissenschaftlich-beruflichen Umfeld. Die entsprechenden Darstellungen werden in Textpassagen eingebettet, die sich mit den Biographien der männlichen Protagonisten befassen, so dass Physikerinnen erst dann ins Blickfeld rü-

---

5   Aus einer unveröffentlichten Tabelle der Fachserie 11, Reihe 4.4 des Statistischen Bundesamtes.
6   Unterschiedliche stereotype Wissenschaftlerfiguren in der populärwissenschaftlichen Presse beschreiben sowohl LaFollette (1990) als auch Jacobi und Schiele (1989). Letztere haben sich in ihrer Analyse auf fotografische Abbildungen von Wissenschaftlern in populärwissenschaftlichen Zeitschriften konzentriert.

cken, wenn es um die privaten Aspekte der Protagonisten geht. Als Gattinnen, Töchter oder nahe Verwandte der männlichen Protagonisten des Artikels bleiben sie in den ein oder zwei Sätzen, in denen sie erwähnt werden, rein auf ihre familiäre Rolle reduziert.

Anhand von Auszügen aus den zwei Reportagen des Spiegel-Titels „Ferne Welten", in dem es um die Suche nach außerirdischem Leben geht, lässt sich demonstrieren, wie Physikerinnen in der Rolle der Protagonistinnen in Kontrast zu männlichen Kollegen beschrieben werden und wie anders hier Text und Bild aufeinander verweisen.

Eines der Forscherteams, die im Text vorgestellt werden, wird von einer Physikerin angeleitet. Sie wird bei ihrer ersten Erwähnung im Text nicht wie ihre Kollegen als Astrophysikerin, sondern als „ET-Jägerin" bezeichnet. Dass sie das Team leitet, erschließt sich erst später aus dem Text. In einem der folgenden Absätze wird die Arbeit dieser „exotischen Gruppe" im Vergleich zu den anderen, angeblich seriöseren Forschungsteams, die ebenfalls Erwähnung in der Reportage finden, als „phantastisch" und aussichtslos abgewertet:

> Eine *exotische* Gruppe von zumeist amerikanischen Astroforschern glaubt ohnehin daran, dass es noch andere intelligente Wesen in der Milchstraße geben muß. [...] „Wir sind aus der Asche von Sonnen hervorgegangen", sagt die *ET-Jägerin* Jill Tarter. „Es ist schwer vorstellbar, dass wir die einzigen Kreaturen im Weltall sein sollten." [...] *Kaum weniger phantastisch, aber erheblich aussichtsreicher* erscheinen Pläne der amerikanischen Weltraumagentur Nasa und der europäischen Raumfahrtbehörde ESA. (*Der Spiegel*, 22/1999, S. 240) [Hervorhebungen d. A.]

In dem zweiten Artikel des *Spiegel*-Titels steht Jill Tarter als Projektleiterin im Mittelpunkt. Der Beginn der Reportage beschreibt eine Filmszene aus dem Science-Fiction-Film „Contact", für dessen Protagonistin Ellie die Teamleiterin des wirklichen Projektes Modell gestanden hat. Dieses Detail spielt eine zentrale Rolle in der inhaltlichen Komposition des Textes und lässt das Forschungsprojekt eher nebensächlich erscheinen. Über das Aussehen und Auftreten von Tarter wird mehr geschrieben, als es bei Charakterisierungen von Physikern in vergleichbaren Reportagen der Fall ist. Deren äußere Erscheinung wird zumeist mit keinem Satz kommentiert, Jill Tarters Aussehen dagegen wird en détail mit der attraktiven Filmfigur verglichen:

> Ellie ist Jodie Foster, schön, aufrecht und klug noch dazu, und so geht das im Film, wenn sich für eine tolle Frau der Wunsch aller Wünsche erfüllt. Im wirklichen Leben aber ist Ellie die Astronomin Jill Tarter, deren heißester Traum eher nie wahr werden wird: Sie diente als Vorbild für die Heldin in „Contact", dem Epos über die Suche der Erdlinge nach außerirdischer Intelligenz. [...]
>
> Die echte Heldin ist müde. Tarters Haar ist grau, blaß die Haut, die Augen schmal hinter der Brille. Einst, das sitzt noch in den Zügen der 55jährigen, muß sie so schön gewesen sein wie

ihr Alter ego von der Leinwand. Jetzt liegt Mattigkeit um sie – keine Spur von der vom Kampf um die Wahrheit getriebenen Hollywood-Heroine. Denn anders als im Film hat sie schon ein halbes Leben lang gekämpft und nie gewonnen. (*Der Spiegel* 22/1999, S. 249)

Die missbilligend kommentierte Beschreibung ihres Aussehens, an dem ihre weiblichen Qualitäten gemessen werden, zeichnet ein unattraktives Bild von ihr. Graue Haare, blasse Haut und müde Augen sind die Attribute, die illustrieren sollen, dass die Wissenschaft weder ihrer Gesundheit – ihr werden Übermüdung und Erschöpfung angedichtet – noch ihrer Attraktivität als Frau zuträglich sind. Beim Vergleich mit der Protagonistin des Films, die den Standard für Erfolg und weibliche Attraktivität setzt und an dem die Forscherin gemessen wird, kann sie nicht mithalten. Dass sie bei dieser Gegenüberstellung den Kürzeren zieht, ist allerdings nicht erstaunlich, handelt es sich doch bei der Filmgestalt um eine fiktionale Figur, die im Film als Projektionsfläche einer den gesellschaftlichen Erwartungen entsprechenden Frau dient. Als Frau gleichzeitig ernst zu nehmende Wissenschaft zu betreiben, sei, so wird suggeriert, bestenfalls in den Filmen der Traumfabrik Hollywoods möglich, und auch dann nur im Science-Fiction, einem Genre, das nicht den Anspruch stellt, explizit soziale Realitäten abzubilden.[7]

Wirft man einen Blick auf das Portrait der Protagonistin (Abb. 1), so mag man zudem dieser Beschreibung keinen wirklichen Glauben schenken.

Die Ebenen des Films und des wirklichen Forschungsprojekts werden im Text durchgängig rhetorisch miteinander eng verwoben. Dieses Prinzip gilt auch für die visuelle Konzeption des Artikels: Insgesamt sind drei Fotos im Text eingebettet, ein Portrait der Physikerin Jill Tarter, ein Standfoto von Jodie Foster, die im Film die Wissenschaftlerin mimt und schließlich das Teleskop bzw. Observatorium, mit dem das reale Projekt durchgeführt wird. Diese Gestaltung unterscheidet sich damit vom gängigen Design der Artikel, in denen von Physikern angeleitete Projekte im Fokus stehen.

Die Autorin des Artikels konstruiert eine Biographie der Physikerin, die sich retrospektiv aus dem Text erschließt: Vor ihrer wissenschaftlichen Tätigkeit sei Jill Tarter eine attraktive Frau gewesen, aber seitdem sie in der Wissenschaft arbeitet, habe sie zum einen an Attraktivität als Frau eingebüßt und zum anderen sei ihr Forschungsprojekt zum Scheitern verurteilt. Das Vorhaben, als Heroine auf der Suche nach Wahrheit in die Annalen der Wissenschaft eingehen zu wollen, muss scheitern, so lautet die hier vermittelte Regel, die die Unangemessenheit der Naturwissenschaft für Frauen als naturgegeben voraussetzt.

---

7   Im Rahmen einer genaueren Analyse des Films tritt zudem zutage, dass auch die Protagonistin kein Musterbeispiel für die Vereinbarkeit von Forschung und weiblicher Identität abgibt, was vermutlich von den Produzenten auch nicht vorgesehen war.

Abbildung 1

Das Motiv des angeblich scheiternden Projektes durchzieht den gesamten Text und wird semantisch ausschließlich mit der Teamleiterin verknüpft. Das zeigt sich in den Passagen, in denen Aussagen männlicher Kollegen zitiert und anschließend deren Argumente im Text aufgegriffen werden. In der Abfolge der Argumente, die für oder gegen das Projekt sprechen, werden ernsthafte optimistische Einschätzungen und differenziertere Aussagen, was Erfolg in diesem Projekt hieße, mit den Zitaten männlicher Kollegen kombiniert:

> „Uns steht jetzt der größte Supercomputer der Welt zur Verfügung" *triumphiert* Werthimer. „Aber trotzdem" sagt er dann schnell hinterher, „rate ich niemandem, jetzt den Atem anzuhalten und gespannt auf die große Nachricht zu warten." Das könne nämlich noch ein ganzes Weilchen dauern: „Es ist gut möglich, dass erst unsere Kinder oder unsere Enkel Glück haben."
>
> Die ET-Fahnder haben sich *trotz der wissenschaftlichen Fragwürdigkeit* ihrer Vorhaben *nicht etwa zum Gespött der seriösen Himmelsforscher gemacht,* die derzeit immer neue ferne Planeten entdecken. Denn in den USA gilt SETI unter den Astronomen keineswegs als Science-fiction. (*Der Spiegel,* 22/1999, S. 250). [Hervorhebungen d. A.]

Zweifel an der Sinnhaftigkeit des Projektes werden in analoger Weise in Verbindung mit Jill Tarter formuliert. Aussagen der Projektleiterin werden von der Autorin des Artikels unter Verwendung von Argumenten kommentiert, welche die Vergeblichkeit des Unterfangens belegen sollen. Der Vergleich der Physikerin mit ihren männlichen Kollegen wird zwar nicht so explizit gemacht wie die Gegenüberstellung der Forscherin mit ihrem fiktionalen Gegenpart, der Filmfigur, aber durch die Argumentationsfolge wird implizit vermittelt, dass hier eine Forscherin wissenschaftlich gescheitert ist.

Die Astrophysikerin wird somit doppelt abgewertet: Nicht nur, dass sie auf der professionellen Ebene aufgrund der prognostizierten Erfolglosigkeit ihres Projektes nicht ernst genommen wird, auch auf geschlechtlicher Ebene erfüllt sie nicht die ihr als Frau zugeschriebenen Erwartungen. Die Geschlechtlichkeit von (männlichen) Physikern muss keiner kritischen Kommentierung ihres Aussehens standhalten, da ein den Erwartungen entsprechendes, attraktives Äußeres bei weitem nicht so entscheidend für die Spielart der sich auf Rationalität gründenden Maskulinität des „Mannes der Wissenschaft" (Connell, 1999) ist, die gerade durch naturwissenschaftliche Praktiken konstituiert wird.

5. Perlenkette und Reagenzglas: Physikerinnen in sozio-historischen Kontexten

In Artikeln über Physik aus sozio-historischer Perspektive stehen das physikalische Wissen und die Forschungsinhalte im Hintergrund. WissenschaftlerInnen bleiben hier nicht auf ihre Funktion als Erkenntnisproduzenten reduziert, sondern werden als durchschnittliches Mitglied einer Gesellschaft wahrgenommen. (Männliche) Physiker werden in dieser Perspektive mitunter sogar kritisiert. Zumeist wird sich dabei gerade auf die Zuschreibungen bezogen, die im Kontext der Wissenschaftsberichterstattung zugrunde gelegt werden, wie etwa die Kontroll- und Kampftopoi für astrophysikalische Forschung.

Repräsentationen von Physikerinnen im sozio-historischen Kontext, bei denen dann zumeist die Lebensgeschichten der Forscherinnen im Vordergrund stehen, ergeben dagegen ein ganz anderes Bild. Im Fokus steht dabei, dass es sich um Physikerinnen handelt. In diesem Kontext werden die Kompetenzen der Physikerinnen und ihr schwieriger Stand in Wissenschaft und Gesellschaft reflektiert. Im Fokus stehen unter anderem die Schwierigkeiten und Hindernisse, mit denen die Frauen in ihrem Beruf konfrontiert waren und sind. Vergleicht man die Darstellungen von Physikerinnen in diesen Artikeln mit denen aus den oben besprochenen Reportagen, so zeigt sich, dass restriktive Geschlechternormen, aus denen eine Abwertung von Naturwissenschaftlerinnen legitimiert wurde, in diesem Kontext nicht geltend gemacht werden.

Dazu möchte ich eine Passage aus einem Artikel anführen, der in einer Frauenzeitschrift erschienen ist und eine erfolgreiche, junge Professorin der Metallorganischen Chemie portraitiert. Der Artikel beginnt mit folgenden Sätzen:

> Frauen, die auf Naturwissenschaft abfahren, sind nicht romantisch. Oder sie geben es nicht zu. Dann gibt es noch die Frauen, bei denen die Worte „Labor-Automation" eine ähnliche Reaktion auslösen wie früher „Mathe" oder „Physik": eine Art mentales Fragezeichen. Für sie klingt es nach purer Männersache. Männersache, Frauensache – über so was macht sich Kerstin Thurow keine Gedanken. [...] [Sie] wirkt nicht betont kämpferisch, wie man sich Vorreiterinnen neuer wissenschaftlicher Fachgebiete vorstellt, sondern eher mädchenhaft. Und nüchtern, wenn's an die Sache geht. (*Brigitte*, 4/2000, S. 150)

Gegen Ende des Artikels wird die Vermutung, dass sie unromantisch sei, wieder aufgegriffen:

> Dass das Meer dahinter so unendlich blau ist, sei ihr noch nie aufgefallen. Wahrscheinlich denkt sie, das sei romantischer Frauenkram (ebd., S. 151).

Einige gängige Klischees über Frauen werden mit Ironie aufgegriffen, so als möchte man zeigen, dass die Protagonistin diesen weiblichen Stereotypen nicht entspricht, trotzdem aber einen mädchenhaften Eindruck hinterlässt: Mangelndes Interesse und Auffassungsvermögen für Mathematik und Naturwissenschaften seien unter Frauen verbreitet – für die Portraitierte ist ihre Begabung eine Selbstverständlichkeit. Frauen haben Sinn für Romantik – nicht so die Professorin, sie macht eher einen nüchternen Eindruck. Der Schluss des Artikels legt die Vorstellung nahe, sie setze sich über weibliche Geschlechternormen und -typisierungen, die sie dezidiert ablehnt, selbstbewusst hinweg. Ihr Erfolg in der Wissenschaft sowie ihr Selbstbewusstsein werden anerkennend dargestellt.

Bei den Abbildungen folgt der Artikel den Konventionen von Artikeln über männliche Forscher, die in den meisten Wissenschaftsreportagen in Kombination mit der Experimentierapparatur porträtiert werden (Abb. 2).[8] Trotzdem scheint der Artikel um eine Kommentierung ihrer äußeren Erscheinung nicht herumzukommen. Als ob noch einmal extra betont werden müsse, dass man es hier, obwohl sie den angeführten Klischees nicht entspricht, mit einer „richtigen" Frau zu tun hat, heißt es:

> Kerstin Thurow ist klein und zierlich. Hellbrauner Bubikopf. Und sie ist verdammt jung für eine, die in Deutschland einen neuen Lehrstuhl besetzt. Konservativ sieht sie aus in ihrem dunkel-

---

8   Das Foto ist vermutlich gestellt, denn im Blazer würde wohl keine Wissenschaftlerin an der Workbench stehen.

blauen Ensemble, wohl ihr Outfit für offizielle Termine, [sie] sitzt aufrecht am Kopf eines Holztisches in einem Büro des Instituts. Ohne belehrende Attitude erklärt sie, worum es geht. [...]
Kerstin Thurow ist blaß im Gesicht, die dunklen Augenränder hinter der Brille sehen aus, als hätte sie ein paar Nächte lang durchgetüftelt. Als würde sie niemals in der Mittagspause über den Strand gehen, der sich ein paar hundert Meter hinter dem Institut in Warnemünde erstreckt. Für Spaziergänge am Strand bleibt ihr keine Zeit. (*Brigitte*, 4/2000, S. 150)

Ähnlich wie bei der Astrophysikerin Jill Tarter wird auch bei Kerstin Thurow der Eindruck erzeugt, die Forschungsarbeit bekomme ihrer Gesundheit nicht gut. In Kontrast zur Astrophysikerin wird sie zwar nicht als Wissenschaftlerin abgewertet, aber gesundheitlich sei auch ihr die Wissenschaft nicht ganz zuträglich. Ein blasses Gesicht und Augenränder sind hier abermals die Attribute, die für die körperliche Unverträglichkeit der Naturwissenschaft für Frauen stehen. Sie werden in einen Begründungszusammenhang zur wissenschaftlichen Tätigkeit gebracht: Die Tätigkeit in der Forschung scheint so anstrengend für die Frau zu sein, dass sie sichtbare Spuren der Erschöpfung hinterlässt. Bei männlichen Forschern werden gesundheitliche Folgen nicht diskutiert – und auch nicht gesehen. Ob ein Physiker etwa Augenränder hat oder übermüdet wirkt, wird in der Regel mit keinem Wort erwähnt.

Anhand des Artikels wird eine grundlegende Indifferenz gegenüber dichotomen Zuschreibungen von Geschlecht deutlich. Einerseits werden maskulinisierende Stereotype in die Wissenschaftlerin hinein projiziert – etwa die ihr angedichtete Abwertung weiblicher Stereotype, „wahrscheinlich denkt sie, das sei romantischer Frauenkram" – andererseits erfüllt sie auf der körperlichen Ebene wiederum feminisierende Erwartungen (mädchenhaft, zierlich, dem hohen Arbeitspensum des Forschungsalltags gesundheitlich nicht gewachsen). Auf textueller Ebene entsteht eine leichte Irritation aufgrund der Unentschiedenheit in der vermittelten Botschaft. Sind derartige Geschlechterzuschreibungen als legitime Standards ernst zu nehmen und die Portraitierten dementsprechend daran zu messen oder dürfen Geschlechterzuschreibungen nur noch dazu dienen, ironisch gebrochen der Portraitierung der Wissenschaftlerinnen eine amüsante Note zu verleihen? Zu dieser Frage bezieht der Artikel nicht eindeutig Stellung und überlässt die Antwort darauf der Leserschaft.

Abbildung 2

6. Resumée

In den Repräsentationen von Physik werden Geschlechterordnungen sichtbar, die der Physik eine hegemoniale Form der Maskulinität zuschreiben (Connell, 1999; Erlemann, 2009) und sie daher als einen eher für Männer angemessenen Wirkungsbereich präsentieren.

Der dadurch erst entstehende scheinbare Konflikt, dass Naturwissenschaft inkompatibel mit konventionellen Vorstellungen von Femininität sei und Physikerinnen zum „inappropriate/d other" (Haraway, 1992; Min-ha, 1986) werden, wird in allen Beiträgen, in denen Physikerinnen auftauchen, diskursiv verarbeitet. An keiner Stelle wird thematisiert, geschweige denn kritisch reflektiert, dass die Zuschreibungen von Geschlecht an Physik sozio-historisch konstruiert sind.

Die in den Medienartikeln konstituierten Geschlechterordnungen der Physik zeigen sich auch als Sehordnungen der Abbildungen. Die textuell konstruierten Geschlechterordnungen und die visuell konstruierten Sehordnungen greifen in den Repräsentationen männlicher Physiker im Kontext der Wissenschaftsberichterstattung ganz unmittelbar ineinander.

In den Repräsentationen weiblicher Physikerinnen greifen sie nur bedingt ineinander. Im Beispiel von Kerstin Thurow, die als erfolgreiche Frau und Wissenschaftlerin dargestellt wird, bildet die Abbildung den Inhalt des Textes ab und der vermeintliche Widerspruch zwischen Erfolg, Kompetenz und mädchenhafter Femininität, der zu einer Irritation auf textueller Ebene führt, spiegelt sich in der unausgewogen und unglaubwürdig komponierten Abbildung wider. Die Irritation, die der vermeintliche Widerspruch „Frau" und „Wissenschaftlerin" auslöst, setzt sich in der irritierenden Abbildung fort.

Im Beispiel von Jill Tarter entspricht zwar die Kombination der einzelnen Abbildungen des Artikels der Botschaft des Artikeltextes, das Portraitbild von Jill Tarter für sich genommen bildet zur textlichen Beschreibung der Portraitierten jedoch einen Kontrast. Hier scheint die im Portraitbild angebotene Sehordnung die im Text produzierte Geschlechterordnung zu brechen.

Das – hier jedoch vermutlich unbeabsichtigte – Aufbrechen von überkommenen Geschlechterordnungen kann also nicht nur auf diskursiver Ebene des Textes erprobt werden, wie es bisher in der diskursanalytischen Geschlechterforschung angeregt wurde, sondern auch über die Brechung von Sehordnungen.

Literatur

Breckner, R. (2007). Bildwelten – Soziale Welten. Zur Interpretation von Bildern und Fotografien. Online-Beitrag Workshop & Workshow „Visuelle Soziologie", Universität Wien (Workshop vom 23. bis zum 24. November 2007). http://.univie.ac.at/visuellesoziologie; Zugriff am 21. April 2012.

Breckner, R. (2010). Sozialtheorie des Bildes. Zur interpretativen Analyse von Bildern. Bielefeld: Transcript.

Connell, R. (1999). Der gemachte Mann: Konstruktion und Krise von Männlichkeit. Opladen: Leske und Budrich.

Erlemann, M. (2009). Menschenscheue Genies und suspekte Exotinnen – Die Ko-Konstruktion von Physik und Geschlecht in öffentlichen Diskursen. Wien.

Fleck, L. (1980). Entstehung und Entwicklung einer wissenschaftlichen Tatsache. Frankfurt a.M.: Suhrkamp Verlag.

Gieryn, T. F. (1999). Cultural Boundaries of Science: Credibility on the Line. Chicago: The University of Chicago Press.

Haraway, D. (1992). Promises of Monsters: A Regenerative Politics for Inappropriate/d Others. In: L. Grossberg, C. Nelson, & P. Treichler (Hrsg.), Cultural Studies (S. 295-337). New York/London: Routlege.

Jacobi, D., & Schiele, B. (1989). Scientific Imagery and popularized Imagery: Differences and Similarities in the Photographic portraits of science. In: Social Studies of Science 19 (4): S. 731-753.

Göpfert, W., & Ruß-Mohl, S. (Hrsg.) (1996). Wissenschaftsjournalismus. Ein Handbuch für Ausbildung und Praxis. 3. Aufl., überarbeitet. List: Journalistische Praxis. Leipzig: Paul List Verlag.

LaFollette, M. C. (1990). Making Science our own – Public Images of Science 1910-1950. Chicago: University of Chicago Press.

Minh-ha, T. (1986). She, The inappropriate/d Other. In: Discourse 8: 1-37.

Moscovici, S. (1984). The Phenomenon of Social Representations. In: R. M. Farr, & S. Moscovici (Hrsg.), Social Representations (S. 3-70). Cambridge: Cambridge University Press.

Nelkin, D. (1995). Selling Science: How the press covers science and technology. 2. Aufl.New York: Freeman and Co.

Nikolow, S., & Bluma, L. (2009). Die Zirkulation der Bilder zwischen Wissenschaft und Öffentlichkeit. Ein historiographischer Essay. In: B. Hüppauf & P. Weingart (Hrsg.), Frosch und Frankenstein.Bilder als Medium der Popularisierung von Wissenschaft (S. 45-90). Bielefeld: Transcript.

Raab, J. (2008). Visuelle Wissenssoziologie. Theoretische Konzeption und materiale Analysen. Konstanz: UVK Verlagsgesellschaft.

Rose, G. (2001). Visual Methodologies. London/Thousand Oaks: Sage.

Sturken, M., & Cartwright, L. (2001). Practices of Looking. An Introduction to Visual Culture. Oxford: University Press.

Visualität in der Mathematik

Christian Kiesow

1. Einleitung

Das Anliegen des folgenden Beitrags besteht darin, visuelle Aspekte mathematischen Wissens aus wissenssoziologischer Perspektive zu beleuchten. Dazu werde ich eine auf empirischen Text- und Videodaten basierende Typologie vier verschiedener Visualisierungsformen in der Mathematik vorstellen und jeden einzelnen Visualisierungstypen mit seinen spezifischen Merkmalen beschreiben (2). Darauf aufbauend werde ich die Eigenschaften und Funktionen von Visualisierungen in der Mathematik im Allgemeinen charakterisieren (3).

In den letzten beiden Jahrzehnten lässt sich innerhalb der Geistes-, Kultur- und Sozialwissenschaften ein besonderes Interesse am Bild und allgemein am Visuellen verzeichnen. Schon vor knapp 20 Jahren wurde von W.J.T. Mitchell der „Pictorial turn" ausgerufen, zur gleichen Zeit im deutschsprachigen Raum von Gottfried Boehm der „Iconic Turn".[1] Seither ist eine Vielzahl von Studien unterschiedlicher disziplinärer Herkunft entstanden, die nicht nur die Inhalte, sondern auch die semiotische und performative Funktionsweise von Bildern und Visualisierungen in den Blick nehmen.[2] Letztere stammen dabei nicht nur aus traditionellen archäologischen und kunsthistorischen Kontexten, sondern auch aus dem medialen Bereich (wie z.B. Fernsehen, Internet oder Printmedien), aus Geo- und Kartographie oder auch aus Technik und Wissenschaft.[3]

Insbesondere das Interesse an wissenschaftlichen Visualisierungen stellt sich innerhalb der Wissenschaftssoziologie (oder allgemeiner: der Wissenschafts- und Technikforschung) dabei als durchaus folgerichtige Konsequenz eines grundlegenden Wandels in der Auffassung empirischer Naturwissenschaften dar, zu dem vor allem die sogenannten „Laborstudien" der letzten dreißig Jahre beige-

---

1   Siehe dazu (Boehm 1994) und (Mitchell 1994). Andere Autoren wie z.B. (Sachs-Hombach 2009) sprechen auch von einem „Visual Turn" oder „Visualistic Turn".

2   Mittlerweile wird sogar bereits von einer eigenständigen „Bildwissenschaft" gesprochen (z.B. (Bredekamp 2003) oder (Sachs-Hombach 2005)), der im angloamerikanischen Raum ungefähr die „Visual Studies" bzw. „Visual Culture Studies" entsprechen.

3   Eine Übersicht über die zahlreichen Forschungsfelder gibt z.B. (Sachs-Hombach 2009).

tragen haben.[4] Diese Laborstudien weisen die naive Vorstellung zurück, dass in den Naturwissenschaften lediglich objektive Tatsachen beschrieben und damit die „Natur" in irgendeiner Weise abgebildet würde. Stattdessen betonen sie den konstruktiven Charakter naturwissenschaftlicher Resultate, die sich auf „Natur" nur in Form hochgradig präparierter, hochartifizieller Sonderumgebungen (wie etwa Labore) beziehen. Mit den Ergebnissen der Laborstudien wird aber auch die Auffassung von Wissenschaft als eines rein kognitiven abstrakten Aussagensystems immer fragwürdiger – stattdessen rücken die nicht-sprachlichen, materiellen, performativen und leiblichen Aspekte wissenschaftlicher Forschungsprozesse immer stärker in den Blick. Zu diesen gehören wesentlich auch Bilder und Visualisierungen (z. B. in Form von mikro- und teleskopischen Beobachtungen, Abbildungen oder Graphen), die als nicht- bzw. vorsprachliche Instrumente der Erkenntnisgewinnung und –validierung beinahe ubiquitär in den Naturwissenschaften anzutreffen sind.[5]

Die Existenz und Relevanz visueller Wissensordnungen beschränkt sich jedoch nicht allein auf die Naturwissenschaften. Auch eine Wissenschaft wie die Mathematik, deren Gegenstände fern jeder empirischen Realität als rein ideale Strukturen vorliegen, und die sich ausschließlich logischer Schlüsse als Methode bedient, verfügt über zahlreiche Möglichkeiten, relevante Sachverhalte „abzubilden" und damit visuell zugänglich zu machen. Leider existieren zu dieser Thematik bisher nur wenige vereinzelte Texte, die sich meist auf sehr allgemeine oder sehr spezielle Aspekte fokussieren.[6] Eine Ausnahme bildet dabei die kulturanthropologische Feldstudie von Muriel Lefebvre.[7] Basierend auf teilnehmender Beobachtung und Experteninterviews untersucht Lefebvre darin die kontextuell-situative Einbettung und damit die praktische Verwendungsweise von Bildern und Visualisierungen in der Mathematik. Diesem „performativen" Zugang zum Bild in der Mathematik und in der Wissenschaft allgemein schließe auch ich mich in diesem Beitrag grundsätzlich an. Durch die folgende Differenzierung mathematischer Visualisierungsformen möchte ich Lefebvres Ergebnisse allerdings um einige neue, informative Aspekte erweitern.

---

4   Klassische Beispiele hierfür sind u. a. (Latour & Woolgar 1986), (Knorr-Cetina 1991) und (Knorr-Cetina 2002).
5   Zur Visualität in den Naturwissenschaften siehe u. a. (Lynch & Woolgar 1990) und (Heintz & Huber 2001).
6   Beispielhaft seien hier der informative Aufsatz von Benedikt Löwe über die Visualisierung von Ordinalzahlen (Löwe 2007) oder das Kapitel in Edwin Colemans Arbeit (Coleman 1988, S. 169-200) über Diagramme in mathematischen Texten aufgeführt.
7   (Lefebvre 2001).

2. Visualisierungsformen in der Mathematik

Prima facie scheint das Bildhafte bzw. Visuelle in der Mathematik einfach im Darstellen mathematischer Objekte (Dreiecke, Kreise, Funktionen, Vektorpfeile) zu bestehen.[8] Bei näherem Hinsehen ergibt sich allerdings eine weitaus differenziertere Sachlage: Eine per Graphikprogramm generierte 3-dimensionale Oberfläche ist weder in ihren semiotischen noch in ihren funktionalen Eigenschaften mit der Skizze eines 7-dimensionalen Objektes in einer Differentialgeometrie-Vorlesung vergleichbar. Selbst die Vorstellung, dass Visualisierungen in der Mathematik immer einen „figürlichen Gehalt" haben müssten, erweist sich bei der Betrachtung von formalen Diagrammen oder gar bestimmten räumlichen Beweiskonstellationen als falsch.

Angesichts der tatsächlichen Komplexität mathematischer Visualisierungsformen kann auch die hier vorgeschlagene Typologie nur heuristischen Charakter haben. Sie deckt vieles, jedoch keineswegs alles ab, was in der Mathematik an visuellen Erscheinungen auftritt. Bei der Auswahl der Texte (und Videoaufzeichnungen), die meiner Typologie zugrunde liegt, habe ich versucht, den klassischen Fächerkanon eines Mathematikstudiums über verschiedene fachliche Niveaustufen hinweg zu berücksichtigen. Außerdem wurden sowohl offiziell publizierte Bilder als auch solche aus „inoffiziellen" Alltagskontexten mit in das Datenmaterial aufgenommen. Konkret liegen dieser Untersuchung damit 14 Lehrbücher für das Grund- und Hauptstudium Mathematik (3 Algebra bzw. Lineare Algebra, 3 Analysis, 2 Differentialgeometrie/Globale Analysis, 2 Wahrscheinlichkeits-theorie/Statistik, 1 Funktionentheorie, 2 Logik und Mengenlehre, 1 Topologie), ungefähr 20 Publikationen (jeweils etwa 5 aus den Bereichen Algebra, Stochastik, Differentialgeometrie und mathematische Logik) sowie etliche Vorlesungsmitschriften und drei etwa 90-minütige Videoaufzeichnungen von Mathematik-Lehrveranstaltungen (2 Geometrie, 1 Differentialgleichungen) zugrunde.

Nach Sichtung und Tabellierung aller im Datenmaterial enthaltenen Bilder/Visualisierungen wurden diese sowohl nach ihren bildsemiotischen Eigenschaften als auch nach ihrer systematischen Funktion innerhalb des jeweiligen Gesamtkontextes (z. B. Bilder als Illustration bei der Einführung eines neuen Begriffes, Bilder als Hilfsmittel beim Führen von Beweisen, Bilder als heuristisches Erkenntnisinstrument) geordnet. Schließlich wurden aus den sich ergebenden Mustern die folgenden vier „Idealtypen" abgeleitet.

---

8   Ich werde im Folgenden die Begriffe „Bild" und „Visualisierung" nicht explizit voneinander unterscheiden und beide weitestgehend synonym verwenden.

2.1 Exakte Visualisierungen

Unter „exakten" Visualisierungen verstehe ich die numerisch präzise, heute meist computergestützte graphische Darstellung von mathematischen Gegenständen in einem zwei- oder dreidimensionalen Koordinatensystem. Zu diesen Gegenständen gehören in der Regel Funktionsgraphen, oft auch simplere geometrische Figuren (Ebenen, Geraden, Kugeln) oder einfach nur bestimmte Markierungen von Punkten, Linien und Flächen. Das Spektrum der auf diese Weise graphisch darstellbaren mathematisch interessanten Informationen ist groß:

Abbildung 1:   Graph der Funktion z=x*exp(-x²-y²) erstellt mit MATLAB

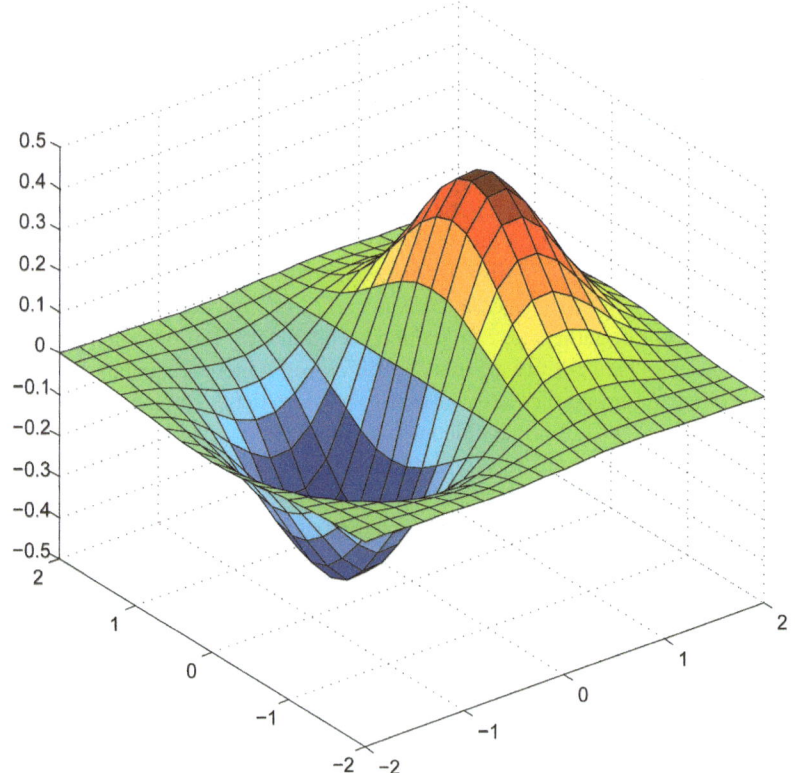

So können etwa das Stabilitätsverhalten von Differentialgleichungen, die geometrischen Eigenschaften von fraktalen Figuren oder die Fixpunkteigenschaften von Iterationsverfahren – um nur wenige Beispiele zu nennen – exakt visualisiert und untersucht werden. Ermöglicht wird dies vor allem durch die Verwendung leistungsfähiger Computer und hochkomplexer Algorithmen zur Bilderzeugung.[9]

In Bezug auf die öffentlich-mediale Selbstdarstellung der Mathematik dienen die so charakterisierten exakten Visualisierungen in ästhetischer Aufbereitung (z. B. auffälliger Kolorierung) häufig dazu, bei einem breiteren Publikum Interesse und Neugierde für die sonst eher als trocken und abstrakt geltende Mathematik zu wecken. Umgekehrt führt diese Werbestrategie „der medialen Selbstästhetisierung" auch dazu, dass gewisse Visualisierungen – losgelöst von ihrem eigentlichen systematischen Kontext – zu geradezu symbolischen Emblemen für die Wissenschaft Mathematik in der Öffentlichkeit werden. Im untersuchten Datenmaterial zeigt sich dies etwa durch die Verwendung von exakten Visualisierungen als dekorative Elemente auf Covern oder in Einführungswerken.

Im Gegensatz zu dieser öffentlichen Prominenz tauchen exakte Visualisierungen jedoch paradoxerweise in genuin mathematischen Texten, wie sie dieser Untersuchung zugrunde liegen, relativ selten auf. Dies scheint dafür zu sprechen, dass es sich bei ihnen primär um ein Darstellungsinstrument der Natur- und Ingenieurswissenschaften sowie einiger angewandter Gebiete der Mathematik handelt. Sofern sich exakte Visualisierungen überhaupt im Datenmaterial finden, fungieren sie vor allem in einführenden Werken als didaktisches Instrument der Motivation und Veranschaulichung von Begriffsbildungen und Beweisprozeduren. Unabhängig von diesem Befund deutet sich in einzelnen mathematischen Disziplinen auch an, dass exakte Visualisierungen durch die immer besseren Möglichkeiten der computergestützten Bilderzeugung das Potential zur Motivation und Gewinnung von Erkenntnissen besitzen könnten.[10] Anders als in der Mathematik der Antike spielen Visualisierungen hier jedoch eine rein heuristische Rolle – sie stellen den Status des formalen Beweises als einzigem Verifikationsinstrument der Mathematik nicht in Frage.[11]

Die Ursache dafür, dass exakte Visualisierungen in vielen Zweigen der Mathematik, insbesondere in der sog. reinen Mathematik, eine marginale Rolle spielen, liegt vor allem daran, dass mathematische Objekte ganz spezifische ontologische Voraussetzungen erfüllen müssen, damit sie exakt visualisierbar sein können: zunächst müssen sie oder zumindest gewisse Teilstrukturen ein-,

---

9   Diese Entwicklungen haben bereits zur Bildung einer eigenständigen mathematischen Disziplin an der Schnittstelle zur Informatik geführt: der „Mathematischen Visualisierung".
10   Siehe dazu auch (Davis 1993).
11   Zum formalen Beweis in der Mathematik siehe (Heintz 2000).

zwei- oder dreidimensional sein. Während dies für Anwendungen (etwa in der Physik oder den Ingenieurswissenschaften) naturgemäß meist der Fall ist, strebt die reine Mathematik in der Regel nach der größtmöglichen Verallgemeinerung ihrer strukturellen Aussagen. Viele Sätze beziehen sich daher auf Objekte einer endlichen, aber beliebigen Dimension „n" oder gar auf unendlich-dimensionale Objekte. Graphische Darstellungen können in diesem Fall nie mehr als beispielhaft sein, weil die interessierenden Objekte auf einem höheren Abstraktionsniveau liegen. Weiterhin müssen die entsprechenden Gegenstände aber auch in gewissem Sinne numerisch-quantifizierbar sein. Durch die Wahl eines geeigneten Koordinatensystems können dann z. B. Bildpunkte berechnet und graphisch repräsentiert werden. Der überwiegende Teil der exakt dargestellten Objekte und Prozesse ist daher auch im 2- bzw. 3-dimensionalen reellen Raum lokalisiert, für deren Darstellung in der Ebene es genaue Konventionen bzw. Regeln gibt (Einführung eines Koordinatensystems, Wahl eines Ursprungs und eines Einheitensystems etc.). Für viele Objekte der reinen Mathematik ist jedoch per se gar nicht die Möglichkeit einer numerisch-quantitativen Behandlung gegeben oder sinnvoll. Zur Darstellung dieser Objekte gibt es daher auch keine einheitlich-objektiven Darstellungsregeln wie sie mit der Verwendbarkeit von Koordinatensystemen verbunden sind.

2.2 Schematische Visualisierungen

Weitaus häufiger als exakte Visualisierungen finden sich in mathematischen Texten skizzenartige bildliche Darstellungen bestimmter Objekte, die deren strukturelle Eigenschaften quasi schematisch visualisieren. Einige dieser „schematischen Visualisierungen" wären dabei grundsätzlich auch exakt darstellbar, bei anderen ist dies nicht möglich.[12]

---

12   Hier zeigt sich, dass die vorgestellte Typologie keine trennscharfen Klassifikationskriterien mathematischer Visualisierungen anbieten kann und will. Während im betrachteten Datenmaterial Fälle von Visualisierungen auftreten, die sowohl den exakten als auch den schematischen Visualisierungen zugerechnet werden könnten, treten in anderen Bereichen der Mathematik Beispiele von Visualisierungen auf, für die keine der beiden (bzw. der vier hier dargestellten Kategorien) richtig geeignet scheint. Dies ist etwa für Diagramme der Graphen- und Knotentheorie der Fall.

Abbildung 2: Skizze einer Mannigfaltigkeit mit Kartenwechsel

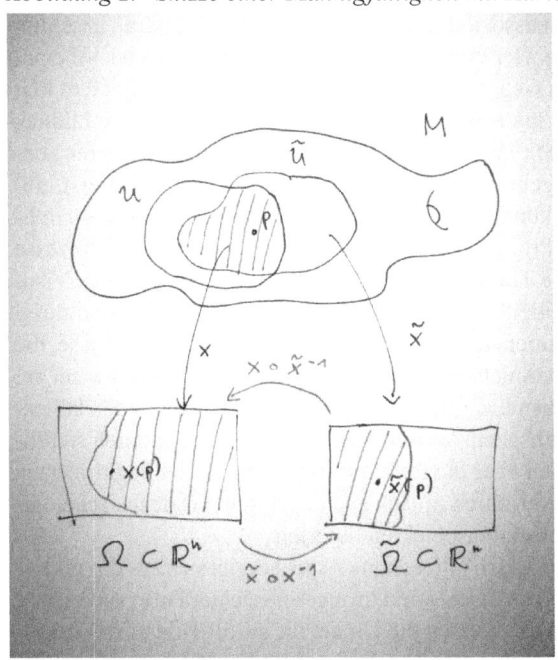

Aus dem untersuchten Datenmaterial geht hervor, dass die Verwendung dieser Art der Visualisierung stark von der mathematischen Disziplin und damit von den jeweiligen mathematischen Objekten abhängt, die offenbar mehr oder weniger gut schematisch-bildhaft dargestellt werden können. Gehäuft treten schematische Visualisierungen vor allem in der Differentialgeometrie auf, aber auch in der Topologie, der Mengenlehre und der Funktionentheorie. Beinahe keine Rolle spielen sie hingegen in der Algebra und der Logik. Weiterhin zeigt sich, dass sich skizzenartige Darstellungen besonders in informellen Texten wie Vorlesungsmitschriften und Tafelbildern, weniger in Lehrbüchern und kaum in Forschungspublikationen finden.

Dieser Befund legt es nahe, schematische Visualisierungen als Möglichkeit der heuristischen Erkenntnis- und Informationsgewinnung, der Orientierung und Motivation neu eingeführter Konzepte für den einzelnen Mathematiker[13] zu be-

---

13   Die männliche Form ist der weiblichen Form in dieser Publikation gleichgestellt. Die männliche Form wurde lediglich aus Gründen der Vereinfachung gewählt.

trachten. Man könnte sie demnach als eine Art provisorischer psychologischer Krücke auffassen. Aus wissenssoziologischer Sicht ergeben sich daran anschließend zwei wichtige Aspekte. Der erste greift das Problem auf, dass bei schematischen Visualisierungen im Gegensatz zu exakten gar nicht von vornherein klar ist, *wie* die entsprechenden mathematischen Objekte und Sachverhalte bildlich dargestellt werden sollen. Mit anderen Worten: das Fehlen relativ starrer konventioneller Darstellungsregeln macht schematische Visualisierungen erst einmal viel unbestimmter und kontingenter. Geht man jedoch davon aus, dass individuellen psychologischen Prozessen kommunikative und interaktive Prozesse vorausgehen, drängt sich die These auf, dass sich auch bei schematischen Visualisierungen bestimmte implizite, eventuell auch lokal, historisch und kulturell variable Darstellungskonventionen herausgebildet haben. Trifft diese These, die durch das Datenmaterial zwar nicht bewiesen, zumindest aber gestützt wird, zu, dann hätten schematische Visualisierungen die Aufgabe einer impliziten kollektiven Deutung von mathematischem Wissen. Sie würden dieses dadurch stabilisieren, dass sie dem einzelnen über die Beherrschung von offiziell legitimierten bzw. sanktionierten Beweisverfahren hinaus auch noch die Art des psychologischen Zugangs zu seinen Forschungsobjekten lieferten.

Der zweite wissenssoziologisch interessante Aspekt ergibt sich aus den bildsemiotischen Eigenschaften schematischer und in abgeschwächter Form auch schon exakter Visualisierungen. Diese können die Dinge, die sie als Bild „repräsentieren", nämlich die abstrakten Gegenstände einer avancierten Mathematik, in der Regel nicht völlig strukturadäquat abbilden. Das Bild einer unendlichen Menge reeller Zahlen z. B. wird immer aus endlich vielen Punkten bestehen, da jeder Farbpunkt eines Bildes als empirisch-materielle Entität einen gewissen Raum einnimmt und nicht dimensionslos ist. Mathematische Strukturen verfügen also über eine Eigenlogik, die grundsätzlich nicht „materialisiert" werden kann. Umgekehrt verfügen jedoch auch ein Blatt Papier und ein Bleistift, eine Tafel und ein Stück Kreide über eine materielle Eigenlogik, die nicht der des abstrakten Denkens entspricht. Die übliche Visualisierung des Mengenuniversums V in der axiomatischen Mengenlehre etwa besteht aus einer achsensymmetrischen Figur mit einer rechten und einer linken Hälfte. Die Aufteilung des Bildes in „rechts" und „links" findet jedoch keine strukturelle Entsprechung im abgebildeten Gegenstand. Für den praktischen Umgang des Mathematikers mit schematischen Visualisierungen bedeutet dies, dass er aufgrund der strukturellen Selektivität der Bilder diese nur eingeschränkt zur Darstellung bestimmter Probleme nutzen kann. Andererseits muss er sich stets dessen bewusst sein, dass seine Skizze über Zusatzeigenschaften (das, was ich oben als materielle Eigenlogik bezeichnet habe) verfügt, die er etwa zur Lösung eines aktuell vorliegenden mathematischen Problems nicht verwenden kann.

Diese semiotische Unter- bzw. Überbestimmtheit, die bei schematischen Visualisierungen aufgrund ihres informellen, kontingenten Charakters besonders ins Gewicht fällt, führt zu der am Videomaterial belegbaren These, dass sich der eigentliche Bedeutungsgehalt solcher skizzenhafter Bilder erst im situativen Kontext ihrer Verwendung ergibt. Erst durch interpretative, konstruktive Praktiken, also durch die körperliche und sprachliche Performanz der Akteure (z. B. deiktische Referenz, Gesten, begleitende Kommentierung, aber auch das Versehen einer Zeichnung mit formalen Symbolen und Buchstaben) wird die Rolle und Funktion schematischer Visualisierungen hinreichend verständlich.

2.3 (Kommutative) Diagramme

In vielen Bereichen der Mathematik treten Abbildungen auf, in denen eine Menge von Objekten durch ein Geflecht von Pfeilen miteinander verbunden ist. Die entsprechenden Objekte sind dabei nicht bildlich-figürlich, sondern durch formale Symbole bzw. Buchstaben dargestellt.

Abbildung 3: Die Transformationsformel für lineare Abbildungen

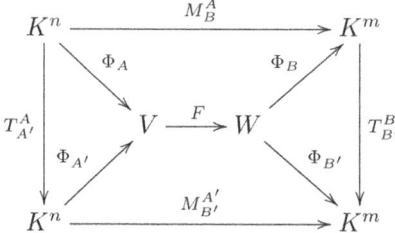

Diese Abbildungen sollen hier als „Diagramme" bezeichnet werden – ein Begriff, der auch in der Mathematik selber für diese Visualisierungsform üblich ist. Alle im Datenmaterial vorgefundenen Diagramme sind kommutative Diagramme, d. h. solche, bei denen zwei verschiedene Pfeilwege zwischen zwei Objekten dieselbe Abbildung darstellen. Kommutative Diagramme treten in den meisten der untersuchten mathematischen Disziplinen auf, am häufigsten sind sie in der Linearen

Algebra/Algebra und in der Differentialgeometrie. Im Unterschied zu schematischen Visualisierungen sind sie in Publikationen weit verbreitet.[14]

Dies ist dadurch zu erklären, dass Diagramme im obigen Sinne eine sehr starre, konventionell festgelegte und eindeutige Visualisierungsform darstellen. Kommutative Diagramme sind eigentlich Formeln, also syntaktisch wohlgeformte mathematische Behauptungen, die wie jede andere Formel in einem Text auch bewiesen oder widerlegt werden müssen. Andererseits verlässt hier die symbolische Notation die ihr in Verbindung mit der natürlichen Sprache auferlegte Linearität, um eine eigene zweidimensionale Räumlichkeit aufzuspannen, die eine in diesem Fall adäquatere Darstellung mathematischer Sachverhalte erlaubt. Diese Räumlichkeit ist jedoch keine, die den mathematischen Objekten selber direkt inhärent wäre, die also die (räumliche) Struktur eines Objekts selber widerspiegeln würde (ein Vektorraum wird trotz seiner reichhaltigen Struktur z. B. in einem Diagramm nur durch einen einzelnen Buchstaben „V" dargestellt). Vielmehr wird hier nur der strukturelle, durch Funktionen und Abbildungen vermittelte Zusammenhang zwischen mathematischen Objekten verräumlicht. Etwas weitergehend könnte man sogar davon sprechen, dass die diagrammatische Darstellungsart eine bestimmte Ontologie der Mathematik vermittelt – d. h. ausdrückt und vielleicht auch selber mit konstituiert: nämlich die Aufteilung aller mathematischen Gegenstände in Mengen und Abbildungen/Funktionen, der im Diagramm die Unterscheidung von „Knoten" und „Pfeilen" entspricht.[15]

2.4 Beweisarchitekturen

Eine eingehende Sichtung des untersuchten Textmaterials ergibt, dass die Bedeutung des Visuellen in der Mathematik über die Darstellungsformen hinausgeht, die in den entsprechenden Texten selber als solche gekennzeichnet sind. Vielmehr zeigen auch einige Beweise eine räumliche Struktur, die über die lineare Anordnung von Formeln, Termen und natürlicher Sprache in einem Fließtext hinausgeht. Diese räumliche Struktur, die ich als „Beweisarchitektur" bezeichnen möchte, ist dabei eng mit der zugrundeliegenden Beweisidee verknüpft; sie liefert Mathematikern quasi ein „Bild" dessen, worin der eigentliche Kniff eines Beweises besteht.[16]

---

14   In inoffiziellen Kontexten treten sie bisweilen sogar in Kombination mit ersteren auf (siehe Abb. 2).
15   Dies mag ein Grund dafür sein, dass die Gleichbehandlung von Funktionen/Relationen und Mengen im üblichen Sinne innerhalb der axiomatischen Mengenlehre vielen Studenten erst einmal irritierend erscheint.
16   Siehe dazu auch Kapitel 4.3 in (Heintz 2000).

Abbildung 4: Das erste Cantorsche Diagonalargument

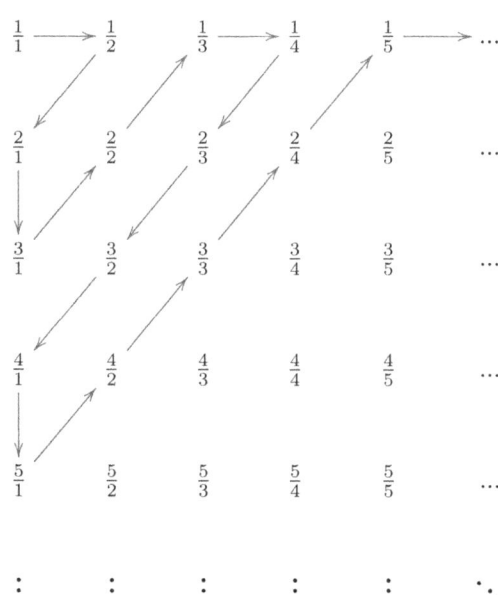

Auch wenn daher eine Umformulierung in einen gewöhnlichen linearen Text bei diesen Beweisen möglich ist, würde diese doch sehr umständlich wirken und Wesentliches nicht zur Geltung bringen.

Ähnlich wie auch Diagramme treten kompliziertere Beweisarchitekturen vor allem in der Linearen Algebra/Algebra und der Logik auf. Genau wie diese finden sie sich gleichermaßen in allen Textsorten, also auch in Lehrbüchern und Publikationen. Dies ist nicht erstaunlich, da Beweisarchitekturen oftmals einfach nichts anderes als überproportionierte oder kompliziertere Diagramme und damit mathematische Aussagen in einem präzisen Sinne sind. Andererseits fallen unter diesen Begriff, so wie ich ihn hier verstehe, auch nicht-diagrammatische Anordnungen von mathematischen Objekten (d. h.: Termen) wie etwa bei den Diagonalargumenten der Mengenlehre oder mathematischen Aussagen (d. h.: Formeln). Auf diese Beweisarchitekturen, die in der Regel keine syntaktisch klar definierten Sachverhalten darstellen, trifft wie auch auf schematische Visualisierungen zu, dass sie erst dann ihren vollen Bedeutungsgehalt entfalten, wenn sie sprachlich und/oder gestisch animiert, d. h. performativ in den jeweiligen Kontext eingebettet werden. So ist etwa bei Abb. 4 prima facie keineswegs klar, dass diese als Beweis für die Abzählbarkeit der (positiven) rationalen Zahlen verwendet werden kann oder dass die grauen Pfeile als eine Art Gebrauchsanleitung des Bildes verstanden werden müssen.

3. Eigenschaften und Funktionen von Visualisierungen in der Mathematik

Ich fasse nun die Charakteristika und Funktionen mathematischer Visualisierungen, wie sie sich aus den vorhergehenden Ausführungen ergeben haben, zusammen. Dabei bietet sich ein kontrastiver Blick auf Visualisierungen in den Naturwissenschaften an.

Zunächst einmal lässt sich sicher konstatieren, dass Visualisierungen und Bilder in der Mathematik weitaus häufiger vorkommen, als dies gemeinhin angenommen wird und dass die Mathematik über mehrere unterschiedliche Visualisierungsformen verfügt. Ein wichtiger Faktor dafür, welche dieser Formen jeweils auftreten, ist der zugrundeliegende Gegenstandsbereich selber. Werden beispielsweise in einer Disziplin wie der Differentialgeometrie oder –topologie strukturelle Verallgemeinerungen geometrischer Figuren und Eigenschaften im zwei- bzw. dreidimensionalen Raum untersucht, dann liegt es nahe, letztere als skizzenhafte Darstellungen auch der verallgemeinerten Strukturen zu benutzen. Obwohl die strukturelle Beschaffenheit der jeweiligen Gegenstände daher bestimmte Arten ihrer Visualisierung nahelegt, ist letztere jedoch nie durch diese völlig determiniert. Visualisierungen in der Mathematik sind im Gegenteil vergleichsweise selektiv, konstruktiv und kontingent. Was, wie und zu welchem Zweck etwas dargestellt wird, ist oft nur aus dem Kontext verständlich.

Hier ergibt sich ein entscheidender Unterschied zu den Naturwissenschaften: ein mikroskopisches Bild etwa mag zwar keine „naturgetreue" Abbildung eines Mikroorganismus sein, aber es gibt doch immerhin eine Art kausaler Beziehung zwischen diesem und dem Bild des Mikroskops. Diese Art von kausalem Einfluss fällt in der Mathematik prinzipiell aus, weil deren Gegenstände rein ideell sind und somit die materielle Welt nicht affizieren können. In den Naturwissenschaften dienen Bilder daher auch in hohem Maße zur Informationsgewinnung über unbekannte Objekte, während sich ein Mathematiker vor dem Anfertigen einer Skizze in aller Regel schon über die strukturellen Eigenschaften seines Objektes, die er darstellen möchte, im Klaren sein muss. Dies führt u. a. dazu, dass Bilder in den Naturwissenschaften legitime Mittel der Verifikation von Hypothesen sind – in der Mathematik übernimmt diese Rolle fast ausnahmslos der formale Beweis.

Dies hat u. a. in der modernen Mathematik dazu geführt, die Funktion von Visualisierungen und Bildern für gänzlich marginal zu halten.[17] Eine solche Ansicht übersieht allerdings, dass sich in der Mathematik ein spezifisches Problem stellt, das sich primär mit Bildern/Visualisierungen lösen lässt: die Gegenstände, mit denen es die moderne Mathematik zu tun hat, sind im Vergleich zu denen der empirischen Naturwissenschaften so abstrakt, dass sowohl die Kommunikation über diese Gegenstände als auch der Umgang des einzelnen mit diesen gewisser „Versinnlichungen" bedarf, um erfolgreich zu sein. Auf diese Notwendigkeit der Erzeugung und Verwendung psychologischer „Krücken" sind Bilder, wie auch Gesten und Metaphern, eine Antwort.

Dieser spezifische epistemologische Status, den Bilder in der Mathematik haben, spiegelt sich auch im Umgang mit ihnen innerhalb verschiedener institutioneller Kontexte wider: Die Resultate dieser Studie deuten an, dass in mathematischen Publikationen, also „offiziellen" Kontexten, solche Visualisierungsformen bevorzugt werden, die eine präzise, mit dem üblichen symbolischen Formalismus kompatible Bedeutung besitzen. Während Lehrbücher eine Art Zwischenstatus einnehmen, scheint der Umgang mit weniger formalen Visualisierungen im „inoffiziellen" mathematischen Alltag dagegen weitaus sorgloser und verbreiteter zu sein. Der Umgang mit Bildern markiert also in der Mathematik eine Differenz zwischen tatsächlichem Forschungsprozess und offizieller Darstellung von Forschungsergebnissen, die in anderer Form von den Laborstudien auch für die Naturwissenschaften herausgestellt wurde.[18]

Für die Wissenssoziologie ist jedoch noch ein weiterer Punkt relevant: Wie sich aus dem untersuchten Videomaterial ergibt, bedürfen gerade weniger formale Bilder und Visualisierungen in der Mathematik in der Regel einer performativen Einbettung. Dies bedeutet im Umkehrschluss, dass eine rein semiotische, ausschließlich textbasierte Auffassung mathematischer Bilder wesentlich zu kurz greift. Vielmehr gehört zu einem Bild, beispielsweise einer bestimmten Beweisarchitektur, immer auch eine bestimmte Abfolge von Gesten und eine bestimmte (natürliche) sprachliche Narration, um dessen Sinn nachzuvollziehen.[19] Körperliche und sprachliche Performanz unterstützen dabei allerdings nicht nur das Verständnis des Bildes; dieses wiederum trägt auch zur Veranschaulichung und Präzisierung etwa von Gesten und sprachlichen Ausführungen bei, so dass hier von einer wechselseitigen Bedeutungskonstitution von Körper-, Sprechhandlung

---

17 Eine historische Übersicht über die Einstellung zu Bildern in der Mathematik gibt (Lefebvre 2001).
18 Eine ausführliche Beschreibung dieser Differenz findet sich z. B. in (Knorr-Cetina 1991).
19 Löwe (2007) spricht in diesem Zusammenhang von „annotierten Kinetogrammen".

und Bild gesprochen werden kann.[20] Die Bedeutung des Performativitätsaspektes (wissenschaftlicher) Bilder ist dabei natürlich nicht auf die Mathematik beschränkt. Auch in der Medizin spielen Bilder z. B. deshalb eine große Rolle, weil man mit ihnen bestimmte Dinge *tun* kann (etwa andere überzeugen).[21] Im Unterschied aber zu fMRT-Bildern etwa ist bei Bildern in der Mathematik, insbesondere bei schematischen Visualisierungen und Beweisarchitekturen, nicht die Einbettung des fertigen Bildes in andere Handlungskontexte, sondern dessen sequentielle Erzeugung und deren performative Rahmung selber das Entscheidende.

4. Abschließende Bemerkungen

Die vorhergehenden Betrachtungen über Visualisierungen und Bilder in der Mathematik tragen dazu bei, ein allgemein vorherrschendes Verständnis dieser Wissenschaft zu revidieren. Mathematik ist keine rein abstrakte, kognitive Tätigkeit, bei der einfach Zeichenketten logisch auseinander deduziert würden. Ebenso verfügen Mathematiker auch nicht über eine mysteriöse Intuition, die ihnen einen unmittelbaren Zugang zu ansonsten hermetisch abgeschottet bleibenden Objekten erschlösse. Mathematisches Wissen beruht vielmehr konstitutiv auf lokalen, situativen, materiellen und körperlich-performativen Praktiken, zu denen auch die Erzeugung und der Umgang mit Bildern gehören. Diese veränderte Sichtweise auf die Mathematik entspricht in vielem dem veränderten Verständnis, das in Bezug auf die Naturwissenschaften durch die Wissenschaftsforschung und die Laborstudien schon lange existiert. Ein Blick in die Mathematikphilosophie und –soziologie zeigt, dass hier eine empirische Erforschung konkreter wissensvermittelnder und -erzeugender Praktiken noch aussteht.

---

20 Dies betont auch Knoblauch (2007) im Rahmen einer Studie über Wissensvermittlung in Power-Point-Vorträgen.
21 Siehe dazu die Studie von Regula Burri (2008) über die Bedeutung der funktionellen Magnetresonanztomographie (fMRT) in der Medizin.

Literatur

Boehm, G. (1994). Die Wiederkehr der Bilder. In G. Boehm (Hrsg.), *Was ist ein Bild?* (S. 11-38). München: Bild und Text.

Bredekamp, H. (2003). Bildwissenschaft. In *Metzler Lexikon Kunstwissenschaft*. Stuttgart: Metzler.

Burri, R. (2008). Doing Images: Zur Praxis medizinischer Bilder. Bielefeld: Transcript Verlag.

Coleman, E. (1988). The Role of Notation in Mathematics. Dissertation, University of Adelaide, Department of Philosophy.

Davis, P. (1993). Visual Theorems. *Educational Studies in Mathematics* 24, 333-344.

Heintz, B. (2000). Die Innenwelt der Mathematik: Zur Kultur und Praxis einer beweisenden Disziplin. Wien/New York: Springer.

Heintz, B. & Huber, J. (Hrsg.) (2001). Mit dem Auge denken: Strategien der Sichtbarmachung in wissenschaftlichen und virtuellen Welten. Zürich: Edition Voldemeer.

Knoblauch, H. (2007). Die Performanz des Wissens. Zeigen und Wissen in der Powerpoint- Präsentation. In B. Schnettler & H. Knoblauch (Hrsg.), *Powerpoint-Präsentationen. Neue Formen der gesellschaftlichen Kommunikation von Wissen* (S.117-138). Konstanz: UVK.

Knorr-Cetina, K. (1991 [1981, dt. 1984]). *Die Fabrikation von Erkenntnis: Zur Anthropologie der Naturwissenschaft.* Frankfurt a.M.: Suhrkamp.

Knorr-Cetina, K. (2002). Wissenskulturen: Ein Vergleich naturwissenschaftlicher Wissensformen. Frankfurt a.M.: Suhrkamp.

Latour, B. & Woolgar, S. (1986 [1979]). Laboratory Life: The construction of Scientific Facts. Princeton: Princeton University Press.

Lefebvre, M. (2001). Images, écritures et espace de médiation. Etude anthropologique des pratiques graphiques dans une communauté de mathématiciens. Dissertation, Institut de Recherches Interdisciplinaires sur les Sciences et la Technologie, Université Louis Pasteur, Strasbourg.

Löwe, B. (2007). Visualization of Ordinals. In T. Müller und A. Newen (Hrsg.), *Logik, Begriffe, Prinzipien des Handelns* (S. 64-80). Paderborn: Mentis Verlag.

Lynch, M. & Woolgar, S. (Hrsg.) (1990 [1988]). Representation in Scientific Practice. Cambridge MA: MIT Press.

Mitchell, W.J.T. (1994 [1992]). The Pictorial Turn. In W.J.T. Mitchell, Picture Theory. Essays on Verbal and Visual Representation (S. 11-35). Chicago: University of Chicago Press.

Sachs-Hombach, K. (Hrsg.) (2009). Bildtheorien: Anthropologische und kulturelle Grundlagen des Visualistic Turn. Frankfurt a.M.: Suhrkamp.

Sachs-Hombach, K. (Hrsg.) (2005). Bildwissenschaft. Frankfurt a.M.: Suhrkamp.

IV

Soziologische Filmanalyse

Visualisierung von Wissen über den Tod

Tina Weber

1. Einleitung

Im interdisziplinären Forschungsprojekt *Tod und toter Körper – zur Veränderung des Umgangs mit dem Tod in der gegenwärtigen Gesellschaft* beschäftigt sich eines der soziologischen Teilprojekte mit der Analyse audio-visueller Darstellungen von Toten und Autopsien.

Dieser Beitrag ist daher eingebettet in einen größeren Untersuchungskorpus, der auf einer Vielzahl von deutschen und amerikanischen Serienanalysen basiert, was hier aber nur ausschnittartig für den Zeitraum 2000-2009 wiedergegeben werden soll. Die Untersuchung von medialen Darstellungen von Autopsien in TV Serien in diesem Projekt, das sich mit dem realen Rückgang klinischer Autopsien beschäftigt, zielt direkt auf den Zusammenhang zwischen Bildwissen und medialer Darstellung ab. Thematischer Ausgangspunkt des Projektes ist die Spannung zwischen der Verdrängung des Todes als konstitutivem Element der Moderne und der zunehmenden Popularisierung des Todes in der jüngeren Gegenwart. Der Umgang mit dem toten Körper steht im Mittelpunkt der Forschung. Das Projekt konzentriert sich dabei insbesondere auf die klinische Autopsie als Forschungsbereich, da dieser die Spannung zwischen neuer Enttabuisierung und alter Tabuisierung in sich trägt.[1] Diese Spannung lässt sich daran ablesen, dass einerseits in den westlichen Gesellschaften die Bereitschaft zur klinischen Autopsie sinkt, d. h. den eigenen toten Körper oder den Körper von Angehörigen einer klinischen Autopsie im Krankenhaus zur Verfügung zu stellen. Andererseits steht diese zunehmende Ablehnung der klinischen Autopsie in einem eigenartigen Kontrast zur interessierten Annahme medialer Bilder von toten Körpern und ihrer forensischen Autopsie in der Öffentlichkeit. Während visuelle Darstellungen von forensischen Autopsien seit dem 21. Jahrhundert in den allabendlichen TV-Serien auf großes Interesse seitens der Rezipienten stoßen, sinken die Zah-

---

[1] Es gibt institutionelle und rechtliche Unterschiede zwischen den drei möglichen Formen: forensischer, anatomischer und klinischer Autopsie. Die klinische Autopsie wird nur in Krankenhäusern als Qualitätssicherungsmaßnahme durchgeführt. Im Gegensatz zur forensischen Autopsie kann die klinische Autopsie nicht gerichtlich angeordnet werden.

len der realen klinischen Autopsien im Krankenhausalltag dramatisch ab. Am Beispiel der Autopsie lässt sich daher die heutige Ambivalenz des Todesthemas wiedererkennen.[2] An der medialen Darstellung der forensischen Autopsien sollen daher auch die Gründe für diese Ambivalenz, vor allem aber auch neue Vorstellung über die Rolle des Todes in der heutigen Kultur veranschaulicht werden.[3] Dabei spielt das bildliche Wissen eine ganz wesentliche Rolle.

> Die Menschen haben von sich Bilder gemacht, lange bevor sie damit begannen, über sich zu schreiben. Das war bis zur Erfindung des Kodak-Systems vor über hundert Jahren ein Privileg der professionellen Bildermacher, doch heute photographieren und filmen wir uns gegenseitig von der Wiege bis zur Bahre. (Belting, 2001, S. 87)

Doch nicht nur im privaten Gebrauch wurden Bilder hergestellt, eine große Bedeutung im Erstellen und der Verbreitung von Körperbildern kam auch der Naturwissenschaft zu. Die jeweiligen Wissensbestände basierten schon immer auf den anatomischen Untersuchungen zum Körper (Vgl. Buschhaus, 2005).

> Die Bildgeschichte, die uns die Menschheit in den erhaltenen Bildzeugnissen hinterlassen hat, bietet eine einzige Beispielsammlung für die historische Dynamik des Menschenbilds, die dessen Instabilität beweist. Körper erscheinen in solchen Bildern, weil sie eine aktuelle Idee des Menschen verkörpern. (Belting, 2001, S. 94)

Mediale Bilder sind somit recht bedeutsam für die kollektive Wissensproduktion, insbesondere wenn der reale Bezug zu einem eher abstrakten nicht sichtbaren oder alltäglichen Gegenstand hergestellt wird. Aus der Medizin kennen wir die Beispiele abstrakter visueller Popularisierungen, beispielsweise die Darstellung der DNA als Doppelhelixstruktur, die dem Laienpublikum nähergebracht werden sollen. Diese konventionalisierten Visualisierungen abstrakter Sachverhalte

---

2   Soziologische Studien verweisen nicht nur auf Medikalisierung des Todes, Privatisierung und Tabuisierung in der Öffentlichkeit, sondern auch vor allem auf seine Ausweisung in spezialisierte Institutionen wie das Krankenhaus oder das Bestattungsinstitut. Das heißt, die Gesellschaft bekommt ihre Toten kaum noch zu Angesicht. Die Sichtbarkeit der medialen Toten hingegen steigt, weswegen wir herausfinden möchten, welches mediale Bilderwissen über Leichen und Autopsien angeboten wird, auf das Laien möglicherweise zurückgreifen, wenn es um die Freigabe eines Körpers zur Autopsie geht.

3   Start, R.D./Saul, C.A./Cotton, D. W. K. /Mathers, N.J./Underwood, J.C.E. (1995): Public Perceptions of necropsy, in Journal of Clinical Pathology 48, S. 497-500, Table3 – Start et al. führten 1995 eine Bevölkerungsbefragung in Sheffield durch. Die Studie stützte unsere Annahme, dass die meisten der Befragten ihr Wissen zu Autopsien aus dem Fernsehen bezogen. Aufgrund der Ergebnisse unserer Interviews, gehen wir auch davon aus, dass medizinische Laien sehr wahrscheinlich nicht in der Lage sind, zwischen den Autopsieformen klinische Autopsie, anatomische Autopsie und forensische Autopsie zu unterscheiden, da die TV Serien zum einen hauptsächlich forensische Autopsien zeigen und ihre wenigen klinischen Autopsien kaum von den forensischen Autopsien zu unterscheiden sind.

werden zum kollektiven Bildwissen einer Gesellschaft. Ähnlich verhält es sich mit nicht alltäglich sichtbaren Sachverhalten wie der Leiche und der Sektion, verweisen doch soziologische Studien (u. a. Hahn 1968, Elias 1982, Kellehear 2007) eben nicht nur auf Medikalisierung des Todes, Privatisierung und Tabuisierung in der Öffentlichkeit, sondern auch vor allem auf seine Ausweisung in spezialisierte Institutionen wie das Krankenhaus oder das Bestattungsinstitut. Das heißt, die Gesellschaft bekommt ihre Toten kaum noch zu Angesicht.

Das Fernsehen spielt daher eine zentrale Rolle in der Darstellung von Toten. Wo sonst, außer im Fernsehen, können wir heute schon Tote sehen? Die Möglichkeiten beschränken sich auf bestimmte Institutionen wie Krankenhäuser und Bestattungsinstitute und sind für Individuen zumeist mit Trauer verbunden. Für neugierig interessierte Teile der Öffentlichkeit ist die einzige visuelle Quelle von Information das Fernsehen und natürlich seit kurzem die Körperweltenausstellungen. Die schnelle Verfügbarkeit von Darstellungen von Toten im Fernsehen ist jedoch nahezu unbegrenzt. Jeden Tag zur prime time können Millionen von Zuschauern die unterschiedlichsten Darstellungsformen von Toten sehen. Diese neuen Darstellungen von Leichen formen somit gesellschaftliche Vorstellungen über die Leiche.

Vor dem 21. Jahrhundert zeigten TV Serien Tote meistens nur kurz am Tatort. Mit der Wende in das neue Jahrtausend und dem Aufkommen von Serien wie *CSI* oder *Six Feet Under* wandelte sich der Tote zur mehrfach einsetzbaren Figur im Handlungsverlauf. Er wird nicht mehr nur am Tatort gezeigt, sondern auch im Leichenschauhaus, in der Pathologie oder im Einbalsamierungsraum. Vor der Wende zum 21. Jahrhunderts gab es nur eine Serie, die den Toten über die Tatortszene hinaus darstellte und das war *Quincy, M.E.* Bei der Analyse der Serie *Quincy* stellte sich jedoch heraus, dass während der Autopsieeinstellungen nur Quincy, nicht aber der Tote zu sehen ist. Diese Unsichtbarkeit hat sich in den neuen Serien nunmehr aufgehoben.

Thomas Macho (2007) behauptete, dass der Tod, einst unsichtbar, seit neuestem wieder mehr sichtbar dargestellt wird, wobei er unter anderem auf die Vielzahl neuer TV Serien verweist. Hans Belting (2007) im Gespräch mit Macho wendet sich gegen die These einer neuen Sichtbarkeit des Todes und verweist stattdessen auf die Vollendung der Unsichtbarkeit des Todes. Belting argumentiert, dass die Bilder keine Toten darstellen, sondern sie hinter Substituten verstecken. Es fehlt das Original, ein Referenzpunkt. Es wird kein Toter dargestellt, sondern ein Ersatz. Belting (2001) führt auch aus, dass Menschen schon immer mediale Masken für die Dinge angefertigt haben, die sie nicht sehen möchten.

Elisabeth Hallam et al. (1999) argumentieren ähnlich und verweisen explizit auf verfeinerte Darstellungen, denen die Funktion der Maskierung der Realität des toten Körpers innewohnt. In dem Projekt wurden diese Darstellungen in den gegenwärtigen TV Serien untersucht und die Frage nach der „Neuen Sichtbarkeit des Todes" erneut gestellt. Es konnte gezeigt werden, dass es neue Totendarstellungen gibt, die durch eine deutliche Anzahl von neuen und übereinstimmenden Bildern in TV Serien nachweisbar sind. Darüber hinaus konnte gezeigt werden, wie die spezifischen Darstellungscodes und Topoi, dieses neue Darstellungssystem von Toten konstituieren.

2. Amerikanische Totendarstellungen in TV Serien seit dem Jahr 2000

2.1 Methodik

Das Untersuchungsmaterial besteht aus den amerikanischen Serien: Six Feet Under, CSI Las Vegas, Crossing Jordan, Bones, Castle, NCIS, Dead like me, Pushing Daisies, Heroes, Dexter, Tru Calling, North Mission Road und Family Plots. Diese dreizehn neuen Serien wurden alle im 21. Jahrhundert produziert. Das Kriterium für die Auswahl der Serien war die Verbleibdauer des Toten im Mittelpunkt der Geschichte. Die Untersuchung basiert auf einer Methodentrinangulation. Um die Breite des Materials gründlich analysieren zu können, wurde nicht nur mit der Bildanalyse, sondern auch mit der Filmanalyse gearbeitet, Experteninterviews durchgeführt und statistische Untersuchungen herangezogen.

Obwohl es in dieser Untersuchung um TV Serien geht, wird das bewegte Bild erst dann wichtig, wenn die Totendarstellungen nicht in einem Bild eingefangen werden können, d. h. wenn jemand den toten Körper bewegt oder Teile des toten Körpers bewegt werden. Diese Szenen werden selten dargestellt, sie treten aber auf und deswegen wird für diese Szenen die Filmsequenzanalyse eingesetzt. Für den Großteil der Bilder, cirka 5000 screen shots, wurde die Bildanalyse von Müller-Doohm mit einem hermeneutisch strukturalen Interpretationszugang eingesetzt. Das Verfahren wurde angewendet, weil die Toten überwiegend als unbewegte Objekte dargestellt werden und daher in Bilder eingefangen und analysiert werden können. Diese Zugangsweise hat die Datenmenge an Bildern nicht nur erheblich erhöht, sondern auch den Einsatz einer äußerst präzisen Bildanalyse ermöglicht.

Tabelle 1:   Die Analyseschritte nach Müller-Doohm (1997)

1. Bilderersteindrucksanalysen	a. Die Primärbotschaft b. Dargestellte Objekte und Personen c. Verwendete markante Stilmomente d. Primäre Inszenierungsmachart
2. Hypothetische Typenbildung	a. Auswertung der Ersteindrucksanalysen b. Materialsichtung in der Forschergruppe c. Familienähnlichkeiten
3. Typenbildung	a. Zuordnung des Gesamtmaterials zu den Typen b. Auswahl eines Prototyps (enthält die meisten Merkmale der jeweiligen Klasse)

Der Einzelbildanalyse wird zunächst eine Bildersteindrucksanalyse vorangestellt, in der in einem ersten Schritt zunächst die Primärbotschaft, im Sinne einer ersten Botschaftsklassifikation, und in einem zweiten Schritt die dargestellten Objekte und Personen erfasst werden. Im dritten Schritt werden die verwendeten markanten Stilmomente und im vierten Schritt die Inszenierungsmachart gesammelt. „Zweck der Ersteindrucksanalyse ist die Sichtung des Materials im Hinblick auf Familienähnlichkeiten. Solche Familienähnlichkeiten liegen vor, wenn sich die markante Botschaft zu einem Klassentypus zusammenfassen lässt. Aus den Klassen lassen sich die Beispiele gewinnen, die als Prototypen Gegenstand der Einzelanalyse sind" (Müller-Doohm, 1997, S. 102). Diese sollen im Folgenden vorgestellt werden.

Tabelle 2: Leitfaden zur Bildanalyse nach Müller-Doohm (1997)

1. Deskriptionsanalyse	2. Rekonstruktionsanalyse	3. Interpretation
A. Bildelemente: Objektbeschreibungen, Konfiguration der dargestellten Objekte, szenische Relationen/Situationen, aktionale Relationen, zusätzliche Bildelemente im Gesamtbild **B. Bildräumliche Komponenten:** Bildformat, Allgemeinperspektivische Bedingungen wie Vordergrund/Hintergrund, Fluchtlinien, partielle Raumperspektiven, etc., planimetrische Bedingungen, Einzelperspektivische Anordnungen der Objekte **C. Bildästhetische Elemente:** Licht-Schattenverhältnisse, Stilmomente/-arten, Stilgegensätze/ Stilbrüche, grafische/ fotografische Praktiken, Farbgebungen-, kontraste, -nuancen **D. Bildtotalitätseindruck:** Gesamteindruck im Sinne eines „Stimmungseindrucks"	**A. Analyse der Bildelemente** (Inhaltsanalyse) Konnotationen (Die Grundbedeutung begleitende Vorstellungen) zu dargestellten Personen und Objekten zur Komposition der dargestellten Personen und Objekte zu erkennbaren Interaktionen/Beziehungen **B. Analyse der bildräumlichen Komponenten:** Konnotationen zum Bildformat zu allgemein- und einzelperspektivischen Bedingungen/Anordnungen der Elemente **C. Analyse der bildästhetischen Elemente:** Konnotationen zu Licht- und Schattenverhältnissen, Stilarten, -momenten, -brüchen (falls vorhanden), grafischen, fotografischen Praktiken	**Interpretation** der rekonstruierten symbolischen Bedeutungsgehalte nach Ausdrucksformen von kulturellen Sinnmustern.

Der Leitfaden, der für die anschließende Bildinterpretation in der Einzelfallanalyse ausgearbeitet wurde enthält drei Ebenen: die Deskription, die Rekonstruktion und die Interpretation. Ziel der Deskription ist eine methodisch kontrollierte Vertextung der Bildelemente, die eine genaue und lückenlose Erfassung aller Bilddaten, die als konstitutive Elemente der symbolischen Bildbotschaft stehen könnten, ermöglicht. Somit kann eine möglichst ganzheitliche Datenstruktur rekonstruiert und interpretiert werden. Die zweite Analyseebene beinhaltet die Rekonstruktion, d. h. eine Bedeutungs- oder Formanalyse der bereits deskriptiv beschriebenen Elemente auf symbolische Bedeutungsgehalte. Die Rekonstruktion ist ein Hilfsmittel zur Erschließung der einzelnen Elemente und ihrer Sinnstruktur. Die dritte Analyseebene besteht in der kultursoziologischen Interpretation. Hier werden die rekonstruierten symbolischen Bedeutungsgehalte nach Ausdrucksformen von kulturellen Sinnmustern aufgeschlüsselt. Damit wird, so Müller-Doohm, für eine gehaltvolle kultursoziologische Interpretation eine solide Grundlage erschaffen, die auf einer dichten Deskription und systematischer Rekonstruktion beruht.

Der Analyse von Totendarstellungen, in denen Tote bewegt werden und deswegen nicht als Bild eingefangen werden können, steht eine große Auswahl an methodischen Möglichkeiten gegenüber. Die gewählte Sequenzanalyse erfolgt wie die Bildanalyse im Dreischritt: 1. Deskription, 2. Rekonstruktion und 3. Interpretation. Die Konzeption des Analyseprotokolls basiert auf filmwissenschaftlichen Analysen von James Monaco (2000), Herbert Zettl (2008), Thomas Kuchenbuch (2004), Lothar Mikos und Claudia Wegener (2005) und Angela Keppler (2006). Bestimmte Licht oder Kameraeinstellungen sind Codes die als konventionalisierte Darstellungsformen Topoi bilden.

2.2 Bildanalyse I

In der Bild- und Filmanalyse ging es zunächst um die Frage: Was wird gezeigt und wie?

TV Genres haben unterschiedliche Möglichkeiten den Leichnam darzustellen. Einige Genres haben mehr Möglichkeiten als andere, aber alle Genres zusammengenommen bilden den gegenwärtigen Darstellungsdiskurs ab. Bereits im ersten Teil wurde das Aufkommen neuer Darstellungen von Toten verifiziert, indem dreizehn neue TV Serien vorgestellt wurden, deren Totendarstellungen sich deutlich von alten Darstellungen unterschieden. Um die unterschiedlichen Formen von Darstellungen zu klassifizieren, wurden vier konsekutive Darstellungsmodelle generiert, die sich durch bestimmte Darstellungstendenzen auszeichneten. Die Darstellungstendenzen zeichnen sich aus durch:

1. Die Ästhetisierung toter Körper

2. Die sterile Darstellung von toten Körpern

3. Die Subjektivierung, d. h. Darstellung von Toten als Interaktionspartner

4. Die Objektivierung der Toten als Objekte anatomischen Wissens

5. Die gewalttätigen Aktionen gegen den toten Körper

Je stärker sich eine oder mehrere Tendenzen in der jeweiligen TV Serie andeuteten, desto höher wurden die Totendarstellungen in ein Abbildungsschema eingeordnet. Daher sind die folgenden Abbildungsmodelle als konsekutiv zu betrachten und können wie folgt aufgestellt werden:

1. Die „Simulation des Authentischen" – beinhaltet Darstellungen von real Verstorbenen und täuscht die Darstellung von real Verstorbenen vor (Bsp. North Mission Road)

2. Die „Traditionelle Darstellung" – beinhaltet keine Darstellung des Toten bzw. die Verdeckung eines Toten (Bsp. Quincy)

3. Die „Moderne Darstellung" – beinhaltet eindeutige Bilder von ästhetisierten Toten (Bsp. CSI)

4. Die „Stilbruchdarstellungen" – beinhalten eher abstrakte Darstellungen des Toten (Bsp. Dexter)

Abbildung 1: *North Mission Road*   *Abbildung 2:* *Quincy,* M.E.
(Episode 11)   (Episode 29)

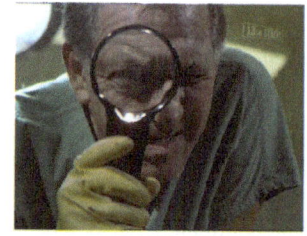

Abbildung 3: *3CSI*   *Abbildung 4:* *Dexter*
(Episode 905)   (Episode 101)

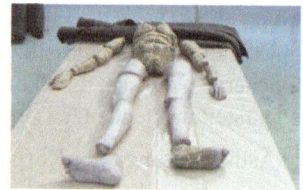

Zusammengefasst konnte hier gezeigt werden, dass es unterschiedliche Abbildungsmodelle gibt und dass das Abbildungsmodell „Moderne Darstellung" die gegenwärtigen TV Serien dominiert.

3. Filmanalyse

Im Anschluss wurde eine Filmanalyse durchgeführt, die auf dem Vergleich zweier Autopsieszenen beruht. Damit sollten die spezifischen ästhetischen Codes aus dem Abbildungsmodell „Moderne Darstellungen" herausgestellt werden. Die Autopsieszenen wurden von einer fiktionalen TV Serie und einer Autopsiedokumentation ausgewählt, wobei letztere als Kontrastfolie für erstere dient. Die Ergebnisse der Analyse zeigen, dass für die TV Serie massiv „media aesthetic techniques" (Filmtechnische Einsatzmöglichkeiten)[4] auf der visuellen und auditiven Ebene eingesetzt wurde.

Abbildung 5: Autopsy –
Documentary

Abbildung 6: CSI – Autopsy
(Episode 502)

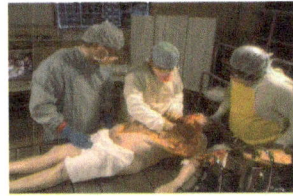 

Aufgrund des dichten Einsatzes dieser Techniken werden die typischen Merkmale eines Toten, die in der Dokumentation deutlich sichtbar sind, in der TV Serie nicht gezeigt. Es konnten fünf deutliche Unterschiede zwischen dem Dokumentarfilm und der fiktionalen TV Serie in der Darstellung des Toten ausgemacht werden:

1. der Plot und die Dauer der Autopsieprozeduren,

2. unterschiedliche Darstellung toter Körper (alt, hässlich / jung, schön),

3. die Kulisse, die sich in der Anordnung, Sterilität und Stil unterschied,

4. die unterschiedliche Beleuchtung und Farbsetzung sowie

5. der Einsatz unterschiedlicher Geräusche und Klänge (künstliche Effekte).

---

4   „Media aesthetics differs considerably from the traditional aesthetic theories. Rather than proffering scholarly arguments about what is beautiful and not, and what is art and not, applied media aesthetics is more concerned with how we, as audience, perceive certain aesthetic variables and their combinations in television and film productions. It recognises that the medium is anything but neutral, and that, in moving from idea to image, the aesthetic and technical requirements of the medium determine to a large extent on how the message is shaped" (Zettl, 2002, S. 12).

Zusammengefasst: Diese essentiellen Unterschiede zwischen Dokumentation und fiktionaler Krimiserie unterstützen die These, dass gleichzeitig mit dem Aufkommen von neuen Leichendarstellungen massive Ästhetisierungsbemühungen für die Inszenierung der Leiche in TV Serien eingesetzt werden.

4. Bildanalyse II

In der zweiten Bildanalyse wird spezifiziert was *nicht* gezeigt wird und warum.

Hier kann zwischen allgemeinen Darstellungsbeschränkungen in TV Serien und spezifischen Darstellungstabus bezüglich der Leiche unterschieden werden. Die neuen Darstellungen der Toten aus der TV Serie *Six Feet Under* wurden mit der TV Dokumentarsoap *Family Plots* kontrastiert. Es ist festzustellen, dass die fiktionalen TV Serien nahezu alle zu detaillierten Darstellungen des Einbalsamierens wegließen. Obwohl es sich bei *Six Feet Under* um eine Serie in einem Bestattungsinstitut handelte, waren Verstorbene in einem hohen Alter nur selten vertreten und wenn dann aber ohne jegliche Alterszeichen oder gar Zeichen des Verfalls. Die Toten wurden auch nie in Bewegung gezeigt, wenn sie nicht bedeckt waren. So kommt es zu 63 Episoden mit 210 Leichendarstellungen, in denen nicht einmal essentielle Handlungen wie das Heben eines Leichnams von der Bahre auf den Tisch und vom Tisch in einen Sarg gezeigt werden. Diese deutlichen Beschränkungen bezüglich des Alters, der Unordnung und der Bewegung können deshalb als genuine Tabumanifestationen in unserer westlichen Kultur gesehen werden, wo Tod immer noch mit friedlichem Schlaf und erlösender Ruhe gleichgesetzt wird. Im Gegensatz dazu stellte die Dokumentarsoap einige dieser klassischen Tabus dar und wurde alsbald in der zweiten Staffel annulliert.

5. Feldforschung: Die Darstellung von Toten unter Auflagen

In der Feldforschung wurde zusätzlich untersucht wie der Kontext des bildlichen Diskurses organisiert ist und ob eine Perspektive auf den toten Körper bevorzugt wird. Es zeigte sich, dass staatliche Behörden (FCC), Produzenten und Rezipienten die medialen Darstellungen von Toten mitgestalten. So konnten die spezifischen Darstellungstabus noch einmal mit weiterführenden Nachweisen belegt werden.

6. Ergebnisse

Im Fokus dieses Bandes stehen die Themen: Die Visualisierung von Sonder- bzw. Expertenwissen sowie die Bilder des Sozialen. Dieser Beitrag hat sich mit Formen der Visualisierung von Expertenwissen beschäftigt, das in der medialen Unterhaltung zum Einsatz kommt. Die Gerichtsmedizin, Pathologen und Tote als das vormals Nichtsichtbare wird sichtbar gemacht. Sie werden in den (Experten-) Blick genommen, der einhergeht mit der Herausbildung von Sehordnungen. In der Untersuchung konnten Abbildungsmodelle mit konventionalisierten Darstellungscodes sowie daraus abgeleitete Darstellungstabus vorgestellt werden. Während dies vielleicht die erste Arbeit über die mediale Darstellung von *toten* Körpern ist, gibt es eine Fülle an Arbeiten über die mediale Darstellung von lebenden Körpern, insbesondere über Wirkungen der Darstellungen auf Rezipienten. Die verbindende Frage lautet daher: Wie können gegenwärtige mediale Körperbilder in Bezug auf Totendarstellungen charakterisiert werden? Körperbilder verändern sich mit der Zeit. Schauspieler passen sich den ändernden Strömungen an und so verändern sich auch die medialen Toten und damit die Vorstellung von Toten, die unsere Gesellschaft durch das Fernsehen erhält.

Mike Featherstone (2007) bekräftigte, dass die Konsumkultur das Individuum dazu drängt gegen physischen Verfall zu kämpfen und betont, dass der Körper jugendlich, gesund und schön anzusehen sein sollte. In meiner Arbeit konnte ich Merkmale ausmachen, die sowohl bei lebenden als auch bei toten Figuren abgedeckt bzw. nicht gezeigt wurden. Diese „nicht-sichtbaren" Merkmale beinhalteten Zeichen des Alters, Zeichen von fehlender Hygiene, jegliche äußerlichen Unregelmäßigkeiten, aber auch körperliche Defizite, Unordnung oder Schmutz.

Es scheint, als ob die soziale Kontrolle über das Aussehen des Körpers den medialen Tod überlebt. Nicht nur der lebende, sondern auch der tote Körper hat sich den sozialen Regulierungen der gegenwärtigen Körperkultur zu verpflichten und sich den jugendlichen, gesunden und makellosen Körpernormen anzupassen. Es können also keine Unterschiede zwischen den Totendarstellungen und den Darstellungen von Lebenden in Hinblick auf ihre Körper festgestellt werden. Lediglich tödliche Wunden und Autopsienarben zeigen den eigentlichen Status des toten Körpers an. Der tote Körper spiegelt also den zivilisierten lebenden Körper mit all seinen Darstellungstabus.

Diese Darstellungscodes vermitteln uns die neue Ästhetik des Toten. Die neuen Darstellungscodes folgen der Logik der Kunst (Menninghaus 1999), kombinieren Schönheit mit Ekel, Groteskem oder Abstoßendem und erschaffen somit den Topos des *„Ästhetisierten Toten"*. Das sind zum einen die schönen Toten mit hässlichen Wunden oder die nicht mehr identifizierbaren Toten, die als verwesende Haufen aus Haut, Knochen und Organen farbenfroh, nass glitzernd in einer hochstilisierten, blau schimmernden, Hightech-Pathologie ausgestellt werden. Hier wird das Objekt des Ekels eingeschlossen in ästhetische Kontexte und so inszeniert, dass es wenn nicht hübsch, dann aber mindestens doch interessant aussieht. Solche Bilder und die korrespondierenden und nicht zu unterschätzenden künstlichen Geräusche lassen sich nicht im Dokumentarfilm wiederfinden. Alter und Tod, Krankheit und Tod, Unordnung und Tod sind Verbindungen, die dem Zuschauer nicht zugemutet werden wollen. Die schlaff herabhängenden und unkontrollierten Glieder, die deformierten oder verzerrten Gesichter, Bewegungen, die die Assoziation mit bloßen toten Fleischmassen provozieren könnten, werden genauso vermieden wie die Inszenierung natürlicher biologischer Prozesse.

Zusammengefasst: Die neuen TV Serien zeigen tote Körper die dem typischen medialen Körperbild entsprechen, nämlich steril und normiert und verstecken gleichzeitig die vielen unterschiedlichen Realitäten der Toten. Da jedoch stereotype Schönheit immer die Gefahr der Übersättigung und Abnutzung durch Monotonie birgt, werden neue künstliche, gegensätzliche Stimuli eingefügt. Der Ekel wird so dosiert und im Schönen aufgefangen, dass er erträglich bleibt und sich das Publikum nicht abwendet. Diese neuen Darstellungscodes generieren einen neuen Topos von Totendarstellungen, nämlich die *„Ästhetisierten Toten"*, aber auch *„ästhetisiertes Totes"*.

Und damit kehren wir an den Anfang und zu der einleitenden Fragestellung zurück: Zeigen die TV Serienbilder auch tatsächlich den Tod? Oder ist es eher so, wie Hans Belting vermutet, dass die neue Sichtbarkeit des Todes nur seine alte Unsichtbarkeit vollendet? Mit Blick auf die dargelegten Ergebnisse, zeigt sich deutlich, dass die neue Sichtbarkeit der Toten nicht mit der Sichtbarkeit des Todes verwechselt werden sollte. Macho und Belting haben beide Recht. Durch die scheinbar grenzenlose Produktion von Bildern von toten Körpern, die den Tod dennoch nicht zeigen können manövrieren wir uns wieder in eine Phase der Verleugnung: Die gegenwärtige Gesellschaft verleugnet ihre alte Verleugnung. Diese Untersuchung zeigt, dass es eine Neue Sichtbarkeit von Totendarstellungen gibt, die auf den Tod verweisen, aber den tatsächlichen Tod außen vorlassen.

Literatur

Belting, H. (2001). „Bildanthropologie": Entwürfe für eine Bildwissenschaft. München, Wilhelm Fink Verlag.

Belting, H. (2007) Die neue Sichtbarkeit des Todes. Hans Belting und Thomas Macho im Gespräch. In: Macho T., & Marek, K. (Hrsg.) (2007). Die neue Sichtbarkeit des Todes. München: Wilhelm Fink Verlag.

Buschhaus, M. (2005). Über den Körper im Bilde sein. Eine Medienarchäologie anatomischen Wissens. Bielefeld: Transcript.

Elias, N. (1982). Über die Einsamkeit der Sterbenden in unseren Tagen. Frankfurt a.M.: Suhrkamp.

Featherstone, M. (2007). Consumer culture and postmodernism. London: Sage.

Kellehear, A. (2007). A Social History of Dying. Cambridge: University Press.

Hahn, A. (1968). Einstellungen zum Tod und ihre soziale Bedingtheit. Eine soziologische Untersuchung. Stuttgart:

Hallam, E., Hockey, J., & Howarth, G. (1999). Beyond the Body: Death and Social Identity. London, New York: Routledge.

Kuchenbuch, T. (2005). Filmanalyse. Theorien – Methoden – Kritik. Wien: UTB.

Keppler, A. (2006). Mediale Gegenwart. Eine Theorie des Fernsehens am Beispiel der Darstellung von Gewalt. Frankfurt a.M.: Suhrkamp.

Macho T., & Marek, K. (Hrsg.) (2007). Die neue Sichtbarkeit des Todes. München: Wilhelm Fink Verlag.

Menninghaus, W. (1999). Ekel. Theorie und Geschichte einer starken Empfindung. Frankfurt a.M.: Suhrkamp.Menninghaus, W. (2003). Das Versprechen der Schönheit. Frankfurt a.M.: Suhrkamp.

Mikos, L., & Wegener, C. (2005). Qualitative Medienforschung. Ein Handbuch. Konstanz: UVK.

Monaco, J. (2000). Film verstehen. Hamburg: Europa Verlag.

Müller-Doohm, S. (1993). Visuelles Verstehen – Konzepte kultursoziologischer Bildhermeneutik. In Jung, T., & Müller-Doohm, S. (Hrsg.) „Wirklichkeit" im Deutungsprozess. Verstehen und Methoden in den Kultur- und Sozialwissenschaften. Frankfurt a.M.: Suhrkamp.

Müller-Doohm, S. (1997). Bildinterpretation als struktural-hermeneutische Symbolanalyse. In Hitzler, R., & Honer, A. (Hrsg.): Sozialwissenschaftliche Hermeneutik. Eine Einführung. Opladen: Leske & Budrich.

Start, R.D./Saul, C.A./Cotton, D. W. K. /Mathers, N.J./Underwood, J.C.E. (1995): Public Perceptions of necropsy, in Journal of Clinical Pathology 48, S. 497-500,

Zettl, H. (2002). The essentials of media aesthetics. In Dorai, C., & Venkatesh, S. (Hrsg.). Media Computing: Computational Media Aesthetics. Boston, Dordrecht, London: Kluwer Academic Publishers.

Zettl, H. (2008). Sight, sound, motion; applied media aesthetics. 5th edition. Belmont: Wadsworth Pub. Co.

Bauformen audiovisueller Selbst-Diskurse.
Zur Kuratierung und Zirkulation von Amateurbildern in Film, Fernsehen und Online-Video

Boris Traue

1. Produktion und Zirkulation der Bilder

Die Entdeckung der Fotografie zu Beginn des 19. Jahrhunderts und der Möglichkeit ihres Abdrucks in den damaligen Massenmedien zu Beginn des 20. Jahrhunderts führte eine quantitativ gesteigerte und qualitativ pluralisierte Produktion und Verbreitung von Bildern herbei. Die Erfindung des kinematografischen Apparats und die Entstehung der Filmindustrie machte die Bewegtbilder zu einer Selbstverständlichkeit des modernen Lebens. Dieser Prozess der Erweiterung der Bildproduktion und -verbreitung hat sich im Laufe des 20. Jahrhunderts schrittweise fortgesetzt. Während diese Entwicklung im Detail bekannt ist, soll im Folgenden die Frage nach dem Amateurbild und der Organisation seiner Verbreitung im Mittelpunkt stehen: Wie ist die Auswahl („Kuratierung") und Verbreitung („Zirkulation") von Bewegtbildern, die außerhalb der künstlerischen und industriellen Produktion entstanden sind, aber sehr wohl durch die Geräteindustrie angeregt wurden, organisiert? Bevor diese Frage genauer formuliert werden kann, sollen einige wichtige Zäsuren der Geschichte audiovisueller Medien benannt werden:

Die Menge der alltäglich konsumierten Bilder ging mit einer Ausweitung der abgebildeten Sujets und Personen einher. Mit der Vermarktung der Kleinbildkamera waren Arbeiter und Angestellte schließlich in der Lage, diese Bilder selbst herzustellen – und sie für den meist privaten Gebrauch zu nutzen (vgl. Bourdieu/Boltanski, 1981). Mit der Entwicklung von Super-8 und später dem elektronischen Camcorder hatte sich in der zweiten Hälfte des 20. Jahrhunderts auch die kinematografische Technik aus dem filmindustriellen Zusammenhang gelöst. Durch das Aufkommen digitaler Videotechnik in den 1990er Jahren (digital camcorder) sowie mit der Nutzung von ‚Videohosting'. und ‚Videosharing'-Diensten (z. B. YouTube, Vimeo, MySpace, Yahoo Video) wird es immer mehr Akteuren möglich, audiovisuelle Artefakte aufzunehmen, zu speichern, zu bearbeiten und zu verbreiten. Durch die Verbilligung der Anschaffung, die Vereinfachung der

Handhabung und die Möglichkeit der Verbreitung ist also eine *Herabsetzung der Zugangsschwelle* und eine (relative) *Verallgemeinerung des Zugangs* zu diesen Techniken eingetreten. Die Bildproduktion in Form der Fotografie und des Videos gehört also seit beinahe einhundert Jahren zum Alltag. Allein der Zugang zu den Bildverbreitungsmedien war bis in die 1990er Jahre beschränkt: Druckerpresse, Fernsehanstalt und Film sind große technische und bürokratische Apparate, die sich durch hohen Investitionsbedarf und eine Verberuflichung ihrer Akteure, also eine soziale Schließung auf vielen Ebenen, auszeichnen. Diese Schließung wurde von künstlerischen und politischen Bewegungen des 20. Jahrhunderts wiederholt kritisiert. Diese Kritik war – etwa in der do-it-yourself-Bewegung – mit einer Aufwertung des Amateurs verbunden.

Das Aufkommen digitaler Bildmedien sowie die Mediatisierung des Alltags (Hepp, 2010; Krotz, 2007; Lundby, 2009) durch das Internet haben den Zugang zu Verbreitungsmedien erleichtert und verbreitert. Durch die Verallgemeinerung des Internets wurde es möglich, Digitalisate unterschiedlicher Form unterschiedslos zu verbreiten. Vermittelt durch eine internetgeprägte Text- und Bildproduktion kam es zu einer weiteren Aufwertung der Amateurproduktion, diesmal nicht primär durch die Kunst und durch soziale und politische Bewegungen, sondern durch ökonomische Akteure (Noam et al., 2008). Diese Aufwertung zeigt sich nicht zuletzt darin, dass in vielen kommerziellen Fernsehproduktionen heute die Ästhetik des Amateurvideos nachgeahmt wird (Dovey, 2000). Beide Bildwelten und Produktionsweisen treten also in einen Austausch, der sich primär dadurch auszeichnet, dass das Amateurbild – als Medienformat, d. h. als bestimmte ästhetisch-technisch-kulturelle Formatierung – in die Zirkulation von content eingebracht wird. Mit dem Aufkommen von ‚Videosharing'-Diensten wie YouTube ist dieser Austausch zwischen Massenmedien und Individualmedien soweit eskaliert, dass in gewisser Weise eine Integration Beider eingetreten ist. Auch die alltägliche und kommerzielle Nutzung des Amateurbildes sind miteinander verflochten.

Im folgenden Beitrag soll die Zirkulation von Amateurvideos zwischen individualmedialen und massenmedialen Dispositiven anhand dreier exemplarischer Fälle untersucht werden. Dazu werde ich drei historisch aufeinanderfolgende *Bauformen* audiovisueller Diskurse vergleichen. Die drei gewählten Bauformen entsprechen drei typischen Stufen in der Zirkulation des Amateurbildes, die sich durch unterschiedliche soziale Figurationen und Formate auszeichnen. Methodisch greife ich auf zwei sich gegenseitig stützende Vorgehensweisen zurück: Erstens soll in einer Analyse der Arbeitsteilung jeweils gezeigt werden, wie die Positionen der Abgebildeten, der Abbildenden, derjenigen, die diese Bilder auswählen und in Zirkulation bringen (sie „kuratieren") und jener, die diese Zirkulation technisch und ökonomisch organisieren, verteilt sind. Diese institutionelle Analyseebene wird zweitens mit einer Untersuchung der Videos komplementiert.[1] Ich gehe dabei davon aus, dass sich eine bestimmte Produktionsordnung im (audio-)visuellen Code objektiviert (Waldenfels, 2002). Im Folgenden soll ein provisorischer Begriff des ‚audiovisuellen Diskurses' entwickelt werden, um diese Produktions- und Zirkulationsverhältnisse für soziologische Analysen zugänglich zu machen.

2. Audiovisuelle Diskurse?

In den Kultur- und Sozialwissenschaften wird Visualität im Zuge einer kritischen Revision des Sprach- und Textfokus qualitativer empirischer Zugänge zur Wirklichkeit. In der „visuellen Wissenssoziologie" (Raab, 2008) wird der Fokus auf die Etablierung geteilten Wissens im Zuge visueller Praktiken und die Herausbildung von *Sehgemeinschaften* mit ihren partikularen und lokalen *Schnittmustern* gelegt. Ein anderer Zugang besteht in der Erweiterung ethnografischer Methoden, die als „Videointeraktionsanalyse" bereits ausführlich begründet ist (Knoblauch et al., 2006). Sie ist primär darauf ausgerichtet, durch die ForscherInnen selbst produzierte Daten einer Interpretation zugänglich zu machen.

Auch in der diskursanalytischen Forschung werden Bilder und Bewegtbilder zunehmend zum Forschungsgegenstand gemacht. Dies wird durch den Umstand erleichtert, dass das Verhältnis des Sichtbaren zum Sagbaren schon bei Foucault nicht zugunsten der Sprache vorentschieden war. Eine Bild-Diskursanalyse wird von Foucault gefordert, wenn auch empirisch nur an wenigen Stellen eingelöst: „Der Diskurs ist also nicht die gemeinsame Interpretationsgrundlage aller Erscheinungen einer Kultur. Eine Form erscheinen zu lassen, ist keine indirekte (subtilere oder auch naivere) Art, etwas zu *sagen*. Nicht alles, was die Menschen tun, ist letztlich ein entschlüsselbares Rauschen. Diskurs und Figur haben jeweils ihre eigene Seinsweise; aber sie unterhalten komplexe, verschachtelte Beziehungen. Ihr wechselseitiges Funktionieren gilt es zu beschreiben" (Foucault nach Maasen et al., 2001, S. 795). Ausgehend von dieser Offenheit für das Bild wurden erste Schritte zu einer *Bilddiskursanalyse bzw. einer Bild-Diskursanalyse* unternommen (vgl. Maasen et al. 2001). Diese Differenz ist für eine Dis-

---

1   Methodisch soll hier auch an Jo Reichertz und Carina Englert angeschlossen werden, die darauf hinweisen, dass sich bei der „Bildgestaltungshandlung" oft kein personaler Akteur finde, „da z. B. im Falle eines Filmes der Regisseur in der Regel nicht für alle Kamerahandlungen zuständig ist" (Reichertz & Englert, 2010, S. 17f).

kursanalyse des Visuellen konstitutiv: Die Bilder weisen selbst, vor allem in den Medien und Mechanismen ihrer Reproduktion und Zirkulation, eine Art diskursive Ordnung auf; außerdem treten die Bilder in ein Verhältnis zu (sprachlichen) Diskursen ein, die sie beschreiben, kommentieren, auf- und abwerten. In dieser Perspektive ist es entscheidend, Bilder eben nicht zu exotisieren (und damit den zuständigen Spezialwissenschaften zu überlassen), sondern sie als Teil von Praxisordnungen zu begreifen. Denn, so Tom Holert, „heute [kann] Kritik an visuellen Diskursen und an den Diskursen über Visualität nur geübt werden, wenn man Bilder auf ihren Gebrauch und ihre Wirkungen, kurz: auf ihre Beteiligung an Praktiken der Willens- und Wissensbildung untersucht" (Holert, 2000, S. 18).[2] In einem Vorschlag zur Methodologie einer „Bild-Diskurs-Analyse" gehen die genannten Autoren ebenfalls von macht- *und* von praxistheoretischen Prämissen aus: „Bilder bilden Realität nicht einfach ab, sondern beteiligen sich an der Konstruktion von gesellschaftlicher Realität; Bilder tauchen in bestimmten Macht-Wissens-Konstellationen (Dispositiven) auf, verteilen im intermedialen Zusammenspiel mit Texten oder architektonischen Formationen Sichtbarkeiten, erzeugen politische Relevanzen und ermöglichen die Verortung entsprechender Subjektpositionen" (Maasen et al., 2006, S. 19). Diese Voraussetzungen sind für eine Untersuchung von Amateurvideos ebenfalls gültig, müssen allerdings erweitert werden:

Berücksichtigung finden müssen die „Prozeduren, mit denen die Diskurse ihre eigene Kontrolle selbst ausüben", bei denen es darum geht „eine andere Dimension des Diskurses zu bändigen: die des Ereignisses und des Zufalls" (Foucault, 1996). Wie also wird der Zufall und das Ereignishafte der audiovisuellen Aufzeichnung gebändigt, wer bekommt die Kontrolle darüber, wie viel und was und welcher „Ausschnitt" der Wirklichkeit sichtbar gemacht wird? Darüber ,entscheiden' nicht nur Akteure, obwohl diese im Rahmen einer *wissenssoziologischen* Diskursanalyse möglichst benannt werden sollten, sondern Diskurse als *Ordnungen der Sichtbarkeit.*

Außerdem: Neben Bild und Text ,gibt' es im Video Ton. Diese einfache Tatsache ist keinesfalls trivial. Der Ton der Bewegtbilder ist eine vernachlässigte mediale Dimension der Sinnbildung, die in den sozial- und kulturwissenschaftlichen Ansätzen der Videoanalyse zu wenig Berücksichtigung findet. Der Ton ist zum einen oft die aufgezeichnete Rede. Die Sprache ist also ein Begleitumstand des Visuellen; das bedeutet, dass die Sprache sich nicht erst nachträglich an die Bilder anlagert oder mit ihnen in Wechselwirkung kommt. Zum anderen markiert der Ton Bedeutungsebenen im Bild und erschließt den Bildraum.

---

2   Holert ist einer der Pioniere der Entwicklung einer Bild-Diskurs-Analyse.

Der Fokus der folgenden Analysen liegt auf der Ordnung des audiovisuellen Diskurses, also auf der Verteilung von Sprecher- und Subjektpositionen und den sich daraus ergebenden Chancen zur Präsentation von Sicht- und Hörbarem gegenüber einem Publikum. Um diese Ordnung zu erschließen, müssen zunächst (hier noch provisorische) Begriffe für die medialen und technischen Besonderheiten der Produktion, Speicherung, Ausstrahlung und Rezeption der Videos gefunden werden. Diese Besonderheiten machen die *Bauform* eines audiovisuellen Diskurses aus.

3. Arbeitsteilung und Video-Diskurs

Die Praktiken der Video-Kommunikation und -produktion basieren auf einer technisch-medialen Registratur. Sicht- und Hörbares wird in audiovisuellen Artefakten ‚aufgezeichnet‘, ‚gespeichert‘ und ‚verbreitet‘. Es handelt sich bei der audiovisuellen Kommunikation also um eine ‚vermittelte‘ (Knoblauch, 1995) bzw. mediatisierte (Krotz, 2007) Kommunikation, bei der die Kommunizierenden zeitversetzt zwar nicht präsent, aber ‚präsentiert‘ sind. In den Artefakten sind weiterhin zwei Formen des Handelns ‚registriert‘: Ein Handeln vor der Kamera, das sichtbar ist und ein Handeln ‚hinter‘ der Kamera, das sich dem Betrachter zunächst als ‚Kamerahandeln‘ erschließt (Reichertz & Englert, 2010). Die Abstimmung des Handelns vor der Kamera und hinter der Kamera wird in der Regel einem gewissen Plan folgen, oder zumindest einem Arrangement von Räumen, Kamerastandpunkten und der Verteilung der dargestellten Dinge oder Personen innerhalb des durch materielle Räume und Oberflächen sowie den Kamerastandpunkten konstituierten Bildraums. Wenn das Bewegtbild aufgezeichnet wurde, fallen weitere Selektionen an, d. h. eine Auswahl von Sequenzen, möglicherweise eine Montage des Materials, und Entscheidungen über Verbreitung und Zugänglichkeit. Dabei gilt, was Erving Goffmann bereits als Merkmal der Selbstdarstellung unter Anwesenden charakterisierte; dass sie nämlich Teamarbeit ist: [...] We commonly find that the definition of the situation projected by a particular participant is an integral part of a projection that is fostered and sustained by the intimate co-operation of more than one participant" (Goffmann, 1959, S. 77f.).

Soziale Beziehungen werden zwischen Produzierenden untereinander sowie zwischen Produzierenden und Publikum hergestellt. In der Produktion von Kinofilmen sind alle Produktionsschritte auf unterschiedliche Personen aufgeteilt. In anderen audiovisuellen Praktiken ist die Arbeitsteilung weniger stark ausgeprägt, teilweise aber auch nur weniger sichtbar. Die Gesamtheit der Praxis mediengestützter auditiver und visueller Produktion und Wahrnehmung ist also mit unterschiedlichen Handlungsformen verbunden, die meist arbeitsteilig vollzogen werden. Eine der zentralen Positionen ist die der Kuratierung. Das im 17. Jahrhundert aus dem italienischen übernommene Prokura bedeutet ein Geschäft zu führen. Das Kuratorium ist hingegen ein Gremium, das den Betrieb einer Einrichtung überwacht. Kuratieren trägt also zunächst die überlieferte Bedeutung der wirtschaftlichen und rechtlichen Sorge um ein Geschäft oder eine wissenschaftliche oder staatliche Institution. Der Verantwortliche einer Sammlung oder einer ständigen Ausstellung eines Museums wird als Kurator bezeichnet. Kuratoren tragen Kunstgegenstände zusammen, um sie einem Publikum zu präsentieren – sie treten also zwischen Kunstproduzenten und Publikum. Die Tätigkeit des Kuratierens ist die Auswahl des Sehenswerten, Hörenswerten, Erfahrenswerten und ihre publikumswirksame Versammlung unter einer Adresse. Kuratoren und Kuratorinnen sind ‚Programmmacher‘; Sie sind zentraler Bestandteil der Programmindustrien (Stiegler, 2009). Der Begriff der Kuratierung wird hier beliehen, um zu beschreiben, wie etwas durch in-Umlauf-bringen in eine Beziehung zu einem Publikum gesetzt wird.

4. Das Amateurvideo und seine Zirkulation: drei Bauformen audiovisueller Diskurse

Im Mittelpunkt des ersten Teils stehen Amateurvideos aus dem deutschen Filmprojekt ‚Deutschland Privat‘, einer 1980 und wiederum 2007 im Kino ausgestrahlten Zusammenstellung von ‚found footage‘. Im zweiten Teil wird das britische Videoprojekt ‚Video Nation‘ untersucht, bei dem BBC-Zuschauer sich selbst seit den 1990er Jahren videografisch aufnehmen. Thema des dritten Teils sind Online-Videos.

4.1 Deutschland Privat: Dokumentarische Kuratierung

Der Kameramann und Regisseur Robert van Ackeren hat 1979 Anzeigen geschaltet, in denen er dazu aufrief, ihm private Super-8 Filme zur Verfügung zu stellen. Aus ca. 200 Stunden Filmmaterial entstand so „Deutschland Privat. Eine Anthologie des Volksfilms", die 1980 erstmals in deutschen Kinos gezeigt wurde. Die 2007 gezeigte Fortsetzung „Deutschland Privat. Im Land der bunten Träume",[3] zeigte neben den bereits in Teil 1 gezeigten Homevideos von Familienfeiern, Ausflügen und sonstigen Gelegenheiten auch pornografische Szenen.

---

3   Die kommentierte Szene stammt aus diesem zweiten Film.

Der Film beginnt mit einem kinotypischen Vorspann, in dem zunächst die Lettern „Ein Robert van Ackeren Film" eingeblendet werden, daraufhin der Titel „Deutschland Privat" – schwarz-rot-gold eingefärbt. Der auf die Titelsequenz folgende Teil wird vom Zwischentitel „Versuche und Verhütung. Der Testfilm/ der Aufklärungsspot" eingeleitet. Daraufhin wird ein Filmbild eingeblendet, in dem vor einem grüngelben Hintergrund, dessen faserartige Texturierung sich in einer Tiefenunschärfe verliert, ein ovales Objekt in einer totalen Einstellung zu sehen ist, das sich nach einem Schnitt und der darauffolgenden Plansequenz als Detailaufnahme einer Blechmaus entpuppt. In dieser Sequenz spielt eine grau-weiß gestreifte Katze mit langem Haar wiederum zunächst in totaler Einstellung mit der Blechmaus.[4] Die Maus fährt durch das Bild, von einer unsichtbaren Hand, bzw. vor der Aufnahme aufgezogen. Dieses Bild wird begleitet von einem Off-Sprecher, der in eigentümlicher, ‚launiger' Manier, die abgebildeten Gegenstände und den Protagonisten des Films „Kater" kommentiert. Der Text aus dem Off ist so gesprochen, als ob es sich um einen mündlichen Kommentar zum im privaten Rahmen gezeigten Film handelt, teilweise von den dargestellten Personen, teils von den Personen hinter der Kamera. Dargestellt ist in dieser Eingangssequenz also nicht der Filmamateur selbst, sondern ein Objekt, dass er ausgewählt und in Szene gesetzt hat.

Abbildung 1:   Still aus „Deutschland Privat"

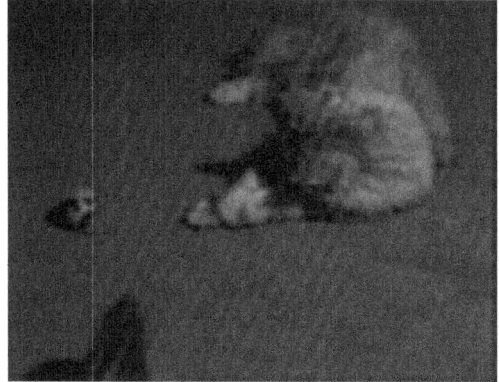

---

4   Eine Feinanalyse des Ausschnitts wird hier nicht vorgenommen.

Das für den privaten oder semi-privaten Gebrauch (also etwa im freundschaftlichen Kreis oder in Filmclubs) gedrehte Material wird in ‚Deutschland Privat' durch die Auswahl der Filme, ihre Anordnung in thematische Segmente und den Begleitkommentar kuratorisch aufbereitet. Die abgebildeten Personen haben keinen offenkundigen Einfluss auf diesen Produktionsprozess. Die ‚lost footage' wird dem potentiellen Zuschauer einerseits als möglicher Gegenstand eines ethnologischen Interesses angeboten, andererseits überwiegt eine komische Rahmung der Amateurfilme.

Der Off-Text ist vom Regisseur des Films, dies versteht der Zuschauer, als laufender Begleitkommentar zum nicht-vertonten Super-8-Material konzipiert, und zwar durchgehend aus der ersten Person – teilweise aus der (fiktiven) Retrospektive („Hier sehen wir meine Eltern bei einem Liebesurlaub").

‚Deutschland Privat' kann als exemplarisch gelten für eine Phase audiovisueller Kultur, in der die audiovisuellen Massenmedien Kino und Fernsehen zwar keine Monopolstellung in der Filmproduktion einnehmen, aber die Verbreitungswege dominieren. Es gibt wenig Austausch zwischen den Massenmedien Fernsehen und Kino einerseits und dem Amateurfilm andererseits. Zwei getrennte Zirkulationswege führen zu zwei Bilddiskursen, die hier nur dadurch in Kontakt geraten, dass der Kurator van Ackeren (er ist hier nicht im eigentlichen Sinn Regisseur) die Super-8 Filme der Amateure sammelt, auf andere Formate überträgt und mit einer Kommentarstimme versieht. Die kuratorische Anordnung und Rahmung des Amateurvideos ist hier von einem exotisierenden und patriarchalen Gestus gekennzeichnet: Die Super-8-Amateure werden ‚vorgeführt'. Sie werden aber einem Publikum vorgeführt, das vermutlich zu einem gewissen Teil selbst Super-8-Kameras besaß und möglicherweise heute Video benutzt, um ‚Homevideos' zu drehen. Den Anspruch, „Deutschland" zu porträtieren sucht van Ackeren dadurch einzulösen, dass eine Vielfalt an Altersgruppen, geografischen Bezügen (z. B. Amateurfilme aus der DDR) und Themen aneinandergefügt werden, so dass sich eine Art Mosaik-Effekt einstellt, in dem man ein volkskundliches Insgesamt von ‚Deutschland' erkennen mag. Die Videoamateure werden als kreativ dargestellt, ihre Bemühungen allerdings immer wieder implizit oder explizit als dilettantisch charakterisiert; die Vorherrschaft des Experten bleibt bei ‚Deutschland Privat' gewahrt. Der Beitrag des ‚Deutschland Privat'-Formats zur Genese der Gattungen des Internet-Videos besteht möglicherweise darin, das Zeigen privater Innenräume „wie sie sind" als legitim zu etablieren. Die gezeigten Filme zeichnen sich außerdem in der Mehrzahl durch einen ‚halbimprovisierten' Stil aus, der sich im Internet-Amateurvideo durchsetzen wird. Auffällig ist hier weiter, dass die Filmamateure eher selten selbst in Erscheinung treten. Sie rücken anstelle ihrer selbst, vielmehr ihre technischen Fähigkeiten und die Leistungsfähigkeit ihrer Kamera in den Vordergrund, wie bei der hier gezeigten Aufnahme einer gestreiften Katze, die, glauben wir van Ackerens Sprecherstimme, unter anderem dazu dient, die Kontrastschärfe des Objektivs darzustellen.

4.2 Video Nation: Empowerment und Kuratierung

‚Video Nation' ist ein Projekt, das 1993 durch die Community Program Unit der British Broadcasting Company (BBC) durchgeführt wurde. Eine Gruppe von 50 Personen wurde ausgewählt, im Gebrauch von Camcordern unterwiesen und dazu aufgefordert, Ansichten ihres Lebens über ein Jahr hinweg aufzuzeichnen. Das Produktionsteam gewann aus den Aufnahmen Material für verschiedene Sendungen, die im Vorabendprogramm gesendet wurden. Im Jahr 2000 wurde das Programm beendet; aus dem existierenden Archiv wurde eine Webseite aufgebaut, für die mehrere hundert Personen Material beisteuerten (Matthews, 2007). Auf der Webseite ist neben aktuellen Videobeiträgen ein Videoarchiv zugänglich, in dem die Videos in folgende Themengruppen geordnet sind: Age, Anger, Animals, Arts, Belief, Birth, Body, Celebrations, Childhood, Community, Countryside, Crime, Death, Disability, Excitement, Fears, Food, Gardening, Happiness, Holidays, Home, Humour, Identity, Leisure, Media, Memories, Money, Music, Nature, Parenting, Pets, Relationships, Sadness, School, Seasons, Sport, Students, Teens, Transport, Values, Work. Das ‚Video Nation'-Projekt wurde 2011 von der BBC beendet. Die Webseite ist nach wie vor als Archiv verfügbar. Nun zur Beschreibung eines beispielhaften Videos, das ausgewählt wurde nicht zuletzt, weil es wie das vorhergehende im häuslichen Rahmen spielt und ebenfalls eine Katze im Mittelpunkt steht:

In der ersten Einstellung ist eine geklinkerte Wand mit Fenstern und Türen und einer Überdachung mit daran hängenden Blumenampeln zu sehen – es scheint sich um ein Haus zu handeln, dass der Betrachter im angelsächsischen Kontext leicht als ‚working class' erkennen kann. Das ganze Bild zittert leicht, was darauf hinweist, dass es mit einer Handkamera aufgenommen wurde. Es handelt sich um einen konventionellen ‚establishing shot'. Dazu ist eine Stimme zu hören, die in einem Innenraum zu sprechen scheint, also dem Bild nachträglich hinzugefügt wurde. Als nächste Einstellung ist ein Standbild einer Katze zu sehen. Die Stimme spricht über weitere Dinge („scale" – Waage) und Personen („she"), die zunächst nicht zu sehen sind. Die Katze, nun auf einem weiteren Standbild zu sehen, wird mit ihrem Gewicht vorgestellt: 11,4 Kilogramm. Dann wird zur Sprecherin selbst geschnitten. Nach dem nächsten Schnitt ist die Sprecherin zu sehen, wie sie fortfährt zu sprechen. Sie ist vom oberen Teil der Schultern aufwärts zu sehen und vom umgebenden Zimmer eingerahmt, wodurch ihr Kopf im Bild eigentümlich klein wirkt. Die Wahl der Einstellung, der intensive Grünstich des Bildes und die verwirrende Linienführung legen nahe, dass es sich um die Aufnahme einer unerfahrenen Kameraperson handelt – möglicherweise die abgebildete Frau selbst – denn die Kamera steht in dieser Einstellung, so ist zu vermuten, auf einem Stativ. Auf der Ebene des Gesprochenen wird eine Problemdefinition artikuliert: Nach dem Wiegen der Katze durch eine Ärztin (die in einer späteren Einstellung gezeigt wird) ist klar: „We have a problem". Die Katze ist zu dick. Die Katze hätte Magenprobleme, keuche schon beim Aufstehen, könne nicht allein aufs Bett springen. Bei einer Broschüre, die ins Bild gehalten wird, handelt es sich offenbar um eine Präventionsbroschüre für Katzengesundheit.

Abbildung 2:   Still aus „Video Nation"

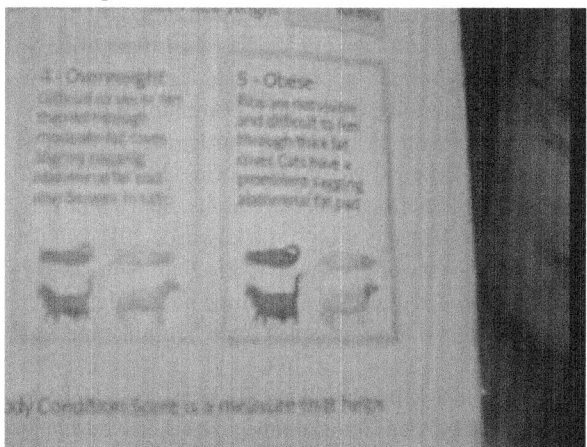

Die Protagonistin zeigt, wie dick die Katze war, wie dick sie jetzt ist und wie sie werden soll. Zwischendurch wird noch ein Board mit einer großen Anzahl Porzellankatzen gezeigt, die, so muss man schließen, zur Inneneinrichtung der Protagonistin gehören. In beinahe allen Videos der ‚Video Nation'-Serie wird der Wohnungseinrichtung der Protagonisten (Sende-)Zeit eingeräumt. Dies ist nicht zuletzt auf die Schulung der Amateure durch die BBC zurückzuführen, in der die Darstellung des eigenen Wohnumfeldes und der ‚community' einen großen Stellenwert hat. In einem Rückschnitt auf den *talking head* der Protagonistin erfahren wir, dass das Tier jetzt abgenommen habe. In einer letzten Einstellung sehen wir die Katze, wie sie jetzt aussieht. Sie steckt ihren Kopf in eine geöffnete Futterdose und wird von der Stimme der Protagonistin ermahnt: „Shouldn't have his head in a tin, should you? Mischief, No! Come on, fat boy!"

Nachdem der Erfolg der Katzendiät demonstriert wurde, wird die Katze beim ‚Naschen' gezeigt. Hier deutet sich eine Komplizenschaft der Frau mit der Fresslust ihrer Katze an. Die letzte verbale Äußerung, die erst während des Abspanns zu hören ist („Come on, fat boy!"), bestätigt diesen Eindruck. Dieses Ende zeichnet sich somit durch komischen Charakter aus, der die pädagogische Ernsthaftigkeit wieder abmildert. Das Video weist eine einfache narrative Dramaturgie auf, die durch zahlreiche Video-Inserts (Still-Leben/Standbilder der Katze, Szene bei der Tierärztin, Halsband) mehr illustriert als filmisch inszeniert wird: Problemdefinition, Intervention, Problemlösung, komische Coda.

Insgesamt weist das Video viele gattungstypische Elemente des Dokumentarfilmformats auf, talking heads, illustrierende Bilder und voice-over, weicht aber andererseits davon ab: Die einzelnen Sequenzen sind sehr kurz, die Geschichte ist nicht komplex und multiperspektivisch, sondern linear erzählt. Das Video trägt auch Züge eines Lehrfilms: Nicht nur, dass diagnostische Prozeduren und pädagogische Materialien unmittelbar zur Ansicht kommen – die narrative Struktur: Problemdefinition, Lösungswege, und Bewältigung der Problemlage folgen dem Schema des Lehrfilms (Reichert, 2008). Es handelt sich hier um ein thematisches und ästhetisches Ensemble, an dessen Konzipierung und Redaktion unterschiedliche Akteure – Experten und Amateure – beteiligt waren. Die Präsentation der Katze, so scheint es, überlässt die Protagonistin den problematisierenden Experten; der Schnitt ist vermutlich durch professionelle Cutter durchgeführt worden, während die talking-head-Aufnahme durch die Amateurin selbst vorgenommen wurde. Im Unterschied etwa zum Beispiel ‚Deutschland Privat' hat die Amateurin hier offenbar weitgehend die Kontrolle über die thematische und ästhetische Ordnung des Videos, wobei aber auch Nachbearbeitungen stattgefunden haben.

Die Amateurin tritt in ‚Video Nation' als Produzentin (hinter der Kamera) und Protagonistin (vor der Kamera) in Erscheinung. Das narrative Schema der erbaulichen Lehrgeschichte tritt in den ‚Video Nation'-Videos sehr häufig auf. Hier zeigt sich der bestimmende Einfluss der institutionellen Rahmung des Gesamtprojekts. In den ‚Video Nation'-Clips erhalten Videoamateure erstmals die Gelegenheit, sich und ihre Sichtweise der Dinge relativ selbstbestimmt einem Fernsehpublikum zu präsentieren.

Dabei wird allerdings auch ein audiovisuelles Regime etabliert, das darauf abzielt, das Wohlfahrtspotential einer Bevölkerung sichtbar zu machen. Im Panorama des ‚Video Nation'-Programms zeigen sich die Konturen einer post-traditionalen sozialen Ordnung, in der die Einzelnen in der Lage sind, sich mit den verfügbaren pädagogischen und kommunalen Ressourcen selbst zu helfen.

Die ‚Video Nation'-Clips können als Vorläufer des Video-Blogs gelten. Anhand der Clips lassen sich einige der Gattungsmerkmale ablesen, die für verschiedene Typen von Internetvideos charakteristisch sind. Das ‚Selbst', das hier dargestellt wird, ist ein Dargestelltes und Darstellendes, ein sich selbst Abbildendes. Dieses auto-visuelle Selbst ist zudem ein lernfähiges, ein ‚beratenes Selbst', das sich als fähig und bereit zeigt, Expertenrat anzunehmen und die notwendigen Schlussfolgerungen daraus zu ziehen. Zugleich wird in der Schlusssequenz eine Art heimliche Gegenwehr deutlich: Denn hier tritt ein Begehren in Erscheinung, das sich dem Gesundheitsdiskurs zu entziehen scheint: Die Katze möge aus der Dose essen, dick bleiben und weiterhin der ‚fat boy' der auffällig mageren Protagonistin bleiben. An dieser Konstellation von Hauptnarration und Ende zeigt sich eine grundlegende Vielstimmigkeit des Videos, die sich durch Konvergenzen und Divergenzen von Narration, Bild und Sound anzeigt.

4.3 YouTube: Mikro-Kuratierung und Selbst-Kuratierung

Mitte der 1990er Jahre entstanden die ersten ‚online Video hosting' und ‚online Video sharing'-Dienste – sie sollten dem Amateurvideo eine bislang ungebrochene Konjunktur sichern. Hosting bezeichnet die zentrale Speicherung von komprimierten Videodaten und die Zugänglichmachung dieser Daten für ein Publikum, das diese Videodateien üblicherweise ohne Bezahlung auf einem PC oder (heute) einem mobilen Gerät abspielen kann. Videosharing meint dann das Teilen von Videos zwischen Nutzern, was nicht unbedingt zentrales Hosting voraussetzt. In den 1990er Jahren entstanden peer-to-peer-Techniken, bei denen Daten verschiedener Art direkt zwischen Nutzern ausgetauscht werden. Zu diesem Zweck wurden verschiedene Protokolle entwickelt, die sich aber gegenüber den Mitte der 1990er Jahre entstandenen Video hosting-Plattformen nicht durchsetzen konnten.

Das Videohosting-Modell wurde zu einem günstigen Augenblick etabliert: YouTube und andere Hosting-Dienste entstanden, als die benötigte Bandbreite verfügbar und für breite Nutzergruppen erschwinglich wurde. Online Videohosting hat mit der Verbreitung von Breitbandinternet einen Aufschwung erlebt. Außerdem wurde ein Finanzierungsmodell für die Kosten der Massenspeicherung und des ‚Vertriebs' über Datenleitungen gefunden: online Advertising, also Werbefinanzierung, und die Nutzung von Benutzerdaten.

Während diese beiden technisch-institutionellen Entwicklungen für Dienste wie YouTube nur die Möglichkeit eröffnet haben, ein Geschäftsmodell zu verwirklichen,[5] wurde ein technisches Problem gelöst, nämlich das sogenannte ‚transcoding‘, also die Umwandlung unterschiedlicher Videoformate in ein einheitliches, stark komprimiertes Videoformat, das über das Netz mit vergleichsweise geringer Datenrate übermittelt und zudem von den meisten Webbrowsern entschlüsselt werden konnte.

Mit online Videohosting hat sich das Verhältnis zwischen Verbreitungsmedium, Video und Publikum grundlegend verändert. Online Videohosting Dienste stellen die Infrastruktur für die Speicherung und den Abruf von Videos bereit, außerdem ein grafisches Interface für die Rahmung der Inhalte, d. h. zur Darstellung von sogenannten Metadaten. Dieses Interface dient einerseits dazu, die Datenbanken mit gespeicherten Videos durchsuchbar zu machen und andererseits dazu, die einzelnen Videos mit Metadaten (Name des Hochladenden, Datum, Titel, Tags, etc.) zu versehen und diese Metadaten beim Aufrufen des Videos abzubilden. An die Stelle der zeitlichen Programmstruktur des Kinos und des Fernsehens tritt eine räumliche Darstellung der abrufbaren Inhalte.

Im dritten exemplarischen Video, das 2010 auf der Videohosting-Seite YouTube eingestellt wurde, ist ein etwa 20-jähriger Mann in naher Einstellung zu sehen. Er trägt eine Sonnenbrille, seine schwarzen Haare sind in einer Gelfrisur nach oben gekämmt. Ein feiner schwarzer Pullover ist unter einem blauen Hemdkragen zu sehen. Das Video trägt den Titel „GOOD HAIR DAY!! Ghd Review :)“. Das Video verspricht also ein „review“, die online Bezeichnung für eine Warenrezension. Eine zweite Beschriftung des Videos lautet „HerrTutorial“. Diese Angabe ist nicht weiter beschrieben; es wird davon ausgegangen, dass bekannt ist, dass jedes Video von einem bei YouTube angemeldeten Nutzer veröffentlicht, bzw. ‚hochgeladen‘ wurde, und dass klar ist, dass eine Person – oder ein Kollektiv? – mit dem Kunstnamen HerrTutorial dieses Video hergestellt hat. Im Bildhintergrund ist ein Zimmer zu sehen, an dessen hinterer Wand eine Schreibtischgarnitur im Design von Jugendzimmern der 1990er Jahre steht. Auf der linken Bildseite ist eine (Schrank-)Wand aus demselben Holzfurnier zu sehen. Insgesamt ist die Eingangseinstellung als „Blogger-Zimmer“ zu erkennen, also als typische visuelle Rahmung von Video-Amateurproduzenten, die sich selbst in den Mittelpunkt ihrer Produktion stellen. Der Bloggerhintergrund ist ein typisches Stilmittel, ein *Emblem* des Amateurs.

---

5   „There was no business model to support video sharing back then like there is today, meaning there is no online advertising business. And there was serious bandwidth problems. And now both of those constraints have been removed right?“ so Chase Norlin, dem Gründer des ersten online sharingportals shareyourworld (http://www.dailymotion.com/video/xh2g4h_chase-norlin-reminisces-about-shareyourworld-com_tech) [Datum des Zugriffs: 12.2.2012]

HerrTutorial fängt unmittelbar zu Beginn des Clips an, laut zu sprechen und blickt dabei direkt in die Kamera: „Oh mein Gott, ich kann`s nicht glauben! Leute, die Sonne scheint wieder, es wird endlich mal wieder g`scheites Wetter und endlich ka` ma` wieder Sonnenbrille anziehen!" Dieser unvermittelte Einstieg richtet sich, das versteht der Zuschauer, an ein Publikum, das bereits weiß, wer da spricht, und dass HerrTutorial für sich einen Status beansprucht, der keine weitere Einführung erfordert. Zum Einstieg wird das allgemeinste aller Themen gewählt: das Wetter. Die Sonnenbrille verbindet das Wetter mit seinem Erscheinungsbild auf dem Bildschirm des Zuschauers. Die Zentralität seines Torsos im Bild wird durch die sprachliche Selbstadressierung verdoppelt. Er ist zu sehen, er spricht über das Wetter und seine Sonnenbrille. Seine ganze Rede ist von einer rhythmischen Akzentuierung durch Schultern und Oberkörper begleitet, die in eine Jubelgeste übergeht.

Abbildung 3:   Still aus "Good Hair Day!! Ghd Review :)" (Youtube)

Dann folgt ein typischer Blogger-Schnitt, also ein Schnitt in dieselbe Einstellung. Nach dem Schnitt ist HerrTutorial ohne Brille zu sehen. Diese verschwindet durch eine Art Stopptrick von seiner Nase, indem er den Arm auffordernd zur Kamera hin ausstreckt. Diese von ihm erzeugte visuelle Attraktion[6] leitet die verbal vorgebrachte Aufforderung ein, das Video mit „fünf Sternen" zu bewerten. Diese Eigenwerbung wird durch die nächste starke Geste ironisiert: Die emblematischen zwei hochgehaltenen Daumen in Verbindung mit der Imitation eines wiederum emblematischen Kassengeräuschs („Katsching"). HerrTutorial macht deutlich, dass ihm bewusst ist, dass es hier um seinen eigenen Nutzen geht; er gesteht gewissermaßen augenzwinkernd mit dieser hyperbolischen Geste ein.

HerrTutorial weist darauf hin, dass, bevor er mit dem „folgende[n] Video" anfängt, noch etwas passieren soll. Diese Äußerung zeigt an, dass das Gesehene noch nicht das eigentliche Video darstellt, sondern eine Art Einleitung, einen Prolog oder eine Art ‚Anmoderation'. Er moderiert sein eigenes Video – nachdem es bereits durch die textuellen Elemente der grafischen Oberfläche angekündigt wurde.[7] Er zögert das angekündigte Video, bei dem es sich um einen Warentest handelt („review"), hinaus, indem er mitteilt, dass er auf Zuschauerwünsche („aufgrund von eurer Anfrage") reagiere, wenn er eine Katze zeigt („Ihr wolltet sie mal wieder sehen im Video"). Damit wird der Produktionsprozess thematisiert und zugleich eine Beziehung zu seinem Publikum hergestellt. Die als Tipsy vorgestellte Katze wird nun aus dem Off in die Einstellung gehoben. Der diese Aktion begleitende Monolog verweist wiederum auf Zuschauer, die Tipsy schon öfter gesehen haben. Damit wird verbal und zeigend ein Publikum konstruiert, das an HerrTutorials Beiträgen seit längerer Zeit Anteil nimmt. Das Animieren der Katze kann wie das ‚Zeigen' der Katze als Comedy-Element verstanden werden, etwa als Imitation eines Bauchredners, der die Katze sprechen lässt. Nach der Katzen-Episode geht HerrTutorial dazu über, sein Publikum explizit zu animieren, Reaktionen auf eine von ihm gestellte Video-Frage an ihn zu schicken. Die Katzendarstellung steht hier anders als bei ‚Deutschland Privat' und ‚Video Nation' nicht thematisch im Vordergrund. Die Katze wird hier ins Bild geholt als Dramatisierung der Beziehung zwischen dem Darsteller und seinem Publikum.

Die beschriebene halbe Minute des insgesamt 8-minütigen Clips soll genügen, im Vergleich zu den anderen Clips (‚Deutschland Privat' und ‚Video Nation') wesentliche Merkmale des Online-Amateurclips darzustellen. Anhand der knappen Beschreibung des Ausschnitts fallen, noch ohne zu vergleichen, einige

---

6   Die Verwendung solcher Stilmittel weist auf die Nähe vieler Amateurvideos zum frühen ‚cinema of attraction' (Gunning, 1986) hin. Ramón Reichert weist darauf hin, dass in YouTube-Amateurvideos frühe Filmtechniken zur Anwendung kommen, wie etwa das Zeigen von Objekten durch An-die-Linse-führen.
7   Diese Vorstellung der eigenen Produktion, oft verbunden mit einer Einordnung des Gezeigten in bisher selbst oder von anderen produzierten Videos ist typisch für viele Online-Amateurvideos.

Besonderheiten auf: Der Protagonist bedient sich mit dem direkten Blick in die Kamera und der launigen Ansprache des Publikums der Ästhetik des Fernsehens, für das verschiedene Formate des Hostings charakteristisch sind. Sendungen werden von Moderatoren und Show-Hosts begleitet und strukturiert. Diese Hosts sprechen meist vor einem – zum Zeitpunkt der Aufzeichnung der Sendung (oder zum Zeitpunkt des Sendens) – ‚Live-Publikum‘, wenden sich mit dem Gesicht allerdings vor allem dem Fernsehpublikum zu. Im Unterschied zum Fernsehsender, der ein Publikum voraussetzt und direkte Ansprachen meist nur in der Moderation des Programms zulässt, spricht HerrTutorial sein Publikum während der gesamten Aufnahme an. Teil dieser Ansprache sind auch Aufforderungen zur Mitwirkung und Kommentierung der Sendung, die beim Fernsehen nur als extrem asynchrone Zuschauerpost oder nach 1969 (Lichttest-Verfahren) bzw. 1979 (TED) zwar zeitlich dynamischer, aber dafür nur quantitativ möglich war. Diese Partizipationsmöglichkeiten stehen bekanntlich im Mittelpunkt des Netzdiskurses seit 2000 („Web 2.0", „Social Media"). Die technisch ermöglichten Mitwirkungsoptionen (Kommentare, Antwortvideos) des Publikums werden von HerrTutorial genutzt, um sein Programm (bzw. seinen „Kanal" bei YouTube) aus der Menge selbst produzierter Videos hervorzuheben. Die ins Bild geholten Dinge und Tiere dienen der Symbolisierung der Beziehung zwischen dem Darsteller und seinem Publikum; sie sind weniger Vehikel einer Identitätspolitik, die im Beispiel der Katzenthematisierung im ‚Video Nation‘-Beispiel zum Tragen kommt.

HerrTutorial ist sein eigener Kurator, er übernimmt die Rolle der Moderation der ‚Sendung‘, indem er sich selbst („mein Video") ankündigt, er steuert selbst Sehenswürdigkeiten und Gäste bei. Auch die Aufgabe der Werbung für seine Sendung übernimmt HerrTutorial, wenn er sein Publikum auffordert, seinen „channel" zu abonnieren und (positiv) zu bewerten. Es gibt keinen Sprecher aus dem Off oder Out – alle produktionsrelevanten Rollen werden von ihm selbst übernommen. YouTube ist nur im Hintergrund tätig, als Anbieter der Infrastruktur der *Selbstkuratierung*. Diese Infrastruktur hat allerdings Auswirkungen für die Gattung: Die ‚Rahmung‘ der Darstellung, also die Einführung des Themas, des Anlasses und der Hauptpersonen wird nicht von einer Programmzeitschrift erledigt, sondern muss vom Betreiber des Channels mit Hilfe der grafischen Möglichkeiten der Benutzeroberfläche und der Möglichkeiten der Selbstdarstellung im Video geleistet werden.

5. Fazit: Selbstkuratierung und ‚Soziale Medien'

Drei Formate der Selbstthematisierung im Amateurfilm bzw. Amateurvideo wurden innerdiegetisch, d. h. anhand ihrer Bildhandlung, sowie in ihrer Einbettung in Produktions- und Distributionssysteme untersucht. Mit der Verbindung dieser zwei Analyseebenen war die Ausgangsannahme verbunden, dass sich eine bestimmte Produktionsordnung auch in der (audio-)visuellen Gestalt objektiviert. Diese Vermutung hat sich bestätigt. Das Verhältnis von Erzähler und Erzähltem, die Kadrage (Einstellungsgrößen) und Montage, sowie die Struktur der Bildnarration korrespondiert mit den jeweiligen Konstellationen von Produktion und Distribution. Da es sich bei den hier gewählten Beispielen nicht um ein zufälliges In-Distribution-geraten von Amateur-footage handelt[8], sondern um eine planmäßige Einrichtung der Distribution (in allen drei Beispielen) und der Produktion (in den letzten beiden Beispielen), ist es sinnvoll, von *Bauformen* audiovisueller Diskurse zu sprechen. Alternativ könnte auch der Begriff des *Dispositivs* verwendet werden, mit dem das Zusammenwirken der technischen Einrichtungen, räumlichen und sozialräumlichen Voraussetzungen sowie der notwendigen Wissensbestände betont wird, um die Voraussetzungen einer spezifischen Produktionsordnung als notwendige Bedingungen ihres Ergebnisses zu rekonstruieren. Bei den Analysen stand allerdings die Frage im Vordergrund, inwiefern einer bestimmten Akteursposition, nämlich die der Kuratierung, in unterschiedlichen Einrichtung einer Zirkulation von Amateurvideos zwischen individualmedialen und massenmedialen Kontexten eine Schlüsselposition zukommt. Die technisch-institutionellen Voraussetzungen sind für diese Akteursposition gegeben: Kino, Fernsehen und das Internet finden die Kuratorinnen und Kuratoren bereits vor; sie ‚bauen' die Formate und entwerfen Zirkulationsmöglichkeiten und mögliche Publika für die Artefakte (Filme, Video). Der audiovisuelle Diskurs mit seiner Verteilung von Sprecher- und Subjektpositionen und den sich daraus ergebenden Zugangschancen zu einem Publikum konnte dadurch als Ergebnis einer Ko-Konstruktion der Bauformen durch Kuratorinnen in Wechselwirkung mit den technischen Voraussetzungen sowie mit den (Selbst-)Darstellungsmöglichkeiten von Amateuren beschrieben werden. Dabei wurde deutlich, dass die Verteilung von Akteurspositionen (bzw. traditioneller: Rollen), insbesondere die Wahrnehmung von Positionen in ‚Personalunion' entscheidende Bedeutung für die Zirkulation der Bilder als auch für die Sichtbarkeiten in den ‚social media' hat.Die Sozial- und Mediengeschichte des

---

8   Dies ist etwa bei einer Verwendung von Amateurfotos als Pressefotos der Fall, oder bei der Verwendung eines privat aufgenommenen Videos im Fernsehen. Amateurbilder bzw. -videos werden in diesen Fällen in Ermangelung professionell augenommenen Materials verwendet.

Amateurvideos – soviel sollte deutlich geworden sein – hat in den letzten Jahren eine erstaunliche Wendung genommen: Die differenzierten Arbeitsteilungen des Films und Fernsehens bleiben bestehen, während das Amateurvideo mit Video-sharing Zugang zu einer quasi-massenmedialen Verbreitung gefunden hat und dabei – im Prozeß der Videoproduktion – auf Grundlage einer äußerst primitiven Arbeitsteilung operiert: alle Aufgaben werden von einer Person, oder zumindest einer sehr kleinen Gruppen von Personen übernommen. Videoamateure im Netz sind charakteristischerweise Regisseur/-in, Kameramann/-frau, Setdesigner/-in, Beleuchter/-in, Requisiteur/-in, Darsteller/-in etc. in einer Person. Sie moderieren ihre eigenen Sendungen, sind aber auch Objekte des Blicks des Publikums. Sie sind Darsteller und Produzenten zugleich. Sie führen sie souverän durch Sendungen, wissen aber auch Zufällen und Störungen umzugehen, entweder durch Montage oder Improvisation. Zugleich sind sie an komplexe Distributionsapparate der ‚social media' angeschlossen („youtube", „Vimeo", „Dailymotion" etc.), die selbst umfangreiche Steuerungs- und Kuratierungsfunktionen wahrnehmen, die aber weitgehend im Dunkeln bleiben.[9] Sie sind damit an drei Typen des Kuratierens beteiligt:

1. *Mikro-Kuratierung*: Amateure sammeln eigene Videos, *found footage* und Schnipsel massenmedialer Produktionen und präsentieren sie einer Öffentlichkeit. Diese Mikro-Kuratierung fand zunächst nur themenbezogen statt, d. h. die ‚uploader' konnten selbst gedrehtes oder gefundenes Videomaterial mit Metadaten versehen (Titel des Videos, Kommentar etc.) auf die onlinesharing Plattform stellen. Durch die Einrichtung personalisierter ‚Kanäle' („Channel") – in Analogie zu Fernsehkanälen – ist wird diese Praxis deutlicher mit den *Namen* (Eigenname oder Pseudonyme) der Amateure in Verbindung gebracht, so dass sie als Kuratoren tatsächlich in Erscheinung treten können. Diese Struktur regt viele Amateure an, unterschiedliche Kanäle einzurichten und sich so als Kuratoren unterschiedlicher Themen zu bezeichnen.

2. *Selbst-Kuratierung*: Amateure präsentieren sich selbst mit einem Portfolio an Darstellungsmöglichkeiten und Kompetenzen. Strukturell besteht die Selbst-Kuratierung in einer Gleichzeitigkeit von Kuratierung und Selbstdarstellung. Die Mikro-Kuratierung (die sich für sehr erfolgreiche Videoproduzenten graduell auf eine Meso-Ebene ausweitet, d. h. selbst zur Institution wird)

---

9   Während der Film etwa mit der Nennung der an der Produktion Beteiligten im Abspann die jeweiligen Rollen offen benennt, was für die Karrieren der Beteiligten von Bedeutung ist, werden im Online-Video – und dass dies selbstverständlich erscheint sollte nicht über den Stellenwert dieser Auslassung hinwegtäuschen – beinahe nie die Beteiligten Produzenten genannt, schon gar nicht die Mitarbeiter der sharing-Plattformen.

überschneidet sich mit der Selbst-Kuratierung. Strukturell induzierte und
individuell vollzogene Kommodifierungs- und Ästhetisierungsprozesse,
also Anlehnungen an die Warenästhetik oder die künstlerischen Ästhetiken
haben ihren Ausgangspunkt in dieser Dynamik von Selbstzuschreibung und
Artefaktproduktion: wenn es nötig wird, das eigene Selbst als Bezugspunkt
der Neugier anderer aus der Distanz zu etablieren, wird das eigenen Leben
zur Ware oder zum Kunstwerk.

3. *Sub-Kuratierung und Ko-Kuratierung*: Die Videoamateure tragen zu den
    Kuratierungsstrategien der Medienunternehmen bei. Sie tun dies auf ver-
    schiedene Weise: sie stellen durch Miko-Kuratierungspraktiken Material zur
    Verfügung, das aggregiert überhaupt erst das Archiv der online-Plattformen
    entstehen lässt. Sie bestätigen durch ihre bloße Beteiligung den Diskurs der
    Interaktivität, der das Versprechen auf Partizipation („broadcast yourself")
    plausibilisiert. Wenn die *Thesaurierung* der Online-Plattformen – d. h. die
    Unterteilung in unterschiedliche Themengebiete – zur Grundlage der thema-
    tischen Rahmung der Produktion wird, kann ebenfalls von Sub-kuratierung
    gesprochen werden.

Videoamateure werden damit zu Sub-Kuratoren, deren Arbeitsverhältnis dem
von Sub-Unternehmern ähnelt, insbesondere, wenn die Amateure, etwa als ‚you-
tube-Partner', an den (Werbe-)Einnahmen beteiligt werden. Die Subkuratierung
geht in Ko-Kuratierung oder relativ unabhängige Kuratierungen über, wenn die
Amateurproduzentinnen die Strukturen der Distribution und des Interaktivitäts-
Diskurses bei ihrer Produktion berücksichtigen. Das kann auf sehr unterschiedliche Weisen geschehen, die an dieser Stelle nicht weiter verfolgt werden können.

Die Amateure orientieren sich – affirmativ, ablehnend oder strategisch – an
den Kategorien, die eine Kuratierung wertvoll, verwertbar oder anschlussfähig
machen und gewinnen damit „Kommunikationsmacht"[10] und Handlungsfähig-
keit in sich überschneidenden „Sehgemeinschaften"[11]. Damit werden sie allerdings auch zum Zielpunkt der Inwertsetzungsstrategien der Internet-Ökonomie,
scheinbar ohne dass ihre eigene Agency betroffen wäre. In der Reproduktion einer „Aufteilung des Sinnlichen"[12], also einer institutionalisierten, konventionalisierten Verknüpfung von Personengruppen, Themen und Darstellungsformen
zeichnen sich Formen eines *Regierens* im Raum der Bilder und durch Bilder ab
(vgl. Holert 2008). Zugleich sind die Amateure unter bestimmten, weiter zu er-
forschenden Bedingungen in den Stand gesetzt, sich gegenüber den berufsmäßi-

---

10 Reichertz, Kommunikationsmacht.
11 Raab, Visuelle Wissenssoziologie.
12 Rancière, Das Unvernehmen.

gen Kuratoren zu behaupten und eigenständige Produktionsweisen und Ästhetiken zu entwickeln.

Literatur

Bohnsack, R. (2008). *Qualitative Bild- und Videointerpretation: Die dokumentarische Methode: Einführung in die dokumentarische Methode.* 1. Aufl. Stuttgart: UTB.

Bourdieu, P. & Boltanski, L. (1981, orig. 1965). *Eine illegitime Kunst. Die sozialen Gebrauchsweisen der Photographie.* Frankfurt a.M.: Fischer.

Burgess, J.; Green, J.; Jenkins, H. & Hartley, J. (2009). *YouTube: Online Video and Participatory Culture.* John Wiley & Sons .

Carpentier, N. (2003). The BBC's Video Nation as a Participatory Media Practice. *International Journal of Cultural Studies,* 6, Nr. 4, 425-447.

Dovey, J. (2000). *Freakshow: First Person Media and Factual Television.* London: Pluto.

Foucault, M. (2004). *Geschichte der Gouvernementalität I. Sicherheit, Territorium, Bevölkerung. Vorlesung am Collège de France 1977-1978.* Frankfurt a.M.: Suhrkamp.

Foucault, M. *Schriften in vier Bänden. Dits et Ecrits. Band 1. 1954-1969.* Frankfurt a.M.: Suhrkamp.

Foucault, M. (1996). *Die Ordnung des Diskurses.* Frankfurt a.M.: Suhrkamp.

Goffman, E. (1959). *The Presentation of Self in Everyday Life.* Garden City, NY: Doubleday.

Gunning, T. (1986). The Cinema of Attraction: Early Films, Its Spectator and the Avant-Garde. *Wide Angle,* Bd. 8, Nr. 3/4, 63-70.

Hepp, A. (2010). Mediatisierung und Kulturwandel. In M. Hartmann und A. Hepp (Hrsg.). *Die Mediatisierung der Alltagswelt* (S. 65-84). Wiesbaden: VS.

Hitzler, R.; Honer, A. & C. Maeder (1994). *Expertenwissen. Die institutionalisierte Kompetenz zur Konstruktion von Wirklichkeit.* Opladen: Westdeutscher Verlag.

Holert, T. (Hrsg.). *Imagineering: Visuelle Kultur und Politik der Sichtbarkeit.* Köln: Oktagon.

Holert, T. (2008). *Regieren im Bildraum.* Berlin: b-books.

Knoblauch, H. (1995). *Kommunikationskultur.* Berlin: De Gruyter.

Knoblauch, H.; Schnettler, B.; Raab, J. & H.G. Soeffner (2006). *Video Analysis: Methodology and Methods. Qualitative Audiovisual Data Analysis in Sociology.* Frankfurt a.M.

Krotz, F. (2007). *Mediatisierung: Fallstudien zum Wandel von Kommunikation.* 1. Aufl., Wiesbaden: VS.

Lovink, G. & Niedere, S. (2008). *Video Vortex Reader.*

Lundby, K. (2009). Introduction: ‚Mediatization' as Key. In ders. (Hrsg.): *Mediatization. Concept, Changes, Consequences* (S. 1-20). New York: Lang..

Maasen, S.;Mayerhauser T. & Renggli, C. (2006). *Bilder als Diskurse. Bilddiskurse.* Weilerswist: Velbrück.

Matthews, N. (2007). Confessions to a new public: Video Nation Shorts. *Media* 29, Nr. 3, 435-448.

Noam, E.M. & Pupillo, L.M. (Hrsg.) (2008): *Peer-to-Peer Video. The Economics, Policy, and Culture of Today's New Mass Medium.* New York: Springer.

.

Raab, J. (2008). *Visuelle Wissenssoziologie*. Konstanz: UVK, 2008.

Rancière, J. (2002). *Das Unvernehmen: Politik und Philosophie*. Frankfurt a.M.: Suhrkamp.

Reichert, R. (2006). *Im Kino der Humanwissenschaften. Studien zur Medialisierung wissenschaftlichen Wissens*. Bielefeld: Transcript.

Reichert, R. (2008). *Amateure im Netz. Selbstmanagement und Wissenstechniken im Web 2.0*. Bielefeld: Transcript.

Reichertz, J. & Englert, C. (2010). *Einführung in die qualitative Videoanalyse: Eine hermeneutischwissenssoziologische Fallanalyse*. Wiesbaden: VS.

Reichertz, J. (2009). *Kommunikationsmacht: Was ist Kommunikation und was vermag sie? Und weshalb vermag sie das?* Wiesbaden: VS.

Snickars, P., & Vonderau P. (2009) *The YouTube Reader*. Wallflower Pr.

Stiegler, B. (2009). *Von der Biopolitik zur Psychomacht. Die Logik der Sorge,* Bd. 2. Frankfurt a.M.: Suhrkamp

Waldenfels, B. (2002). *Bruchlinien der Erfahrung: Phänomenologie – Psychoanalyse – Phänomenotechnik*. 3. Aufl. Suhrkamp.

„Die Errettung der äußeren Wirklichkeit"? – Die Wirklichkeit der Realität in dokumentar(film)ischen Bildformaten

Carsten Heinze

1. Einleitung: (Audio-)Visuelle Kultur und dokumentarischer Film – (Bewegte) Bilder des Sozialen

Der Film, die Fotografie sowie der Realismus als ästhetisch-künstlerische Konzepte spielen in der Herausbildung einer realistischen Perspektive auf soziale Wirklichkeiten eine wichtige Rolle: Sie gründen auf realistischen Blick- und Seherfahrungen und dem weit verbreiteten Glauben, mithilfe technisch verbesserter Bildapparate objektive Abbildungen der Welt erschaffen zu können und damit die natürlichen Wahrnehmungsfähigkeiten des Menschen zu erweitern oder bestenfalls zu perfektionieren. Der Film als wahrnehmungsnahes Medium kommt der Realitätserfahrung am nächsten und ersetzt diese in vielen Fällen. Die folgenden Ausführungen nehmen den Dokumentarfilm als realistisches Medium in den Blick, verorten diesen in aktuellen Fernsehformaten des Reality-TV, das seine Grundlagen im dokumentarischen Film hat und diskutieren seine realistischen Fundierungen in Fotografie und der Kunst des Realismus als Vorläufer des Films. Im Mittelpunkt steht die Frage, welche dokumentarisch-realistischen Konzeptionen die Malerei des Realismus, Fotografie und Dokumentarfilm als Kunstformen auszeichnen und miteinander verbinden, wie diese im Horizont realistischer Konzeptionen einzuordnen und zu interpretieren sind. Es wird die These vertreten, dass erkenntnistheoretische Positionen des Realismus als Konzept in Dokumentarfilm, Reality-TV und Fotografie wirksam sind, jedoch nicht als objektives bzw. reales Entsprechungsverhältnis von Bild und Abbild, sondern in Form einer Interpretation und medialen Konstruktion von Realität. Im Verlauf der medientechnischen Entwicklungen hat sich parallel zu den Reproduktionstechniken von Wirklichkeit in Fotografie und Film eine zunehmend stärkere realistische Wahrnehmungsweise herausgebildet, die bis heute den Glauben an Objektivität, Referentialität und Realität des Bildes prägt. Ohne diesen Glauben an die Realität des Bildes wären wir als Medienrezipienten für die Vorgänge in unserem näheren oder weiteren sozialen Umfeld buchstäblich „blind" – dieser Glaube an die Realität des dokumentar(film)ischen Bildes ist somit grundsätzlicher Natur. Die unterschiedlichen visuellen Medienformate, deren mediale Eigenlogiken (als statisches Bild, bewegtes Bild, als audiovisuelles Bild) sowie die kommunikativen Kontexte sind maßgeblich an der Herstellung und Herausbildung von sozialen Wahrnehmungs- und Erfahrungsweisen der globalen und lokalen Welt beteiligt und prägen die medial geprägten Erfahrungsbilder unseres Alltags. Die dokumentarisch-realistischen Medienformate Fotografie und Film bilden auf dem Weg hin zu den visuellen Kulturen unserer Gegenwart wichtige medientechnologische Wegmarken, die die Herstellungsweisen, Ansichten und damit auch unser Verständnis des Sozialen und Wirklichen, umfassender: des Weltwissens elementar verändert haben. Es handelt sich um Medien, die den unaufhaltbaren Fluss der Zeit für den Moment der Aufnahme oder für eine begrenzte Dauer des Films festzuhalten in der Lage sind: „We are moving from a narrative-based to a multilinear based representation, which affects the way we picture ourselves and our world both internally and externally. Not that narrative dies, but narrative becomes one option among many – and we begin to internalize the world as an array of possibilities through which we navigate paths. And in the process, our conception of reality changes" (Weinbren, 2002, S.119). Damit erreichen die Diskussionen um die Bildhaftigkeit von Gesellschaften und den visuellen Ordnungen des Sozialen auch die visuelle Wissenssoziologie (vgl. Raab, 2008). Diese wendet sich der Visualität des Sozialen und Wirklichem unter dem Aspekt der visuellen und audiovisuelle Wissensvermittlung und der Frage nach den sozialen Sinnordnungen in Bildern zu: Welches Wissen wird wie durch welche verschiedenen (Audio-)Visualisierungsformen vermittelt? Auf welche Art und Weise erfolgt (audio-)visuelle Wissensvermittlung und in welchen Kontexten geschieht diese (vgl. Schnettler & Pötzsch, 2007, S.475)? Wie werden (audio-)visuelle Medien eingesetzt, um Wissen aufzubereiten und kommunikativ zu verbreiten? Die Beantwortung derartiger Fragen umfasst ästhetische, funktionale, pragmatische, syntaktische, rhetorische und wahrnehmungspsychologische Aspekte, die für einzelne Medienformate differenziert betrachtet und ausbuchstabiert werden müssen (vgl. ebd., S.479). Es gilt, die genannten Aspekte auf konkrete Bild- und Medienformate zu übertragen, um dadurch ihre Spezifik als „(bild-)kommunkative Gattungen" (Luckmann, 2002, S.183ff.) in der visuellen Wissensvermittlung und deren gesellschaftliche Verankerungen genauer beschreiben zu können. Durch diese soziologischen Perspektivierungen werden der Begriff der visuellen Kultur und die sozialen Verwendungsweisen von Bildern komplex aufgeladen und mit dem Dokumentarischen als Format der Darstellung und Strukturierung von

Realität verbunden. Der Bildbegriff ist in seinen verschiedenen Facetten von der Soziologie kaum thematisiert (vgl. Burri, 2008, S.342). So ist in Bezug zum Dokumentarfilm als realistisches Medienformat nicht nur die innerfilmische Struktur (soziales, politisches oder kulturelles Thema, Einstellungen, Montage) von soziologischem Interesse, sondern darüber hinaus die gesellschaftlichen Kontexte, in die der Dokumentarfilm eingebettet ist und kommuniziert wird, ebenso wie die sozialen, kulturellen und politischen Diskurse, die er befördert und auf die er reagiert. Innerfilmische und nichtfilmische Realität stehen dabei in einem komplexen Spannungsverhältnis, das es näher zu bestimmen gilt. Damit ist der Dokumentarfilm nicht nur ein Medium der Darstellung von Ereignissen, sondern ein Selbstreflexionsmedium über Zugangsweisen zur Realität selbst. Bei allen Unterschieden gilt dieses Spannungsverhältnis medienhistorisch ähnlich für die Fotografie und die realistische Kunst, in denen bereits wichtige Aspekte der bewegten Bilder des Sozialen und Alltäglichen angelegt sind und die damit auf die gegenwärtigen Formen des Reality-TVs verweisen.

2. Soziologische Dimensionen des Dokumentarfilms als realistisches Medium

Der Film wird in der Soziologie kaum behandelt. Er findet sich als prominenter Gegenstand einer Soziologie des Kinos bei Emilie Altenloh (1914) und Dieter Prokop (1970, 1971; ferner auch Witte 1971), in der Kritischen Theorie Adornos und Horkheimers (1998 [1969]) und in den letzten Jahren vor allem in den film studies der Cultural Studies (vgl. Winter, 1992, 2009; Mai & Winter, 2006; auch Schenk & Tröhler & Zimmermann 2010). Im Mittelpunkt dieser Betrachtungen steht in erster Linie das große Hollywood-Kino, seine Diskurse und Narrative sowie seine soziokulturellen Kontexte. Während die Kritische Theorie, die Sozial- und Kulturtheorie Pierre Bourdieus sowie die Systemtheorie Luhmanns den Film nur als abstrakte Größe greifen und kaum anhand konkreter Beispiele in seinen Produktions- und Rezeptionsbedingungen untersuchen, beschäftigt sich die Filmsoziologie mit den sozialen, kulturellen und politischen Kontexten des Films (vgl. Schroer, 2007, S.8f.; dazu auch Heinze & Moebius & Reicher, 2012; Sutherland & Feltey, 2009). Damit hat sich eine interdisziplinäre Betrachtungsweise durchgesetzt, die (audio)visuelle Medien unter den verschiedenen Aspekten der Produktion, der filmischen Darstellung sowie ihrer Rezeptionskontexte untersucht. In allen Ansätzen findet das Genre des Dokumentarfilms als realistische, auf eine außerfilmische Wirklichkeit bezogene Darstellungsform, die sich durch eine Reihe von Merkmalen vom fiktiven Spielfilm abgrenzt, kaum Erwähnung.

Siegfried Kracauer (1984 [1947]) arbeitete zunächst an einer Sozialpsycho-
logie des deutschen Films der 1920er Jahre, bevor er seine materialistisch-realis-
tische „Theorie des Films" entwarf: „Mein Buch unterscheidet sich von den meisten Schriften dieses Gebiets darin, daß es eine materiale Ästhetik ist, nicht eine
formale. Es befaßt sich mit Inhalten. Es beruht auf der Annahme, daß der Film
im wesentlichen eine Erweiterung der Fotografie ist und daher mit diesem Medium eine ausgesprochene Affinität zur sichtbaren Welt um uns her gemeinsam hat.
Filme sind sich selber treu, wenn sie physische Realität wiedergeben und enthül-
len. Nun schließt diese Realität viele Phänomene ein, die wir kaum wahrnehmen
würden, wenn die Filmkamera nicht die Fähigkeit besäße, sie sozusagen im Flug
zu erfassen" (Kracauer, 1985 [1960], S.11). Kracauer rubriziert den Dokumentarfilm unter den Oberbegriff „Tatsachenfilm" und ordnet ihn neben Wochenschauen
und Filme über Kunst ein (vgl. ebd., S. 259ff.). Für Kracauer ergeben sich Dokumentarfilme aus einer „Vorliebe für die gegebene Wirklichkeit", die sich an der
Realität der dargestellten Dinge festmacht (vgl. ebd., S. 269). Jedoch spielt der
Dokumentarfilm in Kracauers „Theorie des Films" nur eine untergeordnete Rolle, was sich vor allem aus seiner Kritik an diesem erklären lässt. Dennoch ist sein
grundsätzlicher Gedanke, mithilfe des Films Wirklichkeit festhalten zu können,
ein wichtiger Ansatz für eine Begründung des Dokumentarfilms als realistisches
Medium.. Schändlinger (1998) stellt die Bedeutung des Dokumentarfilms für die
visuelle Soziologie heraus. Die soziale Erfahrungsbildung im Bereich des Dokumentarfilms und der Fotografie weist ihm zufolge wichtige Parallelen mit der sozialwissenschaftlichen Erfahrungsbildung auf und arbeitet so an der Vorstellung
des Realen mit: „Die Relevanz des dokumentarischen Films für die Sozialwissenschaften ist weder mit der inhaltlich-thematischen Verwandtschaft einzelner
Sujets noch mit der suggestiven Authentizität der Darstellung gesellschaftlicher
Realität umfassend zu begründen. Vielmehr ist die Erörterung einer tiefenstruk-
turellen Affinität zwischen sozialwissenschaftlicher und filmdokumentarischer
Erfahrungsbildung die Voraussetzung dafür, die Möglichkeiten einer Soziologie
aus der Erfahrung des dokumentarischen Films zu reflektieren. Die spezifische
Qualität einer solchen Soziologie besteht darin, daß die dokumentarische Erfahrung exakt an der Schnittstelle entsteht, an der subjektive Empfindungen und Eindrücke transformiert und symbolisch dargestellt werden" (ebd., S.11). Schändlinger erkennt in der Entwicklung des dokumentar(film)ischen Bildes ein wichtiges
Medium der Realitätsaneignung, dass nicht allein auf einen filmwissenschaftlichen Diskurs reduziert werden kann, sondern im Kontext von dokumentarischer
Literatur, Wissenschaft, Politik, Kunst und Zeitgeschichte reflektiert werden muss
(vgl. Schändlinger 1998, S.12). Historisch verbindet er die frühe sozialdokumenta-

rische Fotografie mit späteren Entwicklungen im dokumentarfilmischen Bereich und begründet darauf seinen Ansatz der sozialen Erfahrungsbildung mittels dokumentarisch-realistischer Bildformate.

Im Begriff Dokumentarfilm steckt der reale Bezugsrahmen und die stark normative Aufladung dieser Genrebezeichnung: Dokumentarisch meint definitorisch Beweis, Beleg, eine Wahrheit oder einen Sachverhalt zeigend, darlegend oder nachweisend; ein Dokument steht für Glaubwürdigkeit im Sinne von wahr und richtig (vgl. Grassl, 2007, S.17). Dokumentarfilme unterscheiden sich von fiktiven Filmen idealtypisch durch einige wesentliche Merkmale. Diese idealtypischen Merkmale sind in der Geschichte der theoretischen Auseinandersetzungen über den Dokumentarfilm unterschiedlich diskutiert, bewertet und kritisiert worden (vgl. Hißnauer, 2011). Hohenberger nennt die institutionellen, ökonomischen sowie die sozialkommunikativen Unterschiede, die sich auf die Form der Darstellung auswirken (vgl. Hohenberger, 2006, S.20). Dokumentarfilme arbeiten daran, außerfilmische Wirklichkeiten sichtbar zu machen und über soziale, politische oder kulturelle Themen aufzuklären (vgl. Roth, 1982); damit ist zugleich ein sowohl gesellschafts- wie auch wahrnehmungskritischer Anspruch verbunden. Auf der filmischen Ebene arbeitet der Dokumentarfilm im Gegensatz zum fiktiven Film mit nicht-fiktionalem Bildmaterial und ist so von realen Ereignisabläufen abhängig, wohingegen der Spielfilm geschlossene und „nicht-wahrheitsfähige" Strukturen aufweist (vgl. Arriens, 1999). Die Herkunft des dokumentar(film)ischen Bildmaterials kann historisch wie medial heterogen sein: etwa wenn historische Archivaufnahmen mit gegenwärtigen Beobachtungsaufnahmen und anderen Bildformaten wie der Fotografie in einem Film kompiliert werden (vgl. zum Fotofilm Nsiah, 2011). Schließlich aktiviert der Dokumentarfilm beim Zuschauer realitätsbezogene Schemata, d. h. Dokumentarfilme werden als Filme über die reale Welt erkannt (vgl. Hohenberger, 2006, S.20f.). Der letzte Aspekt ist der in der gegenwärtigen Dokumentarfilmtheorie am meisten diskutierte. Hinzu kommt, dass Dokumentarfilme ohne Berufsschauspieler (aber zunehmend mit Laiendarstellern) arbeiten, und die Personen im Dokumentarfilm sich selber darstellen. Die dokumentar(film)ischen Ereignisse sind nicht gestellt. Inwieweit alle die genannten Kriterien in den verschiedenen dokumentar(film)ischen Formaten durchbrochen, irritiert oder aufgelöst werden, ist eine empirisch zu klärende Frage.

In der Dokumentarfilmtheorie wird über die Realität im Film viel diskutiert. Ein Modell zur Differenzierung verschiedener Realitätsebenen hat Hohenberger entworfen: Sie unterscheidet die nichtfilmische, vorfilmische, filmische und nachfilmische Realität des Dokumentarfilms sowie die Realität Film (vgl. Hohenberger, 1988, S.28ff.). Die nichtfilmische Realität ist die unendliche Realität, die uns umgibt. Sie gibt (ideologisch, politisch) vor, was gefilmt werden kann; sie ist Realität sui generis. Die vorfilmische Realität ist die Realität, die im Moment der Filmaufnahme vor der Kamera erscheint. Sie ist entweder im Film sichtbar oder kann über die Rekonstruktion der Dreharbeiten beschrieben werden. Die filmische Realität ist die Realität, die uns bei der Betrachtung des Films gezeigt wird. Es handelt sich um das Endprodukt Film selber. Die Realität des Films ist alles, was in den Produktionskontext einfließt: dazu gehören Organisation, Finanzierung, Ankündigungen, Werbung, Verleih etc. Die nachfilmische Realität ist die Realität der Rezeptionssituation, in der der Film durch Zuschauer wahrgenommen und kommuniziert wird. Hier finden auch die Zuschreibungen des Films als real oder fiktiv statt, Zuschreibungen, die sich in der filmhistorischen Betrachtung verändern können. Die nachfilmische Realität umfasst den gesamten Rezeptionskontext. Dieses Modell Hohenbergers zeigt, dass Realität im Dokumentarfilm nicht abbildungsgleich eingefangen wird, sondern eine Reihe von Modellierungen und Transformationen durchläuft, bis es dem Zuschauer als eine Art Ausschnitt der Wirklichkeit vorgeführt wird. Hohenbergers Modell ist vielfach rezipiert, diskutiert, kritisiert und erweitert worden (zu den Diskussionen vgl. Hißnauer, 2011, S.46ff.).

Im Folgenden soll der Versuch unternommen werden, Dokumentarfilme und ihre Vorläufer in der Fotografie als realistische Medienformate im Horizont einer Kunstauffassung des Realismus zu diskutieren. Damit soll deutlich gemacht werden, dass Realität zwar den Ausgangspunkt realistischer Bildformate bildet, die Zugänge und damit die Art der Darstellung von Realität jedoch interpretativ gestaltet wird und als Vorstellung dem historischen Wandel unterworfen ist.

3. Der Weg zurück: Vom Reality-TV, dem Dokumentarfilm, der Fotografie und der Kunst des Realismus

Reality-TV ist ein wichtiger Gegenstand medien- und kommunikationswissenschaftlicher Untersuchungen im TV-Bereich. Es wird durch „…cannabalistic impulses towards the genre of documentary" bewegt (Edwards, 2006, S.253), da es sich seiner Ästhetik und Produktionsbedingungen bedient, diese jedoch durch verschiedene Inszenierungstechniken unterläuft bzw. herausfordert – oder gar die historischen Debatten um Fakt und Fiktion im Dokumentarfilm ad absurdum führt. Die Diskussionen um Realitätsgehalt und den inszenierenden und dramatisierenden Charakter der dargestellten Ereignisse sind so alt wie die Filmgeschichte selber: Die dokumentarfilmischen Wurzeln des Reality-TV liegen in den frühen kinematographischen Alltagsaufnahmen der Brüder Lumière („Actualités"), die seit 1895 auf Jahrmärkten und in Varietés zur Unterhaltung des Publikums gezeigt wurden (vgl. Jung & Loiperdinger, 2005). Bereits in frühen nicht-fiktiven Filmen prägten Perspektive und Kamerastandpunkt die Darstellung; zudem enthielten sie von Anfang an narrativ-dramatisierende Elemente (vgl. Bould, 2006, S.49). Bei den dargestellten Personen in L'Arrivée d'un train en garde de la Ciotat und La sortie des usines Lumière (beide 1895) soll es sich um Verwandte bzw. Angestellte der Fabrik des Vaters gehandelt haben, die sich für die Filmaufnahmen besondere Sonntagskleidung angelegt hatten. Ein weiteres dokumentarfilmisches Beispiel für die Vorläufer des Reality-TV stammt aus der Zeit des frühen britischen Tonfilms: In Housing Problems (1935) von Arthur Elton und E. H. Anstey berichten Arbeiter und ihre Frauen vor der Kamera von den unsäglichen Wohnumständen in den Vorstädten Londons. Sie treten als Laiendarsteller ihrer eigenen Situation auf. Verknüpft werden ihre Schicksalsgeschichten mit einem Off-Kommentar und Bildern aus verschiedenen maroden Wohnungen. Hier wird erstmals aus dem Alltagsleben einfacher Leute berichtet und deren Lebenssituation inszenierend dargestellt.

Reality-TV bedeutet eine durch das Fernsehen vermittelte Realitätsdarstellung. Obwohl eindeutige Definitionen fehlen, wird unter Reality-TV die Darstellung „echten Lebens" und „echter Menschen" verstanden (vgl. Lünenborg et. al, 2011, S.17). Es wird ähnlich wie im Dokumentarfilm ein authentischer und referentieller Bezugsrahmen behauptet, der anders als die Fiktion auf realen Ereignissen und Beobachtungen aus dem Alltagsleben der beobachteten Personen aufbauen soll. Tatsächlich aber verschwimmen im Reality-TV die Grenzen zwischen fiktionaler Gestaltung und Realität, wodurch sich der Bezugsrahmen eher als „realistische Fiktion" oder „fiktionaler Realismus" beschreiben lässt (vgl. Klaus, 2008, S.159). Es wird in Reality-TV-Formaten nicht nur auf Routinen und Gewohnheiten geschaut, die bei allzu langer Betrachtung zu Langeweile neigen, sondern auf Ausnahmesituationen, die häufig durch dramaturgische Eingriffe des Produktionsteams ausgelöst werden, jedoch nicht im Bild sichtbar gemacht werden. Die Bandbreite des Reality-TV reicht von Docusoaps über Docufiction bis hin zu Reality-Liveshows, die teilweise mit wirklichen Personen, teilweise mit Laiendarstellern arbeiten. Im Mittelpunkt der Darstellung stehen die Beobachtung von Lebensstilen sowie konfligierenden Werten und Normen verschiedener Personengruppen. Zusammengehalten werden die Filmbilder meist durch einen dominanten Off-Kommentar, der die beobachteten Ereignisabläufe kommentiert, einordnet und bewertet. Filmhistorisch lässt sich diese Form der dokumentarfilmischen Darstellung auf den „expository mode" zurückführen, den Bill Nichols zur Bezeichnung früher Dokumentarfilme verwendete: „Expository texts take shape around commentary directed towards the viewer; images serve as illustration or counterpoint. (…) The rhetoric of the commentator's argument serves as the textual dominant, moving the text forword in service of its persuasive needs" (Nichols, 1991, S.34f.). Die visuelle Bildgestaltung ist in der Regel (professionell) anspruchslos gehalten und macht einen unprofessionellen Eindruck, wodurch die „Authentizität" gesteigert werden soll. Die Alltagsdarstellungen im Reality-TV werden im hohen Maße inszeniert, so dass Realität und Fiktion verschwimmen; gleichzeitig vermitteln sie lebensstilbildende Muster, die an ein bestimmtes Konsumverhalten gekoppelt sind und haben damit reale Konsequenzen (vgl. Göttlich, 2008, S.150). Zudem haben sie imperative Botschaften, die moralische Vorstellungen über geordnete und sichere Lebensführungen kommunizieren (Reichertz, 2011, S.234). Die Darstellungen erfolgen im dokumentarischen Stil, sie haben einen zeitlichen Verlauf und werden oftmals seriell produziert (vgl. Grassl, 2007, S.29). Mit dem Hinweis auf dramatische oder dramaturgisierte Elemente wird angedeutet, dass die dargestellte Alltagsrealität nicht abbildungsgleich präsentiert wird, sondern formal zugespitzten Mustern folgt, die einerseits medientechnisch durch Zeitraffer, Montage, Fokussierungen, zeitlich versetzten Kommentierungen und Zusammenführungen bestimmter Szene u. ä. hergestellt werden, andererseits aber auch auf inhaltliche Provokationen, Zuspitzungen und „Skandalisierungen" beruhen (vgl. Lünenborg et. al., 2011). Durch Schnitt und Kommentar werden wesentliche Interpretationen im Produktionsprozess vorgenommen, die den Begriff des Realen als Abbildung relativieren. Weniger das Sujet („Alltagsleben") als vielmehr die mediale Inszenierung der Protagonisten ist unter medienethischen Gesichtspunkten oftmals problematisch und eine voyeuristische Zurschaustellung. Andererseits fordern diese Formate gerade zur bewussten Auseinandersetzung mit derartigen Fragen (auch in Bezug zu anderen Formaten) heraus.

Die kritischen Auseinandersetzungen um Reality-TV-Formate in der Öffentlichkeit sind häufig normativ und kulturkritisch aufgeladen; in mediensozialisatorischen Diskursen kreisen sie um die Frage, welchen Einfluss derartige Darstellungen auf (v. a. jugendliche) Rezipienten haben (vgl. Prokop & Jansen, 2006). So können sich bei Kindern und Jugendlichen Stereotype herausbilden und Vorurteile verfestigen, sofern diese einseitig bestimmten Personengruppen zugeschrieben werden, wie Lauber & Würfel (2006, S.167ff.) herausfanden. Anders hält Schmid Noerr (2006, S.30) für Talkshows fest, dass auf Nachfragen Zweifel an der Echtheit der Darstellungen seitens der jugendlichen Rezipienten erhoben werden. Auch andere empirische Studien haben herausgefunden, dass die Zuschauer über die Inszenierungsweisen des Reality-TV wissen, jedoch „…they still see reality programming as at least ‚moderately' real" (Edwards, 2006, S.253). Die emanzipatorischen und aufklärerischen, teilweise ironischen Medienreflexionen, die in

Reality-TV-Formaten angelegt sind, werden kaum thematisiert, ebenso wenig die historischen Anleihen, die in der Dramatisierung und Fiktionalisierung von Alltagsdarstellungen gemacht werden. So können dokufiktionale oder pseudo-dokumentarische Formate zur Sensibilisierung der Zuschauer gegenüber Mediendarstellungen und deren vermeintliche Objektivität beitragen:

> Docudrama and mock-documentary have played a significant role in familiarizing audiences with the aesthetics and ethics of forms that mix factual and fictional material. Docudrama and mock-documentary continue to have a role beyond their formal adoption and subversion of documentary and its codes and conventions. To the extent to which they are cultural and social commentators, the forms draw very close to the original aims and intentions of documentary 'proper'. (Lipkin & Paget & Roscoe, 2006, S.26)

Die moralische Kritik an Darstellungen von Alltagsrealitäten ist nicht neu: Das Interesse am Alltäglichen, Privaten, Banalen und Vulgären ist Jahrhunderte alt und wird in der Öffentlichkeit immer wieder neu verhandelt. Alltäglichkeiten galten seit jeher als „unbedeutend, unwichtig", als „vulgär und verwerflich" (vgl. Lange, 2010, S.196). Ein Blick in die Geschichte des Realismus verdeutlicht, dass Alltagsdarstellungen immer inszeniert und subjektiv waren, gleichzeitig aber auch provokativ, subversiv und entlarvend gewirkt haben. Dies verbindet sie mit heutigen Reality-TV-Formaten.

Realismus-Konzepte in künstlerischer Darstellung gehen zurück bis in die Antike. Während Plato der Mimesis in Kunst und Dichtung skeptisch gegenüberstand und in ihr nur ein unvollkommenes naturalistisches Abbilden der Wirklichkeit erkannte, vertrat Aristoteles die Auffassung, dass gerade in der mimetischen Wiedergabe ein Erkenntniswert sui generis stecke, wodurch sich das Wesen der Dinge in einer ganz bestimmten Form ausdrücken lasse (vgl. Kohl, 1977, S.28f.). Im Mittelalter bleiben Wirklichkeitsauffassungen an der christlich-monistischen Offenbarungslehre und damit der Subsumtion aller weltlichen Dinge unter das göttliche Prinzip verhaftet. Eine Auseinandersetzung mit dem Konzept Aristoteles' findet erst wieder im 16. Jahrhundert statt. Realistische Kunst wird in der Renaissance stark von den Naturwissenschaften beeinflusst: Damit führt der Weg weg von transzendentalen Vorgaben einer göttlichen Ordnung hin zum exakten Studium der inneren und äußeren Natur im Diesseits (vgl. ebd., S.53f.). Im Klassizismus des 17. und 18. Jahrhundert erfolgt zwar eine Rezeption des Mimesis-Konzepts, jedoch wird diese einem idealistischen Prinzip unterworfen: „(...) (S) o geht es dem Klassizismus um die Präsentation einer ‚verbesserten' Natur, die nur aus Gründen der Wirksamkeit – keineswegs aber aus solchen ontologischer Art – den Gesetzen von Glaubwürdigkeit und Wahrscheinlichkeit (vraisemblance) formal unterworfen war" (ebd., S.61). Vielmehr stellt sich der Bezug zur Antike über die Imitatio, der Nachahmung antiker Autoren, in der Literatur und Kunst her. Die Darstellung von Realität folgte damit höheren, pädagogischen Zielen und hob dafür bestimmte Teile der inneren und äußeren Natur als anzustrebendes Ideal hervor. Somit stellte sich der Klassizismus auch in einen ethischen Diskurs über Art und Weise der Darstellung, indem er Kunst als ein Mittel zur moralischen Einwirkung auf den Rezipienten verstand. Durch diese Unterwerfung der Natur unter ein erzieherisches Prinzip war auch der freie Umgang mit Realität, letztlich die „Lüge" als ein Stilmittel erlaubt, sofern sie dem Streben nach einem höheren Wert des Dargestellten galt. Hier deuten sich bereits zentrale Parallelen zur se-lektiven Darstellung von Realität in Bild- und Filmmedien an, die, wie etwa im Konzept des britischen Dokumentarfilmers John Grierson (1898-1972), das Prin-zip der „Wahrheit" dem Prinzip des Erzieherischen unterordnen, oder aber Re-tuschen und digitale Überarbeitungen des (fotografischen) Bildes rechtfertigen.

Im selben Zeitraum wird die Auffassung, in der Kunst die ideale Natur nach-ahmen zu können, durch den aufkommenden Empirismus erschüttert. Dieser wird im Kern von der Vorstellung geleitet, dass Zugang zur Wirklichkeit nur über Er-fahrung geleitet wird. Damit werden Positionen einer allgemeinen Wahrheit der Realität und einer Ordnung hinter der sichtbaren Dingwelt infrage gestellt und die Subjektivität allen Weltzugangs betont (vgl. ebd., S.69f.). Das Subjekt wird zum Maß der Erkenntnis, so dass Realismus als Begriff sich zu pluralisieren be-ginnt und die künstlerische Interpretation von Wirklichkeit als nur noch als Mög-lichkeit in den Vordergrund tritt. Erstmalig werden die Sinne des Menschen als sinnvermittelnde Medien begriffen, die sich zwischen die Rationalität des reinen Geistes (a priori) und die flüchtigen und variablen, der Gefahr einer Täuschung ausgesetzten Weltwahrnehmungen schieben, wie es zuerst von Descartes für die Philosophie formuliert worden ist.

Das 19. Jahrhundert war das Jahrhundert verschiedener Realismen, die sich v. a. in Frankreich, aber auch in Deutschland und England ausprägten. Dort wur-den Realismus-Konzepte unter verschiedenen Auspizien diskutiert. Es begann das Zeitalter des „bürgerlichen Realismus", der in sämtliche Bereiche der Kultur hinein wirkte (vgl. Plumpe, 1997). Die Hinwendung zu Alltagsrealitäten nahm drastisch zu:

> Inhaltlich ist unübersehbar die neue Öffnung der realistischen Kunst gegenüber der zeitge-nössischen alltäglichen Wirklichkeit, die mit Exaktheit in ihrer geschichtlichen Bedingtheit und in ihrer Wirkung auf den Menschen ‚aktualistisch' reproduziert wird. (Kohl, 1977, S.79)

Viele Literaten und Künstler verstanden sich zu dieser Zeit als Realisten. In der ästhetischen Theorie wurde viel über den Realismus gestritten. Der Begriff wurde darüber hinaus auf den politischen Bereich ausgeweitet („Realpolitik", vgl. dazu den Abschnitt in Plumpe, 1997, S.45ff.). In der Malerei war es Gustave Courbet

(1819-1877), der in seinen realistischen Darstellungen soziale Alltagsrealitäten und schwere Arbeit der unteren sozialen Schichten offen und ungeschönt zeigte und damit Empörung bei den Vertretern der offiziellen Salonkunst hervorrief. Vorwürfe, die wir heute auch in Bezug auf das Reality-TV kennen, zielten auf die fehlende Moral in seinen Bildern: Dem Realismus wurden Schamlosigkeit, Hässlichkeit, Unordnung und mangelnde ethische Haltung vorgeworfen, er thematisiere das Banale, Hässliche und Niedere und gefährde dadurch die soziale Ordnung (vgl. Ohlsen, 2010, S.21ff.). Demgegenüber wurde in der ästhetischen Theorie erstmals von dem Hegel-Schüler Johann Karl Friedrich Rosenkranz (1805-1879) eine „Ästhetik des Hässlichen" (1853) entfaltet und dadurch eine neue Perspektive in die ästhetische Theorie hinein getragen, die das ästhetische Schönheitsideal und Wahrheitsstreben in der Kunst relativierte, ohne es jedoch aufzugeben. Courbets sozialkritisch-realistischer Ansatz setzte sich in der Folgezeit nicht nur in der Malerei, sondern auch in der Fotografie fort und läutet so die Moderne ein. Diese sozialkritisch-realistischen Entwicklungen finden sich auch in der französischen Literatur eines Zola und Balzacs (vgl. Kohl, 1977, S.81ff.). Kunst und Literatur verließen seitdem zunehmend ihren eng umgrenzten akademischen Rahmen, „traten ins Leben" und wurden so zum Ort sozialer Auseinandersetzungen mit anderen Mitteln. Das Prinzip, Leben und Kunst zusammen zu führen, entwickelte seine volle Wirkweise in den Avantgarden der 1920er Jahre. Erst mit dem Aufkommen der Fotografie entstand aber das, was wir heute als „Bilderwelt" oder visuelle geprägte Gesellschaften bezeichnen (vgl. Ohlsen, 2010, S.26).

Eine wichtige medientheoretische Zäsur fand mit der Erfindung der Fotografie ab 1839 statt, die die realistische Malerei in eine tiefe Krise stürzen sollte: „Die Fotografie ist das technische Medium des Realismus" (Stiegler, 2010, S.21). Nunmehr war es möglich, Wirklichkeit mithilfe technischer Verfahren scheinbar exakt reproduzieren und festhalten zu können. Alltagsrealitäten und soziale Zustände, die Entwicklung moderner Städte und ihrer Industrien sowie ihre Schattenseiten wurden bereits von den frühen Fotopionieren eingefangen. Die Fotografie konnte durch ihre „schonungslose Darstellung urbaner Randgruppen" der realistischen Kunst wichtige Impulse geben (vgl. Ohlsen, 2010, S.29), sorgte aber auch für breite soziale Sichtbarkeiten des Alltags und damit wachsende Sensibilisierungen für soziale Probleme. Die fotografischen Sujets blieben inhaltlich oftmals an frühere Darstellungen des Alltagslebens gebunden, die unterprivilegierte soziale Schichten und Berufsstände, aber auch das „Verruchte" und „Niedere" zeigten, wie etwa in dem Fotozyklus „Antlitz der Zeit" (entstanden in den 1910/20er Jahren) von August Sander (vgl. Sander, 2003). Mit der Entwicklung der Fotografie veränderte sich die gesellschaftliche Wahrnehmung von Wirklichkeit nachhaltig und erklomm eine neue epistemologische Stufe; die Diskussionen über Kunst und Wissenschaft, über Fakten und Fiktionen und damit dem Realismus in der Fotografie im Zeitalter digitaler Aufnahmetechniken dauert bis heute an (vgl. Blunck, 2010; Stiegler, 2010). Während Literatur und Malerei sich bis ins 19. Jahrhundert hinein in ästhetischen und kunsttheoretischen Diskursen bewegten, wird die Fotografie nun auch in wissenschaftlicher Perspektive diskutiert. Dies wurde bereits relativ früh erkannt: „Die Photographie steht der Wissenschaft näher als der Kunst. Sie ist aus ihr hervorgegangen, wurde durch sie ausgebildet und sieht in ihr ihre Zukunft begründet. Der Kunst hingegen hat die Photographie wenig zu danken und ebenso ist sie der Kunst in keiner Weise von Nutzen. Die Zwecke beider gehen auseinander" (Hoffmann, 1997 [1888], S.178). Gleichzeitig aber produziert die Fotografie Paradoxien: Einerseits erzeugt sie durch ihre Vergrößerungen, Zooms und Weitwinkel, Wahrnehmungsweisen der Welt, die zuvor kaum denkbar und dem menschlichen Auge nicht zugänglich waren und erweitert so das visuelle Wissen von Gesellschaften in erheblichem Maße (vgl. Benjamin, 1996 [1931], S.290), andererseits aber ist dieser Exaktheit ein Illusionismus über die visuelle Habhaftigkeit von Welt eingeschrieben, aus dem sie nicht mehr heraus findet: „Fotografie produziert und reproduziert Wirklichkeit in einem Grenzbereich zwischen Illusion und Wahrnehmung, sie erzeugt technologisch den wahren Abzug der Welt, welcher der Wahrheit der Welt ein Ende bereitet" (Busch, 1989, S.12).

Die Moderne im 20. Jahrhundert ist geprägt durch einen wachsenden Verlust des Glaubens an Realität (vgl. Kohl, 1977, S.172). In der Literatur wird die Unmöglichkeit, der Realität sprachlich noch habhaft zu werden, in den berühmten Chandos-Briefen von Hugo von Hofmannsthal ausgedrückt, Walter Benjamin formuliert den Verlust von Erfahrung im 20. Jahrhundert angesichts der moralischen Zerstörungen des Weltvertrauens seit dem 1. Weltkrieg und unter dem Eindruck des aufkommenden Faschismus (vgl. Benjamin 1996 [1933]). Die realistische Perspektive des Films bildete sich also genau zu dem Zeitpunkt heraus, zu dem sich Realitätsauffassungen in der Kunst dekonstruierten und subjektivierten. In der Filmtheorie schlagen sich diese Kontroversen in den Diskussionen zwischen Formalisten und Realisten nieder (vgl. Elsaesser & Hagener 2007, S.23ff.). Die Filmgeschichte, in der sich früh die „Einübung des dokumentarischen Blicks" vollzieht (vgl. von Keitz & Hoffmann 2001), ist von Beginn an eine Geschichte des Dokumentarischen und Realistischen; das fiktive des Spielfilms tritt erst als späteres Derivat hinzu: „Film: das bedeutete, reale Bewegungsabläufe aufzunehmen und für das Auge aufzubewahren; die dokumentarische Qualität war dem Medium von Beginn an eingeschrieben und der Spielfilm, der sehr bald zum Inbegriff des Kinos wurde, genaugenommen nur ein Derivat. Nicht die Fiktion einer er-

fundenen Handlung, sondern die Fiktion des Dokumentarischen – die Überein-
kunft, daß das Schattenspiel auf der Leinwand dem eben abgelauscht sei – stand
am Anfang der Kinematographie" (Kreimeier, 2004, S.433f.). Obwohl dokumentarische Filmbilder die Filmgeschichte von Anfang an prägen und sich über kurze
soziale Alltagsdarstellungen hin zu propagandistischen Aufnahmen im 1. Weltkrieg entwickeln (vgl. Jung & Loiperdinger, 2005), wird der Begriff „Dokumentarfilm" erstmalig von dem britischen Dokumentarfilmproduzenten John Grierson zur Charakterisierung des ethnographischen Kulturfilms Moana (1926) von
Robert Flaherty verwendet. In den 1920er Jahren entwickeln sich eine Vielzahl
dokumentarfilmischer Subgenres, die vom Avantgardefilm bis zum Kulturfilm
reichen (vgl. Kreimeier & Ehmann & Goergen, 2005). Diese zeigten ferne Länder, aber auch neue Ansichten auf die prosperierende moderne Gesellschaft, wie
sie sich vor allem in den Städten herauszubilden begann. In der Frühphase des
Films bilden sich Parallelen zwischen soziologischem Erkenntnisinteresse und der
Entwicklung des Films als Beobachtungsmedium der Gesellschaft heraus (vgl.
Fritsch, 2009). Gleichzeitig entwickeln sich in der ersten Hälfte des 20. Jahrhunderts unterschiedliche nationale Dokumentarfilmkulturen, die Realität mithilfe
verschiedener ästhetischer Bildkonzepte vor dem Hintergrund einer Zuspitzung
der politischen Weltlage darzustellen und damit gleichzeitig erzieherisch auf die
Zuschauer einzuwirken versuchten. Einflussreich ist hier der amerikanische Dokumentarfilm mit dem genannten Robert Flaherty (1884-1951), der russische
Avantgarde-Film mit Dziga Vertov (1895-1954) sowie der britische/kanadische
Dokumentarfilm mit John Grierson (1898-1972) (vgl. für eine differenzierte do-
kumentarfilmhistorische Darstellung Ellis & McLane, 2009 und Barnouw, 1993).
Während Flaherty vor allem die Sehnsüchte nach einer unzerstörten Natur jenseits aller Zivilisation befriedigte, indem er das Leben der Inuit darstellte (und in-
szenierte), waren Vertovs Dokumentarfilme insofern politisch instrumentalisiert,
da sie vor dem Hintergrund der revolutionären Entwicklungen in der Sowjetuni-
on eine sozialistische Zukunftsperspektive vermittelten, nach der es zu streben
galt. Realität wurde hier nicht einfach abbildungsgleich dokumentiert, sondern
mittels einer präzisen Bildmontage in eine utopische Zukunftsversion transformiert. Mensch, Arbeit und Maschine wurden in ein funktionierendes und aufeinander abgestimmtes Verhältnis zueinander gestellt. Grierson verfolgte angesichts
drohender ökonomischer Krisen Anfang der 1930er Jahre und der aufziehenden
Kriegsgefahr mit seinen Dokumentarfilmproduktionen eine demokratische Erziehung, die er durch narrative Simplifizierungen dokumentarisch herzustellen
versuchte. Dieses Verfahren zur Herstellung politischer Öffentlichkeiten mittels
der Vereinfachung komplexer Sachverhalte, an denen breite Bevölkerungsteile

partizipieren sollten, entnahm er der politischen Lehre Wippermanns. Die Erziehung durch den Dokumentarfilm erreichte er damit, dass er soziale Missstände aufzeigte, gleichzeitig jedoch die erfolgreiche und funktionierende Intervention staatlicher Seite zur Beseitigung heraus stellte. Damit erfüllte der britische Dokumentarfilm wie der sowjetische auch sozialintegrative Funktionen. Allen Dokumentarfilmansätzen ist gemein, dass sie sich vom Illusionismus des fiktiven Films distanzierten und eine realistische Formsprache des Dokumentarischen suchten. Diese war jedoch immer verschiedentlich perspektiviert.

In den Kriegsjahren hatten Dokumentarfilme in den USA und England die Aufgabe, den Durchhaltewillen der alliierten Bevölkerungen zu stärken (vgl. Ellis & McLane 2009, S.105ff.). In Deutschland erfüllten sie teilweise die Aufgabe, politische Propaganda im Sinne der Nationalsozialisten zu betreiben und die rassistische Ideologie zu verbreiten (vgl. Stutterheim, 2000). Dies führte nach 1945 nun auch zu einem Skeptizismus gegenüber Realitätsdarstellungen im Dokumentarfilm und zu seiner Krise dieses Formats, die allerdings mit der massenhaften Verbreitung des Leitmediums Fernsehen in den 1950er Jahren schnell wieder relativiert wurde. In den 1960er Jahren setzte sich eine neue einflussreiche Dokumentarfilmbewegung durch, die durch technische Neuerungen (16mm Kamera und der Möglichkeit zur Synchrontonaufnahme) neue Maßstäbe schuf: Das Direct Cinema in den USA und in Deutschland, das Cinéma Vérité in Frankreich. Beide verfolgten ähnliche Absichten, wenn auch mit unterschiedlichen Mitteln. Realität sollte so authentisch und objektiv wie möglich und so nah wie nötig eingefangen werden, der Dokumentarfilmer sollte in soziale Ereignisse eintauchen und diese ohne eigenes Erscheinen oder Eingreifen abbilden. Das Direct Cinema ist in den USA mit der Drew Association, mit Robert Leacock, Frederick Wiseman, den Maysles-Brüdern sowie Don Alan Pennebaker verbunden. In Deutschland war es Klaus Wildenhahn, die das Direct Cinema prägten. Mit dem Cinéma Vérité in Frankreich, das abweichend vom Direct Cinema eine reflexive Auseinandersetzung mit der Realität und den dokumentarfilmischen Möglichkeiten suchte, ist vor allem der Name Jean Rouch verbunden. Ähnlich wie in der Dokumentarfilmgeneration davor, grenzten sich Direct Cinema und Cinéma Vérité vom Spielfilm ab (vgl. zum Direct Cinema, Perkowitz & Moana Thompson & Saunders, 2007).

Seit den 1980er Jahren ist eine zunehmende Differenzierung dokumentarfilmischer Formate zu beobachten, die nicht nur den Dokumentarfilmbereich des Kinos, sondern auch die dokumentarischen Fernsehformate ergriff. Hinzu tritt mit dem Aufkommen der TV-Privatsender eine wachsende Vermischung von Unterhaltung und Information, die bis heute andauert. Das bedeutet jedoch keineswegs eine Abkehr vom realistischen Prinzip als Ziel dokumentar(film)ischen Arbeitens, sondern eine intensivere Auseinandersetzung mit unterschiedlichen Realitätsdarstellungen. Diese Auseinandersetzungen finden nicht nur in den vielfältigen Formen des Dokumentarfilms statt, sondern beginnen in der realistischen Kunst bereits im selbstreflexiven Fotorealismus der 1960er Jahre (vgl. Kohl, 1977, S.175f.). Auch in den Künsten der Gegenwart wird wieder stärker im dokumentar(film)isch-realistischen Modus gearbeitet:

Die Künste der Gegenwart geben Anlass, nach ihren realistischen Tendenzen und Impulsen zu fragen. Spätestens die von Okwui Enwezor kuratierte documenta 11 hat das Dokumentarische als globale Sprache einer Kunst propagiert, die sich dem Sozialen und Politischen zuwendet, sei es in archivalischer, in investigativer oder in wirklichkeitsverändernder Absicht. Die breite Verwendung von Fotografie und Film, vielfältige Reflexe auf mediengenerierte Wirklichkeitseffekte, die intermediale Verbindung unterschiedlicher künstlerischer Verfahren und nicht zuletzt ein entgrenzter Begriff der sozialen und politischen Dimension der Kunst charakterisieren hier, aber auch weit darüber hinaus, eine ästhetische Produktion, deren Kunststatus häufig prekär ist, die aber zeitgemäß anmutet, weil sie global rezipierbar wird. Die neuartige ‚Globalität', die die Verbindung von ‚universaler' Wirklichkeit mit dokumentarischen Darbietungsformaten zu garantieren scheint, wird jedoch durch die Partikularität der jeweils gemeinten Wirklichkeit und der Relevanz von Teilöffentlichkeiten konterkariert. (Linck & Lüthy & Vöhler, 2011, S.7)

Trotz vielfältiger neuer Formen dokumentarisch-realistischer Darstellungsweisen, die die Grenzen und Möglichkeiten realistischer Zugangsweisen ausloten und Alltag inszenieren, bleibt die soziale Realität ein zentraler Bezugspunkt. Dies gilt selbst dort, wo Realität durch neue digitale Transformationstechnologien der Medien gänzlich zu verschwinden scheint. Denn auch im synthetischen Fotorealismus der neuen Bildmedien wird weiterhin an einem möglichst an der Realität orientierten Modell festgehalten (vgl. Maulko, 2009). So ist es nach einem kurzen und oberflächlichen Durchlauf durch die Geschichte des Realismus und seiner zentralen Medien Fotografie und (Dokumentar)Film gerechtfertigt, dokumentar(film)isch-realistische Formate als bildkommunikative Gattung zu beschreiben, mit den Realitätszugangsweisen erprobt und Alltagswirklichkeiten verhandelt werden.

4. Ausblick: „Die Errettung der äußeren Wirklichkeit –
Dokumentar(film)ische Formate als realistische Darstellungsform

Ist das Reale fiktional? Verflüchtigt sich Realität im Zeitalter (audio-)visueller Kultur oder treibt sie diese schärfer in unseren Blick? Arbeiten hybride Bildformate an einer Auflösung unserer Wirklichkeitsvorstellungen? Oder symbolisieren sie vielmehr brüchig gewordene und fragmentierte Realitätsauffassungen? Was bedeuten diese Entwicklungen für die gegenwärtigen Kulturen des (Audio-)Visuellen?

Fellmann fordert unter dem Eindruck eines schwindenden Erfahrungsbe-
griffs die Reformulierung der phänomenologischen Erfahrungstheorie im Zeichen der Medienwissenschaften zur „Rettung der Wirklichkeit" (vgl. Fellmann,
2006, S.178ff.). Den unaufhaltsamen Fluss von Zeit und Geschehnissen Bilder,
dem Chaos der Dinge eine (audio)visuelle Struktur abzuringen, die Welt mit den
Mitteln der (audiovisuellen) Aufzeichnungstechnik beherrschbar zu machen als
Ziel? Dieser Formulierung bemächtigte sich bereits Siegfried Kracauer in seiner
bekannten realistischen Filmtheorie, in der er die „Errettung der äußeren Wirklichkeit" in den realistischen Medien Fotografie und Film erkannte (vgl. Kracauer, 1985 [1964]). Es scheint, als führten die apparativen Medien wie Film und
Fotografie zu einer verbesserten und objektiven Sichtweise auf die Wirklichkeit
der Realität. Zweifellos wären wir ohne diese Medientechniken „blind" für viele
Vorgänge um uns herum. „Sich ein Bild machen" gilt zweifellos in einer (audio)
visuell bewegten Welt im wahrsten Sinne des Wortes. Realistische Darstellungen lassen uns in einer unübersichtlichen Welt scheinbare Ordnungen erkennen
und Ereignisse transparent werden lassen. Realistische Mediendarstellungen bilden die Grundlage kommunikativer Ordnungen in sämtlichen Teilbereichen der
Gesellschaft. Die Variationsbreite dessen, was wir unter Realismus verstehen, ist
aber denkbar weit. Gegenüber dem Medium der Darstellung selbst sind wir nach
wie vor „medienblind" (vgl. Bergmann, 2006, S.33). Einleuchtend bemerkt Lange vor dem Hintergrund realistischer Alltagsdarstellungen in der Kunst:

> Nichts ist fiktiver als das Bild, das wir von einer Sache haben! Aber durch die Emanzipati-
> on des ganz Alltäglichen, wie sie die Künstler seit Mitte des 19. Jahrhunderts erstritten, gibt
> es heute eine adäquate Ausdrucksform zur Erkenntnis unserer immer komplexeren Lebens-
> wirklichkeit. Die Bilderflut der Digitalisierung dehnt den Bereich des Privaten aus und fordert
> ganz massiv unsere Wahrnehmungsmuster heraus. Es bleibt also reichlich Material, um auch
> künftige Generationen mit dem ‚Abenteuer der Wirklichkeit' zu fesseln. (Lange, 2010, S.202)

Das Thema Realismus und seine Medien ist weitaus komplexer, als es hier dargestellt werden konnte und bedürfte hinsichtlich verschiedener realistischer Medienformate und ihrer Geschichte einer weiteren detaillierten Betrachtung. Deutlich
geworden ist, dass heutige realistische Formate, die in diesem Modus arbeiten,
eine weit zurückreichende Geschichte haben, in der immer wieder und unter verschiedenen Gesichtspunkten über das Reale in der realistischen Darstellung gestritten wurde. Die modernen technischen Reproduktionsmedien Fotografie und
Film greifen tief in unser Verständnis von lokalen und globalen Welt- und Wirklichkeitsvorstellungen ein und prägen so unseren realistischen Blick auf die Welt.
Gleichzeitig ist dieser Blick niemals objektiv, neutral oder abbildungsgleich, sondern im Sinne des Realismus immer eine Interpretation der jeweiligen Produzen-

ten. Dies gilt nicht zuletzt für den Einsatz von Bildmedien in wissenschaftlichen Kontexten. Ich möchte mit einem weitreichenden Zitat des ungarischen Filmwissenschaftlers Bela Balázs schließen, der in den 1930er Jahren die Tragweite der medientechnischen Perspektivierung auf den Punkt brachte:

> Jedes Bild meint eine Einstellung, jede Einstellung meint Beziehung, und nicht nur eine räumliche. Jede Anschauung der Welt enthält Weltanschauung. Darum bedeutet jede Einstellung der Kamera eine innere Einstellung des Menschen. Denn es gibt nichts Subjektiveres als dass Objektiv. (Balázs 2001 [1930], S.30)

Literatur

Altenloh, E. (1914). Zur Soziologie des Kinos. Die Kino-Unternehmung und die sozialen Schichten ihrer Besucher. Jena: Eugen Diederichs.

Arriens, K. (1999). Wahrheit und Wirklichkeit im Film. Philosophie des Dokumentarfilms. Würzburg: Königshausen & Neumann.

Balázs, B. (2001 [1930]). Der Geist des Films. Frankfurt a.M.: Suhrkamp.

Barnouw, E. (1993 [1974]). Documentary. A History of The Non-Fiction Film. New York & Oxford: University Press.

Benjamin, W. (1996 [1935/36]). Das Kunstwerk im Zeitalter seiner technischen Reproduzierbarkeit. In: W. Benjamin (hrsg. von M. Opitz) (1996). *Ein Lesebuch* (S.313-350). Frankfurt a.M.: Edition Suhrkamp Leipzig.

Benjamin, W. (1996) [1933]). Erfahrung und Armut. In: W. Benjamin (hrsg. von M. Opitz) (1996). *Ein Lesebuch* (S.618-623). Frankfurt a.M.: Edition Suhrkamp Leipzig.

Bergmann, J. (2006). Qualitative Methoden in der Medienforschung. Einleitung und Rahmung. In: R. Ayaß & J. Bergmann (Hrsg.) (2006). *Qualitative Methoden in der Medienforschung* (S.13-41). Reinbek: Rowohlt Taschenbuch.

Blunck, F. (Hrsg.) (2010). Die fotografische Wirklichkeit. Inszenierung – Fiktion – Narration. Bielefeld: Transcript.

Bould, M. (2006). On the Edges of Fiction. Silent *Actualités*, City Symphonies and Early SF Movies. In: G. Rhodes & J. P. Springer (Hrsg.) (2006). *Docufictions. Essays on the Intersection of Documentary and Fictional Filmmaking* (S.43-63). Jefferson & North Carolina & London: McFarland & Company, Inc. Publishers.

Burri, V. R. (2008). Bilder als soziale Praxis. Grundlagen einer Soziologie des Visuellen. Zeitschrift für Soziologie, 37 (4), 342-358.

Busch, B. (1989): Belichtete Welt. Eine Wahrnehmungsgeschichte der Fotografie. München: Carl Hanser.

Edwards, L. H. (2006). Chasing the Real. Reality Television and Documentary Forms. In: G. Rhodes & J. P. Springer (Hrsg.) (2006). *Docufictions. Essays on the Intersection of Documentary and*

Fictional Filmmaking (S.253-269). Jefferson & North Carolina & London: McFarland & Company, Inc. Publishers.

Ellis, J. C. & McLane, B. A. (2009). A New History of Documentary Film. New York & London: continuum.

Elsaesser, T. & Hagener, M. (2007). Filmtheorie. Zur Einführung. Reinbek bei Hamburg: Junius.

Fellmann, F. (2009). Phänomenologie. Zur Einführung. Hamburg: Junius.

Fritsch, D. (2009). Georg Simmel im Kino. Soziologie des frühen Films und das Abenteuer der Moderne. Bielefeld: Transcript.

Göttlich, U. (2008). Aspekte der Alltagsdramatisierung in der Medienkultur. Produzierte Wirklichkeiten in mediensoziologischer Perspektive. In: T. Thomas (Hrsg.) (2008). *Medienkultur und soziales Handeln* (S.143-156). Wiesbaden: VS.

Grassl, M.(2007). Das Wesen des Dokumentarfilms. Möglichkeiten der Dramaturgie und Gestaltung. Saarbrücken: VDM Verlag Dr. Müller.

Heinze, C. & Moebius, S. & Reicher, D. (Hrsg.) (2012, im Erscheinen). Perspektiven der Filmsoziologie. Konstanz: UVK.

Hißnauer, C. (2011). Fernsehdokumentarismus. Konstanz: UVK.

Hoffmann, C. (1997 [1888]). Photographie und Kunst. In: G. Plumpe (Hrsg.) (1985). *Theorie des bürgerlichen Realismus* (S.178). Stuttgart: Philipp Reclam jun.

Hohenberger, E. (Hrsg.) (2006). Bilder des Wirklichen. Texte zur Theorie des Dokumentarfilms. Berlin: Vorwerk.

Hohenberger, E. (2006). Dokumentarfilmtheorie. Ein historischer Überblick über Ansätze und Probleme. In: E. Hohenberger (Hrsg.) (2006). *Bilder des Wirklichen. Texte zur Theorie des Dokumentarfilms* (S.9-33). Berlin: Vorwerk.

Hohenberger, E. (1988). Die Wirklichkeit des Films. Dokumentarfilm. Ethnographischer Film – Jean Rouch. Hildesheim & Zürich & New York: Georg Olms.

Horkheimer, M. & Adorno, T. W. (1998 [1969]). Dialektik der Aufklärung. Philosophische Fragmente. Frankfurt a.M.: Fischer Taschenbuch.

Jung, U. & Loiperdinger, M. (Hrsg.) (2005). Geschichte des dokumentarischen Films in Deutschland. Band 1: Kaiserreich 1895-1918. Stuttgart: Reclam.

Klaus, E. (2008). Fernsehreifer Alltag. Reality TV als neue, gesellschaftsgebundene Angebotsform des Fernsehens. In: T. Thomas (Hrsg.) (2008). *Medienkultur und soziales Handeln* (S.157-174). Wiesbaden: VS.

Kohl, S. (1977). Realismus. Theorie und Geschichte. München: W. Fink.

Kracauer, S. (1985 [1960]). Theorie des Films. Die Errettung der äußeren Wirklichkeit. Frankfurt a.M.: Suhrkamp.

Kracauer, S. (1984 [1947]). Von Caligari zu Hitler. Eine psychologische Geschichte des deutschen Films. Frankfurt a.M.: Suhrkamp.

Kreimeier, K. & Ehmann, A. & Goergen, J. (Hrsg.) (2005). Geschichte des dokumentarischen Films in Deutschland. Weimarer Republik 1918-1933 (Band 2). Stuttgart: Reclam Verlag.

Kreimeier, K. (2004). Dokumentarfilm, 1892-2003. In: W. Jacobsen & A. Kaes & H. H. Prinzler (Hrsg.) (2004): *Geschichte des deutschen Films* (S. 431-460). Stuttgart: J. B. Metzler.

Lange, C. (2010). Modernes Leben – Anmerkungen zum Sujet des Genres. In: C. Lange & N. Ohlsen (Hrsg) (2010). *Realismus. Das Abenteuer der Wirklichkeit* (S.196-233). München: Hirmer.

Lauber, A. & Würfel, M. (2006). Von „Talkshow-Türken" und Vorurteilen – Wie das Fernsehbild zum Ausländerbild von 9 – 14-Jährigen beiträgt. In: U. Prokop & M. M. Jansen (Hrsg.) (2006*).

Doku-Soap, Reality-TV, Affekt-Talkshow, Fantasy-Rollenspiel – Neue Sozialisationsagenturen im Jugendalter (S.167-190). Marburg: Tectum.

Lee-Wright, P. (2010). The Documentary Handbook. London: Routledge.

Linck, D. & Lüthy, M. & Obermayr, B. & Vöhler, M. (Hrsg.) (2010). Realismus in den Künsten der Gegenwart. Zürich: diaphanes.

Linck, D. & Lüthy, M. & Obermayr, B. & Vöhler, M. (2010). Zur Einführung. Realismus in den Künsten der Gegenwart. In: D. Linck & M. Lüthy & B. Obermayr & M. Vöhler (Hrsg.) (2010). *Realismus in den Künsten der Gegenwart* (S.7-12). Zürich: diaphanes.

Lipkin, S. N. & Paget, D. & Roscoe, J. (2006). Docudrama amd Mock-Documentary. Defining Terms, Proposing Canons. In: G. Rhodes & J. P. Springer (Hrsg.) (2006). *Docufictions. Essays on the Intersection of Documentary and Fictional Filmmaking* (S.11-26). Jefferson & North Carolina & London: McFarland & Company, Inc. Publishers.

Lünenborg, M. & Martens, D. & Köhler, T. & Töpper, C. (2011). Skandalisierung im Fernsehen. Strategien, Erscheinungsformen und Rezeption von Reality TV Formaten. Berlin: Vistas.

Luhmann, N. (1996). Die Realität der Massenmedien. Opladen: Westdeutscher Verlag.

Luckmann, T. (2002). Zur Methodologie (mündlicher) kommunikativer Gattungen. In: T. Luckmann (2002). *Wissen und Gesellschaft. Ausgewählte Aufsätze 1981-2002* (S. 183-200). Konstanz: UVK.

Mai, M. & Winter, R. (Hrsg.) (2006). Das Kino der Gesellschaft. Die Gesellschaft des Kinos. Interdisziplinäre Positionen, Analysen und Zugänge. Köln: Herbert von Halem.

Mai, M. (2006). Künstlerische Autonomie und soziokulturelle Einbindung. Das Verhältnis von Film und Gesellschaft. In: M. Mai & R. Winter (Hrsg.) (2006). *Das Kino der Gesellschaft. Die Gesellschaft des Kinos. Interdisziplinäre Positionen, Analysen und Zugänge* (S.24-47). Köln: Herbert von Halem

Maulko, R. (2009). Referenz und Computerbild. Synthetischer Realismus in den Bildmedien. In: H. Segebrecht (Hrsg.) (2009). *Referenzen. Zur Theorie und Geschichte des Realen in den Medien* (S.26-51). Marburg: Schüren.

Müller, J. K. (2011). Große Bilder mit kleinen Kameras. DV-Camcorder im Dokumentarfilm. Konstanz: UVK.

Nichols, B. (1991). Representing Reality. Issues and Concepts in Documentary. Bloomington: Indiana University Press.

Nsiah, L. (2011). Hybrid Fotofilm. Wien: Turia + Kant.

Ohlsen, N. (2010). Realismus. Das Abenteuer der Wirklichkeit. In: C. Lange & N. Ohlsen (Hrsg) (2010). *Realismus. Das Abenteuer der Wirklichkeit* (S.14-43). München: Hirmer.

Perkowitz, S. & Moana Thompson, K. & Saunders, D. (2007). Direct Cinema. Observational Documentary and the Politics of the Sixties (Nonfiction). New York: Wallflower Press.

Plumpe, G. (Hrsg.) (1985). Theorie des bürgerlichen Realismus. Stuttgart: Philipp Reclam jun.

Prokop, U. & Jansen, M. M. (Hrsg.) (2006). Doku-Soap, Reality-TV, Affekt-Talkshow, Fantasy-Rollenspiel – Neue Sozialisationsagenturen im Jugendalter. Marburg: Tectum.

Prokop, D. (1971). Materialien zur Theorie des Films. Ästhetik Soziologie Politik. München: Carl Hanser.

Prokop, D. (1970). Soziologie des Films. Frankfurt a.M.: Fischer Taschenbuch.

Raab, J. (2008). Visuelle Soziologie. Theoretische Konzeptionen und materiale Analysen. Konstanz: UVK.

Reichertz, J. (2011). Reality TV. Ein Versuch, das Muster zu finden. In: O. Bidlo & C. Englert & J. Reichertz (Hrsg.) (2011). *Securitainment. Medien als Akteure der inneren Sicherheit* (S.219-236). Wiesbaden: VS.

Rhodes, G. & Springer, J. P. (Hrsg.) (2006). Docufictions. Essays on the Intersection of Documentary and Fictional Filmmaking. Jefferson & North Carolina & London: McFarland & Company, Inc. Publishers.

Roth, W. (1982). Der Dokumentarfilm seit 1960. München & Luzern: Bucher.

Sander, A. (2003). Antlitz der Zeit. Sonderausgabe. Sechzig Aufnahmen deutscher Menschen des 20. Jahrhunderts. München: Schirmer/Mosel.

Schändlinger, R. (2006). Visuelle Ethnographie. In: R. Ayaß & J. Bergmann (Hrsg.) (2006). *Qualitative Methoden der Medienforschung* (S.350-390). Reinbek bei Hamburg: Rowohlt Taschenbuch.

Schändlinger, R. (1998). Erfahrungsbilder. Visuelle Soziologie und dokumentarischer Film. Konstanz: UVK.

Schenk, I. & Tröhler, M. & Zimmermann, Y. (Hrsg.) (2010). Film – Kino – Zuschauer. Filmrezeption. Marburg: Schüren.

Schmid Noerr, G. (2006). Das Medium spielt sich als Retter auf. In: U. Prokop & M. M. Jansen (Hrsg.) (2006). *Doku-Soap, Reality-TV, Affekt-Talkshow, Fantasy-Rollenspiel – Neue Sozialisationsagenturen im Jugendalter* (S.27-66). Marburg: Tectum.

Schnettler, B. & Pötzsch, F. S. (2007). Visuelles Wissen. In: R. Schützeichel (Hrsg.) (2007). *Handbuch Wissenssoziologie und Wissensforschung* (S.472-484). Konstanz: UVK.

Schroer, M. (2007). Einleitung. Die Soziologie und der Film. In: M. Schroer (Hrsg.) (2007). *Gesellschaft im Film* (S.7-13). Konstanz: UVK.

Silberzahn, K. (2009). Bewegte Wirklichkeit? Die Geschichte des Dokumentarfilms 1895-1945. Saarbrücken: VDM Verlag Dr. Müller.

Springer, J. P. (2006). The Newspaper Meets the Dime Novel. Docudrama in Early Cinema. In: G. Rhodes & J. P. Springer (Hrsg.) (2006). *Docufictions. Essays on the Intersection of Documentary and Fictional Filmmaking* (S.27-42). Jefferson & North Carolina & London: McFarland & Company, Inc. Publishers.

Stiegler, B. (Hrsg.) (2010). Texte zur Theorie der Fotografie. Stuttgart: Philipp Reclam jun.

Stutterheim, K. D. (2000). Okkulte Weltvorstellungen im Hintergrund dokumentarischer Filme des „Dritten Reiches". Berlin: Weißensee.

Sutherland, J.-A. & Feltey, K. (Hrsg.) (2009). Cinematic Sociology. Social Life in Film. Thousand Oaks: Pine Forge Press.

von Keitz, U. & Hoffmann, K. (Hrsg.) (2001). Die Einübung des dokumentarischen Blicks. *Fiction Film* und *Non Fiction Film* zwischen Wahrheitsanspruch und expressiver Sachlichkeit 1895-1945. Marburg: Schüren.

Weinbren, G. (2002). The Ocean, the Database, and the Cut. In: C. Lammer (Hrsg.) (2002). *doKU – Wirklichkeit inszenieren im Dokumentarfilm* (S. 119-138). Wien: Turia + Kant.

Winter, R. (2009). Der produktive Zuschauer. Medienaneignung als kultureller und ästhetischer Prozess. Köln: Herbert von Halem.

Winter, R. (1992). Filmsoziologie. Eine Einführung in das Verhältnis von Film, Kultur und Gesellschaft. München: Quintessenz.

Witte, K. (Hrsg.) (1972). Theorie des Kinos. Frankfurt a.M.: edition suhrkamp.

„Den filmischen Rahmen *vergessen lassen* oder *aufdecken*": Die soziologische Unterscheidung zwischen Dokumentarfilm und Reportage[1]

Mathias Blanc

Dokumentation, *Dokumentarfilm,* Doku-Fiktion, Doku-Drama, Doku-Soap, *ethnographischer Film*, Mockumentary[2]... . Diese lange Aufzählung ist noch um vieles erweiterbar, da die Bezugnahme auf das „Dokumentarische" in den audio-visuellen Medien von äußerster Heterogenität geprägt ist und auch kritisch bzw. kritisch-ironisierend wie im Fall des ‚Mockumentarfilms' in Anspruch genommen wird. Welche Gemeinsamkeit kann man aber zwischen diesen verschiedenen Bezeichnungen bzw. den so bezeichneten Formen des Dokumentarischen finden? Gemeinsam ist ihnen zunächst die Behauptung der Wiedergabe (représentation) von Ereignissen und abgefilmten Personen, die sich in einer allen Menschen (l'Humanité) gemeinsamen (‚objektiven') Raum-Zeit bewegen und entwickeln. Die so hergestellte Möglichkeit des Erfahrens erweckt den Eindruck der Authentizität. Um das Dokumentarische operativ vom Fiction-Genre zu unterscheiden, ließe sich folglich konstatieren, dass der dokumentarische Ansatz die *Ähnlichkeit* des Abgebildeten mit eigenen Erfahrungen (– ein Mittel, dessen sich auch der fiction-Film bedient –) durch den *Anschein von Wirklichkeit* (dokumentarisch) ersetzt bzw. ergänzt. Das abgebildete wird somit dem Leben nicht nur ähnlich, sondern ebenso wahr wie das eigene Erleben.

Um diesem Anspruch zu genügen sehen sich Dokumentaristen[3] dazu veranlasst, die sozialen Rahmen (Goffman, 1974), die die soziale Erfahrung der Rezeption dokumentarischen Films und das subjektive Engagement des Zuschauers dabei strukturieren, zu untersuchen. Die filmische Herausforderung bzw. das fil-

---

[1] Ganz besonderer Dank gilt René Wilke der diesen Aufsatz nicht nur kommentierte, sondern auch bei der Übersetzung aus dem Französischen geholfen hat.

[2] Der Begriff Mockumentary (Mockumentarfilm) wurde mit dem Film *This is Spinal Tap* (1984) von Rob Reiner populär. Die Form des Rock-Dokumentarfilms und das Thema um die Subkultur von Heavy Metal Bands wurden hier benutzt, um die Gattung zu parodieren.

[3] Gemeint sind hier die *cinéastes documentaristes*, d. h. die Dokumentarfilmer (die Betonung liegt auf *Film*), die für das Kino arbeiten (und daher verkürzt auch als Cineasten) bezeichnet werden (Anm. d. Übersetz.).

mische Ziel besteht für sie darin, den physischen Rahmen des Bildschirms *vergessen zu machen* oder aber *aufzudecken*, um so die Authentizität der Situation heraus zu kristallisieren. Diese wesentliche Frage des Kinos kommt in allen Filmen in Abwandlungen zum Tragen, die die Geschichte des Dokumentarfilms durchziehen. Die heterogene Entwicklung der Antworten zeugt hierbei von der Verletzbarkeit dieser Gattung. Bruchlinien erscheinen, der Wille eine bestimmte Mediengattung durchzusetzen tritt zu Tage, Darstellungssysteme werden gefeiert oder geächtet. Sprechen wir also heute über Dokumentarfilm, so meinen wir etwas weitaus Komplexeres als seine Ursprünge, die ersten Filmvorführungen auf Jahrmärkten zu Beginn des 20. Jahrhunderts, nämlich ein soziales Feld symbolischer Formen, die die Moderne konstituieren.

1. Dokumentarfilm oder Reportage?

Die Geschichtsschreibung des dokumentarischen Genres rekurriert auf einen Presseartikel von John Grierson (1926), in dem der Begriff „Dokumentarfilm" zuerst verwendet wurde. Dennoch haben mehrere Forscher (Schändlinger, 1998: 35-36; Gauthier, 2000: 8; Breschand, 2007: 65) darauf hingewiesen, dass die Zentralität des eben genannten Artikels, und somit die Stellung des Begründers der dokumentarischen Schule im Großbritannien der 1930er Jahre, eine Legende ist. Dieser Artikel ist vielmehr ein historisches Dokument als das Symbol eines gründenden Momentes. „Was man mit dem Artikel von Grierson datiert, ist das Auftauchen einer neuen Praxis. [...]. Mehr als eine Ästhetik an sich wird hier eine Weltanschauung, ein Blick, identifiziert" (Breschand, 2002: 6). *Was ist also Griersons Absicht?* Er liefert uns eine Rezension des Films *Moana* (1926) von Robert Flaherty. Dieser Film zeichnet das Alltagsleben eines jungen Polynesiers, und seiner Familie, auf der Insel Samoa, anhand von Jagd-, Angel- und Kochszenen und schließlich anhand eines Übergangsritus zum Erwachsenenalter, in der die Tätowierung des Protagonisten im Mittelpunkt steht. Grierson sieht hierin einen authentischen Ausdruck des Alltagslebens der Samoaner. Allerdings wissen wir heute, dass dieser Ritus nicht mehr praktiziert wurde und dass er deshalb für die filmischen Bedürfnisse von Flaherty nachgestellt werden musste. Das Heraufbeschwören von „Authentizität des Alltagslebens" verrät uns somit sowohl eine naive Beurteilung als auch eine naturalistische Bildvorstellung. Allerdings wird hier die Vermittlung der „Authentizität des Alltagslebens" durch den Film auch zu einem Thema an sich.

Letztlich weist es, bezüglich Griersons erstmaliger Verwendung des Dokumentarfilmbegriffs von einer Legende zu sprechen, auch auf eine bestimmte

Übermittlungsweise professionellen Wissens unter Beteiligten des Filmmilieus hin. Das bedeutet, dass diese Legende, durch und inmitten von Rezensionen und Stellungnahmen von Regisseuren, als solche Diskurse übermittelt und verbreitet wurde, die von einer Reduktion der Bedeutung des Kinos auf eine rein kommerzielle Ebene Abstand nehmen möchten. Die Wortaneignung spiegelt Herausforderung und Ziel wieder, die für die Cineasten darin bestehen, ihre Praxis als künstlerisch und nicht als einfaches kommerzielles Jahrmarktspektakel anerkennen zu lassen. In der Tat war diese Debatte in den fünfziger und sechziger Jahren in Deutschland und in Frankreich[4] besonders lebhaft, und 1994 hat der französische Verein der Dokumentarfilmregisseure (ADDOC)[5] ein Manifest unterzeichnet, dass an diesen feinen Unterschied zwischen Kunst und Spektakel erinnert und ihn so aufrecht erhält.

Hinter der Unterzeichnung dieses Manifests verbirgt sich auch die Frage nach der Anerkennung der Subjektivität des Filmautors. Gemäß den Cineasten wäre es illusorisch, an die Objektivität der dargestellten Situationen zu glauben. Im Gegenteil sei, so die Cineasten, eine entschlossene Subjektivität notwendig, um eine intersubjektive Situation des herrschaftsfreien Diskurses, und somit eine Basis für Erkenntnisgewinn, zu erschaffen. Der Ausdruck dieser Subjektivität ermöglichte es, die kinematografische Dokumentation[6] von der journalistischen Reportage zu unterscheiden. Um die Bedeutung dieser Unterscheidung zu klären sei hier an die Formel erinnert, mittels derer Octave Mannoni Glaubensvorstellungen charakterisierte (Mannoni, 1969: 9-33): „Ich weiß schon..., aber trotzdem..."[7]. Einerseits „ich weiß schon, dass jemand gefilmt hat, aber trotzdem: was ich sehe, würde auch ohne dessen Anwesenheit passiert sein" (*journalistisches Paradigma der Reportage*), andererseits „ich weiß schon, dass das was ich sehe stattgefunden hat, aber trotzdem: jemand hat es gefilmt" (*dokumentarisches Paradigma des Dokumentarfilms*). Mit anderen Worten, es geht hier um die Umkehr dieser paradigmatischen Sätze.

Das dokumentarische Paradigma (la proposition documentaire) unterstreicht eine pragmatische Herangehensweise der Filmregie. Dieser Satz begünstigt einen Blick, der die folgende Fragen zu stellen berücksichtigt: *Wer äußert sich? Wie? Zu welchem Zeitpunkt? Und in welcher Situation?* Jene Umkehr ist grundlegend

---

4   Mit der ausschlaggebenden Rolle der *Cahiers du Cinéma* in Frankreich und in Deutschland, mit der symbolischen Tragweite des Manifestes von Oberhausen im Jahre 1962.

5   Association Des cinéastes DOCumentaristes (Anm.)

6   „le documentaire cinématographique" (Anm.)

7   Im Original: „Je sais bien... mais quand même" (Mannoni 1969). Mannoni verwendete die Formel, um Glaubensvorstellungen zu charakterisieren, die es erlauben eine Niederlage zu überwinden. In unserem Zusammenhang besitzt sie eine ausschließlich heuristische Funktion.

um den Unterschied zu erfassen, der sich zwischen den naturalistischen Vorstellungen der Reportage und den konstruktivistischen Vorstellungen des Dokumentarfilms auftut. Über eine Gegenüberstellung hinaus, die eine neue Klassifizierung des Dokumentarfilms als Medienproduktionen ermöglichen würde (vgl. Nichols, 1991 u. 2010), stellt sich vor allem die Frage nach der Rolle, die dem Zuschauer während der Betrachtung der Filme zugewiesen wird. Vereinfacht dargestellt, haben wir einerseits Filme, die eher darauf abzielen, den Zuschauer die filmische Mediation vergessen zu lassen, und anderseits Filme, die diese Mediation in ihre Narration integrieren. Die klassischen Beispiele für den jeweiligen Idealtypus sind *Nanook of the North* (1922) von Robert Flaherty (*Mediation wird camoufliert*) und *Der Mann mit der Kamera* (1929) von Dziga Vertov (*Mediation wird narrativ integriert*).

Mit *Nanook* entwickelt Flaherty eine Erzählung über die Lebensbedingungen der Inuit, ausgehend von einem eingeborenen Helden, der durch Nanook verkörpert ist. Flaherty nutzt die Struktur des Fiktionsfilms: ein Held, eine dramatische Zuspitzung und ein Schnitt nach Art des Cineasten David Wark Griffith, die die Bewegung der Kamera verschwinden lässt. Er filmt die Navigations-, Jagd- und Fischereimethoden, die Herstellung eines Iglus und die Kontakte dieses „primitiven Mannes" mit der modernen westlichen Welt (wie zum Beispiel die Inszenierung von Nanooks Entdeckung eines Grammophons in einem Handelsposten). Die dramatische Spannung gipfelt in der Konfrontation zwischen dem Helden und einem Walross. Dieser Kampf ums Überleben ist völlig durch Flaherty orchestriert. Die Fokussierung auf den Helden versucht, dank dieses filmischen Dispositivs, die Position des Regisseurs vergessen zu lassen.

Im Gegensatz dazu wird Vertov der Kamera, in seinem Film *Der Mann mit der Kamera,* eine eigenständige Protagonistenrolle geben. Dieser Film ist eine Allegorie der Bedingung des modernen (sowjetrussischen) Menschen, die sich in der Rationalisierung des Alltagslebens und dem technischen Fortschritt ausdrückt. Er beruht auf dem Alltag der Stadtbewohner, vom Erwachen des Tages bis zum Abend, und erforscht dabei die verschiedenen Facetten der Arbeit, der Freizeit und der Stadt. Vertovs Film ist in die Geschichte des Dokumentarfilms eingegangen, besonders durch die Musikalität seiner Montage, die aus Überblende, Zeitlupe und Zeitraffer besteht. Alles trägt dazu bei, das filmische Dispositiv in die Erzählung zu integrieren: Wir folgen dem Kameramann, der den Film dreht; Vertov zeigt uns den Vorgang des Schneidens einer Filmsequenz; am Beginn und am Ende des Films sieht man ein Publikum, das den *Mann mit der Kamera* auf großer Leinwand anschaut. Der Formalismus, den Vertov auf die Spitze treibt, veranlasst uns das filmische Dispositiv als wesentlichen Träger der Konstruktion der Wirklichkeit anzusehen.

Die Entwicklung der dokumentarischen Gattung charakterisiert sich insbesondere durch eine Kreuzung dieser zwei klassischen Formen. Dieses zusammenfassende Schema ermöglicht es, die Spannungen und Stellungnahmen zu verstehen, die man auf den Festivals und in den Fachzeitschriften findet, und die in den unterschiedlichen Schulen weitergegeben werden. Durch die dokumentarische Perspektive wird der Zuschauer veranlasst einen aktiven Beitrag in der Konstruktion der Welt zu leisten. Er ist gezwungen, die dargestellten Beziehungen zu hinterfragen und in Wechselwirkung mit den Beziehungen zu treten, die seine eigene Lebenswelt, in der er sich entwickelt hat, fundieren. In diesem Zusammenhang stellt sich die Frage, mit welcher Art von Objekten, d. h. Gegenständen, die Dokumentaristen in ihrer Praxis konfrontiert sind. Aus dieser Perspektive können wir versuchen, den Dokumentarfilm als ein epistemisches Objekt zu betrachten (Rheinberger, 2001 oder Knorr-Cetina, 2002). Das bedeutet, der Dokumentarfilm ist kein natürliches Objekt, sondern wird beim Schnitt im Rahmen einer künstlichen Umwelt entwickelt und konstruiert. Wenn man die Beziehungen, die vor allem Regisseure und Cutter zu ihren Filmen pflegen, in Betracht zieht, erkennt man die Sorgfalt und das Verlagen, die diesen Filmen zu Grunde liegen. Die Position des Zuschauers zu berücksichtigen bedeutet hier auch, dass der Dokumentarfilm sich nicht in der filmischen Produktion erschöpft. Er versteht sich als ein Prozess, der vom Zuschauer mitgestaltet werden soll. Der dokumentarfilmische Gegenstand erscheint offen, komplex und erzeugt neue Fragen. So trägt die Formulierung des Unterschieds zwischen Dokumentarfilm und Reportage zur Entwicklung eines epistemischen Objekts bei, dass wiederum einen Einfluss auf die soziale Organisation der Realisierung von Film hat (d. h. auf den Verlauf der Dreh- und Schneidesituationen).

2. Das Drehen: eine zwischenmenschliche Herausforderung, eine Umwandlung

Was, wenn nicht die Umwandlung der gefilmten Person (la personne) in eine Figur (le personnage), ist die Zielvorgabe des dokumentarischen Drehens?

Im Unterschied zur Fiktion, die von der Figur ausgehend die Person erreichen möchte, scheint der Dokumentarfilm den umgekehrten Weg zu nehmen: das Aufbauen einer Distanz zur gefilmten Person ist dann für die Entstehung der Figur notwendig. Diese Idee der Distanzierung findet sich in der Beziehung zwischen dem Filmemacher und den gefilmten Personen wieder, ebenso wie in der

Distanz der Gefilmten zu sich selbst. Diese Distanz, diese Mediation, wird durch das filmische Dispositiv ermöglicht. Es macht die Interaktion zwischen den verschiedenen Beteiligten (Regisseur, Kameramann, Tonmeister und gefilmte Personen) zu einer außergewöhnlichen Situation. Diese Distanzierung ermöglicht so auch die Entwicklung von Spuren für den Zuschauer, Repräsentationen eines Anderen, der uns so ähnlich und zugleich fremd ist: die Darstellungen eines gleichzeitig vertrauten und fremden Anderen. Dem Regisseur Yves de Peretti zufolge:

> Weder ganz ich, noch ganz ein anderer. Die Figur ist weniger eine Wirklichkeit als eine Beziehung. Die Erfahrung einer Verbindung. Es ist das, was Renoir von jedem großen Schauspieler sagte: jemand, der eine Brücke, einen Steg zwischen ihm und den anderen baut. [...] Es ist weder Nanook, der mich interessiert, noch seine Art, das Walross zu verjagen oder sein Iglu zu bauen (was nutzt mir das?). Was mich fasziniert – mich, der ich im Supermarkt einkauft – ist das Drama von Nanook, der gegen die feindselige Natur kämpft. Durch eine merkwürdige Alchimie wird diese Figur mir vertraut, obwohl er nur ‚derjenige ist, durch den der Sinn des Films übermittelt wird'. (de Peretti, 2002: 195)[8]

Diese Beziehung zwischen gefilmter Person und der Figur des Films beschäftigt fast alle Cineasten, denn sie befindet sich im Herzen des Film-Akts, d. h. des Filmens: „Das Filmen ist nur möglich, weil ich das Menschliche beim anderen suche, und nicht seine Individualität", so der Filmemacher Denis Gheerbrant (2002: 65)[9].

Die Bedeutung der Beziehung mit den gefilmten Personen ist fundamental. Denis Gheerbrant spricht sogar vom „Beziehungsfilmen". Wegen dieser notwendigen Interaktion bleibt die Nicht-Kontrolle des Verlaufs der Aktion eine essentielle Komponente. Diese Abwesenheit von Kontrolle, die auch als Risiko erlebt wird, drückt sich in „der Angst vor dem Anderen" aus. Das Risiko der Begegnung und die gleichzeitige Gewissheit um ihre Notwendigkeit: dieses Zusammentreffen führt zu einer Neudefinierung der Position der Akteure und zu einer gemeinsamen Definition des Sinns, der durch ihre Aktion getragen wird.

Die Beziehung zwischen Filmemacher und gefilmten Personen ist trotzdem nicht egalitär, sondern eher Ausdruck einer Ungleichheit zu Ungunsten der Person vor der Kamera. Eine Kamera zu halten, scheint also Macht zu verleihen. Eben diese Macht erfordert ein Bewusstsein des Cineasten für seine soziale Verant-

---

8   Im Original: „Ni tout à fait moi, ni tout à fait autre: Le personnage est moins une réalité quune relation. L'expérience d'un lien. Il est ce que Renoir disait de tout grand acteur: quelqu'un qui construit un pont, une passerelle entre lui et les autres. [...] Ce n'est pas Nanouk qui m'intéresse, ni même la manière dont il chasse le phoque ou construit son igloo (à quoi cela me servirait-il ?). Ce qui me fascine, moi qui fais mes courses au supermarché, c'est le drame de Nanouk luttant contre la nature hostile. Par une curieuse alchimie, le personnage ne devient familier, alors qu'il n'est que ;celui par qui le sens du film arrive'." (de Peretti, 2002: 195)

9   Im Original: „C'est parce que je cherche l'humain chez l'autre et non l'individualité que filmer est possible" (Gheerbrant 2002: 65).

wortung. Die Rolle des Cineasten im filmischen Dispositiv impliziert eine Ver-
pflichtung, eine Verantwortung, eine Aufmerksamkeit, damit der Andere nicht
das Gesicht verliert. Er ist nicht Gegenstand eines Spektakels, sondern Partner
einer sozialen Erfahrung.

Letztlich zeichnet sich beim Dreh aber auch bereits das Bewusstsein einer
triadischen Beziehung ab, denn außer den Personen vor der Kamera und jenen
dahinter ist der Endempfänger, nämlich der Zuschauer, nicht weit. Hier zeigt sich
also der Unterschied zwischen einer Face-to-Face Interaktion und einer Filmsi-
tuation. Dieser Prozess einer triadischen Beziehung setzt sich schließlich auch
während der Phase des Schnittes fort.

3. Der Schnitt: eine entmaterialisierte, performative Handlung

Wir könnten die beim Schneiden vom Regisseur getroffene Auswahl nicht auf
Konventionen seines Milieus reduzieren. Das heißt, dass die bewusste oder unbe-
wusste Beachtung der Normen die Entscheidungen beim Schneiden (von Bild und
Ton) nicht allein erklären kann. Ein Dokumentarist kann sich dazu entschließen,
nur einen Ausschnitt seiner gefilmten Szenen, der auf eine bestimmte Thematik verweist, zu extrahieren, und dann einen Zwischenschnitt zu integrieren um
die Schnitte zu verstecken. Trotzdem kann er auch entscheiden, ein Stottern, ein
Zögern oder ein leichtes Abschweifen im Bild zu belassen. In allen Fällen wird
die getroffene Auswahl eine Auswirkung auf die Form des Films im Allgemeinen und auf die Verbindung der folgenden Einstellungen haben. Die Tatsachen,
die durch das Behalten bzw. das Weglassen geschaffen werden, korrespondieren
mit der Wahl der Regieführung. Die ästhetische Wahl des Regisseurs, sowie der
performativ-entmaterialisierte Akt (acte performatif dématérialisé) in der Auswahl bzw. der erhaltenen Sequenz, wird die weiteren Auswahlen beeinflussen.
Hier sehen wir einen entmaterialisierten Akteur erscheinen, der seinen Daseins-
grund nur aus dem Sinn schöpft, den er zu einem gegebenen Zeitpunkt in dieser
präzisen Verbindung trägt, und der seinen Anteil hat an dem Austausch zwischen
dem Regisseur, dem Film in seiner Entstehung, dem Schneidetisch und dem Cutter. In diesem Zusammenhang stellen Bilder und Töne echte Aktanten (Latour,
2008) dar. Sie nehmen am Lauf der Aktion Teil. Sie ändern Situationen, indem sie
Unterschiede einführen. Der Dokumentarist Frederick Wiseman, der seine Filme selbst schneidet, spricht sogar von einem „Gespräch mit vier Stimmen: zwischen [sich selbst], der Sequenz, an der [er] arbeitet, [seinen] Erinnerungen und
Werten, verknüpft mit der Erfahrung." (Wiseman, 1994: 14). Seine Worte zeugen
von der Bedeutung der Beziehung beim Drehen, der Position des Cineasten und

implizit auch vom Risiko des Kontrollverlustes. Beim Schnitt macht dieses Gespräch mit vier Stimmen die vorgängigen Austauschprozesse deutlich. Die performative Rolle der Bilder und des Tons wird hier nicht reduziert, sondern ist im
Gegenteil wesentlich.

Die Berücksichtigung der Besonderheiten des dokumentarischen Ansatzes
beim Drehen und Schneiden ermöglicht es die Beziehung zum Bild hervorzuheben, die von den Dokumentaristen erarbeitet wurde. Um die Terminologie von
Gilles Deleuze (1996) und Jean-Louis Boissier (2004) zu bemühen, können wir
bei einem Bild, das Interaktion darstellt, von einem „Beziehungs-Bild" sprechen.
Es handelt sich um ein tatsächliches Bild, das als Spur dieser bestimmte soziale Konstellation gilt.

4. Das Beziehungs-Bild

In Verbindung mit Dokumentarfilmen den Terminus „Beziehungs-Bild" zu verwenden ermöglicht es, über eine Art von Bildern zu sprechen, die die soziale Interaktion berücksichtigen. Er entsteht mit der Institutionalisierung des Dokumentarfilms seit den neunziger Jahren, mit der Entwicklung von Produktionsförderungen,
der Gründung von professionellen Vereinen (z. B. European Documentary Net-
work, ADDOC), Festivals (z. B. Amsterdam, Paris, Lussas) und von Hochschul-
ausbildungen. Das Beziehungs-Bild erscheint als Thema in Zusammenhang mit
aufkommenden Überlegungen zu Bild- und Ton-Pathologien, die als Manipula-
tionen und nicht als Emanzipationsträger angesehen werden. In dieser Perspektive wird es wichtig, die performative Eigenschaft des Bildes und des Tons in
Betracht zu ziehen, denn sie erlaubt das Entstehen einer Gesprächssituation, die
auf Einverständnis basiert. Das Beziehungs-Bild ist ein Bildverhältnis, in dem
der Blick als ‚authentisch und zutreffend' angenommen wird. Die Analyse der
Zufälle, denen die Regisseure beim Drehen begegnen, zeigt uns, dass dieses Beziehungs-Bild Widerstand leistet: es erscheint also auch als ein Aktant des filmischen Entstehungsprozesses.

Dieses Beziehungs-Bild ist latent. Durch die filmische Handlung, das Filmen also, selbst erhaltend, kann sich die Regieauswahl mehr oder weniger auf
dieses Bild stützen. Auf eine gewisse Art gehört dies zum „Plan der Immanenz",
von dem Gilles Deleuze spricht. Das heißt, dass es immer präsent ist, und trotzdem durch das Dispositiv der Inszenierung minimiert werden kann. Die Kritik
der Dokumentaristen an der Reportage verweist auf diese Praxis, die darin bestehen dem Beziehungs-Bild entgehen zu wollen: der Mythos der Objektivität und
die Verzerrung der beim Drehen gemachten Erfahrungen würden, so die Kritik,

das Spektakuläre maximieren und dem Dokumentarfilm somit schaden. Wenn man die performative Dimension des Bildes und des Tons nicht anerkennt, verhindert man dadurch die Hinterfragung der Bilder des Filmes. Das bedeutet die Rolle des Zuschauers zu reduzieren und ihn in der Illusion der Spiegelung einer objektiven Wirklichkeit zu belassen.

5. Kriterien des Beziehungs-Bildes

Die Authentizität des Vorgehens des Regisseurs und die Behauptung eines Gesichtspunktes, der eine Diskussion auslöst, werden erst möglich, wenn dieses Beziehungs-Bild erscheint. Garanten hierfür sind der Ausdruck eines kommunikativen Handelns, Bewusstsein für die Notwendigkeit eines gegenseitigen Verständnisses und die Verwendung von expliziten Kriterien der Ausrichtung, bestimmte Bedingungen für die Möglichkeit der Entstehung solcher Bilder also. Zuerst sollte die Sequentialität der gefilmten Handlung, das heißt die Konstruktion und Verknüpfung der Sinneinheiten, respektiert werden. Danach werden die ikonischen Register, aus denen sich unser Wissensvorrat zusammensetzt, befragt. Zum Beispiel, wenn Chantal Ackermann mit langen Plansequenzen die Stacheldrähte an der amerikanischen-mexikanischen Grenze filmt (*Jenseits von Sonora – Mexiko*, 2002), verweisen uns diese Einstellungen auf das Bild der Konzentrationslager und befragen uns über diese Angst vor dem Anderen, über diese Inszenierung der Verkennung von Anderen und über die Verneinung ihrer Menschlichkeit. Darüber hinaus sind die Facetten der Figuren mehrdimensional, d. h. die aufgenommenen Situationen entwickeln sich und engen die gefilmten Personen nicht auf einfache Klischees ein. Zum Beispiel filmt Frederick Wiseman, in *Law and Order* (1969), die komplexen Vorgänge auf einem Kommissariat von Kansas City. Die Polizeibeamten erscheinen hier zugleich zudringlich – bspw. beim Erlangen von Geständnissen – aber auch als Sozialhelfer, die als erste institutionelle Akteure, mit sozialem Elend konfrontiert sind. In diesem Dispositiv wird die filmische Anwesenheitszeit der gefilmten Personen nicht auf einige Sekunden mit verstohlenen Einstellungen reduziert. Darüber hinaus werden zwar nahe, aber keine verletzend nahen filmische Einstellungen gewählt.

Diese verschiedenen Elemente erfordern Empathie und Vertrauen zwischen dem Regisseur und den gefilmten Personen, aber auch zwischen dem Regisseur und seinem „Verstärkungspersonal" (Kameramann, Tonmeister und Cutter). Sicherlich ist kein Film der vollendete Ausdruck des Idealtypus Beziehungs-Bild. Trotzdem erlaubt dieses ‚ideale Objekt' zu erfassen, was in den Situationen, in den verschiedenen filmischen Phasen, zwischen dem Dokumentarist und seinen Partnern situativ erarbeitet wird.

Die Berücksichtigung des Beziehungs-Bild-Ideales würde den Zuschauern somit erlauben, den dargestellten Gesichtspunkt des Regisseurs zu diskutieren. Indem er das Beziehungs-Bild erarbeitet, begrenzt der Dokumentarist gleichsam seine Kapazität der Kontrolle und der Manipulation des Zuschauers, und lässt seine Rolle beim Dreh für den Zuschauer *nicht* verschwinden. Mit anderen Worten, kann er sich so nicht auf die Diskrepanz zwischen seiner Position beim Drehen und seiner diegetischen Position (im Universum des Films) zurückziehen.

6. Anerkennung der Kriterien

Konkret liegt der Fokus auf der Umsetzung des Films beim Drehen und Schneiden, sowie auf der Rezeptionssituation. Diese, von den Dokumentaristen favorisierten pragmatischen Dimensionen, erfordern dennoch eine Sozialisierung des Blicks, um die vom Zuschauer erwartete visuelle Eignung überhaupt erst zu entwickeln. Die Herausforderung dieser Lesart betrifft gemeinsam die interpretierenden Kompetenzen des Zuschauers und die Möglichkeiten intellektueller Freiheit, die durch das abgebildete Bild angeboten werden. Man muss in der Lage sein, die Arbeit dieses Beziehungs-Bildes zu befragen. Die Diskurse, die innerhalb der Hochschulformationen, der Dokumentarfilmfestivals und der spezialisierten Zeitschriften befördert wurden, entwickeln die dazu notwendige „visual literacy". So verfügen die Zuschauer, auch wenn das dokumentarische Bild die Bedingungen, die für die Entwicklung eines kommunikativen Handelns notwendig sind, verbirgt, noch über weitere Quellen, die es ihnen ermöglichen. In diesem Sinne haben die Kämpfe für die Anerkennung aller Teilnehmer der Welt des Dokumentarfilms selbst Anteil an der Entwicklung dieser Kompetenz.

In dieser Perspektive sind die Kontroversen, die das Milieu des Dokumentarfilms durchdringen, im Lichte dieser sozial konstruierten Visual Literacy zu verstehen. So sehen wir uns dort, wo das Beziehungs-Bild gestört ist, wieder mit der Kritik an der Reportage konfrontiert.

7. Das gebrochene Beziehungs-Bild: die Kontroverse über *Darwin's Nightmare*

Der Erfolgsdokumentarfilm von Hubert Sauper, *Darwin's Nightmare* (2004), hat eine lebhafte Kontroverse hervorgebracht, was die Wahrhaftigkeit des Diskur-

ses, der durch den Film vermittelt wurde, betrifft. Kann der Film die These einer Verbindung zwischen den afrikanischen Genoziden, dem Waffenhandel und
der ökologischen und sozialen Katastrophe der Industrialisierung des Viktoria-
barschs in Tansania belegen? Fische für die westlichen Auslagen der Feinkost-
händler und Supermärkte gegen Waffen für die Afrikaner? Der Film ist jedenfalls
als ein echtes Manifest der Globalisierungskritik wahrgenommen worden. Im Jahre 2006 widmete sich die französische Zeitschrift *Images documentaires* (Nummer 57/58) der Kontroverse, die der Film darüber hinaus hervorgebracht hat. Das
Problem besteht demzufolge nicht darin, die Fundiertheit der These von Saupert
zu erörtern, sondern resultiert aus der filmischen Verneinung der Rolle des Zuschauers, die den Film durchzieht. *Was aber lässt uns Sauper genau sehen?* Die
Abfolge der Sequenzen zeigt uns zunächst das Ballett der ein- und ausfliegenden
Maschinen auf der Landebahn von Mwanza, dann die Fischer in ihren zerbrech-
lichen Booten, wie sie massenhaft Fisch einholen, dann Berge von Fischleibern
in der Nähe von Lumpenkindern, dann Arbeiter in der Fabrik für die Verwertung
des Viktoriabarsches, schließlich Prostituierte und Piloten.

Der durch die Kamerakadrierung erzeugte Ausschnitt zeugt einerseits von
der Vertrauensbeziehung, die sich offenbar zwischen dem Dokumentaristen und
den gefilmten Personen entsponnen hat. Aber wie begreifen wir diese Intimität,
die sich mit dem Wärter der Aufbereitungsfabrik, der Prostituierten und den rus-
sischen Piloten etabliert hat? Wir können uns zunächst nicht anhand der gezeigten Bilder allein versichern, dass der Dreh etwa zum Nachteil der Personen entstanden ist, die Sauper als leibhaftige Verkörperungen der Figuren seines Filmes
dienen. Auf Grundlage der Bilder, die er uns zur Verfügung stellt, können wir die
Vorab-Vereinbarungen nicht in Frage stellen. Dennoch können wir erkennen, dass
die Montage, die Verbindung der Einstellungen und die Ausarbeitung der Figuren in der Erzählung, nicht das entsprechende Beziehungs-Bild wiedergeben. Die
Handlungen, die Absichten und die Situationen, in die sich die Figuren einschreiben, tragen nur dazu bei, die These des Regisseurs voranzutreiben. Die Figuren
existieren überhaupt nur, um diese These zu bestätigen. Ihre Eindimensionalität
begünstigt nicht ihre Zusammenkunft, das heißt ihre wechselseitige Interaktion,
und der Zuschauer sieht sich hierbei schließlich in einer Rolle gezwungen, in der
ihm allein die Verwendung des Diskurses bleibt, der ihm zugewiesen wird. Keine Kluft, kein Fehler, keinerlei Störungen tauchen auf, die diese Organisation der
Erzählung zu stören vermögen. So fasst Isabelle Le Corff die Kritiken, die in *Images documentaires* (Nummer 57/58) entwickelt wurden, zusammen:

> *Darwin's Nightmare* gibt den Figuren, die er zeigt, nicht mehr Raum, als den Zuschauern, für
> die der Film bestimmt ist. In der Tat haben weder die gefilmten Figuren noch die Empfänger

einen wirklichen Raum, um sich auszudrücken oder kritisch zu denken, um so eine gerechte Austauschbeziehung aufzubauen. (Le Corff 2006:25)[10]

Alles in allem kann der Film von Hubert Sauper die Bedingungen des Beziehungs-Bildes nicht erfüllen. Trotz den filmischen Spuren eines Austausches zwischen den Protagonisten, vermeidet die Montage von Sauper jede Diskussionsmöglichkeit und favorisiert eine einseitige Konzeption der Ursachen des Elends in Afrika.

Schließlich stellt sich die Frage, wenn der Rahmen des Bildes, wenn die Kadrierung durch die Kamera, eine Grenze darstellt, wie kann der Zuschauer sie überqueren? Im Kontext der vorangegangen Erläuterungen lässt sich resümieren, dass die Reportage versuchen würde die Grenze zu verstecken, während der Dokumentarfilm versucht ist, sie in seine Erzählung zu integrieren. Hier lässt sich die Untersuchung eines Gesichtspunkts, eines Blickes (d. h. eines Senders), hier lassen sich die Fragen nach der Positionierung der Kamera und der Mikros, nach der Distanz zu den gefilmten Personen, nach der Arbeit an der Kohärenz der Erzählung beim Schnitt, hier lässt sich all das als *Prinzip der Erforschung der Senderinstanz auf allen Phasen des Prozess des Filmens* zusammenfassen. Das heißt, dass eine pragmatische Lektüre der Filme gerade mit der Erfahrung der Dokumentaristen in der Regiesituation verbunden ist. Das Beziehungs-Bild verweist auf die Zeichen, die von diesem dokumentarischen Konzept zeugen, zurück. Seine Analyse erlaubt die Entwicklungen und Kontroversen, die die Entwicklung der dokumentarischen Gattung innerhalb seiner professionellen Gemeinschaften abstecken, zu erfassen. Sie liefert eine Sichtweise um den Wandel einer Medienumwelt, die den dokumentarischen Begriff exponentiell und heterogen nutzt, zu erfassen. Die Herausforderung besteht schließlich darin die Sinnhorizonte, die sich im Alltag durch diese Medienformen entwickeln, einzukreisen und herauszuarbeiten.

---

10   Im Original: „Le *Cauchemar de Darwin* ne donne pas davantage de place aux personnages qu'il filme qu'aux spectateurs à qui il destine le film. En effet, ni les personnages filmés ni les récepteurs n'ont de place réelle pour exprimer ou penser, pour établir une relation d'échange équitable." (Le Corff 2006:25)

Literatur

De Peretti, Y. und A. Baudry (2002). *„Personne, personnage"*. In Catherine Bizern (Hg.). *Cinéma documentaire : Manières de faire, formes de pensée*. Crisnée: Association des cinéastes documentaristes (ADDOC), Yellow now, S. 193–211

Boissier, J.-L. (2004). *La relation comme forme. L'interactivité en art*. Genève: Musée d'art moderne et contemporain

Breschand, J. (2002). *Le documentaire : l'autre face du cinéma*. Paris: Cahiers du cinéma, SCEREN-CNDP

Breschand J. (2007), „Un bruit dans la neige" *Images Documentaires*, n° 59/60, p. 65–74.

Deleuze, G. (1996a). *Das Bewegungs-Bild*. Kino 1. Frankfurt a.M.: Suhrkamp

Deleuze, G. (1996b). *Das Zeit-Bild*. Kino 2. Frankfurt a.M.: Suhrkamp

Gauthier, G. (2000). *Le documentaire, un autre cinéma*. Paris: Nathan

Goffman, E. (1974). *Frame analysis: An essay on the organization of experience*. New York: Harper & Row

Gheerbrant, D., S. Anspach D. Cabrera [& al.] (2002). *„La peur de l'autre"*. In: C. Bizern (Hg.). *Cinéma documentaire : Manières de faire, formes de pensée*. Crisnée: Association des cinéastes documentaristes (ADDOC), Yellow now, S. 54–66

Knorr Cetina, K. (2002). *Die Fabrikation von Erkenntnis. Zur Anthropologie der Naturwissenschaft*. Frankfurt a.M.: Suhrkamp

Latour, B. (2008). *Wir sind nie modern gewesen – Versuch einer symmetrischen Anthropologie*. Frankfurt a.M.: Suhrkamp

Le Corff, I. (2006) *„Quel cauchemar!"*. In *Images Documentaires*, 57/58, S. 19–26

Mannoni, O. (1969). *Clefs pour l'imaginaire ou l'Autre scène*. Paris: Seuil

Nichols, B. (1991) *Representing Reality: Issues and Concepts in Documentary*. Bloomington: Indiana University Press

Nichols, B. (2010). *Introduction to documentary*. Bloomington: Indiana University Press

Rheinberger, H.-J. (2001). *Experimentalsysteme und epistemische Dinge. Eine Geschichte der Proteinsynthese im Reagenzglas*. Göttingen: Wallstein

Schändlinger, R. (1998). *Erfahrungsbilder. Visuelle Soziologie und dokumentarischer Film*. Konstanz: UVK Medien

Wiseman, F., W. Greaves, R. [& al.] (1994). „Reformer le rêve". *La revue Documentaires*, 8, S. 117–136

V

Bilder der Gesellschaft

Wirtschaftsbilder –
Visualisierung wirtschaftswissenschaftlichen Wissens über Gegenwart und Zukunft

Werner Reichmann

1. Einleitung

Wie wird Wissen über die Wirtschaft visuell dargestellt? Dieser Frage widme ich mich im vorliegenden Beitrag. Ich analysiere, wie Wissen über den aktuellen und den zukünftigen Zustand der Wirtschaft von Wirtschaftswissenschaftlern und Konjunkturforschern in ihren Publikationen bildlich dargestellt wird und gehe der Frage nach, wie diese Darstellungen mit ökonomischen Wissenskulturen verbunden sind.

Immer wieder wird behauptet, dass die empirische Sozialforschung visuelle Daten wenig beachtet (z. B. bei Bohnsack, 2001, S. 25; C. Mitchell, 2011, S. 12). Im Bereich der Social Studies of Science spielen visuelle Daten seit ca. 30 Jahren eine wichtige Rolle. Im Fokus der Studien stehen vorrangig Visualisierungen, die im Prozess der naturwissenschaftlichen Wissensgenese herangezogen werden. Lynch (1985) zeigt beispielsweise, dass Darstellungen von natürlichen Objekten letztlich hoch artifizielle, einer sozialen Ordnung entsprechend modifizierte Bilder sind und keineswegs lediglich natürliche Ordnungen widerspiegeln. Amman und Knorr (1988) analysieren, wie Mikrobiologen die visuellen Darstellungen einer (für das menschliche Auge unsichtbaren) DNA interaktional modifizieren und „fixieren" und als Endergebnis ihrer Arbeit eine ästhetisch ausgereifte Montage aus dem Rohmaterial produzieren. Latour (1986) wiederum beobachtete, wie Naturwissenschaftler Ratten und Chemikalien zu Papier transformierten. Auch hier wird klar, dass die visuellen Darstellungen schon im Rahmen der Wissensgenese wichtige Objekte der Wissenschaftler sind und sich am Ende des Wissenserstellungsprozesses als Objekte darstellen, die vielmehr soziale als natürliche Ordnungen repräsentieren.

Meine Analyse der wirtschaftswissenschaftlichen Bilder unterscheidet sich von den genannten Studien und stellt insofern eine Innovation dar. Zum einen spielen visuelle Darstellungen in der Konjunkturforschung vor allem in der Wissenskommunikation, aber kaum während der Wissenserstellung eine Rolle. Die Schaubilder und Grafiken werden erst am Ende des Wissenserstellungsprozesses, wenn die Ergebnisse bereits fest stehen, erstellt. Die Konjunkturforscher selbst kontrollieren dabei nur mehr das zur Publikation vorgesehene Schaubild und lagern deren Produktion an technische Abteilungen aus. Zum anderen sind in der wissenschaftssoziologischen Analyse von Visualisierungen überwiegend naturwissenschaftliche Disziplinen erforscht worden. Anders als die Konjunkturforscher können die Naturwissenschaften auf tatsächlich existente Objekte zurückgreifen (auch wenn diese zunehmend kleiner und daher ohne spezielle Apparaturen nicht sichtbar sind) und diese als Vorbilder für Visualisierungen verwenden. Die Aufgabe, „die Wirtschaft" visuell darzustellen, birgt hier neue und für die Wissenschaftssoziologie interessante Schwierigkeiten.

2. Was ist Konjunkturforschung?

Zu Beginn des 21. Jahrhunderts existiert eine unüberschaubare Menge an wirtschaftswissenschaftlicher Expertise. In meiner Arbeit beziehe ich mich daher auf ein spezifisches Feld der Wirtschaftsforschung und Konjunkturprognose. Im Fokus der Analyse stehen die Arbeiten einer Reihe von wirtschaftswissenschaftlichen Forschungsinstituten im deutschsprachigen Raum sowie mit diesen in Verbindung stehende Institutionen. Diese bilden ein großes, aber relativ homogenes wissenschaftliches Feld. Die Institute weisen einige Gemeinsamkeiten auf, die im Folgenden charakterisiert werden.

Die wichtigste Gemeinsamkeit ist, dass die analysierten Wirtschaftsforschungsinstitute ausschließlich mit dem von ihnen erzeugten Wissen Geld verdienen. Damit unterscheiden sie sich von volkswirtschaftlichen Abteilungen in Großbanken und anderen Finanzdienstleistern, die zwar ebenso für sich in Anspruch nehmen, wirtschaftswissenschaftliches Wissen und darauf aufbauende Prognosen zu erzeugen; ihr Wissen wird aber vor allem dazu verwendet, Anderes zu verkaufen (zum Beispiel Aktien, Fonds, Konten etc.) oder um damit die Kundenbindung aufrecht zu erhalten. Die von mir untersuchten Wirtschaftsforschungsinstitute hingegen verkaufen nichts als ihre wirtschaftswissenschaftliche Expertise. Die zweite Gemeinsamkeit der Institute ist, dass sie in einer Tradition der Konjunkturforschung stehen, die ihren Ausgangspunkt in den 1920er Jahren hat. Der Begriff der Konjunktur verkörperte damals die Idee, dass dem wirtschaftlichen Verlauf eine innere, gleichermaßen „natürliche" Gesetzmäßigkeit innewohnt (Tichy, 1994). Zwar werden diese Gesetzmäßigkeiten durch menschliche und natürliche Einflüsse verzerrt, überlagert und teilweise unkenntlich gemacht.

Durch quantitative Verfahren, so die ursprüngliche Hoffnung, könnten diese Verzerrungen allerdings gleichermaßen „herausgerechnet" und damit eliminiert werden. Was überbliebe, wäre der reine, auf den inneren und „natürlichen" Kräften der Wirtschaft basierende wirtschaftliche Verlauf: die Konjunktur (vgl. Hayek, 1927; Müller-Armack, 1929). Gleichzeitig steht die am Anfang des 20. Jahrhunderts entstandene Konjunkturforschung für eine radikale Hinwendung zur empirisch fassbaren Welt. Naturwissenschaftliche Methodologien vor Augen, meinte man in der Abkehr von der philosophisch-spekulativen bzw. historisch orientierten Wirtschaftswissenschaft einen Weg zu finden, um gesichertes und an der wirtschaftlichen Praxis orientiertes Wissen erzeugen zu können (vgl. dazu W. C. Mitchell, 1913). Der Begriff der Konjunktur wurde bereits in den 1930er Jahren wieder aus dem Sprachrepertoire sowohl der Ökonomie als auch der Wirtschaftspolitik entfernt, weil er einerseits politisch beladen war und weil sich andererseits schnell herausstellte, dass der Wirtschaft ein sich nach „natürlichen" Gesetzen entwickelnder Kern nicht nachzuweisen ist (vgl. dazu die Namensgeschichte des Deutschen Instituts für Wirtschaftsforschung bei Krengel, 1986).

Wenn ich im Folgenden vereinfachend von „der Konjunkturforschung" und „den Konjunkturforschungsinstituten" spreche, dann obwohl diese mit einem anderen als dem ursprünglichen Konjunkturbegriff arbeiten und zudem mittlerweile ein wesentlich breiteres Spektrum an Themen bearbeiten als lediglich die Analyse des wirtschaftlichen Verlaufs.

Die dritte Gemeinsamkeit besteht darin, dass sich die Konjunkturforschungsinstitute seit ihrer Gründung in den 1920er Jahren im Vergleich zu anderen sozialwissenschaftlichen Disziplinen vielfältige und ausgeprägte Möglichkeiten erarbeitet haben, ihr Wissen in der Öffentlichkeit und als Basis für politische Entscheidungen zu positionieren. Alle Konjunkturforschungsinstitute setzen sich zum Ziel, wirtschaftliche Unternehmungen und politische Institutionen mit Wissen zu versorgen und es damit zur Grundlage für politische und wirtschaftliche Entscheidungen zu machen (Krengel, 1986; Reichmann, 2007; Friedman, 2009). Die verhältnismäßig sichtbare gesellschaftliche Position der Konjunkturforschungsinstitute zeigt sich auch darin, dass ihr Wissen an vielen Stellen „halboffiziellen" Charakter besitzt. Zwar sind die Institute weitgehend politisch unabhängig und nicht an staatliche Organe gebunden. Ihr Wissen findet aber über unterschiedliche, sowohl formalisierte als auch informelle Kanäle ihren Weg in politische Entscheidungen, z. B. bei der Budgetplanung des Bundes und der Länder oder bei den Tarifverhandlungen.

Des Weiteren ist das von mir untersuchte Forschungsfeld nicht Teil einer politischen Bewegung, einer Partei oder einer politischen bzw. ökonomischen Interessensgruppe. Zudem sind weite Teile des produzierten Wissens, jedes Gutachten und jede Wirtschaftsprognose, öffentlich und niederschwellig verfügbar. Lediglich die Ergebnisse von Auftragsforschungen werden teilweise nicht öffentlich publiziert.

Neben den Konjunkturforschungsinstituten gehören eine ganze Reihe weiterer Institutionen zum Bereich meiner Analyse. Dies hat damit zu tun, dass die Konjunkturforschung auf den Bedeutungsverlust nationalstaatlicher Grenzen im wirtschaftlichen Handeln reagiert hat und ebenfalls über diese Grenzen hinweg agiert und zusammenarbeitet (vgl. dazu Reichmann, 2010a). Zu diesen erweiterten Institutionen zählen nationale und internationale Zusammenschlüsse unabhängiger Konjunkturforschungsinstitute (z. B. die „Gemeinschaftsdiagnose", die AIECE etc.), Abteilungen in transnationalen Institutionen (z. B. EUROFRAME, NERO etc.) und Institutionen, die versuchen, viele Staaten zu vertreten (UNO, IMF, WB und OECD).

3. Daten und Methoden

Um die Frage zu beantworten, wie Konjunkturforschung ihr Wissen visualisiert, wurden ihre Produkte in ihrer gesamten Vielfalt gesammelt und systematisch ausgewertet. Neben den periodisch erscheinenden wissenschaftlichen Veröffentlichungen handelt es sich dabei auch um Veröffentlichungsformen, die sich an ein größeres als bloß das wissenschaftlich geschulte Publikum richtet: Gutachten, Projektberichte, wirtschaftspolitische Empfehlungen, Presseaussendungen, Schnellinformationen, Statements zu aktuellen Ereignissen, Kommentare etc. Seit elektronische Medien massenweise verfügbar sind, verteilen die Konjunkturforschungsinstitute ihre Publikationen nicht nur in gedruckter Form, sondern auch über abonnierbare E-Mail-Newsletter und RSS-Feeds. Der Beobachtungszeitraum für die elektronischen Publikationen begann im September 2009 und endete im September 2011.[1]

Neben diesen für die Analyse der Visualisierungen wichtigen Daten wurden außerdem ca. 30 Interviews mit Konjunkturforschern und Wirtschaftspolitikern im deutschsprachigen Raum durchgeführt, die in diesen Aufsatz lediglich mittelbar einfließen.

Die Methode zur Auswertung des Bildmaterials orientiert sich an den Konzepten, die die Grounded Theory zur Verfügung stellt (vgl. Glaser & Strauss, 1980); es wurden also keine der extra für visuelle Daten entwickelten Methoden

---

1   Eine detaillierte Liste der Datenquellen befindet sich im Anhang.

verwendet (vgl. Bohnsack, 2001). Da kontinuierlich neue Publikationen erscheinen, ist einer der permanent laufenden Arbeitsschritte, die visuellen Darstellungen systematisch abzulegen und dabei offen zu kodieren. Hier steht die Frage, was
auf den Grafiken zu sehen ist, im Vordergrund. Anhand dieser Codes konnten
erste Kategorien gebildet werden, die sich beispielsweise auf ästhetische Merkmale, Inhalte und Besonderheiten der Grafiken usw. beziehen. Beim anschließenden axialen Kodieren wurde auf die Frage, *wie* Visualisierungen vorgenommen
werden, besonderer Wert gelegt. Es konnten inhaltliche Achsen durch den Da-
tenraum gelegt werden, die die einzelnen Codes möglichst gut beschreiben. Auf
Grund der stark ausgeprägten Regelhaftigkeit und der häufigen Wiederholungen
bildeten sich jene Achsen, die sich auf das weiter unten genauer zu charakterisie-
rende *dominante Schaubild* bezogen, als die inhaltlich dichtesten heraus. Auch
das selektive Kodieren, also die Suche nach Ausnahmen, nach Regelwidrigkei-
ten und Fällen, die als Kontrastfolie dienen können, ist auf Grund des nicht en-
denden Streams neuer Daten eine kontinuierliche Arbeit.

Das Ziel der Auswertung ist es, die immanenten, latenten Regeln der (Schau-)
Bildkompositionen offen zu legen sowie eine Interpretation davon zu liefern, wie
wissenschaftliche und soziale Regeln im Rahmen der visuellen Gestaltung der
wirtschaftlichen Gegenwart und Zukunft ineinander greifen.

4. Die Bilderwelten der Konjunkturforschung

Die Konjunkturforschung produziert unterschiedliche Arten von Darstellungen:
Sie liefert numerische Daten; sie erklärt, interpretiert und extrapoliert diese Daten in Texten; sie bildet diese Erklärungen, Interpretationen und Extrapolationen
in Schaubildern ab; sie erzählt „Stories" (McCloskey, 1985), um die Ergebnisse
in einen größeren Zusammenhang einzubetten und mit diesem in Beziehung zu
setzen; und sie macht normative Aussagen, die sich an wirtschaftspolitische Institutionen richten. Im Folgenden widme ich mich ausschließlich dem dritten hier
genannten Punkt, den Schaubildern.

Reichmann (2010b, S. 140ff.) zeigt anhand der Analyse eines repräsentativen Samples von sozialwissenschaftlichen Zeitschriften, dass die Konjunkturforschung im gesamten 20. Jahrhundert häufiger Gebrauch von Abbildungen macht
als vergleichbare sozialwissenschaftliche Subdisziplinen. Beispielsweise produziert die Konjunkturforschung signifikant mehr Abbildungen als die theoretische
Ökonomie; aber auch in soziologischen und politikwissenschaftlichen Zeitschriften finden sich nicht so viele Abbildungen wie in den Publikationen der Konjunkturforschung. Diese praktische Affinität zum Schaubild ist der Konjunkturfor-

schung bis heute geblieben und es stellt sich die Frage, wie das Instrument der Visualisierung von Wissen verwendet wird und welche wissenschaftssoziologischen Interpretationen möglich sind.

Die Vielfalt der Publikationen der Konjunkturforschung ist seit ihrer Institutionalisierung stark gestiegen. Bis ca. 1950 gab die Konjunkturforschung neben Monats- und Vierteljahrsheften mit regelmäßigen ausführlichen Analysen auch thematisch fokussierte Sonderhefte und aktuelle Wochenberichte heraus. Heute veröffentlicht jedes Institut neben diesen nach wie vor existierenden Publikationen eine Reihe weiterer Schriften und Periodika, die vor allem hinsichtlich der Komplexität differieren und sich teilweise auch an größere Teile der Bevölkerung richten. Die Publikationen unterscheiden sich heute hinsichtlich Komplexität, Ausführlichkeit und Tiefgang: Während Presseaussendungen oder Tischvorlagen für Pressekonferenzen selten mehr als zwei Seiten füllen und in einfacher, allgemeinverständlicher Sprache verfasst sind, können Jahresgutachten und die Volltexte der Konjunkturprognosen mehrere hundert Seiten aufweisen, und nur für einen kleinen Kreis von Ökonomen verständlich sein.

Spätestens seit den 1960er Jahren ist zudem die Gutachtertätigkeit für die staatliche Administration institutionalisiert, so dass auch noch Forschungsberichte und Gutachten zu den Publikationen zu zählen sind. Das Volumen an Publikationen, das die Konjunkturforschung monatlich produziert, ist in jedem Fall seit ihrer Gründung stark gewachsen.

5. Die Konjunktur im Bild

Die Auswertung der visuellen Darstellungen der Konjunkturforschung ergibt, dass eine *dominante Form des Schaubildes* existiert, die als die zentrale von der Konjunkturforschung verwendete bildliche Darstellung bezeichnet werden kann (siehe Abbildung 1). Das *dominante Schaubild* hat zwei Dimensionen, die im rechten Winkel zueinander dargestellt werden. Im nun aufgespannten zweidimensionalen Raum sind Datenpunkte platziert, die durch eine Linie miteinander verbunden sind. Im *dominanten Schaubild* bildet die waagerechte Achse immer eine zeitliche Dimension ab, die mehrere Jahre, wiederum in Quartale eingeteilt, umfasst. Die Zeitachse repräsentiert sowohl vergangene als auch in der Zukunft liegende Quartale. Ein wichtiges Detail ist die visuelle Markierung von Zeiträumen: Die Zukunft wird farblich von der Vergangenheit unterschieden.

Abbildung 1: Das dominante Schaubild

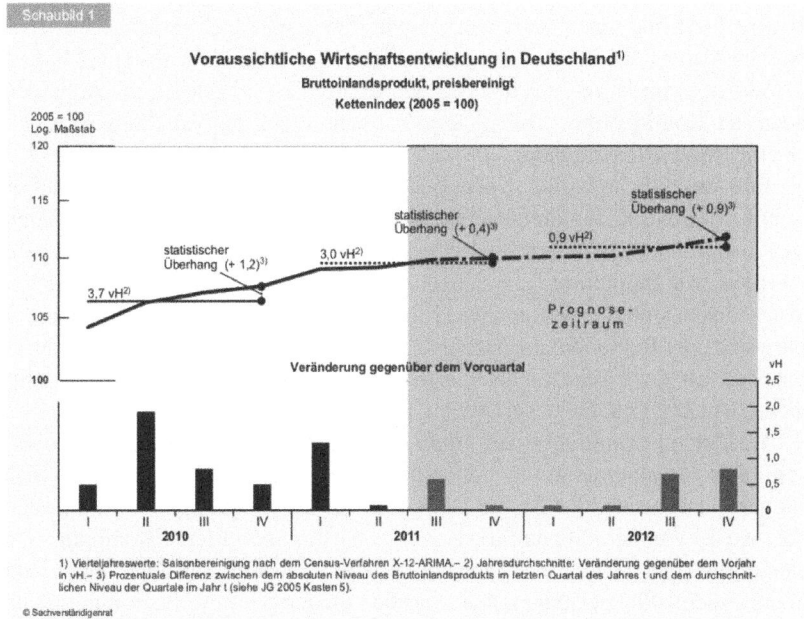

Quelle: Sachverständigenrat zur Begutachtung der gesamtwirtschaftlichen Entwicklung

Die senkrechte Achse hingegen repräsentiert einen wirtschaftsbezogenen quantitativen Indikator, der einem überschaubaren Spektrum möglicher Werte entnommenen wurde. Die Themengebiete, aus denen Indikatoren dargestellt werden, betreffen die Arbeit, den Arbeitsmarkt, die Auftragslage, den Konsum, öffentliche Finanzen, Produktion und Investition, den Außenhandel, Preise, das Banken- und Kreditwesen, das Geldvolumen, Devisen, Zinsen und die wirtschaftliche Gesamtleistung. Für jedes der möglichen Themengebiete existieren mehrere Indikatoren; für das Themengebiet Arbeit können beispielsweise die Anzahl der geleisteten Arbeitsstunden, die Lohnstückkosten, die durchschnittliche Arbeitszeit pro Quartal usw. gezeigt werden.

Das *dominante Schaubild* kombiniert die Linie mit Balken, die für jede Zeiteinheit (z. B. pro Quartal) angeben, wie stark sich der Indikator verändert hat; sie repräsentieren die Wachstumsrate für den jeweiligen Zeitabschnitt. Die Balken sind im unteren Teil der Grafik, aber innerhalb des durch die Achsen begrenzten

346   Werner Reichmann

Raums platziert. Zudem finden sich im *dominanten Schaubild* weitere Zusatz-
informationen. Üblich sind die Angabe des Jahresdurchschnitts, der durch eine
waagerechte Linie visualisiert wird, sowie die Angabe des statistischen Über-
bzw. Unterhangs pro Jahr, womit die Differenz zwischen dem absoluten Niveau
des Indikators am Jahresende und dem Jahresdurchschnitt gemeint ist. Außerdem
finden sich Kommentare zu auffälligen Entwicklungen des Indikators in zusätzlich eingefügten Textrahmen.

Eine wesentliche Variation des *dominanten Schaubilds* besteht darin, dass die
visualisierten Werte Teil eines Vergleichs sind. Entweder werden mehrere *dominante Schaubilder* mit unterschiedlichen Indikatoren nebeneinander gestellt oder
es werden zwei Indikatoren in einem *dominanten Schaubild* verglichen. Die Ver-
gleichsebenen sind dabei Branchen (Einzelhandel, Industrie, Gastgewerbe etc.),
Zeiträume oder Regionen, die nach geographischen („in europäischen Ländern",
„Ostasien" etc.), wirtschaftlichen („Euroraum", BRICS, PI[I]GS etc.) oder politischen („EU 27", OECD etc.) Kriterien definiert werden.

Was ist am *dominanten Schaubild* dominant? In jedem Fall handelt es sich
dabei nicht um eine quantitative Dominanz; das *dominante Schaubild* ist nicht
zwingend jenes Schaubild, das am häufigsten von der Konjunkturforschung abgebildet wird.[2] Vielmehr bekommt das *dominante Schaubild* seine Dominanz zum
einen durch seine immer wiederkehrende, standardisierte Form und zum anderen durch seine Platzierung an den zentralen Stellen der jeweiligen Publikation.
Immer, wenn die zentralen Botschaften zusammengefasst werden und wenn es
für das Verständnis der wesentlichen Erkenntnisse wichtig wird, kommt das *dominante Schaubild* zum Einsatz. Es wird nie verwendet um etwas Anderes zu erklären; vielmehr ist das *dominante Schaubild* das, was erklärt wird und worauf
sich andere Darstellungen beziehen. Neben der Einbettung in die entscheiden-
den Inhalte und der Regelhaftigkeit seiner Form erhält das *dominante Schaubild*
seine Dominanz zudem dadurch, dass es unabhängig von der Publikationsform
verwendet wird. Egal, ob es sich um ein Gutachten, eine Darstellung für Massenmedien, um einen wissenschaftlichen Artikel oder um eine Presseaussendung
handelt: Das *dominante Schaubild* ist immer dabei.

Neben dem *dominanten Schaubild* kommen auch untergeordnete Typen von
Abbildungen vor, welche aber den oben genannten Kriterien nicht entsprechen:
das Balkendiagramm (sowohl horizontal als auch vertikal), der Scatterplot sowie die Landkarte.

---

2   Dies ist aber auch nicht ausgeschlossen. Da die Daten für den vorliegenden Beitrag ausschließ-
     lich qualitativ ausgewertet wurden, kann keine Aussage über Häufigkeiten getroffen werden.

5.1 Das Schaubild als Aggregation

Ein wesentliches Element des *dominanten Schaubildes* – die Linie – wurde auch an anderer Stelle bereits analysiert. Tanner (2002) geht in seiner „Phänomenologie der Wirtschaftskurve", die bei ihm alle denkbaren numerischen Größen, die im weitesten Sinne mit Wirtschaft zu tun haben, repräsentieren kann, sehr weit. Die Kurve wird als Ergebnis zunehmender Quantifizierungsprozesse und daraus resultierende „komplexe visuelle Repräsentationen numerischer Grössen" (Tanner, 2002, S. 131) dargestellt. Die Wirtschaftskurven sind bei Tanner aber auch Teil einer Metaphernwelt des Oben und Unten und machen „die Wirtschaft [...] für Menschen, die ‚davon nichts verstehen' bewohnbar" (sic!) (Tanner, 2002, S. 132). Dabei sollen sie eine Lesbarkeit der Welt garantieren. Am Ende gelten Wirtschaftskurven als „wahrnehmungsnormierende, affektkontrollierende und verhaltensmoderierende Repräsentationen jener Handlungen, [...] die als wirtschaftlich gelten." (Tanner, 2002, S. 145f.)

Zaloom (2009) geht anders vor und widmet sich der Kurve eines speziellen wirtschaftlichen Indikators, nämlich der „yield curve". Diese erteilt Auskunft darüber, welcher Zinssatz für Anleihen unterschiedlicher Laufzeit bezahlt wird. An der „yield curve", so Zalooms Argument, ist exemplarisch ablesbar, wie die Finanzindustrie ihr Wissenssystem organisiert. Sie ist die Aggregation von „reason and affect" (Zaloom, 2009, S. 246) des Markts und wird als kollektive und reflexive Evaluation der Beziehung zwischen Geld und Zeit angesehen. Die „yield curve" ist Sammelbecken und Ergebnis der Überlegungen und Affekte einer unklar begrenzten virtuellen sozialen Gruppe, die beides: Produzentin und Empfängerin ihrer Botschaft ist (Zaloom, 2009, S. 259).

Ich interpretiere das *dominante Schaubild* der Konjunkturforschung ebenso als Aggregation. Aggregiert wird dabei allerdings nicht Ratio und Emotio eines Marktes, sondern es werden spezifische Teile, die als „die Wirtschaft" erfasst werden, einbezogen und zu einem Aggregat zusammengefasst. Dieses Aggregat weist, erstens, durch seinen quantitativen Charakter darauf hin, dass wir Wirtschaft auf eine spezifisch-quantitative Weise wissen und dabei einen wissenskulturell bedingten Ausschnitt aller möglicher wirtschaftlichen Handlungen erfassen. Zweitens besteht das Aggregat aus einer Reihe von Symbolen und symbolhaften Bedeutungen.

5.2 Numerische Aggregation: Komplexitätsreduktion oder Wissenskultur?

Die Konjunkturkurve ergibt sich aus einem Prozess der Aggregation numerischer Daten. Sie weist darauf hin, dass die dominante Art, über wirtschaftliche Belange zu reden und zu wissen, von Quantitäten geprägt ist. Es liegt nahe, dies als Reduktion von Komplexität und dadurch als gesteigerte Lesbarkeit von „Wirtschaft" zu konzeptualisieren (vgl. dazu Tanner, 2002). Immerhin ist eine Linie einfacher zu erfassen als beispielsweise alle erzeugten Produkte und Dienstleistungen in Deutschland.

Mein Argument ist, dass die Charakterisierung der Kurve als Komplexitätsreduktion unzureichend ist. Die Kurve ist, so mein Argument, Ausdruck einer spezifischen Kultur, *„wie wir wissen, was wir* [über die Wirtschaft] *wissen"* (Knorr Cetina, 2002, S. 11; Hervorhebung im Original). Die Reduktion von Komplexität ist nur ein Teil dieser Wissenskultur.

Die Konjunkturforschung bildet immer Objekte ab, die in direktem Zusammenhang mit einer spezifischen Systematik stehen, welche uns vorgibt, wie wir Volkswirtschaften „wissen sollen". Die numerische Aggregation, die letztlich im *dominanten Schaubild* einmündet, ergibt sich nicht aus der „Natur" der Wirtschaft oder aus der „Natur" konjunktureller Auf- und Abbewegungen. Vielmehr ist sie das Ergebnis von Aushandlungsprozessen darüber, wie man „die Wirtschaft" aktuell kognitiv handhabbar macht.

Für moderne Ökonomien heißt diese Systematik „Volkswirtschaftliche Gesamtrechnung"[3]. Sie ist das international gültige, mittlerweile auch verbriefte System, das die Regeln der numerischen Aggregation vorschreibt, welche ihrerseits das Wissen über den Zustand der gegenwärtigen und zukünftigen Wirtschaftsentwicklungen abbildet. Gleichzeitig ist sie das Ergebnis eines sozialen Aushandlungsprozesses über einen Konsens darüber, wie Wirtschaft gewusst werden soll.

Das *dominante Schaubild* stellt innerhalb des Wissens der Konjunkturforschung Ordnung her und leitet an, wie sie über Wirtschaft sprechen darf. Das, was Knorr Cetina (2001) für die Hochenergiephysik als „Viskurse" erarbeitet hat, nämlich die kulturell bedingte wissensordnungstiftende Funktion von visuellen Darstellungen, erweist sich in diesem Zusammenhang brauchbarer als der Fokus auf Komplexitätsreduktion und die damit verbundene gesteigerte Lesbarkeit.

Das *dominante Schaubild* ist Ausdruck einer spezifischen Wissenskultur und ermöglicht jenen, die diese Kultur teilen, effizient zu kommunizieren. Die konsequente, an einer Regelhaftigkeit orientierte Praktik des *dominanten Schaubildes* hilft nicht nur über Sprach- und Ländergrenzen hinweg zu kommunizieren, sondern ist auch nützlich, um ökonomisch weniger geschultes Publikum zu erreichen und zu informieren.

---

3   Aus Platzgründen ist es hier nicht möglich, genauer auf die Systematik der Volkswirtschaftlichen Gesamtrechnung einzugehen. Für eine eingehende Besprechung siehe Kramer (1966) und Voy (2009). Für die aktuelle Version der Systematik der Volkswirtschaftlichen Gesamtrechnung siehe http://unstats.un.org/unsd/nationalaccount/ (letzter Besuch am 15.11.2011).

5.3 Symbolische Aggregation: Eine optimierte „Wirtschaft"

Das *dominante Schaubild* aggregiert aber nicht nur Zahlenreihen; es fasst auch eine Reihe von Symbolen zusammen. Vor allem symbolisiert es „die Wirtschaft", also nicht einzelne Märkte oder Branchen. Es steht für die gesamte wirtschaftliche Tätigkeit. Das *dominante Schaubild* der Konjunkturforschung ist aber – wenn es von seiner epistemischen Umwelt entkoppelt wird – bedeutungslos. Diese Eigenschaft hat es mit den Objekten anderer wissenschaftlicher Disziplinen gemeinsam: Das Ergebnis einer Computertomografie, im Labor hergestellte Zellkulturen oder gesammelte Steine und Erde, wie sie Pedologen in ihre Labore holen (vgl. hierzu Latour, 1996), sind ohne ihre epistemische Rahmung ebenso nutzlos. Auch das dominante Schaubild der Konjunkturforschung ist nicht „die Wirtschaft", genauso wenig wie Steine und Gestrüpp „der Wald", abgelichtete Zellen „das Leben" oder eine Computertomographie „das Gehirn" sind. Vielmehr handelt es sich um Objekte, die für das wissenschaftliche Arbeiten optimiert wurden, um Unzulänglichkeiten der Wissenschaftler zu kompensieren (Knorr Cetina, 1995). Mit der visuellen Darstellung „der Wirtschaft" aggregiert die Konjunkturforschung unzählige wirtschaftliche Handlungen, Entscheidungen und Erwartungen zu einem Symbol, das für gesamtwirtschaftliche Entwicklungen steht. Es ist nicht die Wirtschaft, sondern symbolisiert ein wissenskulturell bedingtes Aggregat wirtschaftlicher Handlungen, Materialitäten und Erwartungen.

Das *dominante Schaubild* gewinnt zudem aus seiner eigenen Vergangenheit an Bedeutung und symbolisiert auch diese. Seit den 1950er Jahren wird das *dominante Schaubild* verwendet und regelmäßig an genau denselben Stellen innerhalb der Publikationen platziert. Diese Kontinuität ist insofern bemerkenswert, als sie sowohl konjunkturelle Wechsellagen, gesellschaftliche Entwicklungen und wirtschaftliche Transformationen überstand.

Abschließend ist zu sagen, dass das *dominante Schaubild* auch Machtstrukturen symbolisiert. Darauf weist uns interessanterweise gerade das hin, was es nicht darstellt und was es nicht vergleicht. Einkommen und Vermögen und vor allem deren Verteilung innerhalb der Gesellschaft spielen beim *dominanten Schaubild* keine Rolle. Wirtschaftliche Entwicklung wird eher danach beurteilt, wie groß das Wachstum der gesamtwirtschaftlichen Leistung ist als danach, welche Teile einer Gesellschaft über wirtschaftliche Ressourcen verfügen. Ein zweiter symbolischer Hinweis auf Machtstrukturen ergibt sich aus der Auswahl der Indikatoren. Ein typisches Beispiel dafür finden wir bei The World Bank (2011, S. 27). Dort befindet sich ein dominantes Schaubild, das die Volatilität des Euro und des US-Dollar zwischen 1992 und 2010 vergleichend darstellt. Für die Jahre vor 2000 werden statt des Euro die umgerechneten Werte der Deutschen Mark herangezogen. Warum nicht der österreichische Schilling oder die italienische Lira? Die Kurve hätte im ersteren Fall komplett gleich ausgesehen (der Schilling war an die Deutsche Mark gebunden), aber die Signifikanz des Schaubildes hätte auf Grund der Bedeutungslosigkeit der österreichischen Wirtschaftspolitik gelitten. Im zweiten Fall hätte die Kurve vollständig anders ausgesehen und die Aussage, dass die wichtigen Währungen heute volatiler sind als noch vor 20 Jahren, wäre nicht mehr haltbar gewesen.

6. Schluss

Visuelle Darstellungen der wirtschaftlichen Gegenwart und Zukunft sind feste Bestandteile der Konjunkturforschung und Wirtschaftsprognostik. Eine wissenschaftssoziologische Analyse dieser Darstellungen zeigt, dass sie entsprechend immanent wirkender Regeln erstellt werden. Diese Regeln können anhand der Interpretation des *dominanten Schaubilds* am besten nachgezeichnet werden.

Es zeigt sich erstens, dass die visuellen Darstellungen der Konjunkturforschung in enger Verbindung zur spezifischen Wissenskultur makroökonomischer Forschung stehen. Diese interpretiert Wirtschaft ausschließlich in quantitativen, also standardisierten und abzählbaren Entitäten. Die Auswahl der abgebildeten Indikatoren entspricht dem wissenskulturell geprägten Denkmuster, das der Systematik der so genannten Volkswirtschaftlichen Gesamtrechnung, der global ausgehandelten und akzeptierten Norm über die Aggregation wirtschaftlicher Leistungen, entspricht. Hier zeigt sich, dass ökonomische Begrifflichkeiten und Visualität verschmelzen.

Zweitens aggregiert das *dominante Schaubild* nicht ausschließlich Zahlenreihen, sondern auch Symbole und symbolhafte Bedeutungen. Es fasst eine Vorstellung dessen, was als „die Wirtschaft" bezeichnet wird, zusammen. Es weist gleichzeitig auf seine eigene, äußerst kontinuierliche Vergangenheit hin. Und es steht für die unterschiedliche Verteilung von Macht.

Das *dominante Schaubild* der Konjunkturforschung ist also nicht lediglich ein Spiegel eines vermeintlich natürlichen Kerns wirtschaftlichen Handelns. Vielmehr ist es das Ergebnis einer kulturell bedingten, numerischen und symbolischen Aggregation.

7. Anhang

Liste der Quellen, die den Datenpool der Visualisierungen der Konjunkturforschung speisen.

Publikationen in gedruckter Form

■ Deutsches Institut für Wirtschaftsforschung: Vierteljahrshefte zur Wirtschaftsforschung

■ Institut für Weltwirtschaft: Review of World Economics (vormals: Weltwirtschaftliches Archiv)

■ Institut für Wirtschaftsforschung Halle: Wirtschaft im Wandel

■ Institut für Wirtschaftsforschung: Konjunkturperspektiven

■ Jahresgutachten des Sachverständigenrat zur Begutachtung der gesamtwirtschaftlichen Entwicklung Deutschlands

■ Konjunkturforschungsstelle an der ETH Zürich: Bulletin (vormals: Konjunktur)

■ Publikationen der so genannten „Gemeinschaftsdiagnose"

■ Rheinisch-Westfälisches Institut für Wirtschaftsforschung: Konjunkturberichte

■ Wirtschaftsforschungsinstitut: Monatshefte

■ Zentrum für Europäische Wirtschaftsforschungsinstitut: Wachstums- und Konjunkturanalysen

RSS-Feeds

■ Bundesministerium für Wirtschaft und Technologie: „Aktuelles: Wirtschaft"

■ Deutsche Bundesbank: „Aktuell"

■ Institut der deutschen Wirtschaft: „IW-Komplett"

■ Konjunkturforschungsstelle der ETH Zürich: „News"

■ OECD: „Economics and Growth"

■ Statistisches Bundesamt: „Aktuelles"

■ Zentrum für Europäische Wirtschaftsforschung: „News Feed"

E-Mail Abonnements

- Deutsche Bundesbank: „Mailservicesystem"
- Deutsches Institut für Wirtschaftsforschung: „Themen", „Wochenbericht" & „ifo-News"
- Hamburger Weltwirtschaftliches Archiv: „Publikationen", „Standpunkte", „Update"
- Institut für Wirtschaftsforschung Halle: Informationsdienst, Newsletter & Presseinformationsdienst
- Wirtschaftsforschungsinstitut, Wien: „Presseaussendung" & „Zu Publikationen und Webseite"
- Zentrum für Europäische Wirtschaftsforschung: „Newsletter"

Literatur

Amann, K., & Knorr-Cetina, K. (1988). The fixation of (visual) evidence. *Human Studies, 11*(2/3), 133-169.

Bohnsack, R. (2001). *Qualitative Bild- und Videointerpretation* (2. Auflage). Opladen & Farmington Hills: Budrich.

Friedman, W. A. (2009). The Harvard Economic Service and the problems of forecasting. *History of Political Economy, 41*(1), 57-88.

Glaser, B. G., & Strauss, A. L. (1980). *The discovery of grounded theory: Strategies for qualitative research*. New York: Aldine.

Hayek, F. A. von. (1927). Vorbemerkung. *Monatsberichte des Österreichischen Institutes für Konjunkturforschung, 1*(1), 1-17.

Knorr Cetina, K. (1995). Laboratory studies: The cultural approach to the study of science. In S. Jasanoff, G. E. Markle, J. C. Petersen, & T. Pinch (Hrsg.), *Handbook of Science and Technology Studies* (S. 140-166). Thousand Oaks et al.: SAGE Publications.

Knorr Cetina, K. (2001). "Viskurse" der Physik: Konsensbildung und visuelle Darstellung. In B. Heintz & J. Huber (Hrsg.), *Mit dem Auge denken: Strategien der Sichtbarmachung in wissenschaftlichen und virtuellen Welten* (S. 305-320). Wien & New York: Springer.

Knorr Cetina, K. (2002). *Wissenskulturen: Ein Vergleich naturwissenschaftlicher Wissensformen*. Frankfurt a.M.: Suhrkamp.

Kramer, H. (1966). *Volkswirtschaftliche Gesamtrechnung*. Wien: Verlag für Geschichte und Politik.

Krengel, R. (1986). *Das Deutsche Institut für Wirtschaftsforschung*. Berlin: Duncker und Humblot.

Latour, B. (1986). Visualization and cognition: Thinking with eyes and hands. *Knowledge and Society: Studies in the Sociology of Culture Past and Present, 6*, 1-40.

Latour, B. (1996). Der "Pedologen-Faden" von Boa Vista: Eine photo-philosophische Montage. In B. Latour (Hrsg.), *Der Berliner Schlüssel: Erkundungen eines Liebhabers der Wissenschaften* (S. 191-248). Berlin: Akademie Verlag.

Lynch, M. (1985). Discipline and the material form of images: An analysis of scientific visibility. *Social Studies of Science, 15*(1), 37-66.

McCloskey, D. (1985). *The Rhetoric of Economics.* Madison: The University of Wisconsin Press.

Mitchell, C. (2011). *Doing visual research.* Thousand Oaks, London & New Delhi: SAGE Publications.

Mitchell, W. C. (1913). *Business Cycles.* Berkeley: University of California Press.

Müller-Armack, A. (1929). Konjunkturforschung und Konjunkturpolitik. In L. Elster & A. Weber (Hrsg.), *Handwörterbuch der Staatswissenschaften* (S. 645-677). Jena: Gustav Fischer Verlag.

Reichmann, W. (2007). "Die Gezeiten der Wirtschaft": Institutionalisierung und Methoden der Beobachtung wirtschaftlicher Zyklen in Österreich bis 1945. *Österreichische Zeitschrift für Geschichtswissenschaft, 18*(4), 39-58.

Reichmann, W. (2010a). "Epistemic Participation": Economic forecasts and the new relationship between scientific subjects & objects. *105th Meeting of the American Sociological Association, Atlanta, GA.*

Reichmann, W. (2010b). *Die Disziplinierung des ökonomischen Wandels: Soziologische Analysen der Konjunkturforschung in Österreich.* Marburg: Metropolis-Verlag.

Tanner, J. (2002). Wirtschaftskurven – Zur Visualisierung des anonymen Marktes. In D. Gugerli & B. Orland (Hrsg.), *Ganz normale Bilder – Historische Beiträge zur visuellen Herstellung von Selbstverständlichkeit* (S. 129-158). Zürich: Chronos.

The World Bank. (2011). *Global economic outlook: Navigating strong currents* (Vol. 2). Washington: The World Bank.

Tichy, G. (1994). *Konjunktur: Stilisierte Fakten, Theorie, Prognose.* Berlin et al.: Springer Verlag.

Voy, K. (2009). *Kategorien der Volkswirtschaftlichen Gesamtrechnung. Zur Geschichte der Volkswirtschaftlichen Gesamtrechnungen nach 1945* (Vols. 1-4). Marburg: Metropolis-Verlag.

Zaloom, C. (2009). How to read the future: the yield curve, affect, and financial prediction. *Public Culture, 21*(2), 245-266.

Gefährlichen Klimawandel sehen –
Zirkulation und Differenz in einer kollektiven Welt.

Oliver Powalla

Die Wolken verdunkeln sich hinter den Gebirgen Ladakhs. Vor dieser Kulisse steht ein ernst schauender Familienvater in verdreckter Kleidung auf der Ruine seines Hauses. Dieses wurde vor kurzem von einer Springflut niedergerissen. Neben ihm sitzt seine Frau und hält das gemeinsame Kind auf dem Schoß. Ihr Blick richtet sich direkt in die Kamera, seiner schweift daran vorbei. Verwüstete Orte, angespannte Mienen, im Hintergrund Natur – aus diesen Ingredienzien komponieren die Fotografen Mathias Braschler und Monika Fischer viele ihrer Schicksalsbilder des Klimawandels, die seine globale Realität und Bedrohlichkeit einfangen sollen (Braschler et al., 2011). Es handelt sich um Bilder, die über einen Wandel berichten sollen, ohne ein Sich-Wandelndes abzubilden. Es sind statische Motive, die auf etwas Nichtabgebildetes, welches die Symbolik des Bildes steuert, verweisen sollen. Der abgebildete Augenblick erhellt sich nur auf lange Sicht.

In der Wissenschaft gelten für jede Bezugnahme auf den Klimawandel bestimmte Kriterien. So gelten Wetterextreme nur dann als wahrscheinlicher Ausdruck des Klimawandels und eben nicht als Zeichen der natürlichen Klimavariabilität, wenn sie sich konsistent in die Zukunftsszenarien von Klimamodellen einreihen lassen oder mit beobachteten Temperaturveränderungen und daran gekoppelten Prozessen übereinstimmen. Ein solches Bedingungsgefüge kontrastiert mit der beliebigen Setzung von Klimaereignissen. Zwar werden auch in dem Bildband *Schicksale des Klimawandels* alle Fotos kommentiert und mit einem Begleitwort versehen, aber alle Skepsis und alle Verwinkelungen innerhalb der globalen Klimakommunikation scheinen sich in Momentaufnahmen der Gefährdung zu verdichten und aufzuklären. Sie dokumentieren die Gewissheit der Betroffenen und berühren die Überzeugungen des Betrachters.[1]

Woran kann sich die Diagnose eines gefährlichen Klimawandels aber orientieren, wenn ein radikaler Subjektivismus selbst zur Wissenschaft erhoben wird?

---

1   So wird Monika Fischer in dem Einführungstext des Sammelbandes folgendermaßen zitiert: „Als wir in all diesen Ländern unterwegs waren, haben wir gesehen, was der Klimawandel konkret bedeutet" (Watts, 2011, S. 11).

Um diese Frage zu diskutieren, werden hier (wissenschaftliche) Visualisierungen eines gefährlichen Klimawandels herangezogen. Sie wurden aus verschiedenen Dokumenten ausgewählt: dem 4. Sachstandsbericht des *International Panel on Climate Change* (IPCC); den Verwundbarkeitskarten der Forschungsgruppe um Karen O'Brien und dem Sammelband der *Navdanja Research Foundation* über den Klimawandel im Himalaya. Die visuelle Soziologie verortet und begreift Bilder im konkreten Zusammenhang mit der sozialen Praxis. Dieser Kontakt zum Sozialen wird an dieser Stelle, ähnlich wie bei diskursanalytischen Techniken, durch den sie umgebenen Text gewährleistet.[2] So besteht das Material dieses Artikels überwiegend aus anderen Artikeln und ihren internen Konfigurationen von Text und Bild, die nach globalen und lokalen Visualisierungen des Klimawandels geordnet werden. Hinter der Unterscheidung von global und lokal verbirgt sich meist eine Differenzvermutung. Dieser wird in diesem Aufsatz durch die Zusammenschau von High- und Low-Tech, konkreten und abstrakten, nahen und fernen Darstellungen nachgegangen. Im Rahmen dieser Betrachtungen wird auch die fragliche Beziehung zwischen akademischer und nicht-akademischer Klimadiagnose thematisiert. Mit Absicht wird in diese Opposition von global und lokal etwas Drittes eingefügt: die regionale Auflösung. Klimaforschung besteht zu großen Teilen darin, unterschiedliche Skalen miteinander zu vermitteln, um Diagnosen zu schärfen, zu kontextualisieren oder anwendbar zu machen. Solche Vermittlungsbemühungen werden in diesem Beitrag zunächst unter dem Latourschen Begriff der Zirkulation aufgegriffen. Später mündet dieser Begriff in eine breitere Diskussion der kategorialen Grundlagen visueller Soziologie. Nur teilweise treten die hier verwendeten Bilder auch in denselben Texten und Forschungszusammenhängen auf. Dennoch bestehen zwischen den unterschiedlichen Elementen dieses Beitrags Gemeinsamkeiten. Sie nehmen nicht nur dieselbe Perspektive ein, sprich überblicken die Welt von oben; sie behandeln auch das gleiche Thema: gefährlicher Klimawandel in Indien.[3] In der Passage von globalen über regionale zu lokalen Illustrationen wird deutlich, welche Funktionen diese Ebenen füreinander übernehmen. Die einzelnen Bilder werden so zu einem Relais einer unabgeschlossenen Entfaltung des Gegenstands. Ihr Zusammenspiel ermöglicht eine multiperspektivische Klimadiagnose, die nicht durch die Unterschiedlich-

---

2   Damit ist kein generelles Votum für diskursanalytische Techniken verbunden. Eine systematische, weiterführende Untersuchung über die Kombinatorik visualisierten Wissens könnte auch verschiedene qualitative und quantitative Verfahren miteinander verbinden, je nachdem, welche sozialen Bilddynamiken von Interesse sind.

3   Gefährlicher Klimawandel ist ein etablierter Begriff der internationalen Klimapolitik (siehe u. a. UNFCC, 1992).

keit epistemischer Kulturen, sondern eher durch einen zu engen Begriff von Wissenschaft gestört werden würde.

In soziologischen Debatten nimmt der Klimawandel in den letzten Dekaden zunehmend Platz ein. Bereits gegen Ende der 1990er Jahre plädierte Christoph Görg dafür, die grundlagentheoretische Bedeutung gesellschaftlicher Naturverhältnisse ernst zu nehmen und das Inseldasein der Umweltsoziologie zu überwinden (Görg, 1999). Nachdem Weingart et al. bereits 2001 eine Untersuchung zum Klimadiskurs in Wissenschaft, Politik und Medien veröffentlichten (Weingart et al., 2001), haben vor kurzem zwei Sammelbände einen Überblick über die verschiedenen sozialwissenschaftlichen Dimensionen globaler Umweltveränderungen gegeben. Die Diskussion umfasst dabei institutionelle und weltgesellschaftliche Dynamiken, diskursive Rahmungen, Ethnografien der Wahrnehmung und sozialer Reaktionsweisen sowie die soziologischen Grundlagen von Anpassungs- und Vermeidungsstrategien (Voss, 2010; Welzer et al., 2010). An einer Anthropologie des Klimawandels wird vor allem in der englischsprachigen Diskussion gefeilt (u. a. Crate et al., 2009). Die intensivere Thematisierung des Klimawandels koppelt sich mit den weiten Kreisen, welche von der Akteur-Netzwerk-Theorie in den Sozial- und Kulturwissenschaften gezogen werden. Darin wird der Klimawandel zum exemplarischen Anhaltspunkt einer neuen Sozialontologie erhoben (u. a. Latour, 2007).

Die Visualität des Klimawandels ist ein wiederkehrendes Thema, das in den Texten zahlreicher internationaler Autoren behandelt wird. Ulrich Beck schreibt, im Anschluss an seine Theorie der Weltrisikogesellschaft, Bildern die Funktion zu, ein ungreifbares, komplexes Klimasystem kulturell verständlich zu machen (Beck, 2010). Wie eine solche Signifikation aussehen kann, hat Kate Manzo anhand der Ikonografie zivilgesellschaftlicher Organisationen untersucht. Dabei konstatierte sie die gesellschaftliche Tendenz, eine schon jetzt ablaufende Klimakatastrophe zu suggerieren (Manzo, 2009). Klimasimulationen werden häufig zum Gegenstand der Analyse. Gabriele Grammelsberger hat deren Illustrationen als quantitative Bilder bezeichnet, die durch extreme, computerisierte Rechenleistungen erzeugt werden und eine Welt des Möglichen, nicht des Wirklichen vorführen (Grammelsberger, 2010). Für die in Klimamodellen versteckten sozialen Normen hat sich David Demeritt interessiert. Zwar würden dabei stets verschiedene Entwicklungspfade ausgewiesen, die aber nur den gesellschaftlichen Status quo variierten (Demeritt, 2001). Gegenüber den abstrakten und technisch sauberen Modellen verweist Sheila Jasanoff auf alternative Weltbilder aus dem globalen Süden, die auch auf großen Maßstabsebenen humane Züge tragen würden (Jasanoff, 2004).

Um die Vielfalt von Wissensformen und Darstellungsweisen wird es auch in diesem Beitrag gehen. Der Fluchtpunkt dieser explorativen Bestandsaufnahme, die sowohl ein empirisches Feld als auch einen theoretischen Argumentationsraum absteckt, liegt dort, wo sich diese Differenzen vermitteln und in der Imagination eines risiko- und facettenreichen „Erdsystems" zusammen laufen.

1. Der globale Blick

Die Darstellung der globalen Dimension verschiedener Phänomene (Geburtenrate, Güterhandel etc.) ist innerhalb und außerhalb der Wissenschaft üblich geworden. In diesem Fall richtet sich der globale Blick auf eine Atmosphäre, deren Klimazonen nationale Grenzen nicht respektieren und dennoch vor ihrem Hintergrund, einem politisch geordneten Ereignisraum, erscheinen. Die Visualität eines gefährlichen Klimawandels wird hier zunächst anhand einer Illustration aus dem 4. Sachstandsbericht des Intergovernmental Panel on Climate Change (IPCC) demonstriert. Der IPCC ist die prominenteste Institution der Klimaforschung. Er erstellt regelmäßig eine disziplinäre Gesamtschau und bewertet neue Erkenntnisse. Seit seiner Gründung arbeitet der IPCC an einer engen Verzahnung von wissenschaftlichem Wissen und politischem Handeln (Conrad, 2010, S. 102). So beinhalten die Berichte des IPCC auch stets eine *Zusammenfassung für politische Entscheidungsträger*. Durch die Grenzfunktion des IPCC haben Bilder eine große Bedeutung für ihn, da sie die Kommunikation wissenschaftlichen Wissens erleichtern.

Die modellierte Zukunft ist eines der begehrtesten Produkte der Klimaforschung. Dabei präsentiert der IPCC genaugenommen eine Vielzahl von Zukünften. Diese Pluralisierung eines kommenden „Erdsystems" ergibt sich aus den disparaten Entwicklungsoptionen der Weltgesellschaft, mit denen auch die Treibhausgaskonzentrationen variieren. Das folgende Bild einer solchen Zukunft stammt aus eben jener Zusammenfassung für politische Entscheidungsträger. Es stellt die Ergebnisse eines *Atmosphere Ocean General Circulation Models* dar. Darin wurde die Erwärmung der Erde von 2090 bis 2099 gegenüber dem Zeitraum von 1980 bis 1999 auf der Grundlage computergestützter numerischer Berechnungen simuliert (siehe dazu Storch et al., 1999; Grammelsberger, 2010). Die zugrunde liegenden Treibhausgasemissionen wurden im Rahmen des Emissionsszenarios A1B SRES[4] bestimmt.

---

4   A1B SRES zeigt das Klima in einer Welt, die von ungebremstem Wirtschaftswachstum, der
     schnellen Ausbreitung effizienter Technologien und einer Angleichung der globalen Einkom-

Abbildung 1

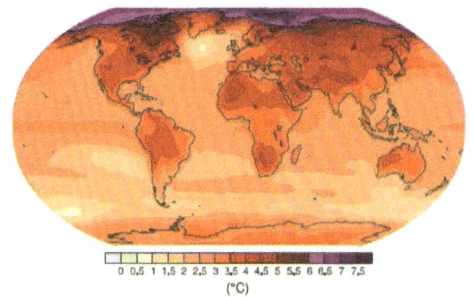

Quelle: IPCC, 2007, S. 10

Was wird hier gezeigt? Die Einfärbung von durchschnittlichen Temperaturdifferenzen macht eine Relation von Zahlenwerten sichtbar. Die Unterscheidung von wärmer oder kälter wurde in die Homologie von dunkler oder heller übersetzt – die Erde scheint zu glühen. Neben der Temperaturdifferenz tritt auch eine zweite Unsichtbarkeit hervor: Eine potenzielle Zukunft gerinnt zur publizierten Gegenwart der Darstellung. Die Vision der Klimakatastrophe wurde dabei in ein Cluster orange-roter Sphären codiert. Von möglichen Gefährdungen künden die roten und lilafarbenen Flächen aber erst durch ihre textuelle Einbettung. Die meisten der prognostizierten Schäden (steigende Wasserknappheit, erhöhte Hitze-Mortalität etc.) setzen bei hohen durchschnittlichen Temperaturen ein und intensivieren sich parallel zum Temperaturverlauf (IPCC, 2007, S. 11). Durch den globalen Blick zeigt sich ein Weltganzes, das nach mehreren Parametern in sich differenziert ist. Territoriale Grenzen werden darin durch regionale Klimazonen überlagert. Auf diese Weise konkretisiert sich die universelle Kennziffer der globalen Treibhausgaskonzentration in je besonderen Temperaturtrends.

Der gefährliche Klimawandel zeigt sich mithin als doppelte Eventualität: Mögliche Auswirkungen des Klimas werden mit der Wahrscheinlichkeit, von diesen betroffen zu sein, kombiniert. Das eindrucksvolle Bild des heiß gelaufenen Globus rüttelt auf. Aufgrund seiner Grobkörnigkeit und Pfadabhängigkeit bleibt es in seiner subjektiven wie politischen Bedeutung allerdings interpretationsbedürftig.

---

men gekennzeichnet ist. Dabei geht die Weltbevölkerung, nachdem sie 2050 ihr Maximum von neun Milliarden erreicht hat, langsam zurück (IPCC, 2007, S. 147f.).

2. Regionalisierung als ein Ringen mit der Auflösung

In einem globalen Maßstab bietet die Klimaforschung nur vage Orientierungen an. Ihre Darstellungen lassen sich aber durch regionale Analysen räumlich verfeinern. Während sich die globalen Modelle bestenfalls aus Bildpunkten mit einer Größe von 150x150km zusammensetzen, lassen sich die Einheiten in ihrer regionalen Variante auf bis zu einen Kilometer verkleinern. So erhellt sich, inmitten globaler Veränderungen als Randbedingungen des Modells, die Sicht auf ein begrenztes Areal.

Ein solches regionales Szenario wurde in der Studie *Climate Change and Globalization in India* entworfen. Ein Team von Wissenschaftlern erstellte darin ein *Vulnerability-Mapping*, das die Anfälligkeit einzelner Landkreise gegenüber dem Klimawandel und dem ökonomischen Druck der Globalisierung aufzeigt (O'Brien et al., 2004). Die Verwundbarkeit gegenüber dem Klimawandel wurde dabei so definiert, dass sie zwischen den gegenläufigen Indikatoren der Empfindlichkeit gegenüber Klimaänderungen (Climate Sensitivity Index – CSI) und der örtlichen Anpassungsfähigkeit bestimmt wird. Der CSI besteht wiederum aus zwei Indikatoren: der Abhängigkeit vom Monsunregen und der generellen Trockenheit einer Region. Dieser CSI wurde nun zweimal berechnet, das eine Mal auf Grundlage von Wetterbeobachtungen von 1960-1990 (observed) und das andere Mal im Rahmen eines Klimamodells für den Zeitraum von 2041-2059 (exposure). Um die genaue Verwundbarkeit eines Bezirks zu kalkulieren, wurden Belastungen mit einer eventuell kompensatorischen Anpassungsfähigkeit verrechnet. Bei dieser *Adaptive Capacity* werden biophysische, technologische und soziale Verwundbarkeiten nebeneinander gestellt und abgewogen (ebd., S. 303ff.).

In diesen Ergebnissen wird etwas anderes sichtbar als im globalen Blick des IPCC, auch wenn die Ebene mathematischer Illustrationen nicht verlassen wird. Es treten keine zukünftigen, weltweiten Temperaturdifferenzen hervor, sondern die kalkulierte, durchschnittliche Verwundbarkeit eines Bezirks im Verhältnis zu seiner regionalen Umgebung wird sichtbar. Präsentiert wird ein arithmetischer Durchschnittswert, der auf eine Art verallgemeinerte Handlungsdisposition hinweisen soll. Die indische Gesellschaft erscheint als Mosaik, innerhalb dessen die Empfindlichkeit gegenüber dem Klimawandel mit dem territorialen Standpunkt variiert. Der Unterschied zur Darstellung des IPCC liegt somit nicht nur in der Auflösung des über der Erde schwebenden Blicks, sondern auch im Erkenntnisgegenstand, der nicht aus Umweltprozessen, sondern aus einem generalisierten Handlungsvermögen besteht. Ausgestellt wird eine „current vulnerability to future climate change across districts" (ebd., S. 303). Mittels der Karten lassen sich strukturelle Problemlagen identifizieren, die anschließend politisches Handeln

Abbildung 2

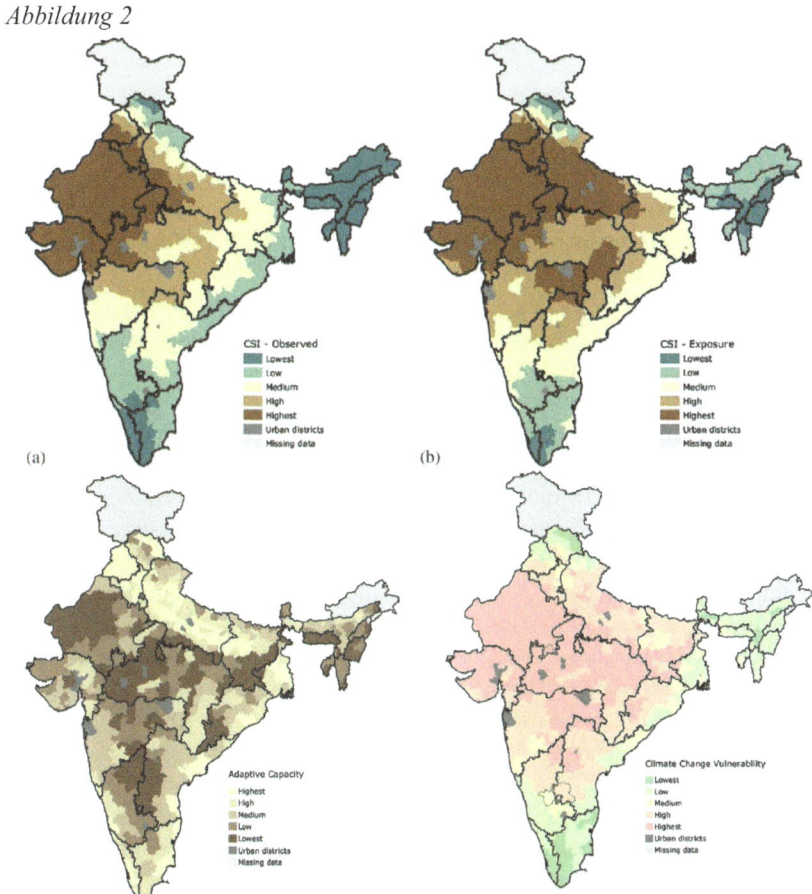

Quelle: O'Brien et al., 2004, S. 304

steuern oder aber weitere Forschung anregen können. An quantitative Daten können beispielsweise qualitative Untersuchungen anschließen. Mit einem entsprechenden Forschungsdesign hat auch das Team um Karen O'Brien Makro- und
Mikroperspektiven kombiniert. Um tatsächliche Gefahren, politische Bedingungen und Anpassungsstrategien zu erfassen, müssen nicht nur allgemeine Szenarien erstellt werden, sondern die je bewohnten und genutzten Orte und Flächen

begutachtet werden. Das Regionale verweist auf das Lokale in der fortschreitenden Erkundung von Gefahrenräumen.

3. Lokale Nahaufnahmen der Gefährdung

Lebensweltliches Wissen bildet den epistemologischen Kern in den Untersuchungen der *Navdanja Research Foundation*, einem Netzwerk von Biobauern und
Saatgut-Produzenten. Im Vergleich zu den quantitativen Bildern zuvor werden
die Visualisierungen des Klimawandels dort um die hohe Auflösung der Wahrnehmung, dem Erleben der Augenzeugen erweitert, die aber ebenso über den Umweg schematisierter Darstellungen artikuliert werden. Navdanja hat den Klimawandel im Himalaya mit diversen Methoden dokumentiert. Dabei konzentrierte
sich das Forschungsinteresse auf die direkten Konsequenzen für die ansässige Bevölkerung. Zu diesem Zweck wurde eine partizipative Studie durchgeführt, die
hunderte Interviews, öffentliche Versammlungen und die vertiefte Zusammenarbeit mit ausgewählten Gemeindesprechern umfasste. Diese wissenschaftliche
Orientierung an den verwundbaren Subjekten manifestiert sich in besonderen
Darstellungspraktiken. Die Zeichnung unten dokumentiert die Folgen eines Kli-
maereignisses, d. h. einem punktuellen Geschehen, das mit einem langfristigen
Trend korreliert. Sie stammt aus dem Bericht *Climate Change Impact Analysis of
Ladakh, Western Himalaya.* Darauf sind die Folgen einer Flut im Jahr 2006 sichtbar (Kumar, 2009). Anschaulich wird dies allerdings nur im Kontrast zu einer
anderen Darstellung in einem Vorher-Nachher-Vergleich, der hier auf den späteren Zustand verkürzt wurde.

In der gepunkteten *affected area* des Rongjuk Villages standen früher Häuser
in direkter Nähe zu bepflanzten Feldern. Von den insgesamt vierzehn Gebäuden
blieben nur elf Häuser erhalten. In Anzahl und Größe schrumpften ebenfalls die
Acker- und Weideflächen. Die damalige Flut wird durch das Bild als Vorgang der
Verdrängung und Vernichtung sichtbar. In der Einfachheit der Zeichnung drückt
sich eine epistemische Kultur aus, die durch simple graphische Mittel den Le-
bensverhältnissen verwandt bleibt, welche sie dokumentiert. Navdanja möchte die
vermeintlichen Folgen des Klimawandels authentisch abbilden. Die Auswirkungen werden nicht in glatten Illustrationen digital aufbereitet, sondern mit Bunt-
stiften gemalt. Während ihrer Dorfbesuche fertigten Mitarbeiter beispielsweise
eine Ortsskizze an, die am Ende von den Bewohnern signiert wurde (Singh Rawat, 2009, S 47). Die wissenschaftlichen Präsentationsmittel unterscheiden sich
nicht von den Kulturtechniken der Dorfbewohner. Dieser kulturellen Einebnung

Abbildung 3

Quelle: Kumar, 2009, S.65

entspricht der proklamierte Anspruch, keine Hierarchien zwischen den formali-
sierten Wissensbeständen der Organisation und den Gewissheiten ihrer Koope-
rationspartner aufzubauen. Hinzu kommt eine zweite Dimension der Nähe: der
Klimawandel wirkt hier auf subjektiv relevante Einheiten der Wahrnehmung, zum
Beispiel Häuser und Anbauflächen. Es wird keine zukünftige Gefahr gezeigt oder
das Vermögen eines Kollektivsubjekts, sondern die erinnerte Veränderung des
Lebensraums. Der Begriff der „barefoot scientists" benennt diese verringerte Distanz (Shiva, 2009,S. XII). Es gehört zur Performanz der Zeichnung, dass sie im
Text als Beispiel indigenen Wissens aufgeführt wird, wobei ihr relativer Inhalts-
reichtum eine adäquate Repräsentation verspricht.[5]

---

5   Der These vom Klimawandel am Himalaya wurde z. T. widersprochen . Der Gletscherforscher
    R. K. Ganjoo bspw. hat in seinen Untersuchungen Daten zusammengetragen, darunter auch
    Fotografien, mit denen er die Trägheit der Gletscher in der Region Ladakh belegen will. Aus
    einer geologischen Perspektive mahnt Ganjoo zur Zurückhaltung, da die Beobachtungen un-
    einheitlich seien und die natürliche Variabilität berücksichtigt werden müsse (Ganjoo, 2009,
    S. 77ff.). Vandana Shiva weist diese skeptischen Anmerkungen zurück, indem sie zwischen
    einer „geological time scale" und einer „human time scale" unterscheidet (Shiva, 2009, S. xii).
    Eine Wandlung, die in erdgeschichtlichen Bahnen zwar geringfügig und wissenschaftlich

4. Zirkulation: Bildertransfer und -kombination

Subjektives Erleben in schwacher Formalisierung und fernab der globalen Metropolen ist nicht prinzipiell das Andere einer hochtechnologisierten Klimaforschung. Wie die Studie von Karen O'Brien et al. belegt, sucht diese ebenfalls die Nähe zu den Folgen des Klimawandels, um den Deckungsgrad von generalisierten Gefahrenzonen und gefährdeten Positionen zu optimieren. Umgekehrt greift auch Navdanja auf die Bilder der „Spitzenforschung" zurück, um die eigenen Untersuchungen makroskopisch zu untermauern. Augenfällig wird dies an einer Illustration des Gangotri-Gletschers. Navdanja und der IPCC benutzen dasselbe satellitengestützte NASA-Protokoll zurückweichender Gletschermassen, um den Klimawandel in Südasien zu dokumentieren (IPCC, 2007, S 494; Shiva et al., 2009, S. 12). Die Visualisierung regionaler Größen – die Gletscher des Himalayas sind in ihrer lebenserhaltenden Funktion nicht nur lokale Bezugspunkte – erweist sich hier als Zwischenglied. Sie organisiert die Übergänge zwischen globalem Klimawissen und lokalen Prioritäten und erweitert die Symbolik ortsgebundener Erfahrungen.[6]

Welche Schlüsse ergeben sich nun für die visuelle Soziologie? Man könnte die globale Zirkulation von Bildern nach dem Modell eines „immutable mobile" denken (Latour, 2006b). Ein Bild lässt sich demnach über den Globus verfrachten, da es trotz weiter Wege seine optische Konsistenz behält. Nicht nur die innere Relation seiner optischen Elemente, sondern auch seine äußere Wirkung auf mögliche Rezipienten, bleibt vom Transport unberührt. Was für das Labor gilt, das nicht in Dichotomie zu seinem Außen existiert, weil sich die Anwendungsbedingungen seiner Produkte nachbauen lassen (Latour, 2006a, S. 116), scheint auch für die Wahrnehmung von Bildern zu stimmen.[7] Die Evidenz des Bildes wird auf zwei Ebenen garantiert: durch die Konstanz seiner Elemente und die stabilisierte Gleichförmigkeit der Lesarten. Regula Valerie Burri spricht von „sozio-technischer Rationalität", um zu beschreiben, wie die Fabrikation eines Bildes mit einem geordneten sozialen Resonanzraum verklammert ist. In der Anlage des Begriffs greift sie gleichsam auf die Techniksoziologie der Akteur-Netzwerk-Theorie

---

nicht signifikant sei, könne in ihren individuellen Konsequenzen jedoch katastrophal sein. Klimaforschung kann sich somit auch als antagonistische Bilderwelt zeigen.

6   Tatsächlich finden Kreisbewegungen des Wissens statt, was sich exemplarisch an der Person Vandana Shivas zeigt. Sie selbst hat in den 1980er Jahren mehrere Hektar Land bestellt, um eine Demonstrationsanlage für ökologische Landwirtschaft aufzubauen. Der Klimawandel erscheint nun einerseits als neue Herausforderung für diese bäuerliche Praxis (Shiva, 2008), andererseits nutzt Vandana Shiva ihre Auftritte auf internationalen Konferenzen dazu, Bio-Landwirtschaft als emissionsarme Gegenstrategie zu bewerben.

7   Auch Karen Knorr Cetina konstatiert einen „Tunneleffekt", der visualisiertes Wissen umgibt und seine Interpretationsmöglichkeiten beschränkt (Knorr Cetina, 2001, S. 306).

zurück wie auf den Strukturalismus Bourdieus. Dieser ist insofern relevant, als dass eine Darstellung zumindest prinzipiell verschiedene Anschlusshandlungen hervorrufen kann, während die habitualisierten Sehgewohnheiten ihrer Betrachter diesen Möglichkeitsraum praktisch beschränken (Burri, 2008, S. 249ff.). Die Zirkulation von Bildern könnte demnach als globaler Wissenstransfer aufgefasst werden, als eine sozio-technische Rationalität im Weltmaßstab.

Die zirkulierende Gangotri-Installation bestätigt diese Annahme einerseits; ihr schwankender Status mahnt andererseits dazu, die Grundbegriffe einer visuellen Soziologie weiter zu fassen, so dass sie das Gleichbleiben wie die Verwandlung visueller Eindrücke gleichsam beschreiben können. Die graphischen Relationen der visualisierten Eisschmelze bleiben unabhängig von den Kontexten, in denen diese erblickt wird, intakt. Während der denotative Gehalt sich wiederholt, verschieben sich seine Konnotationen. Ein Bild, das im Kontext des IPCC als ultimativer Hinweis auf den südasiatischen Klimawandel gilt, kann bei Navdanja nur die sekundäre Bestätigung einer vorrangigen Wahrheit des Subjekts sein. Zwischen dem IPCC und Navdanja kehren sich die epistemischen Hierarchien um. Während das „best scientific judgement" für gewöhnlich nur vom IPCC und anderen Institutionen der akademischen Klimaforschung zu erwarten ist (Jasanoff, 2011, S. 23), entspringt Klimawissen bei Navdanja aus den hautnahen Urteilen der „barefoot scientists". Der soziale Zweck, der das Bild des Gangotri Gletschers funktionalisiert, verdoppelt sich. Seine darstellende Kraft wird vom Wechsel der Anwendungsbereiche nicht ausgelöscht.

Auf den Umlaufbahnen seiner globalen Distribution kann ein Bild verschiedene Milieus durchqueren. Dass Bourdieu den Habitus als eine globale Struktur der Praxisgenese verstanden hat, zeigen seine Studien in der Kabylei. Sicherlich fehlt es hier an einer systematischen Kartographie, aber die Differenz der obigen Darstellungsweisen ist auch ein Hinweis auf heteronome Modi der Produktion und Rezeption von Bildern. Im disziplinären Habitus von Wissenschaftlern ist sicherlich eine Vorliebe für gewisse Darstellungsformen vorhanden. Die Präzision der computergenerierten Linie wird der Unsauberkeit des Buntstifts für gewöhnlich vorgezogen. Dennoch kann die „illusio" von Wissenschaftlern verschieden strukturiert sein (Bourdieu, 2001, S. 210ff.). Je nach disziplinärer und globaler Herkunft glauben sie an unterschiedliche Wissensformen und lassen sich von anderen Bildern beeinflussen.[8]

---

8   Diese inkorporierte Präferenz ist vor allem dann ausschlaggebend, wenn zwei Inskriptionen, sprich im Sinne der Akteur-Netzwerk-Theorie belastbare Wissensansprüche, miteinander konkurrieren – wie bei der umstrittenen Diagnose des Klimawandels im Himalaya.

Generell erhält sich in jeder besonderen Konfiguration von visuellen Erzeugnissen und sozialem Raum, in der sich Sehgewohnheiten etablieren, eine Spannung, die auf weitere Möglichkeiten der Anordnung von Bild und Praxis verweist. Zunächst wäre damit allein die Kontingenz des gesellschaftlichen Lebens unterstrichen. Etwas Neues kommt erst in den Blick, wenn man beachtet, wie durch die Zirkulation der Gangotri-Illustration ihre Bedeutung zu oszillieren beginnt und sich die sozio-technischen Rationalitäten überlagern. Während mit diesem visuellen Zitat einerseits auch der herkömmliche Wahrheitsanspruch akademischen Wissens überliefert wird – schließlich soll es auch bei Navdanja die Realität des Klimawandels bestätigen – wird dieser andererseits relativiert und herabgestuft. Für Bilder gilt mithin dasselbe wie für sprachliche Zeichen: Ihre wiederholbare Verwendung stört tendenziell jede Schließung der Bedeutung. Eine recht verstandene Iterabilität des Bildes, mit der sich die sozio-technische Rationalität vervielfacht und ihr Wirkungsradius verwischt wird, ist deshalb instruktiv bei der begrifflichen Grundlegung visueller Soziologie.[9]

5. Schwindelerregende Einblicke in eine gemeinsame Welt

Ein Poststrukturalismus schwankender Rationalität geht nahtlos in postkoloniale Hybridisierungen über. Wenn Bilder als „immutable mobiles" deklariert werden, erscheinen sie zunächst als Agenten einer globalen Angleichung des Blicks. Ihre Zirkulation, an der dieser Artikel wohlgemerkt teilhat, bietet aber, wie gezeigt, auch ein Einfallstor für disparate Anwendungen oder herausfordernde Collagen. Aus dem Nebeneinander der Klimaprognose des IPCC und der Zeichnung des Rongjuk-Villages, ergänzt um die Mittler regionaler *Vulnerability-Mappings* und eines schwindenden Gangotri-Gletschers, entspringt eine schwindelerregende Multiperspektivität. Was hier wankt, ist a) der Begriff von Wissenschaft und b) die Vorstellung von der gültigen wissenschaftlichen Darstellungsform.

Die metonymischen Motive der Hybridisierung und des Schwindels sind in der postkolonialen Theorie weit verbreitet. Sie werden in unterschiedlichen Praktiken und Situationen relevant: in der Begegnung zwischen indigenen und globalen Eliten (Verran, 2001); durch eine dekonstruktive Lektüre, welche die dissonanten Stimmen der Unterdrückten freilegt und den Lesenden in einen delirischen

---

9   Für einen sozialtheoretisch profilierten Begriff der Iterabilität des Zeichens siehe Powalla 2011.
     Es wäre sicherlich instruktiv, diese von Derrida ausgehende Diskussion mit dem kultur- und
     sozialwissenschaftlichen Begriff der Übersetzung zusammenzubringen, da sich in beiden
     konzeptionellen Strängen innovative Formen finden, um das große, transdisziplinäre Thema
     von Identität und Differenz zu bearbeiten.

Zustand versetzt (Spivak, 1988) sowie in der liminalen Lage immigrierter Minderheiten, die innerhalb fremder Nationen beständig auf ihre Andersheit zurückgeworfen werden, ohne jemals wieder zurückzukehren (Bhabha, 2000). Interessanterweise verknüpft Bhabha die gegenläufige, phantasierte Reinheit der Nation mit einer Ordnung des Sehens: „Die immer wiederkehrende Metapher der Landschaft als Innenraum nationaler Identität betont die Güte des Lichtes, die Frage der Einsehbarkeit der sozialen Verhältnisse, die Fähigkeit des Auges, sich an die Rhetorik von der nationalen Zugehörigkeit und ihren kollektiven Ausdrucksformen anzupassen" (Bhabha, 2000, S. 213). Das Nationale existiert, indem es die „Fetzen, Flecken und Lumpen" des alltäglichen Lebens in Zeichen einer zusammenhängenden Kultur verwandelt (ebd., S. 217).

Über eine solche Identifizierung realisiert sich auch der Klimawandel als sinnhafte Wirklichkeit. Er erstreckt sich in der Zeit und erscheint niemals unmittelbar. Eine solche Offenbarung kann auf zwei Weisen geschehen. Erstens, indem tatsächliche Veränderungen der Lebenswelt zu Indizien eines generellen Wandels werden. Zweitens, indem die Graphiken der Klimamodellierung eine zukünftige Welt hervortreten lassen, die das ungefährliche Heute in ein Kontinuum mit einem katastrophalen Morgen tauchen. Obwohl die hier versammelten Bilder des Klimawandels heterogenen Wissenschaftskulturen entspringen und von gegensätzlichen Sichtweisen begleitet werden,[10] tritt in ihnen auch etwas Gemeinsames hervor: eine sich wandelnde Umwelt, die Anlass zur Sorge und zu engagiertem Handeln gibt. Das ist die dominierende Fluchtlinie der globalen Umwelt- und Klimadiskussion. Sie bildet das geteilte Band, um das ihre kulturellen und epistemischen Differenzen kreisen. Dazu passend hat Sheila Jasanoff beschrieben, wie das aus dem Weltall aufgenommene Bild der Erde verschiedene Vorstellungen von einer „planetary togetherness" angeregt hat (Jasanoff, 2011, S. 30).[11]

In dieses globale Zusammenleben geht eine postkoloniale Hybridität des Sehens ebenso ein wie die Zirkulation visueller Objekte (trotz der vorgetragenen Kritik an einem vereinfachenden Transfermodell bleibt dieses nicht ohne prak-

---

10 Aus einer solchen postkolonialen Perspektive wäre sicherlich auch Stichwehs Annahme zu befragen, wonach das globale Wissenschaftssystem um alle konkurrenzfähigen Heterodoxyen bereinigt ist (Stichweh, 2000, S. 170). Dem lässt sich entgegnen, dass der Subjektivismus Navdanjas die unter Sozial- und Kulturwissenschaftlern weit verbreitete Skepsis anspricht, wonach die Typisierungen der eigenen Analyse grundsätzlich durch die irreduzible Diversität der Daten angefochten werden können (Knoblauch, 2008, S. 230).

11 Sheila Jasanoff weist zugleich auf die Eigensinnigkeit von indischen Illustrationen globaler Umweltprobleme hin, die oftmals menschlichere Züge tragen (Jasanoff, 2004, S. 46ff.). Daran anschließend müssen hier die religiösen Assoziationen erwähnt werden, die sich bei Navdanja in der Idee einer „Mutter Erde" verdichten (Shiva, 2008, S. 20f.). Aber auch wenn man partielle Inkommensurabilitäten anerkennt, bleiben gewisse Homologien und geteilte Fluchtlinien zwischen den Klimadiskursen des *Westens und Ostens* bzw. *Nordens und Südens* erhalten.

tische Wirkung). Zugleich werden die dahinter stehenden Logiken neu befragt: Wie verhalten sich die Identität und die Differenz der Bedeutung von Bildern bei deren Weitergabe? Mit welchen Begriffen lässt sich die Gleichzeitigkeit dieser Momente fassen? Diese beiden Modelle sind auch bei der Diagnose eines gefährlichen Klimawandels relevant: Eine schwindelerregende Multiperspektivität trägt ebenso wie die Zirkulation von Bildern dazu bei, diesen komplizierten Gegenstand aufzuklären, der beständig dazu tendiert, in seiner Zukünftigkeit wie in seiner geographischen Breite zu entschwinden. Erstens werden Bilder durch ihre Zirkulation global verfügbar, wodurch sie gemeinsame Horizonte stiften können. Zweitens kann die Vervielfältigung der visuellen Eindrücke wie der sie interpretierenden Sichtweisen eine nur vage Vorstellung globaler Realität bereichern und falsche Verallgemeinerungen herausfordern. Letzteres setzt allerdings voraus, dass der Begriff von Wissenschaft und gültigen Visualisierungen nicht zu eng gefasst wird. Der konzeptionelle Schwindel wird dann zum reflexiven Moment der Erkenntnis und das verteilte Bildwissen zu den Fragmenten globaler Imagination. Ein gefährlicher Klimawandel erscheint so als ein Mosaik aus Bildpraktiken, die jeweils Auflösungen verbessern oder den Fokus verschieben. Es handelt sich hierbei um eine pluralistische Sehordnung und nicht um ein reines Transfersystem. Zugleich prädestiniert die wesentliche Eigenschaft des Bildes, nämlich Sichtbarkeit zu arrangieren und Wissen visuell zu übersetzen, Abbildungen dazu, Prozesse globaler Vergemeinschaftung voranzutreiben, die quer zur Heterogenität der Sprachen, aber nicht fernab von Texten und Worten, auf vereinfachenden Formen der basalen, visuellen Verständigung beruhen.[12]

---

12 Mit Latour könnte man auch davon sprechen, dass es hier darum geht, die Architektur eines Kollektivs zu denken (Latour, 2010). Wenn man dessen Grundstruktur für einen Moment akzeptiert, so ließe sich die Zirkulation der hier präsentierten Bilder auf zwei Ebenen nutzen, um die Integration eines globalen Netzwerkes zu denken: Für die Konsultation, in der sich unterschiedliche Aktanten artikulieren und für die Szenarisierung, die einen Überblick über das Kollektiv ermöglicht und Reaktionen auf einen gefährlichen Klimawandel abstimmt. Wie auch immer man eine solche Konstruktion um die weiteren Säulen des Latourschen Parlaments der Dinge – Hierarchisierung, Institutionalisierung, Gewaltenteilung – ergänzt (Latour, 2010, S. 206ff.) und egal welchen realpolitischen Ort man ihr zuweisen würde, dieser konzeptionellen Blase lässt sich immer ein Nadelstich versetzen. An den Rändern der gemeinsamen Welt sammeln sich die Exkludierten. In diesem Aspekt stimmt Latours Theorie der Kollektive mit vielen anderen soziologischen Theorien überein. Außerhalb des Kollektivs, dem Raum einer bewussten politischen Willensbildung, warten unter anderem jene, die den Klimawandel nicht sehen, weil sie entweder nicht wissen, worin er sich zeigt oder er ihnen schlicht nicht begegnet, weder als faktische Spur noch als Ausblick in die Zukunft.

Literatur

Beck, U. (2010). Klima des Wandels oder wie wird die grüne Moderne möglich? In H. Welzer, H. G. Soeffner, D. Giesecke (Hrsg.), Klimakulturen. Soziale Wirklichkeiten im Klimawandel (S. 33-48). Frankfurt a.M.: Campus.

Bourdieu, P. (2001). Meditationen. Zur Kritik der scholastischen Vernunft. Frankfurt a.M.: Suhrkamp.

Bourdieu, P. (2006). Reflexive Anthropologie. Frankfurt a.M.: Suhrkamp.

Bourdieu, P.& Boltanski, L. (2007). Illegitime Kunst. Die sozialen Gebrauchsweisen der Fotografie. Hamburg: EVA.

Bhabha, H. (2000). Die Verortung der Kultur. Tübingen: Stauffenburg.

Braschler, M., & Fischer, M. (2011). Schicksale des Klimawandels. Ostfildern: Hatje Cantz.

Burri, R. (2008). Doing Images. Zur Praxis medizinischer Bilder. Bielefeld: Transcript.

Conrad, J. (2010). Sozialwissenschaftliche Analyse von Klimaforschung, -diskurs und -politik am Beispiel des IPCC. In: M. Voss (Hrsg.): Der Klimawandel. Sozialwissenschaftliche Perspektiven. Wiesbaden: VS.

Crate, S. (2009). Anthropology and climate change: from encounters to actions. Walnut Creek: Westcoast Press.

Demeritt, D. (2001). The Construction of global warming and the politics of science. In: *Annals of the Association of American Geographers* 91 (2), 307-337.

Ganjoo, R. et al. (2009). Status report on glaciers of Ladakh Region, J&K State, India. In: V. Shiva et al. (Hrsg.): Climate change at the third pole. The impact of climate instability on himalayan ecosystems and himalayan communities (S. 77-87). New Delhi: Navdanja.

Görg, C. (1999). Gesellschaftliche Naturverhältnisse. Münster: Westfälisches Dampfboot.

Grammelsberger, G. (2010). Computerexperimente. Zum Wandel der Wissenschaft im Zeitalter des Computers. Bielefeld: Transcript.

IPCC (2007). Climate change 2007. Synthesis report. Contribution of working groups I, II and III to the fourth assessment report of the intergovernmental panel on climate change. Geneva: IPCC.

Jasanoff, S. (2004). Heaven and earth. The politics of environmental images. In: Sheila Jasanoff et al. (Hrsg.): Earthly politics. Local and global in environmental governance. Cambridge: MIT Press.

Jasanoff, S. (2011). Image and imagination. The formation of global environment consciousness. http://belfercenter.ksg.harvard.edu/files/imagination.rev.pdf Zugegriffen: 3. Oktober 2011.

Knorr Cetina, K. (2001). „Viskurse" der Physik: Konsensbildung und visuelle Darstellung. In: B. Heintz, & J. Huber (Hrsg.): Mit dem Auge denken. Strategien der Sichtbarmachung in wissenschaftlichen und virtuellen Welten (S. 305-320). Zürich: Edition Voldemeer.

Kumar, A. (2009). Climate change impact analysis of ladakh, Western himalaya. In: V. Shiva et al. (Hrsg.): Climate change at the third pole. The impact of climate instability on himalayan ecosystems and himalayan communities (S. 53-66). New Delhi: Navdanja.

Latour, B. (2006a). Gebt mir ein Laboratorium und ich werde die Welt aus den Angeln heben. In: A. Belliger, & D. J. Krieger (Hrsg.): Anthology. Ein einführendes Handbuch zur Akteur-Netzwerk-Theorie (S. 103-134). Bielefeld: transcript.

Latour, B. (2006b). Drawing Things Together: Die Macht der unveränderlich mobilen Elemente. In: A. Belliger, & D. Krieger (Hrsg.): Anthology. Ein einführendes Handbuch zur Akteur-Netzwerk-Theorie (S. 259-307). Bielefeld: transcript.

Latour, B. (2007). Elend der Kritik. Vom Krieg um Fakten zu Dingen von Belang. Zürich: Diaphanes.

Latour, B. (2010). Das Parlament der Dinge. Für eine politische Ökologie. Frankfurt a.M.: Suhrkamp.

Manzo, K. (2009). Imaging vulnerability. the iconography of climate change. In: Area. Royal geographical society, 1-12.

O'Brien, K. et al. (2004). Mapping vulnerability to multiple stressors: Climate change and globalization in india. In: Global environmental change 14, 303-314.

O'Brien, K. et al. (2004b). Mapping vulnerability to multiple stressors: A technical memorandum. Oslo: CICERO.

Powalla, O. (2011). "Who is the real Barack Obama?" Die Grenzen der Kommunikation bei Derrida, Butler und Laclau. München: Grin.

Shiva, V. (2008). Leben ohne Erdöl. Eine Wirtschaft von unten gegen die Krise von oben. Zürich: Rotpunktverlag.

Shiva, V. (2009). Preface. In: Vandana Shiva et al. (Hrsg.): Climate change at the third pole. The impact of climate instability on himalayan ecosystems and himalayan communities (S. XI-XIV). New Delhi: Navdanja,.

Shiva, V.et al. (2009). Himalayan ecosystems and climate change: An overview. In: V. Shiva et al. (Hrsg.): Climate change at the third pole. The impact of climate instability on himalayan ecosystems and himalayan communities (S.1-34). New Delhi: Navdanja.

Singh Rawat, R. (2009): Participatory research on impacts of climate change on people's livelihoods in garhwal himalaya. In: V. Shiva et al. (Hrsg.): Climate change at the third pole. The impact of climate instability on himalayan ecosystems and himalayan communities (S. 35-52). New Delhi: Navdanja.

Spivak, G. (1998). Can the subaltern speak. In: C.Nelson et al. (Hrsg.): Marxism and the interpretation of culture (S. 271-316). London: Macmillan Ecudation Ltd.,.

Stichweh, R. (2000). Weltgesellschaft. Soziologische Analyse. Frankfurt a.M.: Suhrkamp.

Storch, H. von et al. (1999). Das Klimasystem und seine Modellierung. Eine Einführung. Berlin/Heidelberg: Springer-Verlag.

UNFCC (1992): Rahmenübereinkommen der Vereinten Nationen über Klimaänderungen. http//unfccc.int/resource/docs/convkp/convger.pdf. Zugegriffen: 12. Oktober 2011.

Verran, H. (2001). Science and an African Logic. Chicago/London. University of Chicago Press.

Voss, M. (2010). Der Klimawandel. Sozialwissenschaftliche Perspektiven. Wiesbaden: VS-Verlag.

Watts, J. (2011). Schicksale des Klimawandels. In: Mathias Braschler et al. (Hrsg.): Schicksale des Klimawandels (S. 7-11). Ostfildern: Hatje Cantz.

Welzer, H. et al. (2010). Klimakulturen. Soziale Wirklichkeiten im Klimawandel. Frankfurt a.M.: Campus.

Weingart, P., Engels, A., & Pansegrau, P. (2001). Von der Hypothese zur Katastrophe. Der anthropogene Klimawandel im Diskurs zwischen Wissenschaft, Politik und Massenmedien. Opladen: Barbara Budrich.

Angaben zu den AutoreInnen des Bandes

Abel, Thomas (Dipl. Des. M.A.) ist Doktorand an der Bielefeld Graduate School in History and Sociology (BGHS) an der Universität Bielefeld und Wissenschaftlicher Mitarbeiter im Forschungsschwerpunkt (FSP) Fotografie und Medien der FH Bielefeld. Seine Forschungsinteressen liegen im Bereich fotografischer Praxis und Theorie,Visueller Soziologie und Visueller Kultur.

Blanc, Mathias (Dr.) ist „Clemens Heller Fellow" (Fondation Maison des Sciences de l'Homme, Paris – Marie Curie Actions – Thyssen Stiftung), Mitglied des Laboratoire Cultures et Sociétés en Europe (Université de Strasbourg) und Gast des Instituts für Soziologie der Technischen Universität Berlin. Er arbeitet über dokumentarfilmische Gattungen und über die Erhebung und Auswertung der visuellen Materialen, besonders im Bereich der Soziologie der Religion und der Soziologie des Alterns.

Engelmann, Lukas hat Geschichte und Gender-Studies an der Freien Universität Berlin und der Humboldt-Universität zu Berlin studiert und verfolgt derzeit ein Promotionsprojekt mit dem Arbeits-Titel „Krankheitsbild AIDS" im Rahmen des DFG-Graduiertenkollegs „Geschlecht als Wissenskategorie." Neben Wissenschafts- und Medizingeschichte gehören Bildwissenschaften, Gender-Studies und Queer Theory zu seinen Forschungsinteressen.

Englert, Carina Jasmin ist wissenschaftliche Mitarbeiterin am Institut für Kommunikationswissenschaft an der Universität Duisburg-Essen. Ihre Forschungsschwerpunkte sind u. a. qualitative Methoden (insb.Videoanalyse), Kommunikationsdesign und Governance durch Medien als Akteure. In ihrer Dissertationsarbeit hat sie die latente Botschaft von Fernsehserien über Verbrechensaufklärung im Hinblick auf moderne Methoden der Kriminaltechnik und Gerichtsmedizin vor dem Hintergrund des CSI-Effekts untersucht.

Erlemann, Martina ist Physikerin und promovierte Soziologin. Studium der Physik, Wissenschaftsgeschichte und Soziologie in Hamburg und Wien. Wissen-

schaftliche Mitarbeiterin in der Arbeitsgruppe „Geschlechterstudien der Physik"
am Fachbereich Physik der Freien Universität Berlin. Forschungsgebiete: Feminist Science Studies, Technik- und Wissenschaftssoziologie.

Fitsch, Hannah studierte Soziologie und Kunstpädagogik mit Schwerpunkt Neue
Medien an der Johann Wolfgang Goethe-Universität in Frankfurt a.m.. Mit finanzieller Unterstützung der Hans-Böckler-Stiftung schrieb sie Ihre Dissertation ‚Just to give you a picture. Über Sicht- und Sagbarkeiten in der funktionellen Magnetresonanztomografie' am Zentrum für Interdisziplinäre Frauen- und
Geschlechterforschung an der Technischen Universität Berlin, wo sie derzeit als
Wissenschaftliche Mitarbeiterin arbeitet.

Heinze, Carsten (Dr.) ist Lehrbeauftragter für besondere Aufgaben an der Universität Hamburg, Fachbereich Sozialökonomie, Fachgebiet Soziologie. Seine
Arbeitsschwerpunkte sind Medien- und Filmsoziologie, (Auto-)Biographieforschung und Erinnerungskulturen sowie Jugend- und Musikkulturen. Sein derzeitiges Buchprojekt trägt den Arbeitstitel: „Soziologie des Dokumentarfilms: Zur
dokumentarfilmischen Konstruktion von Wirklichkeit."

Herbrik, Regine (Dr. phil.) studierte Soziologie und Deutsche Literatur in Konstanz und promovierte 2009 an der TU Berlin. Seit 2010 leitet sie mit Hubert
Knoblauch an der TU Berlin ein vom Exzellenzcluster „Languages of Emotion"
der FU Berlin gefördertes Projekt zur „Emotionalisierung der Religion". Ihre Arbeitsschwerpunkte sind hermeneutische Methoden der Sozialforschung, das Imaginäre, Wissens-, Religions- und Emotionssoziologie.

Hornei, Inga (Dipl. Sozialpäd./Sozialarb. & Dipl. Sozialwiss.) ist Doktorandin
an der Research School Education and Capabilities, Universität Bielefeld. Derzeitige Arbeitsschwerpunkte: Ungleichheitsorientierte Sozialisations- und Jugendforschung, visuelle Soziologie, qualitative Mehrebenenanalyse.

Kanter, Heike (M.A.) studierte Soziologie und Kunstgeschichte. Sie arbeitete
mehrere Jahre als Fotoredakteurin. Derzeit ist sie wissenschaftliche Mitarbeiterin am Arbeitsbereich Qualitative Bildungsforschung an der FU-Berlin. Ihre Forschungsschwerpunkte liegen auf der Theorie und Empirie des Bildes sowie der
Wissens- und Körpersoziologie.

Kiesow, Christian (Dipl.-math., M.A.) studierte Mathematik, Physik und Philosophie an der TU Berlin. Seit 2009 Promotion in Soziologie bei Hubert Knoblauch zum Thema:Kommunikation, Interaktion und Visualität in der Mathematik. Schwerpunkte seines Interesse sind Wissenschaftssoziologie (Social Studies of Science and Technology) und Video-Interaktions-Analyse. Mehrjährige Unterrichtserfahrung in der universitären Mathematikausbildung von Ingenieuren.

Kirschner, Heiko (B.A.) ist Masterstudent der sozialwissenschaftlichen Innovationsforschung an der TU Dortmund, Werkbeauftragter am Lehrstuhl für allgemeine Soziologie der TU Dortmund im Bereich „Online Livestreams und visuelle Webkultur".

Lettkemann, Eric (M.A.) (Soziologie/Neuere Geschichte), arbeitet derzeit als Wissenschaftlicher Mitarbeiter an der Universität Bremen im international vergleichenden Drittmittelprojekt „Re-Structuring Higher Education and Scientific Innovation" (RHESI), gefördert durch die European Science Foundation. Arbeitsschwerpunkte: Wissenschafts- und Technikforschung, Organisationssoziologie, Sozionik (= Soziologie + Informatik).

Lucht, Petra ist seit 2004 als Wissenschaftliche Assistentin an der TU Berlin am Zentrum für Interdisziplinäre Frauen- und Geschlechterforschung (ZIFG) tätig. Derzeit hat sie eine Vertretungsprofessur am Institut für Soziologie der RWTH Aachen inne. Zu ihren Arbeitsschwerpunkten gehören die Wissenssoziologie, die Wissenschafts- und Technikforschung mit Schwerpunkt Gender Studies, die qualitative Sozialforschung, die soziologische Theoriebildung und die Entwicklung transdisziplinärer Lehre. Sie habilitiert zum Thema Visionen innovativer Technologieentwicklungen.

Powalla, Oliver ist Doktorand an der Universität Marburg. In seiner Dissertation untersucht er Formen der gesellschaftlichen Differenzierung bzw. Entdifferenzierung im Anschluss an Latour und Bourdieu und am Gegenstand der partizipativen Klimaforschung. Zu seinen weiteren Forschungsinteressen zählen die visuelle Soziologie und die Wirtschaftssoziologie.

Reichmann, Werner (Dr.) promovierte 2006 zu einem wissenschaftssoziologischen Thema an der Universität Graz, arbeitete anschließend an den Universitäten in Innsbruck und Konstanz und war Stipendiat am Max-Planck-Institut für Gesellschaftsforschung in Köln. Derzeit erforscht er als wissenschaftlicher Mitarbeiter im DFG Schwerpunktprogramm 1505 „Mediatisierte Welten" die Produktion von Wirtschaftsprognosen und das europäische Schuldenmanagement.

Schmidt, Lisa-Marian (Dipl. Soz. tech.) arbeitet an der TU-Berlin und zuletzt an der Alice Salomon Hochschule Berlin als Lehrbeauftragte sowie als wissenschaftliche Mitarbeiterin in einem Forschungsprojekt (MINA). Arbeitsschwerpunkte: Wissenschafts-,Technik- und Arbeitssoziologie, Visuelle Soziologie und Qualitative Methoden.

Traue, Boris (Dr. phil. Dipl.-Soz.) ist seit 2008 wissenschaftlicher Mitarbeiter am Institut für Soziologie der Technischen Universität Berlin. Studierte an der FU Berlin Soziologie, Philosophie und Psychologie, Promotion an der Universität Bremen und Technischen Universität Berlin. Einen Post-Doc Aufenthalt verbrachte er am Goldsmiths College der University of London. Forschungsschwerpunkte: Geschichte der Sozial- und Selbsttechniken, Kulturen und Ökonomien des Amateurvideo, Professions- und Amateursoziologie, kollaborative Kulturproduktion, interpretative Methoden, soziologische Theorie.

Tuma, René ist wissenschaftlicher Mitarbeiter am Institut für Soziologie der TU Berlin. Seine Forschungsinteressen liegen im Bereich der Wissenssoziologie, der Technik- und Wissenschaftssoziologie sowie der interpretativen Methoden, insbesondere der Videographie. Momentan arbeitet er an seiner Doktorarbeit zum Thema Vernacular Video-Analysis.

Weber, Tina (Dr. phil.) arbeitet am Institut für Soziologie an der Technischen Universität Berlin im Forschungsprojekt „Transmortalität – Zur Veränderung des Umgangs mit dem Tod in der gegenwärtigen Gesellschaft". Ihre Forschungsschwerpunkte sind Thanatosoziologie, Religionssoziologie, Filmsoziologie und Qualitative Methoden.

Woermann, Niklas (Dr. rer. soc.), Postdoc am Department of Marketing and Management an der Syddansk Universitet in Odense, Dänemark sowie wissenschaftlicher Mitarbeiter im Teilprojekt ‚Skopische Medien' des DFG Schwerpunktprogramm 1505 ‚Mediatisierte Welten' an der Universität Konstanz. Arbeitsgebiete: Science and Technology Studies, Konsumsoziologie, Theorien sozialer Praktiken, qualitative Methoden.

Gesellschaft
Aktuelle Neuerscheinungen

Andreas Langer

Professionell managen

Kompetenz, Wissen und Governance im Sozialen Management

Auf Basis der quaitativ empirischen Studie „Professionelles Sozialmanagement zwischen Akademisierung und diakonischer Identität" werden die beiden Pole zu Perspektiven der Professionalisierung im Bereich des Management von Nonprofit-Organisationen untersucht.

2012. ca. 250 S.
Br. ca. € (D) 34,95
ISBN 978-3-531-19290-1

Änderungen vorbehalten. Erhältlich im Buchhandel oder beim Verlag.

Ralf J. Leiteritz

National Economic Identity and Capital Mobility

State-Business Relations in Latin America

The book uses the contrast between the path pursued by Peru and Colombia regarding capital account policy during the last twenty years in order to identify two critical factors to account for this puzzle. First, changes in domestic informal institutions – defined as shared collective understandings about legitimate economic policies – are a necessary element of sustainable capital account policy choices.

2012. 175 pp. with 10 Fig. a. 8 Tab. Soft cover € (D) 39,95
ISBN 978-3-531-18528-6

Irene Neverla, Mike S. Schäfer

Das Medien-Klima

Fragen und Befunde der kommunikationswissenschaftlichen Klimaforschung

Mediale Konstruktionen des Klimawandels, ihre Treiber und Wirkungen sind verstärkt ins Blickfeld der internationalen kommunikationswissenschaftlichen Forschung gerückt. Dieser Band sichtet die vorliegende Literatur, präsentiert den aktuellen Wissensstand und zeigt Forschungsperspektiven auf.

2012. ca. 285 S. mit 10 Abb. u. 15 Tab. Br. € (D) 39,95
ISBN 978-3-531-17752-6

Einfach bestellen:
SpringerDE-service@springer.com
tel +49 (0)6221 / 3 45 – 4301
springer-vs.de

GPSR Compliance

The European Union's (EU) General Product Safety Regulation (GPSR) is a set of rules that requires consumer products to be safe and our obligations to ensure this.

If you have any concerns about our products, you can contact us on ProductSafety@springernature.com

In case Publisher is established outside the EU, the EU authorized representative is:

Springer Nature Customer Service Center GmbH
Europaplatz 3
69115 Heidelberg, Germany

The manufacturer's authorised representative in the EU is Springer
Nature Customer Service Centre GmbH, Europaplatz 3, 69115 Heidelberg,
Germany. If you have any concerns regarding our products, please
contact ProductSafety@springernature.com

Printed and bound by CPI Group (UK) Ltd, Croydon, CR0 4YY
23/04/2026
02095594-0004